FOLIO JUNIOR

Pour Jude, avec amour

Titre original : *The Tiger in the Well*

Philip Pullman

SALLY LOCKHART

La vengeance du tigre

Traduit de l'anglais
par Jean Esch

FOLIO JUNIOR/GALLIMARD JEUNESSE

LIVRE UN

I
L'huissier de justice

En cette matinée ensoleillée de l'automne 1881, Sally Lockhart regardait sa toute petite fille jouer dans le jardin, et elle se disait que tout allait pour le mieux.

Elle se trompait, mais elle ne devait s'en apercevoir qu'une vingtaine de minutes plus tard. L'homme qui lui prouverait qu'elle avait tort était encore en chemin. Pour le moment, elle était heureuse, et surtout, chose plus rare, elle en avait conscience ; elle était habituellement trop occupée pour s'en rendre compte.

La vue de sa maison la remplissait de bonheur : c'était une grande demeure située à Twickenham et baptisée Orchard House, le Verger, une construction de style Régence, vaste et aérée, avec des balcons en fer forgé et une véranda au toit de verre qui donnait sur le jardin. Celui-ci, entouré par un mur de briques patinées, se composait d'une grande pelouse ensoleillée, agrémentée de parterres de fleurs, d'une vigne grimpante et d'un figuier adossé à un des murs, sans oublier le bosquet de vieux pommiers et de pruniers qui donnaient son nom à la maison.

Contre le mur opposé au figuier, on avait érigé une bien étrange construction : coiffée d'un toit en verre comme la véranda, elle était ouverte sur toute sa longueur et abritait ce qui ressemblait à une voie ferrée destinée à une énorme maquette de train, soutenue par des tréteaux d'environ un mètre de haut. Cette annexe servait à des expériences sur la photographie en mouvement, et n'était pas encore terminée car, pour cela, il faudrait attendre le retour des amis de Sally.

Ses amis. Autre raison d'être heureuse. Webster Garland, soixante-cinq ans, photographe de profession et son associé au sein de la société qui portait leurs deux noms, *Garland et Lockhart*, et Jim Taylor, âgé de vingt ans, soit un peu plus jeune qu'elle, constituaient sa seule famille. Ils partageaient sa maison, comme ils avaient partagé ses aventures ; c'étaient des bohèmes, ils n'étaient pas respectables, mais loyaux et fidèles et, pour le moment, ils se trouvaient en Amérique du Sud. Régulièrement, Webster Garland cédait à son envie de s'aventurer dans une contrée sauvage du globe pour la photographier. Cette fois-ci, Jim l'avait accompagné ; voilà pourquoi Sally se retrouvait seule.

Enfin, pas vraiment seule. Il y avait les gens de maison (encore une chose qui la rendait heureuse) : Ellie, la petite bonne, Mme Perkins, la cuisinière et Roberts, qui s'occupait du jardin et des chevaux. Il y avait également l'atelier et la boutique de photographie de Church Street, où elle se rendait une fois par semaine pour examiner les comptes. Et, pour finir, sa propre affaire à la City : un cabinet de conseil en placements financiers qu'elle avait créé avec succès, au grand dam de tous ceux qui estimaient qu'une femme ne pouvait et ne devait pas faire ce genre de choses, surtout si elle voulait rester féminine. Sally avait tellement de travail qu'elle avait dû trouver une associée : une jeune femme sèche et pleine d'ironie nommée Margaret Haddow, diplômée et féministe convaincue, comme elle. Pour finir, il y avait la nurse qu'elle avait engagée pour l'aider à s'occuper de sa fille : Sarah-Jane Russell, dix-huit ans, compétente, aimable et amoureuse (sans que personne le sache, pas même elle) de Jim Taylor.

Mais l'élément central de tout ce bonheur était l'enfant. Agée d'un an et neuf mois, la petite Harriet se révélait déjà une véritable autocrate, entêtée et tellement certaine de bénéficier de l'amour et de l'attention générale qu'elle irradiait le bonheur en retour, comme le soleil dispense généreusement sa lumière. Son père, Frederick Garland, le neveu de Webster, ne l'avait jamais vue, car il avait trouvé la mort dans un incendie la nuit même où Harriet avait été conçue. S'il avait survécu, Sally aurait été Mme Garland, à présent, et sa fille une enfant légitime. L'amour de Sally pour Frederick avait été conquis de haute lutte, mais dépensé sans compter. Ce qu'elle éprouvait pour Harriet était aussi fort que la vie qui coulait en elle ; jamais elle n'avait aimé autant quelqu'un ni quelque chose – jamais elle n'aurait cru cela possible. Après la mort de Frederick dans les décombres de leur entreprise, Sally avait cru perdre le goût de vivre mais, grâce à la présence de cette vie obstinée en elle, elle avait compris qu'elle se trompait et qu'elle devait continuer. Aujourd'hui, si elle oubliait pour un moment le terrible gouffre laissé par la disparition de Frederick, la vie était belle, aussi belle qu'elle pouvait l'être pour une mère célibataire dans l'Angleterre de l'époque victorienne, meilleure en tout cas que celle de bien des femmes prisonnières de mariages malheureux. Elle avait de l'argent, l'indépendance et des amis, une maison, un travail intéressant, et surtout, elle avait son Harriet adorée.

Elle cueillit deux figues mûres à point et les emporta dans le verger. Sarah-Jane, assise sur le banc de bois fabriqué par Webster, cousait pendant qu'Harriet aidait Bruin, son ours en peluche, à grimper à la corde pour atteindre une ruche imaginaire. Sally s'assit à côté de Sarah-Jane.

– Vous aimez les figues ? demanda-t-elle en lui tendant un des deux fruits.

– J'adore ça, répondit la nurse. Merci.

Un homme était arrêté devant le portail et semblait consulter un document. Il poussa la grille, entra, puis il se dirigea vers le perron et disparut.

– Harriet, viens goûter une figue ! dit Sally.

La petite fille lâcha immédiatement son ours. Elle regarda d'un œil méfiant la chair tendre et écarlate de la figue, piquetée de minuscules graines. Sally prit une autre bouchée.

– Fais comme maman. Si tu ne goûtes pas, tu ne sauras jamais si c'est bon ou pas. Je suis sûre que Bruin en veut, lui.

Elles firent semblant de nourrir l'ours en peluche, puis Harriet mordit timidement dans le fruit ; après quoi elle réclama le reste.

– Elle grandit à toute allure, commenta Sarah-Jane. Je ne peux plus rallonger ses jupons. Ceux-ci feront encore l'affaire pour cette fois mais, bientôt, il lui en faudra des neufs.

– On devrait la mesurer, dit Sally. En traçant un trait sur le mur. Qu'en penses-tu, Harriet ? Comme ça, on verra si tu as grandi.

– Figue, dit la fillette d'un ton autoritaire en tendant la main vers celle de Sarah-Jane. Figue, s'il te plaît.

Sally rit de bon cœur.

– Non, c'est celle de Sarah-Jane. Regarde, voici Ellie qui nous amène un visiteur.

Harriet tourna la tête d'un air hautain, curieuse de voir qui venait, cette fois, lui faire sa cour. Ellie, la bonne, traversait la pelouse, suivie de l'homme aperçu devant la grille. C'était un individu frêle, d'un certain âge, autant que pouvait en juger Sally. Il était vêtu d'un costume marron qui avait connu des jours meilleurs, coiffé d'un chapeau melon, et tenait à la main une grande enveloppe blanche.

– Mademoiselle Lockhart, dit Ellie d'un ton hésitant. Ce monsieur affirme qu'il doit vous voir en personne.

L'homme souleva son chapeau.

– Madame Lockhart.

– Que puis-je pour vous, monsieur ?

– J'ai ordre de vous remettre ceci en mains propres, madame.

Il tendit l'enveloppe. Sally remarqua le cachet de cire qui la fermait. C'était un document officiel. Par automatisme, elle le prit. Il est très difficile de ne pas prendre une chose que l'on vous tend ; en revanche, il est très facile de tirer avantage de la courtoisie d'autrui.

L'homme souleva de nouveau son chapeau melon et fit demi-tour. Mais Sally se leva.

– Attendez, s'il vous plaît. Qui êtes-vous ? Que contient cette enveloppe ?

– Tout est expliqué à l'intérieur, répondit le visiteur. Quant à moi, madame, je suis huissier de justice. J'ai accompli mon devoir et je dois maintenant prendre congé, car je risque de manquer mon train. Beau temps pour la saison, n'est-ce pas ?

Sur ce, après avoir esquissé un sourire nerveux, il pivota sur ses talons et traversa le jardin en sens inverse. Ellie adressa un regard inquiet à Sally, puis s'empressa de le rejoindre.

Harriet, déçue par le manque d'intérêt du visiteur, reporta son attention sur son ours Bruin. Sally se rassit. Elle savait qu'elle avait peut-être commis une erreur en acceptant l'enveloppe : ne pouvait-on pas refuser ce genre de documents ? Est-ce qu'accepter une assignation, par exemple, ce n'était pas déjà reconnaître qu'on avait commis une faute ? ... Bah, c'était forcément une histoire idiote de toute façon. Quelqu'un s'était trompé.

Elle déchira le papier épais et sortit de l'enveloppe un long document soigneusement plié. Sous les armoiries royales estampées en haut de la feuille se succédaient des paragraphes rédigés d'une belle écriture moulée. Sally commença à lire.

Sous l'en-tête *Section des successions, des divorces et des affaires maritimes de la Haute Cour,* il était écrit :

Le 3 janvier 1879, le requérant, ci-nommé Arthur James Parrish, a légalement épousé Veronica Beatrice Lockhart (ci-après la défenderesse) en l'église Saint Thomas, sise à Southam dans le comté du Hampshire.

Sally laissa échapper un petit hoquet de surprise. C'était ridicule. Veronica Beatrice était effectivement son nom, même si elle n'y avait plus jamais répondu depuis le jour où, enfant obstinée comme l'était Harriet, elle avait informé son père qu'elle s'appelait Sally, un point c'est tout. Mais mariée ? Quelqu'un affirmait l'avoir épousée ?

Elle continua sa lecture :

Le requérant et la défenderesse ont vécu ensemble pour la dernière fois au 24 Telegraph Road à Clapham.

Le requérant, domicilié en Angleterre et au pays de Galles, exerce la profession de courtier. Il réside au 24 Telegraph Road à Clapham. La défenderesse, conseillère en finances de son état, réside à Orchard House, à Twickenham.

Le couple n'a aucun enfant, à l'exception de Harriet Rosa...

Sally reposa le document.

– C'est grotesque, commenta-t-elle. Quelqu'un me fait une farce.

Sarah-Jane leva la tête, le regard interrogateur.

– On m'assigne en justice pour divorce, dit Sally avec un éclat de rire.

Mais sa gaieté fut de courte durée et Sarah-Jane ne sourit pas.

– C'est se donner beaucoup de mal pour une farce, et une farce coûteuse, dit la nurse. Vous devriez lire la suite.

La jeune femme reprit la feuille. Ses mains tremblaient. Avec une perplexité grandissante, elle parcourut plusieurs paragraphes rédigés dans un style juridique ampoulé, pour finalement atteindre la partie intitulée *Renseignements particuliers*.

C'était facile à suivre, mais presque impossible à avaler. Ce document relatait l'histoire d'un mariage qui n'avait jamais existé, entre Sally et un certain M. Parrish, installé à Clapham ; union de laquelle était né un enfant, Harriet (dont la date de naissance, au moins, était exacte). D'après ce document, Sally n'avait jamais cessé de traiter son « mari » avec cruauté, les associés de celui-ci avec mépris, et leurs invités avec dédain ; à tel point qu'il avait fini par renoncer à recevoir qui que ce soit, ne pouvant espérer une attitude courtoise et décente de la part de son épouse. Celle-ci s'était mise à boire et était apparue ivre en public à plusieurs reprises (des détails étaient fournis, des témoins nommés). Elle maltraitait les domestiques, obligeant ainsi trois femmes de chambre à partir sans préavis (les noms et les adresses étaient fournis). Elle avait dépensé abusivement l'argent que son « mari » lui avait versé et insisté, malgré l'avis contraire de celui-ci, pour se lancer dans sa propre entreprise. Il avait tenté de la raisonner, de supporter cette situation et de la traiter avec considération, mais peu de temps après la naissance de leur enfant, elle avait déserté le domicile conjugal en emmenant la petite fille. Le document affirmait qu'elle n'était pas digne d'assurer la garde de l'enfant car elle fréquentait des personnes à la moralité douteuse ; d'ailleurs, elle partageait actuellement une maison avec deux hommes célibataires (les noms étaient cités, là aussi). Ce tissu de calomnies ne s'arrêtait pas là, le document comportait cinq pages d'une écriture serrée, mais Sally dut le reposer après en avoir parcouru seulement deux.

– Je n'arrive pas à y croire, articula-t-elle d'une voix qu'elle avait du mal à maîtriser.

D'un geste brusque, elle tendit le document à Sarah-Jane et se leva, en proie à une sorte de transe. Pendant que la nurse lisait, Sally marcha jusqu'au fond du verger ; elle arracha une brindille de pommier et la déchiqueta entre ses doigts. C'était comme si quelqu'un s'était introduit dans sa vie pour souiller tout ce qui s'y trouvait. Qu'un individu puisse écrire tant de mensonges ignobles à son sujet... c'était impossible. Elle ne pouvait pas le tolérer.

Mais le pire était à venir. Entendant le cri de stupeur de Sarah-Jane, elle se retourna avec vivacité.

La nurse tendait la dernière page du document. Elle commençait par la mention : *Récapitulatif de la demande.*

Sally prit la feuille et se rassit. Elle n'avait pas la force de rester debout.

Il était écrit :

Par conséquent, le requérant exige

L'annulation du mariage.

L'obtention de la garde de l'enfant nommé Harriet Rosa, et cela dès maintenant.

Le…

Sally ne voulait pas en lire davantage. Quelqu'un qu'elle ne connaissait pas, ce Parrish, un menteur, un fou, voulait lui prendre sa fille.

A quelques mètres de là, Harriet, assise dans l'herbe, s'amusait à effilocher l'extrémité d'un bout de corde que lui avait donné Webster. L'ours Bruin gisait à ses côtés, oublié. Elle était absorbée par sa tâche, concentrée sur les extraordinaires qualités de cette corde. Sally se leva et se précipita vers sa fille pour la serrer dans ses bras ; consciente de sa force, elle essaya de ne pas lui faire mal, mais elle avait besoin de la sentir contre elle, le plus près possible.

Harriet se laissa faire avec patience ; les embrassades faisaient partie des choses qu'il fallait supporter. Quand, enfin, Sally desserra son étreinte et lui donna un dernier baiser avant de la reposer dans l'herbe, Harriet reprit la corde et continua à jouer.

La jeune mère s'adressa alors à Sarah-Jane :

– Je vais en ville. Je dois montrer ça à mon avocat. Ça ne tient pas debout, évidemment. Cet homme doit être fou. Mais je dois réagir tout de suite. Cette affaire passera…

– Dans quinze jours, dit Sarah-Jane. Devant la Cour royale de justice. C'est ce qui est écrit.

Sally reprit le document. Elle n'aimait pas le toucher. Après l'avoir remis dans l'enveloppe, elle embrassa Harriet une nouvelle fois, puis encore une fois, puis encore une, et elle rentra se préparer à prendre le train pour Londres.

L'avocat de Sally, M. Temple, un vieil ami de son père, qui l'avait aidée à se lancer dans les affaires, était décédé l'année précédente. L'associé principal du cabinet était maintenant un certain M. Adcock, que Sally ne connaissait pas très bien. Elle n'appréciait guère le peu qu'elle savait de lui, mais elle ne pouvait se permettre de penser à cela pour l'instant. C'était un homme encore jeune, poli et doucereux, le genre de personne si désireuse d'obtenir l'approbation de ses aînés qu'elle singe leurs opinions, leurs manières et leurs façons d'être. Ainsi, M. Temple prisait, ce qui semblait naturel chez lui. M. Adcock faisait de même, mais chez lui, cette habitude sentait l'affectation. Sally n'avait pu l'observer à son club, évidemment, mais nul doute qu'elle aurait été choquée par le conservatisme des points de vue qu'il exprimait, de manière d'autant plus outrée qu'un vieux membre distingué du cercle se trouvait à proximité.

Quand elle arriva au cabinet, M. Adcock était occupé avec un autre client. Elle s'installa dans le bureau du vieux clerc, M. Bywater, qui travaillait là depuis cinquante ans. Il connaissait les affaires de Sally mieux que M. Adcock, et la jeune femme était dans un tel état de nervosité qu'elle ne put s'empêcher de lui confier le motif de sa visite. Assis dans son fauteuil, il demeura impassible pendant qu'elle lui racontait toute l'histoire. Elle redoutait son esprit caustique, mais quand elle eut terminé son récit, elle se sentait déjà mieux.

– Oh là là, commenta-t-il. Pourquoi n'avez-vous rien dit à M. Temple, au sujet de l'enfant ?

– Parce que... Oh, monsieur Bywater, vous pouvez comprendre, non ? M. Temple était malade. Et j'avais beaucoup d'affection pour lui. Je voulais qu'il conserve une bonne opinion de moi.

– Sa bonne opinion reposait sur votre bon sens, pas sur votre sainteté. Vous auriez dû lui en parler. Avez-vous rédigé un testament ? ... Non, je m'en doutais. Qui sont les avocats de ce monsieur ? Grant, Murray et Girling. Hmmm... Je vais essayer de me renseigner. Je crois que M. Adcock est prêt à vous recevoir.

M. Bywater tendit l'oreille, puis ouvrit la porte entre les deux bureaux et annonça Sally.

M. Adcock était l'obséquiosité même. « Il s'agit d'une relation purement professionnelle, se rappela Sally. Cet homme est avocat, il connaît la loi, mettons de côté ses manières. »

Elle lui exposa les faits aussi clairement que possible, en commençant par la naissance de Harriet. Le visage de M. Adcock devenait de plus en plus grave à mesure qu'il l'écoutait. Parfois, il notait quelque chose.

– Puis-je voir cette requête ? demanda-t-il quand elle eut terminé.

Il la lut pendant que Sally demeurait immobile sur son siège, calme, droite comme un i et tremblante.

– Il s'agit là d'allégations fort sérieuses, commenta l'avocat quand il fut arrivé à la fin du document. Ce monsieur parle d'abandon de domicile conjugal, d'argent dilapidé, et même d'alcoolisme... Mademoiselle Lockhart, puis-je vous demander si vous buvez ?

– Est-ce que je bois ? Il m'arrive de prendre un verre de sherry de temps à autre, mais je ne vois pas le rapport !

– Nous devons avancer en terrain balisé. Ces domestiques, par exemple, dont ce monsieur déplore le renvoi : si nous pouvions établir avec précision ce qui s'est passé, nous pourrions construire une défense solide.

Sally fut envahie par un sentiment de consternation.

– Monsieur Adcock, ces domestiques n'existent pas. Et il n'y a jamais eu de « domicile conjugal » au... je ne sais plus combien dans Telegraph Road à Clapham. Je n'ai jamais épousé ce M. Parrish. Tout cela est faux. Il a tout inventé. C'est un gigantesque mensonge !

L'avocat la regarda d'un air qu'elle reconnut aussitôt : perplexe, indulgent et compétent. C'était l'expression de feu M. Temple, mais chez ce vieux monsieur, elle s'accompagnait d'un véritable sens de l'humour et d'un grand savoir-faire.

– Je pense que vous devriez laisser à votre conseiller juridique le soin de juger ce qui est important et ce qui ne l'est pas, dit-il avec un sourire. Évidemment, votre tactique reposera sur l'affirmation que ce mariage n'a jamais eu lieu. Mais nous devons envisager toutes les éventualités, n'est-ce pas ? Il serait bien dommage de laisser une brèche dans un coin quelconque de ce dossier. Nous allons devoir prendre chacun de ces éléments l'un après l'autre et convaincre le juge qu'une explication simple existe. Avant toute chose...

Il sortit une feuille de papier d'un tiroir et souleva d'une pichenette le couvercle d'un encrier. Son bureau était nu, à l'exception du sous-main et de l'encrier. Sally aimait les bureaux encombrés de livres, de papiers, de crayons, de cire à cacheter et de tout ce qui était synonyme d'une grande activité professionnelle, comme le sien. « Allons, cesse de comparer », se dit-elle.

M. Adcock trempa sa plume dans l'encrier et l'essuya avec minutie pour éviter d'utiliser trop d'encre

– Bien, dit-il. Quand avez-vous rencontré M. Parrish pour la première fois ?

Sally retint un soupir d'exaspération.

– Je n'ai jamais rencontré M. Parrish. Avant ce matin, je n'avais même jamais entendu parler de lui. Avec mon plus grand respect, monsieur Adcock, je pense qu'il est inutile de perdre du temps avec ces allégations absurdes. La seule chose qui compte, c'est de savoir si je suis mariée avec cet homme ou non, et je ne le suis pas.

– Bien sûr, bien sûr. C'est l'élément central de votre défense. Cela ne fait aucun doute. Ce monsieur devra prouver que le mariage a eu lieu, et si, comme vous l'affirmez, ce n'est pas le cas, il n'y aura pas de certificat de mariage, aucune mention dans le registre de l'église... Saint-Thomas, à Southam dans le Hampshire. Cependant, le but de ces allégations est de montrer que vous n'êtes pas capable d'élever cet enfant, et je suppose que vous ne souhaitez pas laisser ces insinuations sans réponse, n'est-ce pas ?

– Non, sans doute. Je lui interdis de formuler ces accusations.

– Elles l'ont été. C'est précisément la raison pour laquelle nous devons contre-attaquer, sur tous les points. Vous ne devez rien cacher, mademoiselle Lockhart.

– Je n'ai rien à cacher !

– Vous avez caché la naissance de votre enfant, fit remarquer l'avocat, une expression de reproche dans ses grands yeux.

La jeune femme ferma les yeux un court instant.

– Très bien, dit-elle en s'obligeant à rester bien droite sur son siège. C'est vous qui décidez, monsieur Adcock. Par quoi commençons-nous ?

Une heure et demie plus tard, Sally, très lasse, laissa M. Adcock mettre de l'ordre dans les feuilles qu'il avait couvertes de sa belle écriture et s'en fut dire au revoir au clerc.

– Monsieur Bywater, que fait exactement un courtier ?

– C'est le métier que prétend exercer ce M. Parrish ? demanda M. Bywater. Eh bien, supposons qu'un fonctionnaire de l'administration indienne, basé à Calcutta, souhaite envoyer des bagages chez lui, en étant sûr que sa vieille maman qui vit à Littlehampton les recevra. C'est compliqué. Il y a beaucoup de paquets. Alors, il fait appel à un courtier. Ou prenons quelqu'un qui se rend en Orient pour la première fois. Pour conclure des affaires. Il veut s'assurer que ses échantillons, son décapsuleur pour bouteilles de soda, à pas fileté et à vapeur, pour gaucher, pesant une tonne et demie, arrivera bien à Shanghai pour qu'il puisse montrer au grand manitou local comment il fonctionne. Le courtier s'en charge. Il s'occupe du transport, de l'assurance, du stockage et ainsi de suite. Et il prélève sa commission au passage. Certains organisent également des mariages. Ils réunissent un groupe de jolies filles célibataires, ils les mettent sur un bateau et ils les expédient à Bombay. Ils se font payer par les maris ultérieurement, sans doute. Ils ont droit à une part du gâteau de mariage. Ils négocient les contrats, ils achètent ou vendent à votre place, ils changent vos devises, ils vous procurent un passeport, ils vous trouvent un billet de train pour la Sibérie, avec en prime une loge au music-hall de Vladivostok, ils vous arrangent un rendez-vous avec le Dalaï Lama, ils vous introduisent dans une partie de poker sur un bateau à vapeur du Mississippi. Bref, ils font tout. C'est une belle vie. Variée. Votre homme a un bureau dans Blackmoor Street, au fait. Tout près de Drury Lane.

– Ah oui ? fit Sally. Je vais peut-être aller y faire un saut. Il ne s'attend sûrement pas à me voir.

– Et M. Adcock se retrouvera à plaider dans une affaire de meurtre, dit le vieux clerc. A votre place, je garderais mes distances. Évitez tout contact avec cet individu. Le mieux, c'est d'affirmer que vous n'êtes pas mariée avec lui, que vous n'avez jamais entendu parler de lui et que vous ne savez pas de quoi il veut parler. Ne vous laissez pas provoquer. Il doit être très nerveux.

– Ah bon ?

– Évidemment. Il sait que son mensonge est éhonté. L'attitude du tribunal dépendra de notre réaction. Qui M. Adcock va-t-il engager ?

– Pour plaider au tribunal ? Un certain Coleman. Apparemment, il est très doué.

– Tous les avocats de la Couronne le sont. Forcément. Sinon, tout l'édifice de la justice s'effondrerait sur nos têtes, n'est-ce pas ? On ne peut pas l'envisager.

Les avocats de la Couronne étaient d'éminents juristes. En tant que *solicitor*, M. Adcock n'avait pas le droit de plaider devant la Haute Cour ; il devait donc faire appel à ce M. Coleman pour défendre les intérêts de Sally. Celle-ci était prête à lui faire confiance ; du reste, elle n'avait pas le choix.

Jim Taylor se trouvant en Amérique du Sud (sa dernière lettre avait été postée de Manaus et les deux amis s'apprêtaient alors à s'enfoncer dans la jungle avec un guide), Sally ne pouvait pas enquêter sur les affaires de ce M. Parrish sans faire appel à un détective professionnel. De toute évidence, cet individu connaissait bien sa vie et Sally ne pouvait s'empêcher de frémir en songeant que quelqu'un avait pu plonger aussi profondément dans son passé. Il ne s'était pas trompé : il avait choisi de frapper au moment où elle était seule, pendant que ses amis étaient en voyage, pour qu'ils ne puissent pas témoigner en sa faveur ; il avait choisi pour la date de ce mariage imaginaire une période durant laquelle Sally était presque entièrement accaparée par une dangereuse affaire impliquant un fabricant d'armes ; elle n'avait guère laissé de traces et ne pouvait pas prouver qu'elle ne se trouvait pas à l'église à cette date. L'adresse de son cabinet était exacte, tout comme la date de naissance de Harriet, et cet individu savait quelle somme d'argent elle avait investie en bourse.

La question la plus importante était celle qu'elle n'avait pas encore osé affronter. Mais alors que Sally quittait le cabinet de son avocat et remontait le Strand en direction de Drury Lane, cette question se posa avec une insistance croissante : Pourquoi ? Pourquoi faisait-il ça ? Pourquoi ?

La plaque de cuivre vissée à côté de la porte dans Blackmoor Street ne lui apprit pas grand-chose, si ce n'est qu'Arthur Parrish, courtier, partageait cette maison avec G. Simonides, Ltd, une société d'import-export anglo-levantine, et S. Williamson, importateur d'épices. Mieux valait ne pas trop s'attarder dans les parages, pensa-t-elle. Parrish savait certainement à quoi elle ressemblait et...

Et alors ? Même s'il la voyait... Elle raisonnait comme une criminelle. Elle n'avait aucune raison de se sentir coupable. Cette histoire sans queue ni tête commençait déjà à la ronger.

Elle regagna le Strand. Au n°223 se trouvait un armurier.

– J'aimerais acheter une arme à feu, dit-elle au vendeur moustachu à la mine lugubre.

– Un pistolet pour tirer sur des cibles, mademoiselle ?

– Non, un revolver.

Elle avait déjà deux petits pistolets à un coup, très légers, dont la portée ne dépassait pas les trois mètres. Elle voulait quelque chose de plus conséquent. Elle s'attarda sur un Webley Pryse, puis sur un Tranter, hésita devant un Colt, avant d'opter finalement pour un British Bulldog : un pistolet nickelé à cinq coups qui, bien que puissant, était suffisamment petit pour tenir dans une poche.

– Cette arme possède un fort recul, mademoiselle, indiqua le vendeur. Si vous n'êtes pas habituée, vous risquez de vous faire mal. Il faut viser beaucoup plus bas que la cible, sinon vous la manquerez.

– J'aimerais bien acheter le Colt, dit-elle, mais il est trop gros. Celui-ci est parfait. Je m'y ferai ; j'ai l'habitude de tirer. Donnez-moi également une boîte de cinquante cartouches, je vous prie.

Le tout lui coûta un peu moins de quatre livres. Elle fit emballer l'arme et les munitions et les emporta avec elle, au grand étonnement du vendeur : d'ordinaire, les dames et les messieurs de la bonne société faisaient livrer leurs achats à domicile pour éviter de se promener dans les rues avec un paquet. Mais Sally n'était pas d'humeur à jouer les grandes dames et elle partit avec son achat sous le bras.

Comme elle l'avait déclaré à l'armurier, elle avait l'habitude de se servir d'une arme à feu. Son père lui avait appris à tirer et, pour ses quatorze ans, il lui avait offert un pistolet de fabrication belge. Naturellement, elle n'avait pas précisé au vendeur qu'à deux reprises elle avait tiré pour tuer. La première fois, elle avait seize ans et elle était menacée de mort par l'homme qui avait assassiné son père, le chef d'une société secrète chinoise baptisée Ah Ling. Lui-même était à moitié hollandais et, sous le nom de Hendrik van Eeden, il s'était livré au trafic d'opium en utilisant les bateaux de M. Lockhart à l'insu de celui-ci. Sally ne lui avait tiré dessus que pour échapper à une mort certaine. Elle ignorait si elle l'avait tué, car elle s'était enfuie, horrifiée par son geste, et aucun corps n'avait été retrouvé. Elle supposait qu'il s'était enfui et qu'il était reparti en Orient.

La deuxième fois, c'était pour venger la mort de Frederick Garland. Elle avait tiré une balle dans le moteur du Canon à Vapeur, l'arme effroyable inventée par Axel Bellmann ; elle voulait le tuer, et mourir elle aussi. De toute évidence, elle était toujours en vie et s'en réjouissait maintenant. Axel Bellmann, lui, ne pouvait pas en dire autant. En état de choc après la mort de Bellmann, Sally s'était juré de ne plus jamais laisser la violence des autres l'entraîner sur la pente de la vengeance.

Elle aurait bien voulu tenir sa promesse. Mais avant de se retrouver devant le tribunal, elle devrait enquêter, chercher, questionner sans relâche ; elle ne voulait pas être prise au dépourvu si jamais, par-dessus le marché, elle devait se battre.

Et la même question se posait toujours : « Pourquoi ? Quel est le but de cet individu ? Que lui ai-je fait ? Et QUI est-il ? »

2
Le journaliste

En aval de Twickenham s'étendaient les docks de Londres où, à peu près au moment où Sally se mettait au lit ce soir-là, un bateau à vapeur baptisé le *Haarlem* accostait. Il transportait des passagers venant de Rotterdam. Un officier des douanes était monté à bord à Gravesend, conformément au règlement, mais les voyageurs n'avaient pas grand-chose à déclarer. La traversée avait été rude. Tous ces gens étaient misérables, la plupart souffraient de malnutrition et certains étaient malades.

On abaissa la passerelle et les pauvres hères qui s'entassaient sur le pont rassemblèrent leurs maigres affaires pour descendre, d'un pas mal assuré, sur les pierres mouillées du quai. Des femmes avec des foulards noués sur la tête, des hommes barbus coiffés de casquettes à visière ou – pour deux ou trois d'entre eux – de toques en fourrure mitées, vêtus de pantalons rapiécés et chaussés de bottes éculées. Ils transportaient tout ce qu'ils possédaient : un carton fermé par une ficelle, un matelas roulé, un ballot informe enveloppé dans une couverture, un panier bourré de vêtements, une poêle, une bouilloire... L'un après l'autre, ils quittèrent le bateau et, tandis qu'ils se dirigeaient d'une démarche hésitante vers la lampe à gaz qui brillait audessus de la grille, un docker se tourna vers l'un de ses camarades pour demander :

– C'est quoi ce jargon, Bert ?

– Leur langue, tu veux dire ? C'est du yiddish, Sam.

– Du yiddish ? C'est où qu'on parle ce truc ?

– Dans Cable Street, pour commencer. Ce sont des juifs, mon pote. Ils arrivent de Russie... ou par là. Tu ne sais vraiment rien, toi, hein ?

Le prénommé Sam se retourna vers le flot des réfugiés. Ils continuaient à descendre du bateau. Combien étaient-ils à bord ? Plus d'une centaine avaient déjà quitté le pont et ce n'était pas fini. Un enfant de cinq ou six ans se débattait avec un lourd panier ; de l'autre main, il tenait son petit frère encore endormi, pendant que leur mère serrait un bébé contre sa poitrine tout en traînant un balluchon qui contenait tous ses biens. Un vieil homme à la jambe enflée avançait péniblement à l'aide d'une béquille. Une vieille femme, sans doute trop malade pour marcher, était portée par deux hommes d'un certain âge, peut-être ses fils. Quelques visages se détachaient : une jeune femme aux magnifiques prunelles noires ; un homme décharné qui dégageait une impression de malice sans égale ; un enfant aux yeux creusés par la maladie ; une femme corpulente et d'un tempérament si joyeux que son rire égayait tous ceux qui l'entouraient ; un jeune homme à la barbe rousse et au regard de braise, portant sur son visage les stigmates de la phtisie ; un vieillard enveloppé dans un manteau élimé et coiffé d'un chapeau en fourrure lustré, avec une grande barbe blanche et de longues frisettes, blanches elles aussi, qui encadraient un visage de saint doux et érudit ; un ambitieux au regard aigu, mal rasé, portant une casquette noire et un manteau à col de fourrure.

Les dockers regardaient ces gens se traîner vers la grille où un personnage officiel revêtu d'un uniforme, sous la lumière de la lampe à gaz, bloquait le passage. Il essayait d'expliquer quelque chose à ceux des premiers rangs :

– Des adresses ? Avez-vous... des adresses... où aller ? Il vous faut une adresse. Un morceau... de... papier. Un nom... une adresse. Un endroit où aller. Pigé ?

L'homme au manteau râpé, dont l'épouse au teint blême serrait un jeune enfant contre elle tout en essayant d'en maîtriser un autre, finit par dénicher dans sa poche un morceau de papier.

– Fashion Street, lut l'officier. Parfait. Vous prenez Dock Street tout droit, vous passez sous le pont du chemin de fer et vous continuez. C'est à un peu moins d'un kilomètre d'ici, sur la droite. Au suivant !

Après avoir jeté un rapide coup d'œil à l'adresse que ces pauvres gens lui montraient, l'officier les laissait passer et pénétrer dans la ville. Une douzaine de personnes – des parents ou des amis – attendaient de l'autre côté de la grille en observant d'un air impatient ou inquiet les nouveaux arrivants. Ceux qui ne possédaient pas d'adresse étaient envoyés au refuge juif de Leman Street, pas très loin du port.

Parmi les passagers se trouvaient deux jeunes filles qui voyageaient seules, et leur nervosité attira l'attention d'une femme d'un certain âge, enveloppée d'un manteau de fourrure. Alors qu'elles franchissaient la grille sous l'œil du jeune homme à la barbe rousse, la femme leur fit signe d'approcher ; elle leur tendit une main amicale et leur parla en yiddish. Peu à peu, la longue file des immigrants franchit l'entonnoir de grillage pour se déverser ensuite dans le vaste bain d'humanité qui peuplait l'East End.

Des scènes comme celle-là étaient encore peu fréquentes dans le port de Londres, voilà pourquoi les dockers ignoraient d'où venaient ces passagers. Ils avaient été chassés de chez eux par les premiers pogroms, ces attaques violentes dont étaient victimes les juifs de Russie et qui avaient commencé à se multiplier en 1881.

La famille qui se trouvait au premier rang venait de Kiev. Le mari était un marchand de tabac dont la boutique avait été saccagée et la marchandise pillée, puis jetée en pâture à une meute d'individus enragés, sous le regard impassible des soldats russes. Le vieil homme à la jambe enflée était tailleur, originaire de Kiev lui aussi ; il avait été obligé de clopiner dans les rues devant une foule moqueuse, pendant qu'on mettait sa maison à sac et que sa femme était poussée dans le caniveau. Le vieil homme aux longues boucles torsadées était un universitaire de Berditchev. Tous ses livres avaient été déchirés et brûlés devant lui et, quand il avait voulu les sauver, un Cosaque armé d'un sabre l'avait obligé à reculer.

L'un après l'autre, famille après famille, ils partaient vers l'ouest, avec leurs ballots renfermant tous leurs biens et la lettre d'un cousin habitant Londres, d'un frère vivant en Amérique ou d'une sœur installée à Hull, comme garantie qu'ils trouveraient un toit en arrivant... ou avec l'espoir pour seul bagage. Un grand nombre d'entre eux savaient que quelqu'un d'autre avant eux, un ami, un voisin, l'ami d'un ami, avait reçu une telle lettre, avec peut-être un peu d'argent à l'intérieur, et ils refusaient de se laisser décourager par les mises en garde du consulat britannique, où on leur expliquait que l'Angleterre avait déjà son compte de chômeurs et qu'il valait mieux pour eux avoir le ventre creux en Russie que mourir de faim à Londres.

Alors, ils se rendaient dans les gares de Moscou ou de Saint-Pétersbourg et ils prenaient des trains qui traversaient la Pologne ou l'Autriche-Hongrie, et ils arrivaient à Hambourg ou Rotterdam, ou encore Libau, et là, ils dépensaient l'argent qu'il leur restait pour acheter un billet de bateau. Certains avaient organisé leur traversée depuis Saint-Pétersbourg et payé un accompagnateur qui les suivait jusqu'au port, leur faisait franchir la douane et les escortait jusqu'au refuge ruif à la fin de leur voyage. Pour quelques-uns,

Londres n'était pas le terminus ; ils continuaient jusqu'à Liverpool en train, et là, prenaient un autre bateau, direction New York.

Et quand ils arrivaient, sans parler la langue du pays et sans argent, ils n'avaient qu'une seule perspective : la pauvreté.

Des milliers et des milliers d'autres immigrants arrivèrent au cours des années qui suivirent, et chacun d'eux avait une histoire à raconter, mais l'histoire qui nous intéresse ici est celle de Sally Lockhart ; c'est pourquoi nous suivrons le jeune homme à la barbe rousse qui souffrait de phtisie.

Il n'était pas russe, mais allemand, et se nommait Jacob Liebermann. Journaliste de profession et socialiste par conviction, il avait quitté Berlin en faussant compagnie à la police – du moins le croyait-il. En vérité, ces messieurs étaient avertis de son départ, dont ils se réjouissaient. Dans le Berlin de Bismarck, les juifs étaient tolérés tant qu'ils restaient dans leur coin et gagnaient de l'argent, que l'État pouvait leur prélever sous forme d'impôts. Les socialistes, eux, étaient *persona non grata*. Liebermann avait écrit une vingtaine d'articles dans des journaux socialistes d'autres villes d'Allemagne et il s'était même essayé aux discours publics, mais sa grande nervosité le handicapait. Il avait dépassé les bornes le jour où, dans un article, il avait dévoilé le rôle joué par le banquier privé de Bismarck dans plusieurs mesures antiprogressistes prises par le Parlement, et on lui avait fait comprendre qu'il serait préférable pour lui de quitter le pays.

Au cours de ses pérégrinations, il s'était vu confier une mission par l'homme qu'il allait voir à présent ; voilà pourquoi il remonta son col, enfonça sa casquette sur son front et prit la direction de Soho, s'arrêtant fréquemment dans la lumière des lampadaires pour consulter un plan en lambeaux.

Entrons maintenant dans une salle en sous-sol, chauffée et bien éclairée, meublée de bancs et de chaises en bois brut et aux murs couverts d'étagères remplies de livres. D'un côté se dressait une estrade rudimentaire avec une table et deux chaises. Une rangée de fenêtres situées en hauteur aurait permis d'apercevoir les pieds des passants s'il y avait eu de la lumière dans la rue, et si les carreaux n'avaient pas été couverts de crasse et de buée.

Ce soir-là, la salle résonnait des échos d'une dispute en quatre langues : russe, polonais, allemand et yiddish. L'orateur juché sur l'estrade, un homme survolté vêtu d'une redingote, frappait du poing sur la table et vociférait en yiddish. Les autres langues jaillissaient de la salle où une trentaine d'hommes écoutaient, chahutaient, se disputaient, fumaient, opinaient du bonnet et même, dans le cas de deux d'entre eux, jouaient aux échecs.

A en juger par la passion ainsi exprimée, on aurait pu croire qu'il s'agissait d'une réunion d'anarchistes qui n'étaient pas d'accord sur la quantité de dynamite à mettre dans leur prochaine bombe. En vérité, ils étaient d'un tout autre bord et détestaient les anarchistes. Il s'agissait en fait d'une réunion de la Ligue des associations de socialistes démocrates, et ils débattaient pour savoir si le nouveau journal qu'ils s'apprêtaient à lancer devait être rédigé en yiddish, en allemand, en polonais ou en russe. Il y avait suffisamment d'exilés, pensaient-ils, pour faire vivre un journal publié dans une de ces quatre langues, sans parler des nouvelles vagues d'immigrants qui ne cessaient d'affluer chaque semaine. Il existait des arguments en faveur de chacune des langues et ils furent tous avancés à plusieurs reprises, avec brio ou maladresse, mais aucun n'emportait l'adhésion générale. On se trouvait dans une impasse.

Au bout d'un moment, un murmure se fit entendre dans l'assistance : « Demandons à Goldberg... Voyons ce qu'il a à dire... Pourquoi on ne demanderait pas à Goldberg ? L'opinion de Goldberg est toujours intéressante... On aurait dû lui poser la question avant... Voyons ce qu'en pense Goldberg... »

Très vite, cette idée fit le tour de l'assemblée et les personnes présentes se tournèrent vers le fond de la salle, où était assis le dénommé Goldberg.

C'était un homme proche de la trentaine, au physique saisissant : cheveux très bruns et épais, nez volontaire et yeux noirs intenses ; il était costaud, avec des épaules de docker et des poings de boxeur. Assis à une table couverte de feuilles éparpillées, il écrivait frénétiquement et trempait sa plume dans l'encrier avec une énergie sauvage, sans se soucier des taches qui éclaboussaient la table, les feuilles et ses mains. Un cigare à l'odeur pestilentielle était coincé entre ses dents.

Il leva la tête, conscient que la discussion avait cessé ; l'un des hommes assis sur l'une des chaises les plus proches s'adressa à lui en yiddish :

– Camarade Goldberg, nous n'arrivons pas à nous décider. Les arguments en faveur du polonais me semblent irréfutables, mais les arguments en faveur du russe les battent à plate couture, et pourtant, je sais que ce journal devrait être publié en yiddish. Toutefois...

Cinq voix s'élevèrent en même temps pour protester, mais l'homme haussa le ton :

– Nous n'avons pas encore entendu ton avis, camarade. Fais-nous profiter de ton jugement. En quelle langue devons-nous publier notre journal ?

Goldberg ôta son cigare de sa bouche, fit tomber la cendre et répondit simplement :

– En anglais.

Le brouhaha redoubla. Goldberg semblait s'y attendre, car il se remit à écrire comme si de rien n'était. Un homme assis près de lui se pencha en avant en agitant le doigt avec fureur et faillit renverser l'encrier. Goldberg pencha la tête sur le côté pour l'écouter et déplaça l'encrier avec sa main gauche tout en continuant d'écrire avec la droite. Il répondit en deux ou trois mots sans que sa main cesse de courir sur le papier. Arrivé en bas de la feuille, il la mit de côté pour s'attaquer aussitôt à la suivante.

Le débat enflammé se poursuivit jusqu'à ce que le président de séance, qui commençait à en avoir assez, frappe sur la table avec un marteau de cordonnier pour réclamer le silence.

– Camarades ! Camarades ! Les débats et les contradictions constituent l'âme même du socialisme démocratique, mais il ne s'agit pas uniquement de parler, il faut aussi savoir écouter les autres ! Camarade Goldberg, pourrais-tu justifier ton choix ?

Le président s'était exprimé en yiddish et Goldberg lui répondit dans cette langue. Sa voix était puissante et grave.

– Il y a trois raisons, expliqua-t-il.

Tout le monde s'était retourné pour l'écouter, les bras appuyés aux dossiers de leurs chaises.

– Premièrement, nous sommes en Angleterre. Certains d'entre nous rêvent de retourner un jour dans leur pays, d'autres veulent s'installer en Palestine, d'autres souhaitent se rendre en Amérique, mais savez-vous où la plupart d'entre nous mourront et seront enterrés ? En Angleterre, camarades. Vos enfants auront des enfants qui seront nés ici et qui se considéreront comme anglais ; ils ne parleront ni le polonais, ni l'allemand, ni le russe. Un journal en polonais, par exemple, sera donc condamné à avoir de moins en moins de lecteurs. Le même argument vaut pour le yiddish, avec ce désavantage supplémentaire qu'il limitera son lectorat aux juifs. Ce mouvement est-il exclusivement juif ? Le socialisme a-t-il été inventé pour profiter aux juifs en excluant les autres ? Ce n'est pas ainsi que je le conçois, camarades. Mais je regarde autour de moi ce soir, et si je regardais autour de moi dans des dizaines d'autres meetings, je verrais la même chose. Quoi ? Chacun de nous est juif. Pourquoi excluez-vous les non-juifs ? Oh, je sais bien que vous ne menez pas une politique d'exclusion systématique : simplement, vous imprimez vos tracts en yiddish. Si c'est cela le socialisme, camarades, ça ne me plaît pas. Vous devriez accueillir des hommes de talent et de bonne volonté venant de la communauté dans laquelle vous vivez, et le meilleur moyen pour cela, c'est de publier notre journal en anglais. Vous devriez accueillir les hommes de talent et de bonne volonté même si ce sont des femmes. A vrai dire...

La fin de sa phrase fut happée par un rugissement de protestations et d'approbations, mais Goldberg l'avait prévu, là encore, et il attendit en souriant que le calme revienne. Puis il reprit :

– Nous ne devrions faire aucune distinction. Voilà la première raison. La deuxième est plus simple : je devine que ce... journal, ou appelez ça comme vous voulez, sera écrit en grande partie par moi, et j'ai l'intention d'écrire en anglais. Or, vous n'avez pas les moyens de payer un traducteur. De plus, écrire en anglais est le seul moyen d'améliorer le maniement de la langue.

– Ton anglais est excellent, camarade Goldberg, intervint une voix timide.

– Oh, mon anglais est impeccable, répondit gaiement Goldberg. C'est l'anglais de mes lecteurs que je veux améliorer.

Des rires fusèrent dans l'assistance.

– Quelle est la troisième raison ? lança quelqu'un.

– Oh, la troisième raison est la plus convaincante de toutes. A vrai dire, elle est imparable : après l'avoir écoutée, vous ne pourrez plus entendre d'autres considérations pendant un moment. Elle m'a convaincu, croyez-le. Hélas, je ne m'en souviens plus.

Il y eut de nouveaux rires. Goldberg savait manipuler son public ; il avait réussi à les ranger de son côté. Certes, ils continueraient à grogner et à protester, mais il savait qu'il avait gagné.

– Je propose, dit un vieil homme coiffé d'une casquette défraîchie, que la suggestion du camarade Goldberg soit adoptée, même si cela représente une souffrance pour moi qui devrai apprendre l'orthographe de chaque mot.

– Mais nous n'avons même pas débattu de la proposition ! s'exclama quelqu'un. Si le camarade Goldberg souhaite balancer par la fenêtre toutes nos traditions et faire de chacun de nous un Anglais, il me semble que cela mérite d'être discuté plus amplement. Pour commencer...

Pendant que les socialistes démocrates relançaient le débat avec énergie, bien qu'ils sachent déjà quel serait le résultat, Goldberg gratta une allumette pour rallumer son cigare avant de tremper sa plume dans l'encrier et de reprendre sa phrase là où il l'avait arrêtée.

La salle était si encombrée et le vacarme tel que nul ne vit la porte s'ouvrir et une mince silhouette s'introduire à l'intérieur. Le jeune homme à la barbe rousse, son sac à dos dans les bras, regarda autour de lui en clignant des yeux à travers le rideau de fumée malodorante. Il interrogea l'homme le plus proche de lui, regarda dans la direction que lui indiquait celui-ci et se fraya un chemin au milieu des chaises jusqu'à la table où était assis Goldberg. Ce dernier, occupé à écrire, ne remarqua pas sa présence.

Le jeune homme se racla la gorge.

– Camarade Goldberg ?

– Oui ? fit celui-ci sans lever les yeux.

– Je m'appelle Jacob Liebermann. J'ai débarqué à Londres aujourd'hui même. Je...

– Liebermann ! Ah, quelle joie de te rencontrer ! Cet article dans le *Arbeiter Freind*... Merveilleux ! Assieds-toi donc, camarade.

Il lui serra la main et avança une chaise. Liebermann s'assit en essayant de masquer son émotion. Il avait été lu et encensé par le grand Daniel Goldberg ! Mais ce dernier le dévisageait d'un air soucieux, tout en remettant son cigare dans sa bouche.

– Tu es en mauvaise santé, dit-il. De quoi souffres-tu ? C'est la phtisie ?

Liebermann hocha la tête. Il était presque à bout de forces.

– Quittons cet endroit enfumé. Ces gens vont continuer à se disputer jusqu'à minuit. Viens avec moi. J'ai une chambre en haut. Donne-moi ton sac.

Il rassembla ses feuilles, balança le sac à dos sur son épaule, coinça le porte-plume entre ses dents, reboucha l'encrier et se faufila dans la foule. Liebermann le suivit, accablé de fatigue.

– Larousse m'a transmis ton message..., dit Liebermann alors qu'ils montaient l'escalier. Après avoir quitté Berlin, je suis allé à Latvia... J'ai des nouvelles...

– Je me souviens. Très bien. Raconte-moi.

– Camarade Goldberg, il y a un complot contre les juifs. Des centaines d'entre eux, peut-être même des milliers, sont rassemblés aux frontières, sans argent ni papiers... Ceux qui ont des billets s'entassent dans les gares et les ports...

– Oui, je sais déjà tout cela. Quoi de nouveau ?

– J'allais y venir.

– Viens-y vite, alors. Il n'y avait qu'un seul problème dans ton article, si tu me permets cette remarque. Tu n'entres pas assez rapidement dans le cœur du sujet. Tu dois tout dire dans la première phrase. L'argumentation, c'est différent ; les essais, c'est différent, les croquis de voyage et ce genre de choses, c'est différent. Quand tu donnes une information, tu dois la livrer tout de suite. Le reste, c'est du développement, du commentaire, du détail... tu peux t'en passer, à la limite. Je suis déjà averti de cette histoire de frontières, de passeports et de voyageurs désargentés. Donne-moi la nouvelle en une seule phrase.

– L'homme qui se cache derrière tout ça se fait appeler le Tzaddik, et il va venir ici, à Londres.

– C'est mieux. Nous ferons de toi un journaliste. Nous sommes arrivés...

Ils s'étaient arrêtés devant une porte, sur le minuscule palier du deuxième étage. Goldberg l'ouvrit et laissa passer Liebermann, puis il gratta une allumette et alluma une lampe à pétrole. Le jeune journaliste se laissa tomber dans le fauteuil le plus proche et se mit à tousser. Goldberg l'observa : les joues fiévreuses, les yeux brillants... tout cela était inquiétant. Il posa le sac à dos, dégagea un espace au milieu des ouvrages de référence et des rapports gouvernementaux pour se débarrasser des documents qu'il transportait, puis il remplit un verre de brandy et le tendit à son visiteur.

– Que sais-tu de cet homme, le Tzaddik ?

Liebermann prit le verre à deux mains pour le porter à ses lèvres. Il ferma les yeux en sentant le liquide réchauffer sa bouche et sa gorge. Goldberg s'assit devant la table.

– La première fois que j'ai entendu parler de lui, c'était à Riga. J'étais avec un camarade qui me montrait les locaux d'un service baptisé le Bureau d'enregistrement des étrangers du consulat britannique.

– Ça n'existe pas, dit Goldberg. C'est du bidon.

Il sortit de la poche de son manteau l'encrier, puis le porte-plume. Il coinça les feuilles qu'il avait apportées sous une pierre grosse comme le poing, ouvrit l'encrier et se remit à écrire pendant que Liebermann parlait.

– Oui, c'est ce que j'ai découvert. Je me suis fait passer pour un juif russe qui souhaitait émigrer en Angleterre. L'homme qui se trouvait là, un Britannique, m'a posé un certain nombre de questions, il a regardé mes papiers, puis il m'a fait payer des frais et il a inscrit mon nom dans un registre. Cela me garantissait un droit de séjour à Londres pour trois mois, a-t-il prétendu. Il y avait des dizaines de personnes dans les locaux, dont certaines qui ne pouvaient pas payer, car elles n'avaient plus d'argent Elles avaient dû subir ce genre de procédés depuis Kiev. Des frais de transit à Moscou, un sauf-conduit ailleurs, un timbre sur leur passeport à la frontière.. et ainsi de suite. Chaque fois qu'elles se déplaçaient, elles devaient verser de l'argent à quelqu'un.

– Parle-moi du Tzaddik, dit Goldberg.

– Ah, oui. Pardon. Il semblerait que ces gens-là, des juifs, aient peur d'un mystérieux personnage qu'ils appellent le Tzaddik, comme si tous leurs malheurs, tous les obstacles qui se sont dressés sur leur route, toutes les persécutions et les combines dont ils ont été victimes étaient l'œuvre d'un seul homme. Mais ce sont des superstitions, ils pensent que ce personnage n'est pas... humain. Que ce soit dans les villages du *shtetl* ou les taudis de Varsovie, de Bucarest et de Vienne, ils parlent tous du Tzaddik comme s'il s'agissait d'un démon, d'une créature surnaturelle. Ils disent qu'il a pour serviteur un *dibbouk*, un diablotin venu de l'enfer. Ils appellent son maître Tzaddik – c'est-à-dire le juste, le saint – pour essayer de repousser le mal, comme une sorte de plaisanterie désespérée. La première fois où j'ai entendu parler de ça, j'étais exaspéré : que faire face à l'ignoble superstition ? Mais maintenant... Je l'ai vu, camarade Goldberg. Et je pense qu'ils ont raison. Voici comment ça s'est passé : mon camarade de Riga m'a conduit dans un entrepôt qui donnait sur la passerelle d'un bateau à vapeur. C'était la nuit ; les docks étaient fermés et, si on s'était fait prendre, on aurait fini en prison. Mais nous voulions voir le Tzaddik monter à bord du bateau. Tout cela était très secret, car personne ne le voit jamais, il voyage de nuit. Nous avons attendu bien après minuit, quand soudain une voiture à cheval s'est arrêtée à la hauteur de la passerelle. C'était un attelage de luxe, imposant et solide. De là où nous étions, nous n'avons pas vu les hommes décharger le Tzaddik, mais...

– Le *décharger ?* interrogea Goldberg.

– Tu vas comprendre, camarade. Quand la voiture est repartie, il était sur la passerelle, soutenu par deux marins et poussé par deux valets de pied. Il était assis dans un fauteuil d'invalide. Incroyablement obèse. Tout près de lui, un domestique tenait une sorte de tapis ou je ne sais quoi. Et... peu m'importe que tu me croies ou non... j'ai vu le *dibbouk*.

Goldberg leva la tête. Le visage de Liebermann était crispé et il avait presque fini son verre de brandy. Goldberg le resservit et le jeune homme poursuivit :

– Une petite ombre semblable à un chat, de la taille d'un chat, mais humaine. Un homoncule, comme ceux que créaient les magiciens de l'époque médiévale dans ces vieilles histoires. Il gravissait la passerelle en courant et en sautillant derrière son maître...

Il ferma les yeux et frissonna.

– Bref, ils ont transporté l'homme à bord et ont soulevé la voiture également, à l'aide d'une grue. Ensuite, je suis parti avec mon camarade, et je me suis rendu à

Rotterdam par la route. C'est là-bas que j'ai de nouveau entendu parler du Tzaddik. A bord du bateau, le soir où nous avons levé l'ancre. J'étais sorti sur le pont, car en bas l'air était pestilentiel et enfumé, et j'essayais de me réchauffer en me blottissant derrière un canot de sauvetage. J'ai entendu deux hommes discuter. Les moteurs du bateau tournaient et dans mon dos j'entendais les palpitations des machines à travers la cloison. C'était près de la cheminée et j'apercevais les lumières de la ville derrière le poste de douanes. J'étais accroupi là, enveloppé dans mon imperméable, et j'ai aperçu deux hommes dont les silhouettes se découpaient sur le ciel ; ils étaient accoudés au garde-fou. Ils parlaient en anglais.

« L'un des deux a dit : "Cinquante-six passagers à cinq florins chacun : deux cent quatre-vingts florins. Vous me devez dix pour cent, soit vingt-huit florins." J'ai reconnu cette voix : c'était celle du fonctionnaire qui avait tamponné les papiers des passagers avant qu'ils montent à bord. L'autre homme a objecté : "Il n'a jamais été question de dix pour cent. Nous étions tombés d'accord sur cinq pour cent." Le fonctionnaire lui a rétorqué : "Le prix a augmenté. C'est le dernier voyage qu'on peut effectuer dans ces conditions au départ de Rotterdam ; les autorités commencent à réclamer leur part du gâteau. Je dois protéger mes bénéfices. Dix pour cent ou je vais voir le Tzaddik."

« L'autre homme a maugréé, mais il a payé. Puis il a dit : "Aux dernières nouvelles, le Tzaddik était en

Russie. Vous avez l'intention de retourner là-bas ?" Le fonctionnaire a déclaré alors : "Il est en route pour Londres. Le réseau est quasiment en place."

« L'autre a alors demandé : "Si on ne peut plus utiliser cette combine, comment va-t-on faire la prochaine fois ?" Le fonctionnaire a répondu : "Allez voir un individu dans Blackmoor Street quand vous arriverez à Londres. Un certain M. Parrish. Il vous expliquera."

« Je n'en ai pas entendu davantage, car la sirène du bateau a retenti à ce moment-là. Je les ai vus se serrer la main, puis le fonctionnaire est parti. L'autre homme est resté là jusqu'à ce que le bateau ait quitté le quai et sorte du port, puis il est descendu dans les cabines. C'est à ce moment-là que j'ai commencé à avoir le mal de mer...

Il se tut et se renversa dans le fauteuil. Goldberg se tapotait les dents avec le porte-plume, les yeux mi-clos, en pleine réflexion.

– Parrish, tu as dit ? De Blackmoor Street ?

– C'est le nom que j'ai entendu. Mais c'est tout. Désolé, camarade Goldberg, je n'ai pas pu le suivre quand nous avons débarqué. J'étais trop mal en point. Alors, je n'en sais pas plus sur ce Parrish... Ce nom te dit quelque chose ?

– Oh, que oui ! s'exclama Goldberg. J'ai entendu parler de M. Parrish. Mais j'ignorais qu'il fût mêlé à cette histoire... Liebermann, tout cela est extraordinairement intéressant. Je te suis très reconnaissant.

Le jeune homme avait fermé les yeux. Il n'y avait pas de feu dans la pièce et il y régnait un froid glacial.

Goldberg ôta les couvertures du lit pour en envelopper son visiteur. Il regarda avec envie ses cigares, mais se contenta d'en coincer un entre ses dents sans l'allumer, puis il remonta le col de son manteau, enroula son cache-nez autour de son cou et se remit à écrire.

3
Le registre de mariage

Le lendemain matin, après avoir recommandé à Sarah-Jane de ne pas quitter Harriet des yeux un seul instant et de ne laisser entrer aucun inconnu dans la maison, Sally se rendit à son cabinet, dans la City.

Il était situé au troisième et dernier étage d'un vieil immeuble de Bengal Court, pas très loin de la cathédrale Saint-Paul. On y accédait par un escalier étroit. Sally partageait l'immeuble avec un agent d'assurances, un lunetier, un importateur de tabac, le représentant américain d'un fabricant de machines à écrire et les bureaux de la *Gazette du tricycle.* C'était un lieu animé, et tous les autres occupants étaient sympathiques, mais Sally ne pouvait s'empêcher de penser que l'un d'eux l'espionnait peut-être, et cela la choquait profondément. Comment ce Parrish pouvait-il être si bien renseigné s'il n'avait pas d'espions ?

Margaret Haddow était déjà installée à son bureau. Elle avait un ou deux ans de moins que Sally mais, du fait de son air sombre et austère et de ses manières brusques, elle paraissait plus âgée. Sally lui faisait totalement confiance. Leur employée, Cicely Corrigan, venait de Bromley ; obligée de s'occuper de sa mère handicapée avant de quitter son domicile, elle arrivait un peu plus tard.

– Beaucoup de travail aujourd'hui ? demanda Sally en accrochant son manteau et son chapeau à une patère.

– Non, pas trop, répondit Margaret. Nous devons nous intéresser à ces actions d'exploitation minière en Amérique du Sud avant demain, et j'aimerais bien qu'on regarde ensemble le dossier de M. Thompson. Ensuite, je prévoyais d'aller voir une certaine Mme Wilson, mais pas avant quinze heures. Je pensais que nous pourrions jeter un coup d'œil sur ces terrains aurifères, en Australie. J'ai le sentiment que leur prix va monter.

– Pouvez-vous mettre ça de côté pour l'instant et me rendre un service ?

– Oui, sans doute. De quoi s'agit-il ?

Sally lui raconta tout. L'histoire ne paraissait pas plus crédible maintenant qu'elle lui était devenue familière. Margaret connaissait l'existence de Harriet et elle s'était rendue plusieurs fois à Orchard House ; aussi sa réaction fut-elle beaucoup plus compatissante que celle de l'avocat et de son clerc.

– C'est monstrueux ! s'exclama-t-elle. Que puis-je faire ? Voulez-vous que je témoigne devant le tribunal ?

– J'espère que cette affaire n'arrivera pas devant le tribunal, répondit Sally. J'espère bien découvrir les motivations de cet homme avant cela. Si je sais de quoi il retourne, je saurai comment me défendre. Je vais aller examiner le registre de cette église aujourd'hui même – j'ai un train dans quarante minutes –, mais je dois me renseigner sur ce Parrish. Pourriez-vous aller faire un tour à son bureau ?

– Évidemment ! Que dois-je faire ensuite ? Le tuer ?

Sally sourit.

– Non, pas tout de suite. Mais si vous pouviez inventer une histoire plausible où il serait question de lui verser une commission, pour essayer d'en savoir plus sur ses activités... N'importe quoi. En fait, je ne sais pas quoi chercher, car je n'ai aucun renseignement sur cet homme. Tout ce que vous pourrez découvrir me sera utile.

Le train déposa Sally à Portsmouth à midi. De là, un cab la conduisit au presbytère de Saint-Thomas, rattaché à la paroisse de Southam. C'était une banale banlieue de Portsmouth avec de mornes alignements de petites maisons en brique, une rangée de commerces miteux et toute une zone broussailleuse, le long de la voie ferrée, qui attendait que le progrès la transformât. L'église ne datait que d'une cinquantaine d'années : suffisamment vieille pour être sale, pas assez pour être intéressante. Idem pour le presbytère.

Le recteur, un certain M. Murray, était en train de déjeuner, dit la servante à Sally. Pouvait-elle repasser dans une demi-heure ? Sally décida d'aller faire un tour dans l'église pour tuer le temps. C'était un bâtiment dans le style néo-gothique traditionnel, dont le seul intérêt était la liste des titulaires gravée sur le mur. Cinq pasteurs s'étaient succédé à Southam avant celui-ci. M. Murray était entré en fonction l'année précédente ; il n'était donc pas là quand le prétendu mariage avait été célébré. Le pasteur de l'époque se nommait Beech.

Estimant que M. Murray devait avoir fini de déjeuner, Sally retourna au presbytère. La servante l'introduisit dans un bureau et le pasteur se leva pour lui serrer la main. C'était un homme d'un certain âge, grand et mince, à l'air sévère.

– J'aimerais savoir si je peux consulter les archives de la paroisse, s'enquit-elle.

– Vous savez qu'elles ne remontent que jusqu'en 1832 ? dit M. Murray. Si vous cherchez vos ancêtres, vous n'en trouverez pas beaucoup ici.

– C'est le registre des mariages qui m'intéresse. Pour l'année 1879. Dites-moi, monsieur Murray, quel genre de paroisse est-ce, ici ? S'agit-il d'un endroit paisible ?

– Il y a une petite assemblée de fidèles, trop petite. Et beaucoup de mouvement, un va-et-vient continuel. De nos jours, les gens ne restent plus à l'endroit où ils sont nés. Dans ma paroisse précédente, à la campagne, je pouvais traverser le village et citer les noms de toutes les personnes que je croisais, ainsi que ceux des membres de leur famille. Ici, je peux me promener dans les rues toute la journée sans apercevoir un visage familier.

– Votre prédécesseur, M. Beech… il a pris sa retraite ?

Il y eut un silence.

– Pourquoi me demandez-vous cela ?

– Je m'intéresse à un mariage qui a été célébré ici en 1879. S'il figure dans le registre, j'aurais voulu demander à M. Beech s'il s'en souvenait.

– Ah, je comprends. Eh bien, oui, il a pris sa retraite. Hélas, je ne peux pas vous donner son adresse.

– Pourquoi ?

– Je ne la connais pas, répondit-il sèchement. Si vous souhaitez consulter le registre, il faut aller dans l'église.

Le pasteur se leva et ouvrit la porte. Sally le suivit à travers un jardin poussiéreux dont les parterres exhalaient une odeur nauséabonde, jusqu'à l'entrée latérale de l'église.

Dans la lumière grise de l'après-midi et le parfum de moisi de la sacristie, M. Murray sortit d'un placard une pile de gros livres qu'il déposa sur une table.

– Ce qui vous intéresse, c'est le registre des mariages, dit-il en désignant un grand livre vert dont la couverture portait ce titre. Il sert depuis 1832. Tous les mariages célébrés dans cette paroisse y figurent. Quelle date cherchez-vous ?

– 1879, dit Sally. En janvier. Y a-t-il beaucoup de mariages ici, monsieur Murray ?

– Deux ou trois par trimestre. On ne peut pas dire que ce soit beaucoup. Ah, nous y sommes.

Il lui tendit le registre ouvert. Deux formulaires imprimés étaient collés sur une page, avec de la place pour noter les détails de chaque mariage. Pour le premier mariage, constata-t-elle, le marié, qui ne savait sans doute pas écrire, avait signé d'une croix tremblante. L'écriture de son épouse n'était guère plus assurée.

Son regard glissa vers le deuxième document : son nom y figurait.

Le 3 janvier 1879, Arthur James Parrish avait épousé Veronica Beatrice Lockhart. Sally retint son souffle, avant de se ressaisir et de continuer à lire. Son âge et celui de Parrish n'étaient pas mentionnés, mais c'était visiblement la coutume, comme elle put le constater en examinant les autres documents. Concernant *la condition ou la profession* de Parrish, il était écrit « courtier » et, apparemment, ils résidaient l'un et l'autre à Southam. La colonne *nom et prénoms du père* était simplement barrée d'un trait en ce qui concernait Sally. Idem pour la rubrique *condition ou profession du père.* Celui de Parrish se nommait James John Parrish et il exerçait le métier de clerc.

– N'y a-t-il aucune adresse ? s'étonna-t-elle. Pas même celles des témoins ?

– Non, aucune. Ce n'est pas noté.

– Autrement dit, ils pouvaient venir de n'importe où. Les connaissez-vous ?

Les témoins étaient un certain Edward William Sims et une certaine Emily Franklin. M. Murray jeta un bref coup d'œil au registre et secoua la tête.

En tout cas, il n'y avait aucun doute possible quant à l'écriture de Sally. C'était bien sa signature, ou une formidable imitation. « Ils » avaient dû se procurer un quelconque document officiel, car elle signait généralement Sally, mais c'étaient bien son V, son B et sa manière de griffonner Lockhart, sans s'appliquer. Le reste, à l'exception de la signature de Parrish, était de la main du pasteur Beech.

– Est-il possible qu'un tel document ait été falsifié ? demanda-t-elle.

– Falsifié ?

– Quelqu'un aurait-il pu introduire dans le registre un faux document ?

– Non, impossible. Les certificats doivent être remplis au moment du mariage, et vous verrez qu'ils se suivent tous. Ce mariage-ci, par exemple, porte le numéro 203. Le numéro 204 a eu lieu en... voyons voir... au mois de mars suivant. Il n'est pas possible de modifier l'ordre, si c'est ce que vous voulez dire. Si quelqu'un avait eu l'intention d'introduire un faux certificat pour l'année 1879, disons, il aurait fallu le faire à l'époque.

– Existe-t-il d'autres registres ?

– Chaque trimestre, je dois informer l'officier de l'état civil local des mariages qui ont été célébrés. J'envoie un formulaire comme celui-ci, expliqua le pasteur en montrant une feuille de papier, avec tous les détails qui figurent dans le registre. Ensuite, j'ignore ce qui se passe, je l'avoue. De temps en temps, ils demandent des renseignements quand il y a eu une erreur, un mot manquant ou un nom mal orthographié ; j'en conclus que quelqu'un les vérifie. Je suppose qu'ils les envoient à Somerset House.

Somerset House, à Londres, était le bureau central de l'état civil, qui recensait les naissances, les décès et les mariages. Sally se promit de s'y rendre, mais elle savait déjà ce qu'elle y trouverait...

– Merci beaucoup, monsieur Murray. Si vous le permettez, je vais juste faire une copie de ce document.

Elle recopia avec soin le certificat, ce qui ne lui prit pas longtemps. Le pasteur resta près d'elle, puis s'empressa de ranger les registres quand elle eut terminé.

– Au sujet de votre prédécesseur, M. Beech, insista-t-elle. Y a-t-il dans la paroisse quelqu'un qui pourrait savoir ce qu'il est devenu ? Un de vos domestiques, par exemple ?

Le pasteur semblait mal à l'aise, et l'expression de son visage était plus austère que jamais.

– Tout le personnel du presbytère est, comment dirais-je... nouveau. L'ancienne cuisinière-gouvernante est partie avant mon arrivée et, comme M. Beech n'avait pas de voiture, il n'y avait pas de valet d'écurie. Peu de temps après mon installation, j'ai été obligé de donner congé à une autre servante. J'ignore où elle est allée.

– Et les bedeaux ? N'y a-t-il personne qui puisse me dire où se trouve le pasteur ? L'évêque pourrait-il me renseigner ?

– Je... Pour être franc, mademoiselle Lockhart, les affaires de la paroisse laissaient à désirer quand je suis arrivé. M. Beech était souffrant depuis quelque temps déjà. Quel que soit le but de votre recherche, je doute que M. Beech soit susceptible de vous aider.

– Je ne comprends pas. Voulez-vous dire qu'il est toujours souffrant ? Monsieur Murray, il s'agit d'une affaire extrêmement grave. Je n'ai aucune envie de persécuter M. Beech, mais si je pouvais lui parler...

– J'ignore où il se trouve, mademoiselle Lockhart, et je doute fort que quiconque dans cette paroisse puisse vous renseigner. Quant à l'évêque... (Il haussa les épaules.) Allez donc l'interroger. Est-ce... (Il se tourna vers le placard dans lequel il avait rangé les registres.) Laisseriez-vous entendre que ces registres ont été falsifiés ? Votre question concernant des malversations... c'est très grave.

– Je suis d'accord.

Pouvait-elle tout lui raconter ? Peut-être en savait-il plus qu'il ne voulait bien le dire, et ne se taisait-il que parce qu'il ignorait ses raisons ? D'un autre côté, pouvait-elle lui faire confiance ?

– C'est très grave, en effet, ajouta-t-elle. Je ne peux pas en dire plus pour le moment, mais si je pouvais retrouver M. Beech, peut-être serait-il en mesure de m'aider.

Le pasteur la fixa, l'air impénétrable. Finalement, il lui tourna le dos et lui ouvrit la porte.

Sally se leva et prit congé. M. Murray verrouilla la porte de la sacristie derrière eux. Ils échangèrent une poignée de main et se quittèrent sans un mot.

Avant le départ du train pour Londres, Sally se rendit au bureau de poste et demanda à parler au receveur en chef.

Celui-ci se présenta au comptoir ; Sally aurait préféré un entretien en privé, mais le fonctionnaire paraissait impatient. Coincée entre un homme chargé d'un énorme colis et une vieille dame qui achetait des timbres, elle dit :

– J'essaye de retrouver une personne qui a vécu à Portsmouth il y a trois ans. Se peut-il qu'elle ait laissé une adresse où faire suivre son courrier ? Il s'agit d'un certain M. Beech. Le pasteur Beech, du presbytère de Southam.

Le receveur des postes poussa un soupir.

– Franchement, ça m'étonnerait, mademoiselle. Vous voulez que je jette un coup d'œil ?

– Oui, s'il vous plaît. C'est pour cela que je vous ai posé la question.

Il lui adressa un regard mauvais, avant de disparaître dans une pièce du fond. La vieille dame s'en alla et un homme prit aussitôt sa place au guichet pour envoyer un mandat. Le receveur revint quelques minutes plus tard.

– On n'a rien au nom de Beech, annonça-t-il.

Une lueur de triomphe brillait dans ses yeux, comme s'il se réjouissait de pouvoir la décevoir à si bon compte.

– Merci, répondit Sally avec un petit sourire doux qui le déconcerta.

Au moment où elle sortait du bureau de poste, elle sentit une main légère se poser sur son épaule.

– Euh, excusez-moi, mademoiselle, mais...

C'était la vieille dame venue acheter des timbres.

– Oui ? fit Sally.

– Je n'ai pas pu m'empêcher d'écouter votre conversation, et peut-être ai-je tort de m'en mêler, mais j'étais une paroissienne de M. Beech, et si vous le cherchez…

– Oui ! Oh, comme je suis contente que vous m'ayez écoutée ! Savez-vous où il se trouve ?

La vieille dame regarda autour d'elle, puis elle se pencha un peu plus vers Sally. Elle sentait l'eau de lavande et son étole en fourrure la naphtaline.

– Je crois qu'il est en prison, murmura-t-elle.

– Ah oui ? Et pour quelle raison ?

– Je l'ignore. Et Dieu sait que je m'en voudrais de calomnier un pauvre homme qui a succombé à la tentation, mais la vérité finira par éclater. J'ai quitté la congrégation de Saint-Thomas un an ou deux avant qu'il soit… révoqué, mais vous savez, on entend dire des choses. Il m'a toujours fait l'impression d'un homme nerveux. Il n'avait pas de famille, il était célibataire, c'est une chose qui n'est pas très appréciée chez un pasteur. Durant la dernière année où j'ai fréquenté son église, il ne semblait pas très bien portant. Et quand la main qui vous tend l'hostie de la communion tremble à ce point, c'est très perturbant, comprenez-vous ?

– Et vous pensez qu'il est en prison ? demanda Sally.

– Des bruits courent. Évidemment, il ne faut pas accorder crédit à *tout* ce qu'on entend, mais il est parti de manière si brutale, et nous avons appris que les autorités ecclésiastiques avaient tout fait pour étouffer l'affaire, mais ma bonne amie Mlle Hyne a un cousin germain qui travaille au ministère de l'Intérieur, et bien qu'il ne puisse pas dire tout ce qu'il sait, forcément, il lui a laissé entendre que M. Beech se trouvait derrière les barreaux.

– C'est tout bonnement incroyable, dit Sally. Mais de quoi l'accuse-t-on ?

– Ah, nul ne peut répondre à cette question. Mais il ne fait aucun doute que l'argenterie de l'église, dont une partie avait été offerte par la famille Crosse, de magnifiques pièces, a disparu : en ne voyant plus ce splendide calice, nous n'avons pu nous empêcher de tirer certaines conclusions.

– Je vois, dit Sally. Merci infiniment, madame...

– Mademoiselle Hall. Vous n'êtes pas de Portsmouth, n'est-ce pas ?

Sally prit congé de la vieille femme le plus poliment possible. Elle enquêtait pour le compte d'une société de missionnaires, expliqua-t-elle. M. Beech avait exprimé l'intérêt qu'il portait à leurs activités, et comme elle se trouvait dans les parages... Non, c'était très aimable, mais elle n'avait pas le temps d'aller boire le thé chez Mlle Hall, elle avait un train à prendre. Merci encore et au revoir.

Alors que le train traversait la campagne du Hampshire sous un pâle soleil d'automne, Sally réfléchissait : un pasteur qui disparaît et se trouve peut-être en prison, plus un document irréfutable dans le registre des mariages. Quelqu'un avait dû manigancer tout cela depuis longtemps, avant même la naissance de Harriet. Quelqu'un avait tissé une toile autour d'elle, avec une telle discrétion qu'elle ne s'était jamais doutée de rien, et cette personne avait attendu le moment propice pour refermer le piège sur elle, d'un coup sec.

D'instinct, sa main chercha le contact du pistolet dans son sac, mais elle la retira aussitôt. « Pas maintenant. Je dois d'abord coincer quelqu'un dans mon viseur, se dit-elle. Je ne sais même pas à quoi ressemble Parrish. »

Mais découvrir l'existence de ce filet invisible lui faisait froid dans le dos. Il serait facile, face à des preuves telles que ce registre, de se laisser convaincre peu à peu que c'était la vérité, de se dire qu'elle était réellement mariée et qu'elle avait perdu la mémoire...

Margaret Haddow gravit l'escalier qui conduisait au bureau d'Arthur Parrish, au premier étage, tout en se répétant l'histoire qu'elle avait inventée. La situation dans laquelle se trouvait Sally était à peine croyable, mais son associée était une jeune femme beaucoup moins conventionnelle qu'elle-même le supposait, et Margaret, sous des dehors un peu brusques, éprouvait beaucoup d'affection pour elle.

Elle frappa à la porte. On la fit entrer et, quelques instants plus tard, elle se retrouva assise dans un petit bureau bien rangé, en face de M. Parrish lui-même.

C'était un homme à l'apparence soignée, avec des cheveux noirs et une fine moustache bien taillée. « Fringant », tel était le qualificatif qui lui allait le mieux, se dit Margaret, mais ses yeux étaient d'une fixité déconcertante et le pli de sa bouche trahissait son avidité. Pas une trace de vanité, bien qu'il fût assez beau. Il portait un costume sombre, un col amidonné, une cravate sobre, et les trois bagues qui brillaient à ses doigts n'étaient pas à l'époque une marque d'extravagance pour les hommes.

Margaret enregistra tout cela en essayant de ne pas le dévisager ouvertement.

– Monsieur Parrish, traitez-vous des affaires avec l'Amérique ? demanda-t-elle.

– Partout dans le monde, répondit-il. De quoi s'agit-il ?

– J'ai un cousin qui vit à Buffalo, dans l'État de New York. Il aimerait se lancer dans l'importation de porcelaines et il m'a demandé de lui obtenir des échantillons provenant des meilleurs fabricants pour les lui envoyer...

M. Parrish jeta quelques notes avec un stylo en argent.

– La plupart de ces entreprises possèdent déjà leurs propres agents, dit-il. Votre cousin va se retrouver en concurrence avec des réseaux de distribution déjà établis. Vous le savez ?

– Il espère se spécialiser dans les articles de qualité, je crois. Mais j'avoue que je n'y connais rien en porcelaine, monsieur Parrish, et pas davantage au monde des affaires. Quelle est la meilleure façon de procéder ?

Il posa son stylo et lui expliqua que son cousin aurait tout intérêt à écrire aux sociétés avec lesquelles il souhaitait travailler pour se présenter et leur proposer ses services. Personnellement, il pouvait lui fournir une liste de noms et d'adresses et, si elle le désirait, acheter et envoyer un échantillon provenant de chacun de ses fabricants pour que son cousin puisse les examiner.

Margaret était impressionnée. M. Parrish était un homme énergique et très professionnel ; ses conseils semblaient pleins de bon sens. Rien ne permettait d'affirmer que, sur le plan des affaires, l'individu était malhonnête.

Elle le remercia, lui posa encore deux ou trois questions pour que son histoire parût crédible, et promit d'écrire à son cousin.

Au moment où elle se levait, il la prit au dépourvu :

– Au fait, mademoiselle Haddow, dit-il, veuillez dire à mon épouse qu'elle n'arrivera à rien en vous envoyant jouer les espionnes. D'accord ? Vous comprenez ? Évidemment, si vous avez réellement un cousin à Buffalo, qui veut faire le commerce de porcelaine, je pourrai l'aider. Voulez-vous que j'entreprenne les démarches dont je vous ai parlé ? Non ? Je m'en doutais. N'oubliez pas ce que je vous ai dit.

Margaret en resta muette. Le visage en feu, elle affronta encore quelques instants le regard dur de Parrish, puis elle lui tourna le dos et prit congé.

– Je n'ai rien remarqué d'intéressant, confia-t-elle par la suite à Sally, alors qu'elles prenaient le thé toutes les deux à Orchard House. Je me suis sentie tellement bête. Il savait qui j'étais depuis le début, et moi qui me croyais maligne avec mon histoire...

Au premier étage, Harriet prenait son bain ; dès que Sarah-Jane l'aurait couchée, Sally monterait passer quelques instants avec elle en lui racontant une histoire ou en lui chantant une chanson. Pour l'instant, les deux associées se trouvaient en tête à tête et les seuls bruits étaient le sifflement de la bouilloire dans l'âtre et parfois le martèlement des sabots d'un cheval au-dehors, dans la rue. D'habitude, la jeune femme aimait regarder décliner la lumière du soleil dans le jardin, mais ce jour-là, elle avait tiré les rideaux, car elle ne voulait pas voir les ténèbres se refermer sur la maison.

On frappa à la porte du salon et Ellie entra pour débarrasser le plateau du thé. C'était une fille agréable et calme, qui travaillait déjà pour les Garland quand ceux-ci vivaient à Bloomsbury, avant l'incendie qui avait coûté la vie à Frederick. Depuis peu, elle était fiancée au palefrenier du médecin du coin ; elle n'allait donc pas tarder à s'en aller. Sally se réjouissait pour elle, mais elle était triste de la perdre.

Alors qu'elle tendait sa tasse et sa soucoupe à Ellie, une pensée lui traversa l'esprit.

– Ellie, demanda-t-elle, combien de personnes savaient que M. Webster et M. Jim devaient s'absenter ?

– Des gens en ville, vous voulez dire, mademoiselle ? Presque tous ceux qui les connaissent, je suppose. C'était pas vraiment un secret.

– Avez-vous dit à quelqu'un où ils allaient ?

– Seulement à Sidney, mademoiselle. Mon fiancé. J'ai eu tort ?

– Non, non, pas du tout. Mais quelqu'un sait-il qu'ils sont partis très loin, dans la jungle ? Avez-vous parlé de la dernière lettre de Jim, par exemple ?

– Seulement à la cuisinière, je crois, mademoiselle. Je me souviens plus vraiment. Oh, attendez ! La lettre avec l'encre qui avait coulé, la dernière, vous vous souvenez, mademoiselle, vous avez même dit qu'elle avait dû tomber dans l'Amazone. Vous m'avez lu ce qu'il avait écrit, sur les réducteurs de têtes et tout ça ; il disait que M. Webster et lui rentreraient soit en bateau soit dans une boîte en carton. Ça a beaucoup fait rire la cuisinière. Elle a même dit que, s'ils renvoyaient la tête miniature de M. Jim, elle l'accrocherait dans la cuisine pour empêcher les mouches de se poser sur la viande. Pendant qu'on parlait de ça dans la cuisine, le rémouleur était là, et il a bien rigolé lui aussi. Je sais qu'on devrait pas rire de ça, mais je suis sûre que M. Jim serait le premier à le faire.

– Assurément, dit Sally. Qui est ce rémouleur ?

– J'ai oublié son nom. Peut-être que la cuisinière le connaît. Quand l'ancien rémouleur a arrêté de venir l'année dernière, c'est ce bonhomme-là qu'a pris sa place. Il vient une fois par mois pour aiguiser les couteaux, les ciseaux et ainsi de suite. Mais c'est curieux...

– Quoi donc, Ellie ?

– Il va pas chez le docteur Talbot. Sidney m'a dit que l'ancien rémouleur, le vieux M. Pratt, continuait de venir chez le docteur. Mais il vient plus ici ; c'est ce nouveau qui l'a remplacé. Il est très gentil, il s'intéresse à tout et il travaille très bien. Le vieux M. Pratt, il était trop lent. Je pense pas que la cuisinière ait dit à M. Pratt de ne plus venir, elle ne ferait jamais ça, mais un jour, ce nouveau gars a frappé à la porte en disant que son collègue ne pouvait plus venir et en proposant ses services. J'ai fait une bêtise, mademoiselle ?

– Non, absolument pas, Ellie. Quand doit-il revenir ?

– Il est venu la semaine dernière, il reviendra pas avant un petit moment. Il passe une fois par mois en moyenne.

– La prochaine fois qu'il vient, pourriez-vous me prévenir discrètement ?

– Entendu, Mademoiselle. Je m'en souviendrai.

Ellie rassembla les tasses et les assiettes et sortit.

– Un espion, si j'ai bien compris, dit Margaret.

– Oui, on dirait.

– Vous croyez qu'on devrait prévenir la police ?

– Ils nous riraient au nez, Margaret. Où est le crime ? N'oubliez pas que cet homme est mon mari – du moins le croient-ils. Sans doute a-t-il parfaitement le droit d'espionner son épouse.

– Parlez-en à votre avocat, alors.

– Oui, je lui en parlerai, dit Sally. Tout peut être utile.

Peu de temps après, Margaret s'en alla et Sally monta voir Harriet. Elles passèrent un long moment ensemble. Sally chanta à la fillette toutes les comptines dont elle se souvenait, puis elle proposa de jouer avec Bruin, mais seul Jim connaissait bien ce jeu-là; alors Sally souffla la bougie, s'allongea sur le lit dans le noir, blottie contre son enfant, et elle inventa une histoire sur Jim et l'oncle Webster dans la jungle. Hélas, elle savait qu'elle ne possédait pas un dixième de l'imagination de Jim. Mais Harriet semblait heureuse, ainsi couchée dans les bras de sa mère.

4
Les percepteurs

Avant de la quitter, Margaret avait dit à Sally :

– J'ai remarqué une chose. Cela n'a sans doute aucune importance, mais il y a deux bureaux chez Parrish : celui dans lequel il travaille et un autre, une sorte d'antichambre qu'il faut traverser pour arriver jusqu'à lui. Il y avait deux employés dans ce premier bureau, des piles de dossiers, de gros livres... le fouillis habituel, vous voyez. Mais rien n'était en fouillis, tout était rangé avec un soin presque maniaque. Bref, quand je suis sortie, un troisième homme avait rejoint les deux employés ; il ressemblait à une personne chargée d'encaisser les loyers, avec sa petite sacoche de cuir. J'étais tellement en colère que je n'ai pas vraiment fait attention à leur conversation ; ils se sont tus quand je suis sortie du bureau de Parrish, mais j'ai cru entendre l'homme à la serviette dire : « De quoi saigner ces foutus juifs, hein ? » ou quelque chose de ce genre.

Cette phrase n'évoquait absolument rien pour Sally. Ces hommes pouvaient parler de n'importe quoi, d'un cheval gagnant qui allait coûter très cher à des *bookmakers* juifs ou d'une chose beaucoup plus sinistre qui, selon toute probabilité, n'avait aucun rapport avec ses propres ennuis. Mais, une fois que Harriet fut endormie, ces mots lui revinrent en mémoire. Cherchant de quoi se changer les idées, elle feuilleta un numéro des *Nouvelles illustrées de Londres.*

Le mot « juifs » dans un gros titre attira son regard et elle lut l'article qui l'accompagnait. Sous une illustration représentant une émeute dans la ville de Kiev, l'article racontait comment les juifs russes, et en particulier ceux de Kiev, avaient été persécutés, leurs commerces mis à sac et leurs maisons pillées. Apparemment, il ne s'agissait pas d'agressions isolées ni d'actes de violence irréfléchis, car les pillards et les agresseurs semblaient très organisés : ils mettaient fin à leurs sinistres activités dès que des coups de sifflet retentissaient et se fondaient aussitôt dans la foule. Les soldats de la garnison locale ne faisaient rien pour protéger les juifs ; certains d'entre eux avaient regardé sans réagir un vieil homme se faire rouer de coups en pleine rue.

Sally avait lu dans un autre journal que le gouvernement russe avait adopté une politique antisémite depuis que le nouveau tsar était monté sur le trône. Son prédécesseur avait été assassiné, et le gouvernement accusait les juifs. Les hommes qui discutaient dans le bureau de Parrish faisaient-ils allusion à ces événements ? Impossible de le savoir.

Dans la même revue, il y avait un article consacré à l'économie politique, et la jeune femme s'y plongea pour essayer de se distraire. Mais ce qu'elle lut l'irrita encore davantage. Quelqu'un essayait de ressusciter une organisation internationale des travailleurs, qui s'était scindée en une faction socialiste et une faction anarchiste. Un dénommé Goldberg réclamait la constitution d'un front commun contre le capitalisme.

Sally se considérait comme une capitaliste et cette idée n'était pas faite pour la séduire. Elle savait peu de choses sur le socialisme et ne s'y intéressait guère. Assurément, les relations économiques entre les individus n'étaient pas parfaites, mais ce n'était pas cette agitation, cette propagande ni ce journalisme de bas étage – elle avait cru comprendre que ce Goldberg était une sorte de journaliste – qui pouvaient les améliorer.

Elle jeta le magazine par terre.

Oh, cette impuissance... Un espion dans la cuisine, un registre de mariage falsifié... Que se passait-il ? Pourquoi ? Tout conduisait à cette phrase terrifiante dans la requête : quelqu'un voulait s'emparer de Harriet. On voulait lui enlever son enfant.

Elle monta au premier étage, une lampe à la main, et entra dans la nursery. La fillette dormait, ses longs cheveux blonds bien brossés brillaient, un bras nu entourait son visage sérieux et innocent. Son ours, posé sur l'oreiller, était sur le point de glisser à terre. Sally le redressa, puis elle se pencha pour embrasser sa fille. Personne ne lui prendrait Harriet, jamais.

Après l'avoir bordée, elle redescendit. Elle pouvait écrire à Rose ; pourquoi n'y avait-elle pas pensé plus tôt ? La sœur de Frederick était sa plus vieille amie et, de plus, elle était mariée à un ecclésiastique. Peut-être aurait-il une idée pour l'aider à retrouver M. Beech, le disparu de Portsmouth.

Enfin une action positive à entreprendre ! Sally alluma la lampe, s'assit à sa table et se mit à écrire.

Ce soir-là, d'autres que Sally s'intéressaient de près à M. Parrish. Dans un pub situé au coin de Blackmoor Street, deux adolescents attendaient depuis un certain temps déjà. Ils avaient pris place à côté de la porte pour mieux surveiller la rue. La plupart des lumières s'étaient éteintes dans les bureaux, à mesure que les immeubles se vidaient et que les employés et les marchands qui y travaillaient rentraient chez eux, à Holloway, Islington, Camberwell, Acton ou Brixton. La fenêtre de M. Parrish était encore éclairée, mais les deux garçons savaient pour quelle raison, et ils savaient aussi que le moment était venu de passer à l'action.

Tous deux minces et de mine peu avenante, ils avaient enfoncé leurs casquettes sur leurs yeux ; l'un d'eux portait une écharpe blanche enroulée autour du cou, et l'autre un foulard bleu à pois blancs. Ils arboraient des ceintures bien cirées, ornées de clous en cuivre, comme le voulait la mode au sud du fleuve, à Lambeth. Le brun répondait au nom de Bill. Il était de taille moyenne et parlait d'une voix douce, mais des hommes bien plus grands que lui y réfléchissaient à deux fois avant de le provoquer. Son regard révélait une froideur et une absence de peur à glacer le sang dans les veines des plus endurcis ; et les jointures de ses doigts étaient incroyablement éraflées. Son compagnon aux cheveux roux se nommait Liam, et il était encore plus effrayant à regarder, si cela était possible.

Abandonnant sa pinte de bière brune à moitié pleine, Bill ajusta sa casquette et sortit dans la rue. Sans un mot, Liam lui emboîta le pas. Dans une dizaine de minutes, si tout se passait comme au cours des trois dernières semaines, un homme s'engagerait dans Blackmoor Street et pénétrerait dans le bureau de M. Parrish. Entre Drury Lane, d'où venait cet homme, et la porte d'entrée de l'immeuble, il y avait une ouverture étroite qui débouchait sur un endroit baptisé Clare Court ; c'est là que Bill et Liam se faufilèrent, aussi innocemment que s'ils regagnaient leur domicile.

Les sens aiguisés de Bill lui indiquèrent alors qu'un policier marchait derrière eux dans Blackmoor Street. Il adressa un signe à son compagnon et tous deux se dissimulèrent dans le renfoncement d'une porte cochère jusqu'à ce que le bruit régulier des pas se soit éloigné. Ils reportèrent ensuite leur attention sur le principal inconvénient de Clare Court, à savoir la lampe à gaz fixée au mur, à environ deux mètres du sol. Mais Bill l'avait déjà repérée et connaissait le moyen de régler le problème.

– Je vais te filer un coup de main, dit-il à Liam. Prends ça et arrache le tuyau.

Il lui tendit une grosse pince et lui fit la courte échelle. Un mouvement de torsion et la lumière s'éteignit. Un filet de gaz s'échappait dans l'obscurité. « Laissons-le s'échapper », se dit Bill. Ils n'en avaient pas pour longtemps.

Il sortit de sa poche un éclat de miroir – dont les bords étaient entourés de passe-partout pour éviter de déchirer la doublure de sa veste – et l'approcha du coin du mur, guettant l'arrivée de l'homme. La rue était calme ; le pub avait commencé à se vider et les derniers clients finissaient leurs verres avant de rejoindre leur Carrie, leur Adeline, leur Emily. Un ou deux passants se reflétèrent dans le miroir de Bill, lui laissant tout le temps de reculer dans l'obscurité.

Une ou deux minutes plus tard, l'homme qu'ils attendaient fit son apparition. C'était un individu corpulent, vêtu d'un manteau en tweed râpé et coiffé d'un chapeau melon ; il portait une sacoche en cuir sur l'épaule.

– Le voilà, murmura Bill.

Liam s'avança, restant dans l'ombre. Bill attendit que l'homme ait dépassé l'entrée de la ruelle, puis il le héla :

– 'Scusez-moi, l'ami.

Le passant s'arrêta et scruta l'obscurité.

– Quoi donc ? demanda-t-il.

– Z'avez du feu ?

L'homme fouilla dans sa poche. Bill n'attendait que cela. Il se pencha en avant, le saisit par les revers de son pardessus et tira de toutes ses forces. L'homme n'eut pas le temps de crier ; le poing de Liam s'écrasa sur sa mâchoire et il s'écroula sur le pavé, assommé. Les deux garçons s'empressèrent de le traîner dans un coin sombre.

Il fut prestement débarrassé de son sac en cuir, pesant et tintant. Bill le balançait sur son épaule quand, dans la faible lumière de la rue, il vit briller un éclat argenté devant la bouche de sa victime.

– Attention ! cria-t-il.

Liam frappa. Le sifflet de police roula en direction du caniveau. Bill saisit l'homme par le col.

– Essaie pas de te débattre, murmura-t-il, menaçant. On aurait pu te planter un coup de surin dans les côtes si on avait voulu. Et ça peut toujours se faire, s'il le faut. File-moi ce que t'as dans tes poches... Allez, grouille ! File-nous tout. Si tu fais le moindre bruit, t'auras même pas l'occasion de le regretter.

Tremblant, l'homme se mit à genoux et vida ses poches : un peigne en corne, quelques pièces de monnaie, des clés...

– Je veux tout, exigea Bill d'un ton brutal.

Une boîte d'allumettes. Un mouchoir. Une pipe. Une blague à tabac.

Le garçon finit par perdre patience. Il écarta les pans du manteau, arrachant les boutons, et glissa la main à l'intérieur. Dans la poche du gilet, il trouva ce qu'il cherchait : un petit carnet à la couverture graisseuse, qui avait beaucoup servi.

– Parfait, dit-il. Maintenant, je vais te cogner, parce que j'aime pas ton genre de boulot.

L'homme tressaillit.

– Non... attendez... ne faites pas ça...

– Oh, rassure-toi, c'est pas pour tout de suite. Je te le dis à l'avance pour que tu puisses pas te plaindre que t'étais pas prévenu. Mais, avant, dis-moi juste un truc : combien d'autres types travaillent pour ton patron ?

– Aucun, je vous le jure...

– Y a que toi ?

– Oui !

– Il a pas une autre petite activité dont tu veux pas parler ?

– Non ! Je vous en supplie, laissez-moi ! Je ne suis qu'un pauvre homme qui essaie de gagner sa vie...

Bill lui assena un vigoureux crochet du droit et empocha le carnet. Cela fait, il se releva ; l'homme gémissait dans le caniveau.

– Oh, au fait, si j'étais toi j'éviterais d'allumer ma pipe, ajouta-t-il. Y a un tuyau de gaz qui fuit sur le mur. Ça risque de faire un grand boum. Tu veux encore un gnon ? Non ?

A la place, il lui décocha un coup de pied et après avoir rajusté leurs casquettes, les deux garçons quittèrent Clare Court et tournèrent au coin de la rue. Dès qu'ils se furent éloignés, Liam dit :

– Bon, file-moi ma part et je me tire.

Bill plongea la main dans la sacoche et compta une poignée de pièces.

– Voilà, dit-il. Vingt livres. Le prix convenu.

– Y a plus que ça dans ce sac, j'en suis sûr.

– On avait dit vingt, répondit Bill. C'est ce que tu

auras. Si t'es pas content, je bosserai avec Bridie la prochaine fois.

– Touche pas à Bridie ! s'insurgea Liam. Laisse-la en dehors de tout ça.

Après un échange de regards furieux, les deux garçons se séparèrent. Liam tourna à gauche et prit la direction du fleuve et de Lambeth, au sud. Bill, lui, orienta ses pas vers le quartier de Soho.

Margaret aurait sans doute reconnu la malheureuse victime de Bill : c'était l'homme qu'elle avait vu le matin même dans le bureau de M. Parrish, celui qui avait fait une remarque au sujet des juifs. Son nom était Tubb.

Vingt minutes après le départ de Bill, Tubb gravissait de nouveau l'escalier de M. Parrish, avec beaucoup moins d'entrain que le matin.

– Vous êtes en retard, constata M. Parrish lorsqu'il pénétra dans l'antichambre.

– Je suis navré, monsieur Parrish, mais... on m'a détroussé.

M. Parrish écarquilla les yeux en découvrant l'état de son employé. Le nez ensanglanté, l'œil à moitié fermé offraient un spectacle pénible, mais uniquement sur un plan esthétique. La disparition de la sacoche, c'était autre chose.

– Où est le sac ?

– Justement, monsieur, on me l'a volé...

M. Parrish se leva.

– Et le carnet ?

M. Tubb déglutit.

– Aussi. Ils m'ont tout pris. Ils ont tout fauché.

Les mâchoires du courtier étaient crispées ; ses yeux lançaient des éclairs farouches.

– Quand ? demanda-t-il.

– A l'instant... Je suis venu directement ici, monsieur...

– Où ?

– Dans cette petite ruelle, à gauche en sortant... Ils m'ont frappé et ils m'ont traîné jusque-là, je n'avais aucune chance...

M. Parrish émit un grognement et sortit en courant. Abattu, M. Tubb s'écroula sur une chaise et se tamponna le nez avec le poignet de sa chemise. Son patron revint au bout d'une ou deux minutes, un peu essoufflé, le teint rouge : il avait dévalé l'escalier, couru jusqu'à Clare Court, fouillé chaque recoin, tel un chien de chasse, et remonté l'escalier quatre à quatre.

Il lança le sifflet au visage de son employé.

– Je vous avais donné ceci ! cria-t-il.

– J'ai essayé, monsieur...

– Je l'ai retrouvé dans le caniveau, espèce de pauvre épave tremblante !

– Ils me l'ont arraché des mains...

La colère de M. Parrish s'exprima sous la forme d'une volée de coups qui s'abattirent sur la tête et les épaules de M. Tubb. Moins scientifiquement dispensés que ceux de Bill, ils étaient tout aussi douloureux. Puis, un peu calmé, M. Parrish se recula en poussant un soupir et alla se rasseoir.

– Dressons une liste, dit-il. On va devoir tout refaire, vous et moi, Tubb. Autant savoir ce qu'on a perdu. C'est le minimum qu'exigera M. Lee pour passer l'éponge, vous ne croyez pas ?

M. Tubb acquiesça en reniflant. Le courtier prit son stylo en argent et une feuille de papier.

– Bien. Combien y avait-il dans le sac ?

– Trois cent cinquante livres, répondit M. Tubb d'un air piteux.

– Hmmm. C'est un peu moins que la semaine dernière, commenta M. Parrish. Vous êtes sûr de ne pas vous être trompé ? Quels sont les chiffres pour chaque foyer ? Oh, je sais bien qu'ils étaient dans le carnet, Tubb, mais vous avez une mémoire, non ? Savez-vous à quoi elle sert ? A donner l'impression que les choses sont justes quand vous les inventez. Je vous écoute. Servez-vous de votre mémoire. Combien avez-vous prélevé au 12, Greville Street ?

– Soixante-quatre livres, monsieur Parrish.

– Parfait. Vous avez compris. Au 52, Dorset Place ?

M. Tubb inventa une autre somme. Puis il demanda :

– Euh... monsieur ?

– Oui ?

– Pourquoi fait-on ça ?

– Pour que vous puissiez retourner au 12, Greville Street demain et leur réclamer soixante-quatre livres. Même chose à Dorset Place, Tackley Street et partout ailleurs. Autrement, M. Lee n'aura pas son compte, et nous, nous aurons des ennuis, n'est-ce pas ? Mais vous n'êtes pas *obligé* d'y aller demain. Vous pouvez y aller ce soir si vous le souhaitez. Alors, combien avez-vous collecté dans Endell Street ?

A cette heure tardive, Soho était un des quartiers les plus animés de Londres ; c'était aussi le plus bruyant, le plus malodorant et le plus mal famé. Et le plus vivant, le plus cosmopolite et le plus fascinant.

Bill, la sacoche sur l'épaule et le carnet dans la poche, se faufilait incognito au milieu de la foule dans les rues étroites, savourant les odeurs de soupe, d'ail, de fromage, de viande grillée et de poisson frit qui flottaient dans l'air. Soho était le meilleur endroit de Londres pour se restaurer. Pour trois shillings, on pouvait s'offrir un dîner à couper le souffle ; or, Bill mourait de faim. Il s'arrêta devant la vitrine d'un boulanger juif et fit tourner les pièces dans ses poches. Il avait assez. Il entra et acheta un *bagel*.

Le temps d'atteindre Dean Street, il l'avait terminé. Il y avait un spectacle de music-hall au New Royalty Theatre, un minuscule établissement, mais Bill l'ignora. Comme il ignora l'entrée de la Société de bienfaisance et de concorde où, comme l'annonçait une affiche, Mlle Letitia Mills donnait une conférence sur les bienfaits de la tempérance, avec des diapositives.

A côté de ce temple de la vie simple et de l'élévation de l'esprit se trouvait une modeste pension de famille dont la porte ouverte déversait lumière et bruit sur le trottoir. Bill se faufila à l'intérieur, se frayant un chemin dans la foule qui n'avait pu entrer dans la salle à manger pour assister à un meeting socialiste, et fut obligé de bousculer quelques personnes pour atteindre l'escalier et monter jusqu'au troisième. L'endroit ressemblait davantage à un club qu'à une pension de famille : dans une pièce envahie par les livres et les journaux, trois ou quatre personnes lisaient et écrivaient en silence ; dans une autre se déroulaient trois parties d'échecs, au milieu de spectateurs qui se disputaient à voix basse ; ailleurs, un homme à la barbe très fournie expliquait les bienfaits de l'anarchie à un petit groupe d'étudiants, dont aucun ne semblait très enclin à le croire sur parole.

Bill frappa à une porte sous laquelle filtrait un trait de lumière ; une voix s'écria :

– Ja ? Immer Herein !

Bill entra. La pièce était chaude et enfumée ; la lampe posée sur la table éclairait un fatras de livres, de feuilles et de journaux qui avaient glissé sur le plancher et formaient des piles sur le tapis élimé.

Derrière la table était assis l'homme qu'il venait voir, et de l'autre côté se trouvait un dénommé Kid Mendel. Immobile, les yeux écarquillés, Bill ôta sa casquette par automatisme, car Kid Mendel était le leader reconnu des gangs juifs de Soho. Les juifs, les Irlandais et les Italiens se partageaient le pouvoir, et Kid Mendel était un haut dignitaire parmi eux, un roi. Agé d'une trentaine d'années, il était grand, bien habillé, avec des yeux pleins d'humour et un front légèrement dégarni. On disait qu'il avait tué deux hommes à mains nues et organisé le hold-up de la banque de Wellington Street.

Même la police le savait. Mais Kid Mendel était trop malin pour la police. Il avait fait savoir qu'il projetait de prendre sa retraite à Brighton au début du nouveau siècle, riche et respecté de tous, après quoi il briguerait un siège au Parlement. Comme il disait cela avec le plus grand sérieux, et comme il s'agissait de Kid Mendel, nul n'osait mettre sa parole en doute.

Et si ce grand homme rendait visite à M. Goldberg, l'homme que Bill venait voir, alors ce monsieur grimpait lui aussi dans l'estime de Bill.

M. Goldberg agita son cigare.

– Mon ami, Bill Goodwin, dit-il. Nous avons presque terminé, Bill.

– Enchanté, dit Kid Mendel.

Le garçon s'avança d'un pas hésitant pour lui serrer la main.

– D'où viens-tu, Bill ?

– De Lambeth, monsieur Mendel, répondit celui-ci d'une voix enrouée.

– Dan me dit que tu es un élément très utile. Peut-être que nous pourrons bavarder un de ces jours, toi et moi. Bon, il faut que je m'en aille, cher ami, dit-il en s'adressant à M. Goldberg.

Il se leva.

– Très intéressante, cette discussion. Si je ne me trompe pas, je sens là quelque chose de prometteur. Au revoir, Bill.

Bill le regarda partir, hébété. Goldberg éclata de rire ; le garçon se retourna. L'homme assis derrière la table était plus jeune que Kid Mendel, mais c'était tout ce que Bill savait à son sujet. C'était un être mystérieux, un peu diabolique. Bill n'aurait pas été surpris de le voir avec des cornes et des pieds fourchus, et d'entendre le bruissement d'une queue de serpent ; en tout cas, la fumée de son cigare sentait le soufre. Il était apparu un jour au tribunal de police de Lambeth alors que Bill tenait le rôle principal dans un programme où figuraient également une matraque, une fenêtre brisée et une certaine quantité d'argenterie volée. Bill ne l'avait jamais vu, mais il avait été tellement convaincu par les arguments de M. Goldberg qu'il avait fini par se souvenir, de manière très nette, qu'il se trouvait avec lui le jour en question, pour accompagner des orphelins juifs qui effectuaient une excursion à Hampstead Heath.

– Je l'ai, monsieur Goldberg, dit-il en posant le sac en cuir sur la table. Et j'ai ça aussi.

Il sortit le carnet de sa poche.

– Parfait. Assieds-toi. As-tu compté l'argent ?

– Bien sûr que non ! répondit Bill, comme s'il se sentait offusqué par cette idée. J'y ai pas touché. Sauf pour filer sa part à Liam.

Goldberg dégagea une partie de la table et y renversa le sac. Une cascade de souverains en or, de pièces d'argent et de liasses de billets de banque en tomba. Il compta rapidement.

– Trois cent trente. Vingt livres pour toi, et dix pour mes frais : il reste donc trois cents livres. Maintenant, écoute-moi bien. Tu connais le refuge juif de Leman Street ?

– Leman Street… près des quais ?

– Exactement. Je veux que tu apportes l'argent là-bas et que tu le remettes au directeur. Dis-lui que c'est de la part d'un donateur qui souhaite rester anonyme. S'il commence à faire des histoires, demande-lui s'il veut cet argent ou pas.

– Entendu, monsieur Goldberg. Et le carnet, c'est pour quoi faire ? J'ai essayé de le lire, mais j'ai rien compris. Ça doit être à cause de son écriture.

– Oui, sans doute, Bill. Écoute… le *melamed* est ici. M. Kipnis. Il t'attend à côté. Prends ton livre, là-bas, sur la chaise près de la fenêtre.

Bill prit le petit volume relié en toile, remercia et sortit. Goldberg ralluma son cigare et se renversa dans son siège, les pieds sur la table, pour étudier le carnet.

Un *melamed* était un professeur d'hébreu ; pas un érudit comme un rabbin, non ; seulement un pauvre bougre qui passait ses journées à essayer de faire entrer les rudiments du langage sacré dans les crânes de sales gamins. Sauf que, dans le cas de Bill, ce n'était pas l'hébreu qu'il enseignait, mais l'anglais, car le garçon était illettré et, en tant que juif, il trouvait cela honteux.

Bill n'avait pas toujours su qu'il était juif. D'ailleurs, il ne savait pas trop qui il était, ni d'où il venait. Il avait grandi parmi les familles irlandaises de Lambeth et avait toujours évité l'école, préférant vivre sa vie comme bon lui semblait ; les seules choses qu'il avait apprises, c'étaient la violence et la ruse. A treize ans, sa vie avait brusquement changé, lorsqu'il avait commencé à donner un coup de main dans la maison de Reuben Levy, un pauvre tailleur de Walnut Tree Walk. Il était tombé amoureux de Rebecca, la fille du tailleur – sinon d'elle, du moins de la richesse, de la chaleur et de la beauté de sa vie familiale avec son lot de rituels et de commémorations. C'était somptueux. Il avait hâte de connaître ça. Il voulait en faire partie.

Il n'avait aucune raison de supposer qu'il n'était pas juif. En tout cas, il avait plus l'air d'un juif que d'un Irlandais. Il avait entendu dire qu'il fallait subir une sorte de cérémonie pour devenir pleinement juif, mais avant d'en arriver là, il devait savoir parfaitement lire et écrire. C'était une chose qu'il avait remarquée chez tous les juifs qu'il connaissait : ils étaient instruits. Le vieux Reuben Levy, par exemple, était capable d'abandonner son travail pour se lancer dans une discussion et donner des avis éclairés sur la politique, la religion, la littérature, la justice, et à peu près n'importe quel sujet. Et ses compatriotes, de pauvres travailleurs qui s'exprimaient comme Salomon, l'imitaient, se joignaient à la discussion. Un homme comme Kid Mendel, se disait Bill, avait beaucoup étudié. C'était ce qui avait fait de lui l'homme qu'il était.

Bill avait gardé pour lui son désir d'apprendre à lire jusqu'à ce qu'il fasse la connaissance de M. Goldberg. Celui-ci lui avait présenté M. Kipnis, le vieux *melamed* qui avait usé ses nerfs à force d'enseigner à de jeunes garçons. Depuis, Bill travaillait avec obstination ; il apprenait à tracer les lettres de l'alphabet sur une ardoise, pendant que M. Kipnis portait discrètement une flasque d'alcool à ses lèvres.

Dans la pièce voisine, Dan Goldberg rangea le carnet dans un tiroir, se servit un verre de brandy et sortit ses notes sur cette autre affaire – bien extraordinaire ! – concernant M. Parrish : un procès impliquant une certaine Lockhart.

5
Exercices de tir

Le lendemain matin, Sally avait trois clients à voir et un certain nombre de lettres à écrire, et ce n'est que l'après-midi qu'elle trouva le temps de se rendre chez son avocat.

Celui-ci parut surpris de sa visite.

– Il n'y a pas grand-chose de nouveau, dit-il. Comme vous le savez, votre affaire sera jugée le 14 du mois prochain. Un délai très court... oui, très court. Mais peut-être est-ce une bonne chose, finalement.

– Je ne vois pas comment cela pourrait être une bonne chose, monsieur Adcock. Ce délai ne nous laisse guère le temps d'agir !

– Que voulez-vous faire ? répondit-il en levant les bras.

Sally avait du mal à contenir son impatience.

– Ne me dites pas qu'il n'y a rien à faire ! Bon sang, qu'est-ce que... ?

– Nous prétendons que ce monsieur se trompe sur la question du mariage, pontifia M. Adcock. Voilà notre stratégie. J'ai rédigé des réponses concernant chaque point, nous pouvons en discuter de nouveau en détail, mais je ne vous cacherai pas que je reçois un autre client à quinze heures...

– Monsieur Adcock... Je suis allée examiner le registre des mariages, à Portsmouth. Le certificat est un faux.

– Pardon ?

Sally lui fit part de sa découverte. Il l'écouta avec attention, fronça les sourcils, fit la moue et pianota sur son bureau d'un air songeur.

– Le registre était intact, dites-vous ? Il n'a pas été falsifié d'une manière ou d'une autre, en ajoutant ou en remplaçant une feuille ?

– Non, rien de tel. C'était justement ce que je voulais vérifier. Il est intact. Et il dit que j'ai épousé cet homme le 3 janvier 1879, mais c'est faux, je vous le jure ! Nous devons retrouver M. Beech, le pasteur qui a rédigé ce document. Si nous réussissons à mettre la main sur lui et s'il peut confirmer que ce mariage n'a jamais eu lieu, l'affaire sera terminée. Nous aurons gagné.

L'avocat lui sourit avec indulgence.

– Je suis navré de devoir vous rappeler que ce n'est pas aussi simple. Allez-y, recherchez ce révérend Beech si vous pensez que cela en vaut la peine. Je peux même engager un enquêteur si vous le souhaitez mais, évidemment, cela entraînera des frais supplémentaires. En outre, il risque de confirmer la version du camp adverse et pas la vôtre. Et je vous rappelle également qu'il ne s'agit que d'un élément de la requête. Il reste les autres accusations : abandon du domicile conjugal, penchant pour la boisson, incapacité à élever un enfant et fréquentation de personnes à la moralité douteuse...

En l'entendant énumérer ces infamies de sa voix mélodieuse et précise, Sally eut l'impression de recevoir des coups de couteau en plein cœur. Fallait-il qu'on la haïsse pour s'en prendre à elle de cette façon ! Se savoir en butte à la haine d'une personne que l'on connaît, pour un motif que l'on peut comprendre, c'est déjà affreux ; mais se savoir haï par un inconnu, pour une raison qu'on ne peut même pas imaginer, est une chose bien plus terrible. Choquée, la jeune femme n'avait plus la force d'argumenter. Elle hocha la tête d'un air abattu, les yeux rivés au plancher.

– Oui, je comprends, murmura-t-elle. J'aimerais quand même que vous engagiez un enquêteur pour essayer de retrouver le pasteur Beech. Il semble qu'il ait été révoqué ; on le soupçonne d'avoir volé l'argenterie de l'église, et il serait actuellement en prison. Mais ce ne sont que des rumeurs.

L'avocat semblait effaré.

– Chère mademoiselle Lockhart, puis-je vous conseiller... Non, puis-je vous *supplier* de ne pas répéter cela ? Je n'ai pas besoin de vous rappeler que la loi sur la diffamation sert précisément à empêcher ce genre de propos, et je n'ai aucune envie de voir cette accusation s'ajouter aux autres.

– Bon. Très bien. Mais acceptez-vous d'en parler à cet enquêteur ?

– Je lui donnerai tous les indices possibles. Nous pourrions également mener une enquête sur M. Parrish lui-même, si vous y consentez. Sur ses affaires, son passé... Ça peut se révéler utile.

Ravie d'entendre son interlocuteur suggérer une action positive, Sally donna son accord. Puis elle demanda :

– Monsieur Adcock, dans le pire des cas, que peut-il se passer ?

– Oh, inutile de penser à cela. Chaque chose en son temps.

– Je veux savoir ! Peuvent-ils me prendre Harriet ? Peuvent-ils me voler mon enfant ?

– *Si* la Cour tranche en faveur du plaignant, alors vous recevrez l'ordre de confier l'enfant à la garde de son pè... de M. Parrish. Mais nous n'en sommes...

– Et si je refuse ?

– Dans ce cas, il y aurait outrage à la Cour et vous risqueriez de vous retrouver en prison.

– Ils m'arracheraient Harriet de force ?

– Mademoiselle Lockhart, il est inutile de poursuivre sur cette voie...

– Ils feraient ça ? Ils emploieraient la force ?

– En dernier recours, si tout le reste a échoué... oui. C'est ce qui arriverait. Mais il ne sert à rien d'envisager le pire. La justice est au service de l'homme et non l'inverse. Il existe des compromis... Tout peut s'arranger avec le dialogue et la raison.

– Comment pourrais-je trouver un compromis avec quelqu'un dont je n'ai jamais entendu parler et qui veut me prendre mon enfant ? Comment osez-vous parler de compromis ? Je ne comprends pas, monsieur Adcock. (Voyant qu'il s'apprêtait à protester, elle lui fit signe de se taire et se leva pour prendre congé.) Pardonnez-moi. Vous ne faisiez que répondre à ma question. Je vous laisse. Engagez cet enquêteur, malgré tout, c'est une excellente idée. Quand dois-je revenir ?

– Nous disposons d'un peu plus de quinze jours. Il serait bon de nous revoir avant que l'affaire soit portée devant le tribunal... La semaine prochaine ?

Sally estimait qu'ils auraient dû se voir tous les jours et que M. Adcock aurait dû se consacrer exclusivement à cette affaire, mais elle acquiesça d'un signe de tête.

– Et cet avocat, maître Coleman ? Quand le verrai-je ?

– Oh, c'est un homme très occupé. Je ne suis pas sûr qu'il ait du temps à vous consacrer.

Stupéfaite, Sally se laissa retomber sur son siège.

– Vous voulez dire qu'il va se présenter devant la Cour pour me défendre sans avoir écouté ce que j'ai à dire ?

– Je suis votre avocat, mademoiselle Lockhart. J'écoute ce que vous avez à dire et j'informe maître Coleman. Il aura tous les documents, croyez-moi. Je peux vous obtenir un rendez-vous si vous le souhaitez, mais je vous assure que maître Coleman est le plus éminent et le plus compétent. Vous ne pourriez pas être entre de meilleures mains.

– Je suis heureuse de l'entendre. Néanmoins, j'aimerais le rencontrer. Pouvez-vous arranger cela ?

– Je ferai de mon mieux. Mais comme je vous le disais, il est extrêmement occupé.

Sally quitta le bureau le cœur lourd. Elle s'arrêta pour saluer M. Bywater, le vieux clerc ; celui-ci lui fit signe d'approcher.

– J'ai quelque chose pour vous, chuchota-t-il.

Il sortit un morceau de papier de la poche de son gilet.

– J'ai discuté avec un gars que je connais. Il a travaillé comme clerc pour les avocats engagés par votre bonhomme. Je lui ai demandé d'aller renifler un peu autour d'eux. Évidemment, il n'est pas au courant de tout ce qui se passe à l'intérieur du cabinet, c'est impossible, mais il se souvenait du nom de Parrish. Il y aurait eu, il y a trois ou quatre ans, un procès contre un individu de Blackmoor Street...

– C'est à cette adresse que se trouvent les bureaux de Parrish ! s'exclama Sally.

– Attendez, la coupa M. Bywater d'un ton sévère. J'y viens. Un certain Belcovitch était accusé de malversations, une sombre histoire de pratiques commerciales frauduleuses. Vous pouvez y jeter un coup d'œil si ça vous chante, tout est là-bas, quelque part. Quoi qu'il en soit, il a perdu le procès, et il a été condamné de nouveau en appel. Voilà pour la surface des choses. La vérité, c'était qu'il n'était pas coupable, mais la vérité n'a éclaté que beaucoup plus tard, dans le cadre d'une autre affaire. Trop tard, hélas. Belcovitch s'était noyé.

Bref, le plaignant, celui qui l'avait traîné devant les tribunaux, se nommait Lee. Un peu plus tard, quand le commerce de Belcovitch a été mis en vente, Lee l'a acheté et il a installé votre M. Parrish au poste de gérant. Il a changé le nom. Tout cela est parfaitement légal, il n'y a rien de louche là-dessous. Ce qui est important, c'est que Parrish n'est pas le patron. C'est ce M. Lee. Je ne sais rien sur lui. Mon gars se souvient uniquement d'une adresse à Spitalfields. Avec un nom français, pense-t-il, mais il ne s'en rappelle plus avec exactitude. F... quelque chose Square. Tenez.

Il tendit à Sally le bout de papier où figurait l'adresse, recopiée de sa belle écriture appliquée.

– Il n'y a pas de numéro, ajouta-t-il.

– C'est l'adresse de ce M. Lee ?

– C'est précisément ce dont mon jeune ami ne se souvient plus. Il sait juste qu'elle était liée à l'affaire « Lee contre Belcovitch ».

– Belcovitch... Cet homme qui a perdu le procès, c'était un juif ?

– Je l'ignore. Sans doute... mais je suppose qu'on ne le saura jamais avec certitude. C'est important ?

– Non. Je ne pense pas. C'est juste une... idée qui m'a traversé l'esprit. Merci infiniment, monsieur Bywater. Remerciez votre ami de ma part. Avez-vous l'intention d'en parler à M. Adcock ?

– Si vous le souhaitez, mademoiselle. Ça ne peut pas faire de mal.

Le ton de sa voix indiquait clairement qu'il doutait de l'utilité d'une telle initiative.

Quelques mots sur un bout de papier et un très lointain rapport avec son affaire... inutile de se déplacer sur-le-champ. L'après-midi touchait à sa fin et Sally ne voulait pas rentrer tard chez elle. Alors qu'elle remontait Middle Temple Lane en direction de Fleet Street, elle se surprit à bâiller à plusieurs reprises et sentit la lassitude l'envahir. Elle avait envie de dormir, mais cela lui était impossible, car tout autour d'elle quelqu'un posait des pièges, tendait des filets et répandait du poison. Elle devait se montrer vigilante et énergique ; elle devait se débarrasser de cette affaire ridicule comme on fait disparaître des toiles d'araignée. Après tout, ces accusations n'avaient pas plus de substance. Cet homme devait être fou.

Elle redressa la tête et ouvrit grand les yeux pour chasser la somnolence qui pesait sur ses paupières. Elle ignorait à quel point on pouvait se sentir fatigué quand on avait des tracas.

Arrivée dans Fleet Street, elle acheta dans un kiosque le dernier numéro des *Nouvelles illustrées de Londres,* ainsi que *Chronique juive.* Elle était curieuse d'en savoir un peu plus sur ces histoires de persécutions. Le fabricant d'armes, Axel Bellmann, qui avait causé la mort de Frederick, recevait de l'argent russe et, depuis, elle s'intéressait aux affaires de ce pays.

Frederick...

Parfois, alors qu'elle ne s'y attendait pas du tout, elle avait soudain la sensation qu'il se trouvait à côté d'elle et qu'il lui suffirait de tourner la tête pour le voir. Sa présence ne faisait aucun doute; elle n'était pas en train de l'imaginer ou de rêver tout éveillée : Frederick était bel et bien là.

Sally éprouva cette sensation alors qu'elle s'éloignait du kiosque : l'illusion était si forte qu'elle laissa échapper un petit hoquet de surprise et se retourna avec fougue, tandis que ses lèvres articulaient : « Fred... »

Rien. Un après-midi gris et triste, un passant intrigué en manteau noir, la circulation de Fleet Street. Pas de Frederick.

Néanmoins, la sensation de sa présence ne disparut pas immédiatement. Cet éclair de bonheur absolu et de certitude continua à illuminer les choses qui l'entouraient, comme les flashs au magnésium de Webster qui restaient imprimés dans les yeux longtemps après qu'ils se furent éteints.

Elle glissa les journaux sous son bras et se dirigea vers la gare pour rentrer chez elle.

Ce soir-là, Sarah-Jane Russell alla passer la soirée avec sa sœur mariée, à Twickenham. Sally était donc seule, et pour une raison qu'elle n'aurait pu définir, elle entreprit de ranger la salle du petit déjeuner.

Cette pièce était le centre de la maison, l'endroit où les trois amis s'asseyaient le soir pour travailler, lire et bavarder, et où ils mangeaient, sauf dans les (rares) occasions où ils utilisaient la salle à manger. C'était également la plus grande pièce de la maison et ses portes-fenêtres s'ouvraient sur la véranda qui dominait le jardin. C'était à la fois un atelier, un salon et une bibliothèque. Mais ce n'était pas un laboratoire. Webster Garland adorait se livrer à des expériences chimiques, et la vieille cuisine de Burton Street à Bloomsbury, qui leur servait de salon du temps où ils vivaient là-bas, était souvent envahie de fumées de toutes sortes, mais ici, à Orchard House, Sally avait banni ce genre d'activités de la salle du petit déjeuner.

Elle alluma les lampes à gaz et commença par débarrasser la grande table en rangeant l'atlas dans lequel elle suivait le périple de Webster et de Jim en Amérique du Sud, puis elle enferma tous ses documents de travail dans le petit secrétaire en noyer situé près de la fenêtre. Il y avait aussi sur la table un vase de fleurs, cadeau de Margaret. Sally le posa sur le dessus de la cheminée, à côté de la pendule en bois qu'ils avaient achetée en Suisse l'année précédente. Elle s'occupa ensuite des livres qui formaient deux piles bien alignées. Il y avait des livres partout dans la pièce, mais Sally avait conservé ces deux piles telles que Webster et Jim les avaient laissées en partant : dans l'une d'elles, on trouvait un ouvrage de physique, un récit de voyage en Bolivie rédigé en allemand et un dictionnaire d'allemand, avec une plume dans le premier et un bout de papier de tournesol dans le second pour servir de marque-page. Elle les plaça dans la petite bibliothèque pivotante installée près du fauteuil de Webster. Les ouvrages que lisait Jim étaient surtout des romans d'aventures à quatre sous, avec des titres comme *Le Ravin du squelette* ou *Ned la Foudre.* Sally esquissa un sourire en les ramassant ; elle se souvenait encore de la fierté de Jim quand l'une de ses propres histoires avait été publiée pour la première fois. Il y avait également un exemplaire des *Grandes Espérances* et de *Ivanhoé.* Sally rangea ces livres sur l'étagère qui occupait toute la longueur du mur, puis elle prit le tableau qui était posé sur le chevalet, près de la porte.

Webster l'avait acheté peu de temps avant de partir en voyage et il ne l'avait pas encore fait encadrer. C'était une petite peinture à l'huile de Camille Pissarro, un peintre impressionniste : le soleil éclairait une route de banlieue par une matinée de printemps, et il y avait une telle fraîcheur, une telle vigueur dans cette lumière qu'on sentait presque sur son visage le vent qui faisait courir ces petits flocons blancs sur le fond bleu du ciel. Webster avait acheté des œuvres des impressionnistes dès leur première exposition, cinq ou six ans plus tôt, car il retrouvait dans leurs expériences sur la lumière certaines de ses propres préoccupations concernant la manière d'enregistrer le passage du temps par le biais de la photographie.

Eh bien, ce Pissarro devrait attendre son retour pour être encadré. Sally avait promis de s'en occuper, mais ce n'était pas le moment. Elle emporta le petit tableau dans son bureau, au premier étage, puis elle plia le chevalet et le rangea.

Le stéréoscope et son petit pied en acajou était posé sur le buffet, avec la boîte de clichés…

Ils avaient marqué la naissance de *Garland & Lockhart.* Sally avait convaincu Frederick de prendre une série de clichés comiques que l'on visionnerait à l'aide d'un stéréoscope, cet instrument optique qui donnait une impression magique d'images en trois dimensions. Ces clichés s'étaient si bien vendus qu'ils avaient pu produire beaucoup d'autres séries et se lancer véritablement dans les affaires. Ils étaient tous là : les scènes tirées de Shakespeare, les châteaux de Grande-Bretagne, les curiosités du vieux Londres... Et même les tout premiers clichés : Jim déguisé en jeune David, à côté d'une monstrueuse tête de Goliath en papier mâché ; Sally en cuisinière, découvrant à l'intérieur du placard un essaim de scarabées gros comme des oies ; la petite Adélaïde, qu'ils avaient arrachée à une sinistre pension de Wapping, assise sur les genoux de l'assistant de Frederick, Trembleur Molloy, afin d'illustrer une chanson sentimentale... Adélaïde avait disparu. Elle devait se trouver quelque part dans Londres maintenant, mais ils ne l'avaient jamais retrouvée. La ville l'avait avalée en une seconde.

Ces stéréographes firent renaître cette époque avec une telle force que Sally dut ravaler ses larmes. Elle remit les clichés dans leur boîte, ferma le couvercle et les rangea dans le buffet avec le stéréoscope.

Les jouets de Harriet, maintenant... On avait beau chercher partout, il y avait toujours quelque chose derrière un coussin ou sous une chaise. Sally partit en chasse et découvrit un cube derrière le canapé. Elle le monterait plus tard dans la chambre de la fillette.

Elle emporterait également le portrait de Frederick. Il trônait sur le piano, dans un cadre en argent : c'était un portrait en pied pour lequel, au lieu d'arborer une tenue guindée, il avait posé avec ses vêtements de tous les jours, les cheveux ébouriffés et le regard pétillant, tel que Sally se souvenait de lui. C'était la seule photo de Frederick qu'elle possédait. Elle avait été prise par Charles Bertram, l'associé de Webster pour ses expériences photographiques, qui se trouvait maintenant avec lui et Jim en Amérique du Sud. Charles était un homme bien, chaleureux et attentionné. L'année précédente, il avait demandé à Sally de l'épouser, et elle avait refusé, mais en prenant grand soin de ne pas le froisser.

Une pensée lui vint. Si elle avait accepté d'épouser Charles, Parrish aurait-il quand même tendu son piège ? Il l'avait préparé de longue date. Se serait-il opposé à ce mariage avant qu'il soit célébré ou aurait-il attendu, pour pouvoir accuser Sally de bigamie ?

Cela aurait été épouvantable, mais Charles lui aurait fait confiance. Et M. Temple était encore de ce monde à cette époque-là. Même si Parrish avait affirmé qu'Harriet était son enfant, elle aurait été beaucoup mieux armée pour le combattre.

Mais elle avait refusé la demande de Charles et il était inutile de le regretter. C'était ainsi, un point c'est tout.

Elle prit la photo de Frederick, le cube de Harriet, quelques autres bricoles et elle emporta le tout dans sa chambre. Cela fait, elle sortit une valise en cuir de sa penderie et la descendit, puis elle se rendit dans la cuisine où Mme Perkins, la cuisinière, était en train de lire le journal, le chat sur les genoux.

– Bonsoir, mademoiselle, dit la cuisinière. Ellie m'a dit que vous l'aviez interrogée au sujet du rémouleur.

– Oui. Je crois qu'il n'est pas celui qu'il semble être. Je doute qu'il revienne mais, si cela se produit, j'aimerais lui poser quelques questions. Madame Perkins, je venais juste vous dire que je vais m'entraîner au tir. Ne soyez pas surprise !

– Très bien, mademoiselle. Merci de m'avoir prévenue.

De retour dans la salle du petit déjeuner maintenant débarrassée et rangée, presque austère, Sally déplia un grand et épais paravent recouvert d'un tissu vert clair, qu'elle disposa contre le mur.

Elle ôta le tissu et l'étendit sur la table. Le paravent en bois brut et tendre était grêlé de trous. Elle y fixa une cible en papier, régla l'éclairage de manière à ce que la lumière tombe directement sur la cible, puis elle ouvrit la valise.

Celle-ci renfermait son pistolet de tir : un modèle à un coup fabriqué en France par la société Flaubert, une arme parfaitement équilibrée avec laquelle Sally s'était souvent mesurée à Jim ou à Charles. Elle était meilleure qu'eux, mais ne pouvait pas rivaliser avec Webster, bien que ce soit elle qui lui ait donné ses premières leçons. Sa main était aussi ferme et précise que son œil. Le tir de salon, comme on disait, était alors très en vogue. Un bon pistolet comme son Flaubert était d'une grande précision jusqu'à dix mètres environ ; c'était largement suffisant, et il ne faisait pas beaucoup de bruit.

Elle poussa un fauteuil sur le côté, chargea le pistolet et tira. Mauvais, beaucoup trop à gauche. Tant pis. Au moins, c'était une chose qu'elle connaissait et elle disposait des outils nécessaires pour corriger ses erreurs.

Elle s'entraîna pendant une demi-heure, prenant son temps, s'arrêtant régulièrement pour nettoyer l'arme et changer la cible. Quand elle eut terminé, elle se sentait beaucoup mieux. Ses tirs étaient regroupés autour du centre de la cible et elle avait trouvé ce rythme calme qui favorise la concentration.

Avant de décrocher la cible et de ranger le panneau pliant, elle décida d'essayer le nouveau pistolet, le Bulldog britannique.

C'était une vilaine chose, très différente de l'élégant Flaubert. Elle introduisit une balle dans la chambre, prit l'arme d'une main ferme en se préparant au recul, et visa vers le bas comme le lui avait conseillé l'armurier.

Quand elle pressa la détente, la détonation ébranla les vitres. C'était comme si un cheval lui avait décoché un coup de pied dans le poignet. Dire qu'elle s'était vantée d'avoir l'habitude ! Quant au panneau de bois qui venait de recevoir cinquante projectiles sans bouger d'un pouce, il avait été projeté contre le mur et il était fendu de haut en bas.

Clignant des yeux dans la fumée qui avait envahi la pièce, Sally posa l'arme et s'approcha du panneau en massant son poignet endolori. La balle avait traversé le bois et s'était enfoncée dans le mur. Au moins, elle avait tiré tout près du centre de la cible, supposa-t-elle. Elle releva le panneau et rangea le revolver. Maintenant, elle savait que si elle l'utilisait, elle était certaine de faire des dégâts, mais il valait mieux le tenir à deux mains si elle ne voulait pas être la première à les subir. C'était un coup à se casser le poignet.

Elle remit un peu d'ordre, ouvrit les fenêtres pour permettre à l'air froid de la nuit d'automne de chasser la fumée et jeta à nouveau le tissu sur le panneau. Puis, comme elle le faisait parfois, elle prit une des cigarettes de Jim dans la boîte qui se trouvait sur le buffet et elle s'assit pour la fumer tranquillement. « Je fais disparaître la fumée pour la remplacer par une autre », se dit-elle.

Distraitement, elle feuilleta les journaux qu'elle avait achetés. Il n'y avait rien sur la Russie dans *Les Nouvelles illustrées de Londres*, mais dans *Chroniques juives,* elle découvrit, à son grand étonnement, un article signé Daniel Goldberg. Elle était surprise, car elle ne pensait pas que *Chroniques juives* était particulièrement proche des socialistes : ce Goldberg n'était-il pas une sorte d'agitateur ? Mais son article était serein et pertinent. Il replaçait la question des immigrants juifs dans un cadre social plus vaste, mettant en jeu les relations des hommes et des femmes entre eux et avec les moyens de production et d'échange.

Il écrivait bien. Son ton était léger, convaincant et clair, et Sally se surprit à approuver, à contrecœur, son argumentation.

Le dernier paragraphe disait ceci :

Il existe toutefois un fardeau que les juifs doivent supporter uniquement parce qu'ils sont juifs, et qui est épargné à leurs compagnons de travail. Je fais allusion aux activités de M. Arnold Fox. Ce monsieur, mû par la ferveur de son antisémitisme, rassemble désormais ce qu'il considère naïvement comme des informations concernant l'arrivée d'un grand nombre de juifs venant de Russie. Nul doute qu'il utilisera tous les éléments possibles pour discréditer les juifs aux yeux du peuple anglais, et nous devrions éviter de lui fournir des munitions. J'écris ces lignes avec l'absolue conviction que tous les patrons juifs d'ateliers clandestins qui lisent les Chroniques *s'empresseront de tripler les salaires et de diviser par deux les horaires de travail, et cela afin de donner tort à M. Fox. Car tel est le pouvoir de la presse.*

Sally sourit et reposa le journal. Elle ne connaissait pas grand-chose à ces ateliers clandestins qui faisaient travailler de pauvres gens comme des esclaves pour des salaires de misère, dans un environnement insalubre. Assurément, il s'agissait là de méthodes détestables, mais il y avait forcément autre chose derrière cela que la cruauté et l'avidité des patrons, comme le laissait entendre Goldberg.

Elle jeta un regard à la pendule suisse posée sur la cheminée. Vingt-deux heures trente. Elle n'était pas fatiguée, mais décida d'aller se coucher. Elle lirait un des romans d'aventures de Jim.

Au moment où elle tirait les rideaux, elle entendit un bruit de verre brisé. Cela venait de la gauche, là où l'atelier de Webster au toit vitré prenait appui contre le mur de la maison.

Elle ne voyait dans la vitre que le reflet de la pièce derrière elle, aussi se glissa-t-elle entre les rideaux et la fenêtre. Un autre fracas de verre se produisit et, lorsque ses yeux se furent habitués à la faible lumière, elle aperçut une silhouette, celle d'un garçon ou d'un jeune homme, accroupie sur le mur au-dessus de l'atelier photographique, le bras levé comme pour jeter une pierre.

Sally entendit la pluie d'éclats de verre dégringoler sur le plancher, accompagnée d'un rire strident. Le jeune vandale leva le visage vers le ciel et glissa sur le haut du mur pour se placer au-dessus de la vitre suivante.

Sally courut chercher la lampe et ouvrit à la volée la porte-fenêtre en criant :

– Arrêtez ! Arrêtez ça tout de suite !

Un rire aigu retentit et le garçon lança une autre pierre, avant de se saisir d'un bâton avec lequel il frappa la verrière comme un dément ; les éclats de verre brisé cascadaient sur le sol ou s'envolaient.

Sally se précipita sur la véranda et dévala l'escalier jusqu'à la pelouse humide, brandissant la lampe.

– Arrêtez ! Arrêtez et descendez de là !

Le garçon se redressa, hurlant toujours de rire, puis il se mit à danser sur le mur et Sally eut un moment d'hésitation : il y avait quelque chose de hideux dans ce rire incontrôlable. Comme si ce garçon n'avait pas tous ses esprits, ou comme s'il s'agissait d'un démon ou d'un esprit malfaisant. « Non, se dit-elle avec colère. Ne sois pas bête. » Pourtant, il émanait une telle malveillance de cette silhouette sans visage que Sally ne put s'empêcher de tressaillir.

Le pistolet !

Elle pouvait courir le chercher, le charger et...

C'est alors qu'elle entendit un grand cri provenant de l'intérieur de la maison.

C'était la voix de Sarah-Jane...

Sally pivota sur elle-même au moment où retentissait un autre cri. Cette fois, c'était Ellie. Une porte claqua avec violence.

Oubliant la silhouette perchée sur le mur, Sally se rua dans la maison, franchit la porte-fenêtre et ouvrit la porte donnant sur le couloir.

La jeune bonne était accroupie au pied de l'escalier, en sanglots. Les débris d'une tasse ou d'une assiette en porcelaine étaient éparpillés sur le sol.

– Que se passe-t-il, Ellie ?

Sally s'accroupit et posa la lampe sur le guéridon.

– Là-haut, mademoiselle..., bredouilla Ellie en levant les yeux vers l'escalier.

Sarah-Jane ! Sally abandonna la domestique pour se précipiter au premier étage. Arrivée sur le palier, elle s'arrêta. Il faisait sombre, mais grâce à la lumière qui venait du rez-de-chaussée, elle voyait que toutes les portes étaient fermées.

– Sarah-Jane ? lança-t-elle d'une voix tremblante. Sarah-Jane ?

Silence. La jeune femme sentait la peur l'envahir.

Et soudain, la porte de la chambre de Harriet, au bout du couloir, s'ouvrit sans bruit ; la nurse apparut.

Elles se précipitèrent l'une vers l'autre.

– Qu'y a-t-il ? Elle va bien ? Que s'est-il passé ?

– Oui... oui... elle n'a rien... elle dort. Tout va bien. Oh, j'ai eu si peur...

Sarah-Jane avait encore son manteau et son bonnet. Ses mains étaient glacées.

– Mais que s'est-il passé ? demanda Sally.

Elles parlaient à voix basse, d'un ton pressant.

– Je venais de franchir la grille et, sans savoir pourquoi, j'ai levé les yeux vers la fenêtre de Harriet... Oh, c'était horrible. J'ai aperçu le visage d'un homme... C'est à ce moment-là que j'ai crié. Puis j'ai foncé à l'intérieur, juste au moment où Ellie sortait de la cuisine, et j'ai gravi l'escalier quatre à quatre. Il était là, sur le palier. Il est passé devant moi en courant. Je crois que j'ai hurlé de nouveau, puis il y a eu un grand bruit en bas, quand il a percuté Ellie... je suis allée voir Harriet aussitôt...

– Il était entré dans la chambre ? interrogea Sally, horrifiée.

Ellie montait l'escalier d'un pas mal assuré, une lampe à la main.

– La petite va bien, mademoiselle ? demanda-t-elle en atteignant le palier. Cet homme... je suis tombée à la renverse. Puis il s'est enfui...

Sally entra dans la chambre et se pencha au-dessus du lit. Harriet dormait à poings fermés, comme si de rien n'était. On entendait sa respiration paisible ; au-dehors, tout était redevenu calme. Le fracas des débris de verre avait cessé.

Sarah-Jane regardait par la fenêtre.

– Il est parti, murmura-t-elle.

Agenouillée près du lit, Sally caressa le visage de la fillette et glissa tout doucement son bras nu sous les couvertures.

– Elle va bien, on dirait, chuchota-t-elle. Ellie, veuillez verrouiller toutes les portes et les portes-fenêtres. Et vérifiez que les fenêtres sont bien fermées. Vous a-t-il fait mal en vous renversant ?

– Non, mademoiselle. C'est juste le choc. Je vais fermer les portes. Ensuite, j'irai voir la cuisinière. Je parie qu'elle n'a rien entendu.

Elle redescendit, laissant la lampe à Sarah-Jane.

– Allons-nous prévenir la police ? interrogea celle-ci.

– Oui, dit Sally. Mais ça attendra demain. Je ne vais pas aller jusqu'au poste en pleine nuit, ni moi ni personne d'autre. On va fermer toutes les portes, ils ne reviendront pas.

Elle prit la lampe en songeant qu'elle allait commencer par charger le revolver, et tant pis pour le recul. La nurse semblait chercher quelque chose par terre. Elle souleva l'édredon pour regarder sous le lit.

– Qu'y a-t-il ? demanda Sally.

– Je ne trouve plus Bruin. Vous savez combien elle est énervée quand elle n'a pas son ours...

– Il doit être sous les couvertures, dit Sally. Nous le trouverons demain matin.

6
Middle Temple Lane

Harriet réclama son ours dès qu'elle se réveilla, à sept heures, et mit sa chambre sens dessus dessous : elle arracha les couvertures de son lit, souleva les coins du tapis et renversa tous les cubes qui étaient rangés dans leur boîte, avant d'aller réveiller sa mère. Sans enthousiasme, Sally participa aux recherches, mais quand vint l'heure du petit déjeuner, l'ours demeurait introuvable. Sally expliqua à la fillette que Bruin était certainement parti hiberner. Harriet aimait la sonorité de ce mot, mais elle en voulait à son ours de ne pas lui avoir annoncé son départ.

Sally ne savait quoi penser. Pourquoi voler l'ours en peluche d'une enfant ? *On,* c'était Parrish, évidemment. Ces hommes avaient-ils l'intention d'enlever Harriet ? Mais pourquoi se donner cette peine, alors que cet homme avait entamé une procédure judiciaire pour obtenir le droit de garde de l'enfant ?

Tout cela n'avait aucun sens et se révélait une source supplémentaire d'angoisse. Aussitôt après le petit déjeuner, Sally se rendit chez le vitrier de Church

Street pour faire réparer la verrière de l'atelier, puis chez le serrurier commander de nouvelles serrures et des systèmes de sécurité pour les fenêtres, avant de se rendre au poste de police.

Là, un sergent prit ses déclarations en notes et promit de venir à Orchard House avec un agent dès que possible pour jeter un coup d'œil. Toutefois, son comportement changea dès qu'il comprit que Sally, célibataire, parlait de son propre enfant. Sans lui dire ouvertement qu'elle avait bien cherché les ennuis qui lui arrivaient, il le laissa entendre. La jeune femme repartit découragée.

Le travail l'attendait. Elle aurait aimé passer toute la journée auprès de Harriet, mais elle avait des clients à voir et ne pouvait pas se décharger entièrement sur Margaret. En outre, cette procédure judiciaire risquait de lui coûter beaucoup d'argent, sans oublier les frais qu'entraîneraient la réparation de la verrière et les mesures prises pour renforcer la sécurité de la maison. Si elle ne se préoccupait pas de gagner sa vie, leur existence confortable n'allait pas durer très longtemps.

C'est pourquoi elle se rendit à la City avec l'intention de régler le plus vite possible les affaires en cours et de prendre une heure ensuite pour aller voir la maison de Clapham où, d'après Parrish, elle avait vécu avec lui quand ils s'étaient mariés.

Telegraph Road était une de ces nombreuses rues bordées de petites maisons mitoyennes identiques, qui se répandaient dans toutes les banlieues et repoussaient les limites de la campagne à mesure que la ville s'étendait. Elles étaient habitées par des clercs, de modestes hommes d'affaires, des commerçants, etc. Sally pensait qu'un homme comme Parrish aurait vécu dans un endroit un peu plus chic, mais peut-être débutait-il alors dans sa profession... La maison semblait vide ; Sally envisagea de sonner à la porte, juste pour voir.

Elle hésita. Pourquoi était-elle venue jusque-là, après tout ?

Elle franchit le petit porche en brique, situé à quelques pas seulement de la porte d'entrée, et tira sur le cordon de la sonnette. Celle-ci résonna bruyamment dans l'étroit vestibule. Aucune réponse. Soulagée, elle sonna de nouveau et, juste au moment où elle s'apprêtait à faire demi-tour, elle entendit des bruits de pas.

Une femme d'un certain âge, portant un tablier et un bonnet, ouvrit la porte.

– M. Parrish est-il là ? demanda Sally.

– Non. Vous êtes Mme Parrish ?

Le ton de cette femme était aussi inamical que son visage.

– Certainement pas, répondit Sally. Quand doit-il rentrer ?

– Je l'ignore.

– Est-il à son travail ?

– Probablement.

– Depuis combien de temps êtes-vous à son service, si je puis me permettre ?

– Assez longtemps pour savoir ce qui se passe. Je parlerai de cette visite à M. Parrish, soyez-en sûre.

Sur ces mots, la femme commença à refermer la porte.

– Non ! Attendez, s'il vous plaît, dit Sally en tendant la main. Comment vous appelez-vous ?

Pour toute réponse, elle eut droit à un regard dédaigneux, et la porte lui claqua au nez.

La jeune femme laissa échapper un soupir. Elle quitta le petit jardin et, sans s'arrêter de peur de changer d'avis en route, elle alla frapper à la porte de la maison voisine. Celle-ci s'ouvrit presque immédiatement : elle n'avait pas rêvé en croyant avoir vu bouger les rideaux de dentelle.

– Oui ? fit la domestique.

– La maîtresse de maison est-elle là ?

– Je vais voir, madame. Qui dois-je annoncer ?

– Je m'appelle Lockhart.

Moins de quinze secondes plus tard, une femme d'une quarantaine d'années, débordante de curiosité, entra.

– Je suis désolée de vous déranger, dit Sally, mais votre voisin, M. Parrish... Le connaissez-vous ?

– M. Parrish ? Euh... oui. Pourquoi ? Qui êtes-vous ?

– Je le cherche. Il s'agit de... d'une affaire de famille, dit Sally en improvisant.

Elle aurait dû penser à inventer une histoire.

Le visage de la femme se ferma.

– Vous êtes son épouse, n'est-ce pas ? Je sais tout de vous. Et si vous voulez mon avis, je trouve ça scandaleux ! Vous devriez avoir honte de vous. Votre mari est un homme bien. Mais vous… Ah, je ne vous fais pas mes compliments.

Et pour la deuxième fois en cinq minutes, Sally se fit claquer la porte au nez.

Il était difficile de ne pas se sentir insultée. Difficile de repartir comme si de rien n'était. Il y avait donc des gens – nombreux peut-être – qui croyaient à ce mensonge, qui voyaient en elle une épouse indigne qui avait brisé un foyer.

Alors qu'elle errait dans les rues sans trop savoir où elle allait, elle se demandait combien de temps encore elle pourrait continuer à croire en elle-même. Tôt ou tard, la pression deviendrait trop forte et elle découvrirait qu'elle se fourvoyait depuis le début : elle croirait elle aussi qu'elle était mariée à cet homme. Elle ne comprendrait pas pourquoi elle avait essayé de le nier, se sentirait mortifiée… et il ne lui resterait plus qu'à mener le combat pour garder Harriet…

Non ! Jamais !

« Allons, tu *sais* ce qui s'est passé, non ? »

Mais il y avait ce certificat dans le registre et…

Ses pas l'avaient conduite devant une église semblable, par le style et l'époque de sa construction, à celle de la paroisse Saint-Thomas à Portsmouth : un bâtiment morne érigé dans un environnement morne, construit à cet endroit uniquement parce que le promoteur disposait d'un emplacement dont il ne savait que faire. Elle entra dans l'église ; trois dames étaient en train de disposer des fleurs dans des vases et un homme âgé, vêtu d'une tenue sombre, rangeait des missels.

Elle se dirigea vers lui.

– Excusez-moi. Qui est le pasteur de cette paroisse ?

– Ici, nous n'avons pas de pasteur, mais un vicaire, mademoiselle, répondit l'homme. M. Harding est absent pour le moment. Il sera de retour parmi nous samedi. Puis-je vous aider ? Je suis le bedeau. Je m'appelle Watkins.

– J'essaie de trouver quelqu'un qui connaîtrait un certain M. Parrish.

Le visage du bedeau se crispa.

– Voulez-vous parler de M. Arthur Parrish ? Le marguillier ?

– Il est marguillier de cette paroisse ? Je l'ignorais. Mais il s'agit bien de lui, en effet.

– Il est très connu par ici, mademoiselle. Vous vouliez son adresse ?

– Non. Il ne s'agit pas de cela...

Elle se sentait prise de vertiges ; sans doute avait-elle l'air désemparé, car il lui dit :

– Voulez-vous vous installer dans la sacristie ? Je vais aller vous chercher un verre d'eau.

Elle le suivit. Il flottait dans la petite pièce sombre, où étaient suspendus les surplis des enfants de chœur, la même odeur de moisi et de poussière que dans la sacristie de Portsmouth et, une fois de plus, elle songea qu'elle avait oublié certaines choses, et que le passé se déroulait de nouveau comme une succession de photographies, mais de manière différente.

M. Watkins revint avec un verre d'eau. Il referma la porte derrière lui avec soin, après avoir jeté un coup d'œil à l'extérieur.

– Alors, que vouliez-vous savoir, mademoiselle ? demanda-t-il en lui tendant le verre.

– Merci. Ce n'est pas facile à expliquer. J'essaie de me renseigner sur M. Parrish. Est-il... respecté dans le quartier ?

– Oui, je suppose qu'on peut dire ça, répondit M. Watkins. Il exécute consciencieusement ses devoirs de marguillier. C'est un paroissien assidu et un généreux donateur. Pour la fête annuelle de la chorale, il a offert un cageot d'oranges. C'est un gentleman très apprécié. Je ne peux pas vous en dire beaucoup plus, mademoiselle.

– A-t-il une famille ?

Le bedeau ne répondit pas tout de suite ; il semblait la jauger. Sally décida de ne pas le brusquer.

– J'ai entendu dire qu'il y avait une Mme Parrish, finit-il par lâcher.

– L'avez-vous vue ?

– Non. Puis-je vous demander pourquoi vous me posez toutes ces questions ? Voyez-vous, je ne sais pas si je fais bien de vous en parler. Si je connaissais vos raisons, cela pourrait peut-être m'aider.

– C'est très simple. M. Parrish affirme m'avoir épousée, et je sais que c'est faux. Je ne sais rien de cet homme. Ses voisins refusent de me parler de lui, alors je me suis dit... Je me suis dit que je pourrais peut-être apprendre quelque chose ici.

Le bedeau hocha la tête.

– Je vois. Il s'agit d'une situation pour le moins inhabituelle, vous en conviendrez. J'ignore si le vicaire serait en mesure de vous aider... Il est en très bons termes avec M. Parrish. Ces deux-là s'entendent comme larrons en foire; ils aiment bien échanger des plaisanteries.

– Dans ce cas, il ne pourra pas m'aider, murmura Sally. Depuis combien de temps M. Parrish est-il le marguillier de cette paroisse ?

– Voyons voir... Il est arrivé ici il y a deux ans. Il venait d'un endroit sur la côte Sud, si je me souviens bien...

– Portsmouth.

– Exact. Il s'est présenté au vicaire très peu de temps après son arrivée. Il n'est pas timide, c'est le moins qu'on puisse dire; il n'hésite pas à se mettre en avant. Je crois qu'il avait même une lettre d'introduction, d'après ce que m'a dit le vicaire. D'ailleurs, je me demande...

Ses yeux se posèrent sur le secrétaire miteux dans le coin de la pièce. Puis il sembla prendre une décision.

– Écoutez. Je vais faire quelque chose de tout à fait irrégulier, dit-il. Si je passe outre à mes principes, c'est parce que je n'aime pas M. Parrish. Je sais que je ne devrais pas dire ça, mon devoir de chrétien m'oblige à avoir du respect pour chacun, mais c'est plus fort que moi. Je me méfie de cet homme.

Il tira de sa poche un trousseau de clés fixé au bout d'une chaîne et ouvrit le secrétaire. Après avoir fouillé dans un amas de papiers, il tendit une lettre à Sally.

– Quel fouillis, commenta-t-il. Le vicaire est un homme charmant, bon et joyeux, mais il est trop confiant. Et il aurait bien besoin de quelqu'un pour mettre un peu d'ordre ici. Mais ce n'est pas à moi de le lui dire.

En lisant la signature sur la lettre, Sally se redressa, comme mue par un ressort. Elle avait été rédigée par le révérend Beech :

Cher M. Harding,

J'ai le plaisir de vous écrire pour vous présenter et vous recommander M. Arthur Parrish.

Membre de ma congrégation pendant cinq ans, il s'est distingué non seulement par son assiduité aux offices et sa ferveur chrétienne, mais aussi par ses nombreuses qualités personnelles.

Je crois savoir qu'il vient s'installer dans votre paroisse et je puis vous assurer que vous trouverez en lui un chrétien fidèle et un ami entreprenant.

Je vous prie d'agréer l'expression de mes respectueuses salutations.

Gervase Davidson Beech.

La lettre était datée du 14 juillet 1879, soit six mois après le certificat figurant dans le registre et après que le nouveau pasteur eut pris ses fonctions à l'église de Portsmouth. L'adresse de l'expéditeur était mentionnée sur le papier de mauvaise qualité : Saint-Anselm, Taverham Walk, Norwich.

Le cœur de Sally fit un bond.

– Merci infiniment. Vous ne pouvez pas savoir combien vous m'avez été utile. Est-ce que... je ne connais rien à toutes ces choses… est-il fréquent que des ecclésiastiques reçoivent ce genre de lettres ?

– En tant que simple bedeau, je l'ignore, mademoiselle. Mais, comme je vous le disais, M. Harding est un homme très libre et franc. S'il a pris la peine de me parler de cette lettre et de me la montrer, j'en déduis qu'elle avait quelque chose d'exceptionnel.

Sally relut la lettre. L'écriture était maladroite et appliquée, étrangement tremblée par endroits, comme si M. Beech était âgé et infirme. Quoi qu'il en soit, elle possédait une adresse désormais et cela la payait de ses peines.

– Merci, monsieur Watkins, dit-elle en se levant. Vous m'avez beaucoup aidée. Ce M. Beech est le pasteur qui a signé le certificat de mariage d'après lequel M. Parrish m'aurait épousée, et j'essayais de retrouver la trace de cet homme.

Le vieux bedeau ouvrit la porte de la sacristie, tendit l'oreille, puis referma le battant.

– Laissez-moi votre adresse, mademoiselle. Au cas où j'entendrais parler de quelque chose. Mais j'en doute. M. Parrish est très apprécié par ici, avec les oranges et tout ça, toujours un mot gentil pour chacun, généreux lors de la quête… Mais vous savez comment c'est, il y a des gens à qui on fait confiance, d'autres non.

Sally se demanda si elle devait lui donner un petit pourboire, mais elle opta finalement pour un don aux pauvres de la paroisse. Puis, l'adresse de M. Beech dans son sac, elle repartit pour Twickenham.

Où l'attendait une visiteuse.

– Rosa ! Quel bonheur de te voir ! Tu es venue si vite...

– Comme si j'allais rester terrée chez moi. Pour qui me prends-tu ?

Rosa était la plus vieille amie de Sally, exception faite de Jim Taylor. C'était la sœur de Frederick. Quand Sally avait fait leur connaissance, Rosa gagnait sa vie comme comédienne, à la grande indignation de ses parents. Frederick et elle avaient causé une profonde déception à leur père, évêque. Bien qu'il soit le frère de Webster Garland, il n'y avait en lui aucune trace de génie, d'humour ni de générosité. Après bien des larmes, des prières et des supplications, il avait rompu toute relation avec ses enfants. C'est seulement lorsque Rosa avait épousé un homme d'église et abandonné la scène qu'il avait daigné se souvenir d'elle. La mort de Frederick avait été cruellement ressentie, mais en silence. Le fait que leur fils ait conçu un enfant hors mariage ne serait jamais mentionné, Sally le savait, mais elle supposait que Rosa l'avait laissé entendre à sa mère.

Le mari de Rosa, le révérend Nicholas Bedwell, était un tout autre genre d'homme. Il avait participé à la première aventure de Sally ; c'était ainsi qu'il avait fait la connaissance de Rosa. Ancien boxeur, c'était un personnage téméraire et chaleureux, et même si en tant que prêtre il regrettait que Sally ait donné naissance à un enfant illégitime, en tant qu'homme il comprenait, et Rosa et lui vouaient à la petite Harriet un amour sans bornes. Pour des raisons de discrétion, Sally se présentait sous le nom de Mme Lockhart quand elle logeait chez eux. D'ailleurs, en un sens, elle était réellement veuve, et cette duperie leur permettait de vivre leur amitié au grand jour, même si l'hypocrisie du procédé faisait pester Sally et Rosa.

Nicholas Bedwell avait en charge une importante paroisse d'Oxford et ne pouvait pas s'absenter. Mais sa femme était venue immédiatement, abandonnant ses deux enfants à leur nurse. Assises dans la salle du petit déjeuner (dont les accès avaient été renforcés par le serrurier), les deux jeunes femmes prirent le thé et Sally raconta toute son histoire à Rosa, de la visite de l'huissier jusqu'à la découverte de l'adresse de M. Beech.

– C'est la chose la plus grotesque que j'ai jamais entendue, commenta Rosa. Ce Parrish n'a aucune chance de parvenir à ses fins. Qu'en pense ton avocat ? Il est évident que les juges vont rejeter cette requête en éclatant de rire, non ?

– J'aimerais qu'il soit un peu plus optimiste, dit Sally. Il tient à réfuter ces accusations point par point... (D'une chiquenaude, elle repoussa le document posé entre elles sur la table basse.) Toutes ces inepties comme quoi je suis une alcoolique et ainsi de suite. A mon avis, cela n'a aucune importance. Je pense qu'il ferait mieux de se concentrer sur le mariage et de marteler qu'il s'agit d'un coup monté jusqu'à ce que la vérité surgisse. Mais il se comporte de façon équivoque... Je ne sais pas quoi penser.

– Change d'avocat. Va voir quelqu'un d'autre. Engage quelqu'un de compétent, nom d'un chien !

– Je suis sûre qu'il est compétent. De toute évidence, il connaît la loi. Et la dernière fois que je l'ai vu, il a fait des suggestions pleines de bon sens...

« Mais c'est moi qui suis allée à Clapham et qui ai découvert l'adresse de M. Beech, se dit-elle. Et c'est moi qui ai déniché le registre à Portsmouth. L'enquêteur qu'il devait engager à grands frais a-t-il obtenu des résultats ? »

Les cheveux roux de Rosa brillaient dans la lumière du feu de cheminée. Elle plissait le front.

– Je me demande si on ne devrait pas prendre Harriet avec nous à Cowley, dit-elle, faisant allusion à sa maison d'Oxford. Car c'est elle le cœur de l'affaire, n'est-ce pas ? Cet homme veut la récupérer. Il se fiche pas mal de toi ; toute cette histoire de divorce, c'est uniquement pour mettre la main sur ta fille.

– Et obtenir le droit de garde. Car dans le cas d'un enfant illégitime, ce droit revient à la mère. Mais si les parents sont mariés, il revient au père. Mon avocat m'a expliqué tout ça. En effet, tout tourne autour de Harriet. Mais je dois me battre sur le plan juridique, Rosa. Je dois prendre cette farce très au sérieux et la combattre devant les tribunaux, car si je ne le fais pas, ils lui donneront automatiquement gain de cause et je perdrai ma fille...

Soudain, à son grand étonnement, Sally éclata en sanglots. Les deux jeunes femmes étaient seules dans la pièce, car Sarah-Jane donnait son bain à Harriet. Rosa se leva et prit son amie dans ses bras.

– Je ne sais pas *pourquoi !* balbutia-t-elle quand ses larmes se furent taries. (Elles étaient maintenant assises côte à côte sur le canapé.) Si seulement je connaissais le mobile de cet homme, je pourrais... Je ne sais pas... lui proposer autre chose, le soudoyer, le combattre, mais c'est le fait de ne pas comprendre qui m'effraie... C'est comme si j'affrontais un fantôme ou un fou... Et songer que ce Parrish a tout manigancé depuis si longtemps, avant même la naissance de Harriet, que quelqu'un m'espionne depuis tout ce temps...

– Tu t'es renseignée partout ?

– Partout ? Oui, je crois... Que pourrais-je faire d'autre ?

– Aller à Somerset House. Tu sais, là où sont recensés tous les certificats de naissance et de décès. Il y aura forcément celui de ta fille, non ?

Sally se redressa.

– Oui ! Évidemment ! Pourquoi n'y ai-je pas pensé... ?

Mais son visage s'assombrit de nouveau et elle se renfonça dans le canapé avec un air hagard et désespéré que Rosa ne lui connaissait pas.

– Il a falsifié le certificat, j'en suis sûre, dit-elle. J'irai quand même voir, mais je sais déjà ce que je vais trouver.

– Non, *moi* j'irai, dit Rosa. Dès demain. Si ces gens ont organisé tout cela avant même la naissance de Harriet, cela veut dire qu'ils ne s'intéressent pas à Harriet en tant qu'individu. Ils veulent s'emparer d'elle car c'est la meilleure façon de te faire souffrir.

Sally réfléchit à cette théorie. C'était certainement juste, mais les choses n'en devenaient pas pour autant plus compréhensibles. Sans le vouloir, elle jeta un coup d'œil en direction du mur. Rosa suivit son regard et remarqua l'impact de balle. Elle haussa les sourcils d'un air surpris.

– Oui, dit Sally. J'ai acheté une nouvelle arme. Je croyais que...

– Et moi, je croyais que tu en avais assez des armes à feu, dit Rosa sans hausser la voix. Après ce qui s'est passé...

Elle faisait allusion au jour où Sally avait tiré sur Ah Ling, le pirate mi-chinois mi-hollandais. Rosa se trouvait à proximité, mais elle était intervenue un peu trop tard. Sally avait jeté son arme ce jour-là, en espérant ne plus jamais y toucher.

– C'est juste que... Je me sens plus en sécurité... Non, c'est faux. En fait, je suis furieuse, Rosa. Et avec un pistolet je peux... Oui, je sais. C'est mal. Je sais. Mais si la seule façon de sauver Harriet c'était de tuer cet homme, je le ferais sans hésiter un seul instant. Je presserais la détente avec joie. En ce moment, la seule et unique chose qui m'empêche de sombrer dans le désespoir, c'est la perspective de *pouvoir* le tuer. Est-ce que cela fait de moi un animal ou un monstre ? Un être immoral ? Inhumain ? Je m'en fiche. Je refuse de m'avouer vaincue. Je ne vais pas rester assise là, à me morfondre, sans réagir. Je me battrai légalement jusqu'au bout, et ensuite, s'il le faut...

Sally avait serré les poings sur ses genoux. Rosa l'observa, puis elle posa sa main sur celles de son amie.

– J'ai quand même progressé, dit Sally. J'ai découvert l'adresse de M. Beech.

– Et moi, j'irai consulter le certificat de naissance de Harriet, dit Rosa.

– N'oublions pas cette autre personne, ce M. Lee de je ne sais où, à Spitalfields. Il joue un rôle dans cette histoire. Allons coucher Harriet, après quoi tu m'aideras à écrire à M. Beech. Crois-tu que Nick pourrait retrouver la trace de ce mystérieux pasteur ?

Le lendemain matin, Rosa se rendit à Somerset House, comme prévu, et revint déconcertée, après avoir payé un penny une copie du certificat de naissance de Harriet Rosa Parrish, déclarant qu'elle était née le 30 septembre 1879 dans Telegraph Road à Clapham. Son père se nommait Arthur James Parrish ; sa mère était Veronica Beatrice Parrish, née Lockhart. De la petite Harriet Rosa Lockhart, née le même jour à Orchard House, à Twickenham, il n'existait aucune trace.

– Je commence à comprendre ce que tu veux dire, commenta Rosa. C'est un mensonge et une supercherie, mais quand je pense au mal qu'ils ont dû se donner... On les aura, Sally. On les battra, d'une manière ou d'une autre.

Elle n'ajouta pas, car Sally n'avait pas besoin qu'on le lui rappelle, qu'il était dommage qu'Harriet n'ait pas été baptisée, car il existerait alors un document pour l'attester et corroborer la version de Sally. De toute façon, c'était trop tard.

Rosa resta deux jours à Orchard House. Ce fut une période étrange. Un orage planait au-dessus de la tête de Sally et elle savait qu'il allait éclater d'un moment à l'autre, mais l'énergie et le bon sens de Rosa l'empêchaient de croire qu'elle en pâtirait. Et en même temps, elle savait que c'était inévitable. Elle ne savait plus où elle en était.

Le jour du départ de Rosa, un autre document officiel arriva. A peine Sally l'eut-elle décacheté qu'elle se précipita à Middle Temple Lane, chez son avocat.

– Il s'agit d'une injonction, lui dit celui-ci. Oh, ma chère, c'est fort regrettable. Qu'avez-vous donc fait, mademoiselle Lockhart ?

– Une injonction ? Qu'est-ce que c'est ?

– C'est un ordre du tribunal vous interdisant de... Vous êtes-vous rendue au domicile de M. Parrish ?

– Oui.

– Et vous avez importuné... Apparemment, vous avez contrarié une voisine...

– *Quoi ?* Je lui ai parlé une minute ! C'est plutôt elle qui m'a contrariée ! Que signifie cette fichue injonction ? Est-ce que cela veut dire que je n'ai pas le droit d'aller poser des questions aux gens ?

– Exactement. Vous avez été malavisée, mademoiselle Lockhart. Nous voilà dans une position inconfortable vis-à-vis de...

– Votre enquêteur a-t-il commencé son travail ?

– Non, pas encore.

– Pour quelle raison, nom d'une pipe ? Le temps presse !

– Mademoiselle Lockhart, je vous prie de ne pas hausser le ton devant moi de cette façon. Je n'ignore pas que la nature féminine est prompte à s'enflammer, mais je supposais que vous saviez vous contrôler. Je n'ai pas encore engagé d'enquêteur.

Sally pressa ses poings l'un contre l'autre pour essayer de conserver son calme.

– Monsieur Adcock, nous avons évoqué cette question il y a trois jours. Expliquez-moi, *s'il vous plaît,* pourquoi vous n'avez pas engagé d'enquêteur.

– Pour une excellente raison. Je veux être certain d'engager le meilleur. J'ai examiné plusieurs candidatures. Voulez-vous consulter les lettres de recommandation ? Mademoiselle Lockhart, continuez à faire confiance à votre avocat. Je comprends l'angoisse qui vous habite, mais il n'est pas bon qu'elle se transforme en agitation intempestive. Et il ne sert à rien de mener votre propre enquête. Avez-vous songé à quel point vous alliez compliquer la tâche de l'enquêteur que nous choisirons ? Avant même de commencer son travail, il sera obligé d'effacer la mauvaise impression que vous avez laissée D'ailleurs, en relisant cette injonction, je me demande même s'il nous sera possible de mener une enquête. Ou alors uniquement de la manière la plus discrète et la plus détournée qui soit... Avec de nombreux garde-fous. Mademoiselle Lockhart, je crains que vous ayez nui à vos propres intérêts. La partie adverse fera valoir que...

Sally se leva.

– J'essaie de comprendre, dit-elle. Croyez-moi, monsieur Adcock. J'essaie de comprendre comment une femme innocente peut se faire voler son enfant par un parfait inconnu, et pourquoi, lorsqu'elle essaie de se renseigner, on la menace d'une action en justice. Quelle est donc cette loi qui vous punit quand vous tentez simplement de savoir pourquoi l'on vous persécute ? Savez-vous ce que l'on ressent alors ?

L'avocat écarta les bras. Il voulait paraître à la fois mesuré, tolérant et compréhensif ; en vérité, il paraissait faible et sot. Sally lui tourna le dos.

– Si je ne retourne pas chez cet homme, serai-je à l'abri de toute poursuite ? demanda-t-elle, une main sur la poignée de la porte.

– La formulation est étendue à... Autant que je puisse en juger, oui... son domicile, et ceux des voisins que vous avez... à qui vous avez rendu visite, ainsi que tous les lieux où votre présence risque de provoquer des troubles... Nous pourrions faire valoir que cette injonction est bien trop étendue. Oui, nous pourrions à juste titre avancer cet argument. Si vous le souhaitez...

– Non. Ne perdez pas votre temps. Êtes-vous convenu d'un rendez-vous avec maître Coleman ?

– Ah, nous avons eu de la chance de ce côté-là. M. Coleman accepte de vous recevoir le 17 à cinq heures trente de l'après-midi.

– La veille du...

– Oui, la veille du jugement. J'ai dû soutenir avec fermeté votre point de vue devant maître Coleman. Il estime que cette entrevue ne sera d'aucune utilité, mais il a généreusement accepté de satisfaire à votre requête.

« C'est déjà ça », se dit Sally. Cette affaire devenait une obsession et elle était incapable de se concentrer sur autre chose pendant plus de quelques minutes. Elle s'attarda sur les paroles de M. Adcock, essayant d'y trouver un signe d'espoir, tel un chercheur d'or qui secoue sans se lasser son tamis à la recherche d'une pépite ; et elle s'efforçait d'être objective, de ne pas lui reprocher son insupportable lenteur, d'y voir au contraire une connaissance de la loi et la marque d'une fine psychologie.

Mais elle ne tint pas très longtemps. Elle enrageait. Comment la loi pouvait-elle être utilisée de manière si perverse, avec si peu de scrupules ? Les juges qui rédigeaient les requêtes et les injonctions, qui instruisaient les dossiers, pensaient-ils aux conséquences de leurs actes ? La grandeur suprême du système judiciaire anglais pouvait-elle se laisser corrompre aussi aisément ?

Sally n'osait pas le croire. Elle continuait à espérer que le tribunal rejetterait cette requête ; une partie de son esprit demeurait incapable de considérer qu'il s'agissait d'autre chose que d'un cauchemar. Bref, elle était dans l'état d'esprit idéal pour succomber aux attaques d'un prédateur.

M. Parrish, lui, eut une entrevue fort satisfaisante avec son avocat.

– Ils ont engagé Coleman, lui annonça M. Gurney.

– Il est doué ?

– C'est le meilleur.

– Et nous, qui avons-nous ? Nous n'avons pas le meilleur ? Comment cela se fait-il ?

– Nous n'avons pas besoin du meilleur. Nous avons Sanderson. Le deuxième après le meilleur, c'est suffisant avec un dossier aussi solide que celui-ci. Coleman n'aurait aucune chance, quand bien même serait-il Démosthène et Cicéron réunis en une seule personne.

M. Parrish avait entendu parler de ces messieurs, mais pas depuis un certain temps.

– Je suppose que vous savez ce que vous faites, dit-il.

– Coleman aussi. Il fera du très bon travail. J'ai hâte d'entendre ses arguments. Mais il ne gagnera pas, et il le sait. Et je sais qu'il le sait, car je connais son clerc.

– Parfait, dit Parrish. Et pour notre autre affaire ? L'aspect financier ?

– Il dépend de l'issue favorable du jugement, comme vous le savez. Et tel sera le cas. Légalement parlant, les biens de votre épouse sont aussi les vôtres ; inutile d'obtenir un jugement séparé. La loi est très claire sur ce point.

– Tout ce qu'elle possède m'appartient ?

– Je ne formulerais pas les choses ainsi, dit M. Gurney dont la conscience, bien qu'elle ne fût plus qu'un lointain souvenir, avait laissé derrière elle les traces d'un caractère tatillon. Je préfère dire que vos biens, que votre épouse s'est appropriés contre votre volonté, vous seront rendus comme il convient, en toute logique.

– Dites ce que vous voulez, répondit M. Parrish. Seul compte le résultat. Dès que le tribunal aura rendu un jugement en ma faveur, la garde de l'enfant, que Dieu la bénisse, me reviendra, ainsi que l'argent et les biens contrôlés par mon épouse. C'est bien cela ?

– Exactement, confirma l'avocat.

– Pas de coups fourrés ? Pas d'obstacles de dernière minute ? Avez-vous envoyé cette injonction ?

– Elle a été remise ce matin même.

– Épatant, dit M. Parrish. Voyez-vous, monsieur Gurney, plus que le fait de récupérer mon argent, vous savez ce que j'attends avec le plus d'impatience ?

M. Gurney répondit par un bruit non identifiable mais censé exprimer une curiosité polie.

– De retrouver ma petite fille adorée. Je serais prêt à laisser à sa mère tout son argent pour pouvoir sentir sa petite tête blonde posée sur mon épaule, comme autrefois. Avez-vous des enfants, monsieur Gurney ?

L'avocat avait deux fils inscrits à Eton, aussi stupides, paresseux et dépensiers l'un que l'autre. L'idée de leurs petites têtes blondes posées sur son épaule lui donnait la nausée. Il émit un autre son de nature indéterminée.

– Toutefois, reprit M. Parrish en se levant, pour être juste envers moi-même, je ne peux pas négliger l'aspect financier. Je veux pouvoir me dire que ma petite chérie ne manquera de rien.

Sur ce, il prit congé. M. Gurney aurait sans doute pu s'interroger sur son client, s'il avait encore eu les moyens de s'interroger, mais l'imagination, la compassion et la sollicitude avec lesquelles il était né s'étaient évaporées en même temps que sa conscience, des années plus tôt. Il rangea le dossier de M. Parrish et reporta son attention sur une affaire plus simple et plus rapide : l'expulsion d'une veuve de son logement.

En quittant Middle Temple Lane, Sally s'aperçut qu'elle n'avait pas parlé à M. Adcock de cet inconnu qui s'était introduit dans la chambre de Harriet, ni de la disparition de l'ours en peluche.

Devait-elle faire demi-tour ? La probable réaction de l'avocat l'en dissuada. Il devait exister une loi, se dit-elle, qui empêchait les gens de protester quand on leur volait quelque chose ; elle avait été malavisée d'aller trouver la police, car elle serait désormais cataloguée comme agitatrice et fauteuse de troubles, et elle indisposerait le tribunal ; elle devait s'attendre à d'autres injonctions qui lui interdiraient d'évoquer cette affaire ; elle devrait démonter toutes les nouvelles serrures et remettre les anciennes, pour faciliter la tâche des cambrioleurs...

Les fantaisies de son imagination ne parvenaient même pas à la faire rire. Voilà des jours qu'elle n'avait pas ri ; c'était à peine s'il lui arrivait de sourire. Elle l'ignorait, et Rosa n'avait pas voulu le lui dire, mais elle était d'une pâleur inquiétante et ses yeux étaient bordés de cernes noirs. Elle ne mangeait presque rien ; elle n'avait plus d'appétit. Elle dormait très mal, le moindre bruit la réveillait et, ensuite, elle ne parvenait plus à trouver le sommeil. Lorsque la fatigue la terrassait enfin, elle faisait des rêves affreux. La veille, elle avait rêvé qu'elle laissait Harriet sur un banc dans le parc pendant qu'elle allait voir son avocat et qu'elle l'y oubliait ; elle ne s'en souvenait qu'en arrivant à la maison et elle devait retourner au parc à toutes jambes ; bien entendu, le banc était vide. Elle s'était réveillée en sanglotant, rongée par la culpabilité. Elle était entrée dans la chambre de la fillette endormie, s'était couchée près d'elle et l'avait serrée dans ses bras en lui murmurant qu'elle ne l'abandonnerait jamais, pendant que la lumière grise et froide du matin filtrait à travers les rideaux pour lui rappeler qu'un jour de moins les séparait du jugement.

C'était comme attendre une exécution.

Aussi n'était-elle pas disposée à réagir de manière favorable lorsqu'une main la tira par la manche au moment où elle s'engageait dans Fleet Street.

Elle se retourna, s'attendant à se trouver face à un mendiant et, par automatisme, ouvrit son sac. Mais l'individu qui se tenait devant elle n'avait rien d'un mendiant.

C'était un jeune homme coiffé d'une casquette enfoncée sur le front, avec un foulard à pois bleus autour du cou et une large ceinture cloutée servant à maintenir son pantalon de velours. Ce qu'elle distinguait de son visage n'était pas très engageant, car Bill avait gardé, de sa vie passée, un air renfrogné et menaçant.

Sally posa les yeux sur la main rugueuse qui agrippait sa manche.

– Mademoiselle Lockhart ? demanda-t-il, ce qui accrut la surprise de la jeune femme. Écoutez-moi. Je sais qui vous êtes. Y a un gars qui veut vous...

Son murmure rauque, son expression menaçante, c'était plus qu'elle ne pouvait supporter. Elle libéra son bras d'un geste et, à la grande stupéfaction du jeune homme, l'empoigna par l'épaule, l'entraîna dans un recoin et le plaqua contre le mur. La colère lui donnait de la force et sa réaction fut si inattendue que Bill ne put résister. Avant qu'il ait compris ce qui lui arrivait, un objet dur s'enfonça dans ses côtes. Baissant les yeux, il découvrit l'éclat terne d'un revolver chromé.

Sally s'était placée de façon à ce que son corps cache l'arme aux yeux des passants. Elle savait ce qu'elle faisait, se dit Bill. Il sentit les poils se hérisser sur sa nuque en voyant que le chien du revolver était armé. Une simple pression du doigt sur la détente et il était mort. La main de la jeune femme ne tremblait pas et, à en juger par son expression, elle se ferait un plaisir de tirer.

– Allez lui dire, murmura-t-elle, que s'il essaie de trouver la moindre excuse à sa conduite, je lui mets une balle dans la peau. Et cela vaut également pour ses messagers. Et pour quiconque ose encore s'introduire chez moi. Ne m'approchez plus, c'est compris ? Fichez-moi la paix !

Sa voix vibrante de tension et la lueur de haine qui brillait dans ses yeux (de jolis yeux foncés, pas du tout ce à quoi on pouvait s'attendre chez une personne si blonde) empêchèrent Bill d'ouvrir la bouche. Une dame ne se comportait pas de cette façon. Une dame ne se promenait pas avec une arme à feu, et elle ne réagissait pas de manière si passionnée. Voilà pourquoi il demeura immobile et silencieux contre le mur, tandis que le revolver disparaissait et qu'elle se détachait de lui, avant d'être happée par la foule et de disparaître.

– Une vraie tigresse, monsieur Goldberg, dit Bill. Pas moyen de lui parler. Elle m'aurait tué sans bouger un cil.

Il était tard, ce même soir, et ils se trouvaient dans un pub louche près de Covent Garden. Goldberg, coiffé d'un chapeau mou à larges bords et enveloppé d'un manteau noir, fumait un cigare qui lui valait des regards respectueux, y compris de la part des terrassiers assis à la table voisine.

– Rien à faire, alors, dit-il. C'était quoi cette histoire de cambriolage ?

Bill répéta ce dont il se souvenait.

– Quelqu'un s'est introduit chez elle et elle pense que c'est Parrish, dit Goldberg. Tu l'arrêtes dans la rue et elle pense que tu es envoyé par Parrish. Logique, je suppose. Mais c'est dommage. Il va falloir saisir le bon moment.

– Vous savez où qu'elle habite, monsieur ? On pourrait surveiller sa maison, non ?

– J'en sais rien, nom d'un chien ! J'ai trouvé une excuse pour aller voir l'avocat de Parrish et j'en ai profité pour subtiliser des documents pendant que le clerc avait le dos tourné, c'est comme ça que je suis tombé sur son dossier. Tout ça sent mauvais, Bill. C'est une sale histoire. Plus je vois ce Parrish, plus je le trouve répugnant. Nous avons échoué aujourd'hui. La prochaine fois, il faudra essayer autre chose.

7
La maison près du canal

Ce week-end-là, Goldberg emmena Bill à Amsterdam. Il devait prendre la parole lors du congrès des partis socialistes de Hollande et de Belgique, et l'on s'attendait à ce que son discours provoque une certaine agitation. Bill n'avait jamais quitté Londres de sa vie, aussi resta-t-il collé aux basques de son compagnon pendant toute la durée du voyage, tout en essayant d'adopter l'attitude d'un dur à cuire que rien n'impressionnait. Évidemment, il ne comprenait pas l'allemand, la langue que parlait Goldberg la plupart du temps. Celui-ci présentait Bill comme son garde du corps, un camarade de Londres ; le jeune garçon secouait poliment les mains qu'on lui tendait, il acceptait les grands verres de bière hollandaise légère, et il observait. Il était impressionné par le respect que tous ces gens vouaient à son mentor. Où qu'ils aillent, dans une maison, un café ou une salle de meeting, Goldberg était reconnu, salué et entouré d'admirateurs : de vieux messieurs ressemblant à des universitaires, des Russes barbus imposants et menaçants, de solides syndicalistes et aussi, bien sûr, de charmantes jeunes femmes. Goldberg évoluait au milieu de ces gens comme un roi de retour d'exil; ils buvaient ses paroles, lui offraient des verres et des cigares, se levaient pour applaudir quand il entrait dans une pièce, écarquillaient les yeux quand il parlait de sa voix puissante, rauque et rieuse. L'estime que lui vouait Bill ne pouvait que croître en voyant son ami et protecteur traité comme un personnage important.

Il ne savait pas, car il ne savait pas lire, que les articles de Goldberg avaient été repris dans toute la presse radicale d'Europe occidentale; et il ignorait, car il ne comprenait rien à la politique, que Goldberg représentait pour certaines personnes la possibilité de faire progresser les idées socialistes en les arrachant au marécage des divisions dans lequel les avait laissées l'échec de l'Association internationale des travailleurs en 1872.

Le congrès accueillait des délégués venus d'Allemagne, de France, de Grande-Bretagne, de Russie, du Danemark, et bien entendu de Hollande et de Belgique. Bill prenait plaisir à les observer et à essayer de deviner dans quelle langue ils s'exprimaient, même s'il ne comprenait pas un seul mot de ce qu'ils disaient. Il suivait Goldberg partout, comme un petit chien, sans trop comprendre ce que faisait ou disait son compagnon. Le deuxième jour, cependant, il entendit quelqu'un s'exprimer en yiddish et, toujours comme un petit chien, il dressa l'oreille en jetant des regards autour de lui.

Ils se trouvaient dans un café bondé, non loin des docks : un endroit envahi d'une épaisse fumée où flottait l'odeur âcre et salée des harengs en saumure. Goldberg évoquait un point de doctrine avec un groupe venu de Berlin, et Bill les observait, s'intéressant particulièrement à une jeune femme qui ne cessait d'intervenir d'un ton méprisant et à la manière dont Goldberg gérait ces interruptions. Il s'adressait à elle comme si elle avait été un homme, avec le même humour un peu brusque, ce qui la fit rougir de colère à plusieurs reprises. C'était une jeune femme brune, trapue, à l'air fier, avec de jolis yeux, grands et brûlants de rage. Bill se disait qu'elle était peut-être juive, et il se demandait ce qu'on ressentait lorsqu'une femme vous regardait avec une telle intensité, lorsqu'il entendit parler yiddish derrière lui.

Se retournant, il rencontra le regard d'un jeune homme âgé d'une vingtaine d'années. Il était assis à une table avec deux compagnons, et ils buvaient du schnaps. Il avait un visage émacié et sévère, surmonté d'une tignasse de cheveux noirs et cerné d'une barbe fine. De toute évidence, il savait que Bill était avec Goldberg, car il le salua d'un petit signe de tête et leva son verre pour l'inviter à se joindre à eux. Bill se tourna vers son mentor. Voyant qu'il était occupé, il se leva et, d'un pas hésitant, s'approcha de la table du jeune homme.

– Avram Cohn, se présenta celui-ci en lui tendant la main.

– Bill Goodwin.

Cohn dit quelque chose en yiddish. Bill se sentit gêné.

– Euh... je ne parle pas très bien yiddish, dit-il.

– D'accord, nous parlerons anglais alors, dit Cohn. Assieds-toi et bois donc un verre de schnaps.

Flatté d'être l'objet de tant d'attention, Bill obéit. Cohn lui présenta les deux autres : un jeune homme roux nommé Meyer et un homme à l'air exalté qui s'appelait Giuliani, et était sans cesse en train de ronger quelque chose : ses ongles, ses lèvres, sa barbe.

– Alors, comme ça, tu viens d'Angleterre ? interrogea Cohn.

– Oui, de Londres, répondit Bill en prenant le petit verre d'alcool glacé que lui avait versé le jeune homme.

Il regarda Meyer vider son verre d'un trait en renversant la tête et il fit de même. Il dut reprendre son souffle et ravaler ses larmes.

– Tu es un collaborateur du grand Goldberg ? demanda Cohn en remplissant son verre à nouveau.

– Euh... Disons que je travaille avec lui de temps en temps.

– Quel genre de travail ?

Bill se demanda s'il pouvait leur parler de M. Tubb. Si ces gars étaient des socialistes, ça voulait dire qu'il n'y avait pas de problème. Et puisqu'ils étaient juifs, ils approuveraient le fait que tout l'argent ait été reversé au refuge juif. Il but le deuxième verre (le choc fut moins brutal cette fois, mais il n'aimait toujours pas le goût du schnaps) et regarda autour de lui. Goldberg discutait toujours avec la jeune femme ; personne d'autre n'était assez près pour l'entendre.

– Le dernier boulot que j'ai fait, dit-il, c'était la perception des impôts. Il y a à Londres un type nommé Parrish qui gagne de l'argent sur le dos des juifs, dans des ateliers clandestins. Il possède aussi une demi-douzaine de maisons, des endroits où on joue et où il y a des filles ; c'est là que vont les richards, les gars qu'ont du fric. Alors nous, on a décidé de lui prendre une partie de ses bénéfices. L'impôt du peuple, il appelle ça, M. Goldberg. Il va écrire un article sur ce type bientôt, pour le dénoncer, mais l'autre jour, j'ai piqué trois cents livres à un de ses hommes. Je l'ai braqué.

– Braqué ? dit Cohn.

Les trois hommes écoutaient Bill avec attention. Impressionnés, pensa-t-il.

– Oui, je l'ai... agressé, quoi. Pour lui prendre son fric. Et on l'a refilé au refuge juif.

– Aaah, fit Cohn.

L'expression de leurs visages était empreinte d'un vif intérêt et d'un profond respect.

Le dénommé Meyer intervint :

– Tu n'es pas contre la violence, hein ? C'est bien. C'est un signe de force.

– Quand c'est pour la bonne cause, dit Bill.

– Évidemment, répondit Meyer, évidemment. C'est ce que je voulais dire. Dis-moi un peu, y a-t-il d'autres camarades à Londres qui partagent ton point de vue ?

– Oui, quelques-uns, dit Bill. Les Fenians. Des Irlandais. J'en connais certains. A Lambeth, là d'où je viens.

– Des Fenians ? répéta Giuliani.

Cohn dit alors quelques mots en yiddish. Giuliani hocha la tête, gardant les yeux fixés sur Bill. Puis Cohn demanda :

– Tu connais certains des Fenians ?

– Ouais, j'ai quelques amis. Ils savent que je les dénoncerai pas. Et je connais un tas d'Irlandais, depuis toujours.

– Et que pense M. Goldberg de tes amis Fenians ?

– Euh... Je ne lui en ai pas vraiment parlé, à vrai dire. Il a sa propre opinion. Je le respecte.

– Oui, bien sûr, approuva Cohn. Nous le respectons tous. Mais il n'est pas obligé de tout savoir, hein ? C'est intéressant ce que tu dis sur les Irlandais. J'aimerais bien en rencontrer certains.

– Je pourrais te présenter, dit Bill.

– Ah oui ? Parfait. Une dernière chose...

Il remplit de nouveau le verre de Bill. Celui-ci avait presque envie de refuser, mais il n'osait pas, ça lui faisait honte. Il appuya son coude sur la table et se pencha en avant pour écouter ce que lui confiait Cohn à voix basse, entre camarades, au sujet de la signification politique de la violence. Meyer intervint une ou deux fois pour glisser un mot, pendant que Giuliani continuait à se ronger les ongles. D'un air décontracté, comme si c'était une vieille habitude, Bill vida son verre de schnaps. C'était comme si un nouveau monde s'ouvrait devant lui ; il avait l'impression d'être initié à un nouveau langage, sans les difficultés de l'apprentissage. Il y avait une signification derrière la violence... La violence pouvait être pure et noble... Et il apprit un nouveau mot : terrorisme. Cela provoqua en lui un frisson qui ressemblait étrangement au plaisir. Et Cohn continuait à parler, du nationalisme, de la liberté, du communisme, de l'anarchisme, de la dynamite.

Quand ils quittèrent le café, Bill se retrouva seul avec Goldberg. Il ne savait pas trop comment c'était arrivé, ni où ils étaient, toujours est-il qu'il se sentait très mal à l'aise ; et la cause de ce malaise n'était autre que Goldberg.

– Qu'as-tu dit à ces vermines dans le café ? lui demanda celui-ci d'un ton brutal.

– Hein ?

Bill sursauta. C'était comme s'il avait reçu un coup de poing. Il essaya de mettre de l'ordre dans ses pensées.

– Ils me disaient que... Ils m'ont demandé si... Au sujet des Irlandais et tout ça. Les Fenians... la dynamite...

Les yeux de Goldberg lançaient des éclairs. Bill, qui n'avait pourtant peur de rien, se surprit à trembler.

– Et ? demanda Goldberg.

– Ils ont dit... Ils m'ont parlé de terrorisme ou je sais pas quoi...

Sans comprendre ce qui lui arrivait, Bill se retrouva plaqué contre le mur ; ses pieds ne touchaient plus le sol. Goldberg le tenait d'une main, et un poing énorme s'approchait de sa mâchoire. Bill savait que son compagnon était un homme fort, car il avait des épaules de terrassier, mais la rapidité et la violence de ce geste… Il en avait le souffle coupé.

– Ces discours sont empoisonnés, dit Goldberg. Ce genre d'individu est du poison lui aussi. Ce sont des parasites, des sangsues, des ténias. Ils n'ont rien à voir avec nous, rien à voir avec le progrès et le socialisme. Tu sais ce que font les bombes ? Tu as déjà vu une bombe exploser ? Tu as déjà vu des enfants déchiquetés ? Moi, oui. Doit-on se battre ? Évidemment, s'il le faut. Mais nous combattons le mal, pas l'innocence. Et nous savons faire la différence. *Eux,* tout ce qu'ils veulent, c'est tuer, n'importe qui, pour le plaisir de tuer, pour répandre la panique, pour verser le sang, détruire. En quoi est-ce que cela peut améliorer les choses sur terre, hein ? Utiliser son esprit. Utiliser les mots. Parler aux gens. Discuter. Argumenter. Voilà ce qui est efficace. Voilà ce que signifie le progrès. Voilà où résident le bon sens, le courage et la décence. Si jamais je te revois avec ces sales lâches, c'en est fini de toi ! Sers-toi de ton intelligence. Sers-toi de tes yeux. Compare. Écoute. *Réfléchis !* Qui sont les bons ? Qui sont les méchants ? Sers-toi de ton *esprit !*

Nul n'avait jamais parlé ainsi à Bill. Il avait peur, non pas tant de la force physique de Goldberg que du défi qui lui était proposé. Mais ce n'était pas une peur écœurante, qui vous ôte toute possibilité d'action ; il ressentait un sentiment d'excitation. Et de fierté aussi. Goldberg pensait qu'il valait quelque chose.

Le garçon n'aurait su dire comment il accompagna Goldberg jusqu'à la salle où il devait prendre la parole cet après-midi-là. Il se souvenait d'avoir mangé des harengs saurs, d'avoir avalé coup sur coup plusieurs tasses de café noir, d'avoir marché dans des rues étroites et sur des quais, d'avoir franchi des ponts et d'être passé devant des péniches sur lesquelles des chiens attachés aboyaient et des hommes fumant la pipe déchargeaient du charbon, des balles de tabac et de sel. Il se souvenait de la salle enfumée et surchauffée, de la foule qui occupait les sièges, de l'atmosphère survoltée et du silence qui s'abattit lorsque Goldberg commença à parler. Bloqué dans un coin, au fond de la salle, Bill ne pouvait même pas s'asseoir, et malgré son envie de fermer les yeux, il luttait contre le sommeil.

Goldberg s'exprimait en allemand. Cette voix claire et légèrement éraillée, mais expressive, ces yeux brillants, la moue d'ironie que dessinaient ses lèvres, ses notes en désordre, la manière dont il s'éloignait peu à peu du lutrin jusqu'à se retrouver debout face au public dont plus rien ne le séparait, ayant totalement oublié ses notes, les mots qui sortaient directement de son cœur, semblables à une chanson... Bill se sentit comme envoûté par cette voix et la personnalité de cet homme, même si les mots qu'il prononçait demeuraient incompréhensibles pour lui. Il y avait de la passion, de l'humour, du courage, une vision dans son discours, mais aussi du mépris, de la moquerie et de la colère. Il y avait une force intellectuelle. Il y avait de l'espoir. Bill était totalement conquis. Il frappa du pied, applaudit et cria en même temps que tous les autres, oubliant Avram Cohn, Meyer, Giuliani, les Fenians et le terrorisme.

Il se réveilla en sentant quelqu'un le secouer par l'épaule. Il avait un horrible mal de tête et un goût effroyable dans la bouche ; il se sentait au bord de la nausée. Avaient-ils déjà pris la mer ?

Goldberg lui parlait, alors Bill fit un effort pour se redresser et écouter.

– Le Tzaddik... il est ici. A Amsterdam. Viens, mon garçon, nous allons l'espionner. Tu as mal au crâne ? Ça te servira de leçon. Tu ferais mieux de t'en tenir à la bière, désormais. Allez, enfile ton manteau, il fait un froid de canard dehors.

Une lampe à pétrole éclairait une pièce exiguë et encombrée avec un poêle en fonte et des fenêtres rondes. Ils étaient sur une péniche. Un marinier devait les conduire quelque part... sur les quais ? Bill avait oublié. Peu importe. Goldberg avait besoin de lui, et ils avaient trouvé le Tzaddik.

Au prix d'un gros effort, le garçon parvint à passer ses bras dans les manches de son manteau.

– Qu'est-ce qu'on va... le Tzaddik... Vous voulez le capturer ? Qu'est-ce qu'on va faire ?

Goldberg regardait par le hublot. Bill ne voyait pas grand-chose : il faisait noir, mais lorsque la fenêtre éclairée d'une maison passa dans le brouillard, il fut pris de vertiges et se laissa retomber sur la couchette.

– Je te l'ai dit, on va l'espionner, répondit Goldberg. On va essayer de découvrir qui il est et ce qu'il fait.

Bill remonta le col de son manteau et noua son foulard autour de son cou. C'est alors qu'il prit conscience de la présence d'un autre homme dans la cabine. Celui-ci était allongé sur la couchette supérieure, une main derrière la tête, en appui sur le coude.

– Une des péniches qui naviguent sur le Rhin a déchargé l'attelage du Tzaddik un peu plus tôt dans la journée, expliqua cet homme d'un ton calme. Ils pensent qu'il venait de Cologne. Nous remontons le Herengracht pour voir s'il est dans la maison où nous pensons qu'il se trouve.

– Et vous ferez quoi ensuite ? s'enquit Bill. Vous voulez le tabasser ou quoi ?

Goldberg regarda autour de lui.

– Nous voulons découvrir certaines choses, Bill. C'est tout.

– Sais-tu ce qu'est un *dibbouk* ? demanda l'autre homme.

– Un *dibbouk ?* C'est quoi ?

– C'est un esprit malfaisant. Un démon. Cet homme possède un *dibbouk* en guise de majordome. Habituellement, ils prennent possession des individus et pénètrent dans leur corps. Mais celui-ci vit à l'extérieur. Des gens l'ont vu. Peut-être que tu le verras toi aussi, bientôt, si tu ouvres l'œil.

Bill ne savait pas s'il devait rire. Goldberg avait reporté son attention sur le hublot et l'homme allongé sur la couchette l'observait d'un air impassible.

La péniche cogna en douceur contre la berge du canal. Bill entendit au-dehors un homme parler à son cheval et le reniflement de l'animal lorsque celui-ci encensa.

– Allons-y, dit Goldberg.

Il serra la main de l'homme qui se trouvait sur la couchette et lui dit quelques mots en allemand. Bill salua d'un signe de tête, avant de gravir à la suite de son mentor la petite échelle menant au pont.

Le brouillard le fit frissonner. Il faisait nuit noire. Les rares taches de lumière qu'il apercevait – quelques fenêtres jaunes, une lueur blafarde à l'avant d'une péniche – étaient auréolées d'une humidité cotonneuse. Il enjamba le vide entre le pont goudronné de la péniche et le quai, entendit Goldberg parler à l'homme au cheval et resserra les pans de son manteau pour lutter contre le froid paralysant.

Le marinier fit claquer sa langue et le cheval tira sur la corde qui le reliait à la péniche. Celle-ci se mit à avancer lentement. Goldberg tapota le bras de Bill et lui fit signe de le suivre dans une ruelle sombre, entre deux grands bâtiments qui ressemblaient, dans l'obscurité brumeuse, à des entrepôts ou à des châteaux hantés. Des lumières étaient allumées au deuxième étage d'une de ces constructions, mais l'autre était plongée dans l'obscurité.

Ils débouchèrent dans une rue presque aussi étroite, qui longeait un autre canal. Celui-ci était bordé d'arbres et, de l'autre côté de la rue, se dressaient de grandes et élégantes maisons en brique. Tout était silencieux, à l'exception du bruit de l'eau.

– Il est quelle heure ? chuchota Bill.

– Minuit passé. Ça y est, tu as cuvé ton schnaps ? Écoute ! C'est peut-être lui...

Bill tendit l'oreille. Il entendit un bruit de sabots et de roues cerclées de fer. Goldberg se fondit dans l'obscurité derrière l'arbre le plus proche et le garçon recula dans la ruelle. Il se plaqua contre les briques humides : les sabots se rapprochaient. L'attelage ralentit, puis s'arrêta.

Bill ne voyait plus son compagnon. Glissant la main dans sa poche, il en sortit son bout de miroir.

Reflétée sur la surface brillante, il aperçut une imposante voiture noire. Un cocher était assis sur le siège. Deux domestiques en livrée avaient déployé à côté de la voiture une sorte de plate-forme en fer et ils en réglaient maintenant la hauteur. Cela fait, l'un des deux hommes installa une rampe en bois sur les marches conduisant à la maison, tandis que son collègue déverrouillait la porte de la voiture. Elle ne ressemblait pas à une porte normale : on aurait dit que tout le côté du véhicule coulissait.

Les domestiques pénétrèrent à l'intérieur du véhicule et, quelques secondes plus tard, un énorme fauteuil roulant apparut. Les valets l'installèrent avec maintes précautions sur la plate-forme métallique puis, pendant que l'un des deux hommes la maintenait, l'autre actionna une poignée sur le côté pour faire descendre le fauteuil au niveau du trottoir.

Dans le fauteuil était assis, immobile, un homme énorme. Bill ne distinguait que sa silhouette massive, grotesquement coiffée d'un chapeau haut de forme. Il vit une grosse main gantée se balancer mollement et entendit un ordre lancé d'une voix faible, profonde et rauque. Le domestique le plus proche souleva alors la main qui pendait dans le vide, délicatement, pour la poser à côté de l'autre sur les genoux de l'homme.

Lorsque la plate-forme se fut enfin posée sur le trottoir, les deux valets vinrent se placer derrière le fauteuil et le poussèrent sur la rampe. C'est alors que Bill faillit s'évanouir d'horreur.

Une forme sombre et souple, de la taille d'un chat, sembla sortir de la tête de l'homme, sauta avec agilité sur ses genoux et s'y accroupit en émettant de petits bruits.

« Le *dibbouk !* » pensa le garçon, et un frisson glacé le parcourut.

La silhouette n'était qu'à moitié humaine : elle possédait des mains et une queue et irradiait la malveillance. C'était le genre de silhouette qui devait bondir et se pavaner d'un bout à l'autre de l'enfer en se moquant des damnés. Bill l'observa durant les quelques minutes qu'il fallut aux deux domestiques pour pousser le fauteuil au sommet de la rampe, dans la maison ; il s'aperçut alors qu'il avait cessé de respirer sous l'effet de la peur.

Oh, ridicule. C'était le schnaps. C'était le brouillard. Sa vue lui jouait des tours. De fait, la surface du petit miroir se couvrait sans cesse d'humidité. Mais le mal contenu dans cette petite forme noire, et la manière dont elle était sortie en rampant de la tête de l'homme, à moins qu'elle n'ait été assise sur son épaule...

Soudain, le silence ruisselant fut brisé. Un long gémissement s'échappa de la voiture. C'était une voix de jeune fille, pensa Bill. Une voix qui exprimait la douleur...

D'une main tremblante, il leva de nouveau devant ses yeux le miroir brisé. Le cocher était toujours assis sur son siège, tournant le dos à la ruelle où se cachait Bill, et les chevaux restaient immobiles ; la vapeur qui s'échappait de leurs flancs se mêlait au brouillard. La portière de la voiture était restée ouverte.

La petite créature démoniaque jaillit alors de la maison et grimpa à l'intérieur de la voiture. La fille hurla.

Avant que Bill ait pu réagir, Goldberg avait parcouru la moitié de la distance séparant son arbre de l'attelage. Mais il n'eut pas le temps d'aller plus loin : une jeune fille apparut sur la plate-forme – une cape noire, une cascade de cheveux bruns, une bouche ouverte et des yeux écarquillés par la panique – et s'écroula de tout son long sur le trottoir.

Elle se releva presque aussitôt. Visiblement, elle évoluait dans un monde situé au-delà de la peur, au-delà de la raison. Comme si Goldberg n'existait pas, elle le contourna, le visage figé, fonça droit vers la berge et plongea. Elle coula comme une pierre.

Bill, en deux bonds, eut rejoint son compagnon au bord du quai. L'eau était noire et le brouillard si épais qu'on ne voyait même pas l'autre berge du canal.

Quelques rides ondulaient à la surface, mais aucune trace de la jeune fille.

Une voix s'éleva alors dans leur dos. Goldberg se retourna et répondit dans la même langue. C'était le cocher. Il jeta un regard anxieux en direction de la maison. Un domestique apparut à la porte.

– On ne fait que passer, chuchota Goldberg à son jeune ami.

Puis il dit quelque chose au cocher, en hollandais, où il devait être question de la police. Le domestique, qui avait entendu, hocha la tête et retourna à toute vitesse dans la maison. Bill s'accroupit au bord du quai et scruta les ténèbres. La fille avait disparu.

Au cours des minutes qui suivirent, trois autres domestiques accoururent avec des lanternes. Un policier, muni d'un filet et d'une gaffe, ne tarda pas à arriver. Puis, peu de temps après, une vedette à vapeur passa sous le pont dans un halètement de moteurs et s'amarra au quai.

Les policiers semblaient compétents et imperturbables. Bill en déduisit qu'il existait une procédure établie pour retrouver et repêcher les corps. Dans des circonstances normales, le garçon se serait senti mal à l'aise en présence de représentants de la loi, mais après ce qu'il venait de voir, il aurait aimé se blottir contre eux. C'étaient des êtres humains, réels, pas des cauchemars.

Les policiers mirent à l'eau un canot et commencèrent à draguer le canal avec leurs gaffes. Goldberg donna un coup de coude à Bill et lui parla à l'oreille.

– Les domestiques nous regardent d'un drôle d'air. Je crois qu'il est temps de nous éclipser. Ils ne retrouveront pas la fille et j'en ai suffisamment vu.

Il souhaita bonne nuit et bonne chance aux hommes qui se trouvaient sur la barge, puis s'éloigna en traînant les pieds. Bill lui emboîta le pas. Il jeta un dernier regard à la maison par-dessus son épaule, mais il n'y avait plus aucune trace de l'homme au fauteuil, ni de son *dibbouk*.

8
L'homme aux couteaux

Le lendemain de sa rencontre avec Bill, Sally reçut une lettre postée à Norwich. Elle s'empressa de déchirer l'enveloppe.

Chère Mademoiselle Lockhart,
Je suis au regret de vous informer que le révérend Beech ne réside plus à cette adresse, et que j'ignore l'endroit où il se trouve actuellement.
Je me permets donc de vous renvoyer votre lettre, et j'espère que vous me pardonnerez de l'avoir ouverte ; il me fallait connaître votre adresse.
Veuillez agréer, Mademoiselle, l'expression de mes salutations distinguées.
T.D. Gunston, MB, FRCP,
directeur de Saint-Anselm.

Tout d'abord, Sally ne sut pas quoi penser ; une vague de déception la submergea. Elle avait supposé, tout naturellement, que Saint-Anselm était une paroisse, mais si cet endroit possédait un directeur, et si ce directeur était un médecin... Une maison de santé ?

Abandonnant la table du petit déjeuner, elle emporta sa tasse de thé et s'assit devant son secrétaire pour écrire aussitôt à ce Dr Gunston.

Cher docteur Gunston,

Merci de m'avoir renvoyé la lettre adressée à M. Beech.

Je suis très impatiente de parler à ce monsieur au sujet d'une affaire de la plus haute importance. Le temps presse et l'unique indice que je possédais le concernant était le nom de Saint-Anselm, que je croyais être une paroisse dont il aurait été le pasteur. Vous dites qu'il ne réside plus à cette adresse. Puis-je me permettre de vous demander ce qu'est Saint-Anselm, et combien de temps il y a demeuré ? Toute information me sera utile.

Elle signa, cacheta l'enveloppe et la déposa à la poste en se rendant à la City.

Elle avait pris l'habitude de rester assise à son bureau pendant de longues minutes ; elle commençait par jouer avec un crayon, puis se figeait. C'était un état qui ressemblait au sommeil ; le véritable sommeil, pas cette agitation qui la maintenait éveillée dans son lit. Dans ces moments-là, elle avait à peine conscience d'exister.

Ces absences inquiétaient beaucoup Margaret Haddow, ainsi que Cicely Corrigan, leur clerc. Cicely lui apportait du courrier à signer, lui posait des questions inutiles, uniquement pour arracher la jeune femme à cette transe morose. Le jour où Sally écrivit au directeur de Saint-Anselm, Margaret décida de l'emmener déjeuner ; elle voulait lui parler.

Elles se rendirent dans une gargote de Watling Street où elles avaient leurs habitudes. Les femmes étaient si rares dans la City que vous pouviez vous arrêter à une intersection au moment le plus animé de la journée et ne voir passer que des hommes pendant dix minutes. Sally et Margaret avaient parfois l'impression d'être des étrangères et il y avait certains restaurants où elles n'étaient jamais retournées après leur première visite. Mais la gargote de Watling Street était un endroit chaleureux, les sièges des boxes étaient confortables et la nourriture était bonne.

Margaret commanda pour toutes les deux des côtelettes d'agneau grillées avec des légumes et, quand on leur eut apporté leurs plats, elle obligea Sally à manger.

– Qu'est-ce qui vous arrive ? demanda-t-elle. Je sais ce qui vous tracasse, mais *vous*, vous n'avez rien, n'est-ce pas ? Vous êtes en parfaite santé, vous êtes intelligente, vous avez un peu d'argent et une formidable associée. Tout bien considéré, vous n'êtes pas si mal lotie. Allez, mangez ces côtelettes. Ce chou-fleur est excellent. La plupart des gens ont la sale manie de le faire cuire trop longtemps ; ici au moins, ils savent le sortir de l'eau à temps. Un peu de sauce ?

Sally sourit.

– Pardonnez-moi, dit-elle. J'ai tort de me laisser déprimer par cette histoire. Je n'arrive pas à penser à autre chose...

– J'ai de quoi vous changer les idées. Cette enquiquineuse de Mme Carpenter doit venir cet après-midi. Elle va encore nous dire que son cher et regretté époux aurait insisté pour acheter de l'or. « C'est une valeur sûre, investis tout notre argent dans des mines d'or, ma chérie. » Elle possède environ six mille livres et elle veut une assurance-vie par-dessus le marché... Dans quoi puis-je lui conseiller d'investir ?

Sally but une gorgée d'eau avant de répondre :

– Je suis assez tentée par les actions des chemins de fer boliviens. C'est Hickson qui les vend et je crois que ça lui a réussi.

– J'ai lu quelque chose au sujet d'Hickson récemment... à moins que ce soit M. Battle qui m'en ait parlé...

M. Battle était leur voisin du dessous, une sorte de journaliste.

– Ah, oui ! Il m'a montré un article, j'ai oublié dans quel journal, qui attaquait violemment Hickson. D'après M. Battle, on frôlait la diffamation, et il sait de quoi il parle. L'article en question laissait entendre qu'Hickson possédait un certain nombre d'ateliers clandestins, sous différents noms. J'ignore ce qu'il y avait de vrai là-dedans ; ça ressemblait à une tentative pour le discréditer, sans apporter la moindre preuve. Il faudra que je demande à M. Battle s'il a conservé l'article.

– Pourquoi vous l'a-t-il montré ?

– Nous parlions du socialisme, et il s'agissait d'un journal socialiste.

– Oh, fit Sally. Et que pensez-vous d'Hickson, alors ?

Margaret fit la grimace.

– Difficile à dire. Je sais qu'il ne faut pas prêter attention à ce genre d'accusations, mais...

– Mais vous pensez qu'il n'y a pas de fumée sans feu, c'est ça ? Peut-être qu'Hickson n'est pas l'intermédiaire qui convient à Mme Carpenter. Et les produits chimiques ? Il paraît que les Allemands réalisent des prouesses...

Elles discutèrent des placements de Mme Carpenter, puis de l'état du marché boursier en général et des conséquences des mesures économiques adoptées par le gouvernement. C'était le genre de discussion qui ravissait Sally et, peu à peu, son regard s'anima et ses joues retrouvèrent des couleurs.

Le traitement appliqué par Margaret fonctionna si bien que la jeune femme, après les côtelettes, commanda du pudding. Lorsqu'elles pensèrent enfin à consulter leur montre, elles s'empressèrent de retourner à Bengal Court de peur de faire attendre Mme Carpenter.

Ce week-end-là, Sally décida de se rendre à Oxford. Rosa l'avait invitée à venir quand elle le souhaitait, et la jeune femme se disait que cette excursion leur ferait du bien, à Harriet et à elle. La fillette devait ressentir l'angoisse qui rongeait sa mère. Même si cela ne se voyait pas, car elle était d'un tempérament solide et joyeux. Néanmoins, elle avait commencé à se réveiller en pleine nuit et, à deux reprises au cours de la semaine écoulée, elle avait mouillé son lit, une habitude qu'elle avait pourtant perdue.

Le samedi matin, donc, elles préparèrent leurs affaires et se rendirent, en compagnie de Sarah-Jane, à la gare pour prendre le train à destination d'Oxford. C'était une belle journée d'automne, fraîche et vivifiante, et Sally pensa à cette autre journée, neuf ans auparavant, où Frederick et elle s'étaient rendus à Oxford pour apporter à Nicholas Bedwell des nouvelles de son frère. Cette histoire s'était terminée par la mort de Matthew Bedwell, tué par l'homme sur lequel Sally avait ensuite tiré. Sa situation présente, dans laquelle se bousculaient une foule d'avocats, ne pouvait pas impliquer un tel degré de violence, se disait-elle. Et pourtant, elle voyageait sous ce soleil d'automne qui peignait en or les magnifiques bâtiments de High Street avec un revolver dans son sac, un revolver chargé de cinq balles...

Elles arrivèrent au presbytère pour le déjeuner ; May et Matthew, les cousins de Harriet, âgés respectivement de six et quatre ans, l'accueillirent avec joie. Rosa était absorbée par les préparatifs d'un spectacle historique pour la paroisse, ce qui était pour elle un moyen de se rapprocher du théâtre, autrement qu'en simple spectatrice.

Le révérend Nicholas, un homme solidement bâti, dont le visage jovial avait conservé de l'époque où il était boxeur quelques cicatrices, accueillit chaleureusement Sally.

– Cette histoire ne tient pas debout, dit-il. Rosa m'a tout raconté. Cet individu est une crapule, ça ne fait aucun doute. Venez donc déjeuner, et cet après-midi, on ira se promener. On essaiera de ramasser des châtaignes.

A table, les enfants se montrèrent très bruyants mais, pour une fois, ils purent s'en donner à cœur joie, car leur père voyait bien que leur tapage rendait Sally heureuse.

Cet après-midi-là, dans les bois, alors que l'épagneul des Bedwell gambadait au milieu des feuilles mortes et que les enfants couraient dans tous les sens pour chercher des châtaignes, Sally parla à Rosa et à son mari de l'injonction et de la lettre de Saint-Anselm.

– J'ai entendu parler de cet endroit, dit Nicholas Bedwell. Je ne sais pas pourquoi je ne m'en suis pas souvenu plus tôt. Il s'agit d'une sorte de maison de santé, dirigée par une de ces œuvres de charité qui s'occupent des ecclésiastiques dans la gêne, vous voyez ce que je veux dire. Généralement, ils précisent « âgés et infirmes » ou quelque chose comme ça. Vous avez écrit au directeur ?

– Oui, immédiatement. Mais je suppose qu'il ne pourra pas m'apprendre grand-chose ; il m'a bien fait comprendre qu'il ne savait pas où se trouvait M. Beech.

– J'ai cherché dans mon annuaire clérical Crockford, au nom de Beech. Apparemment, c'est un homme d'une cinquantaine d'années, il n'est donc pas très âgé ; mais peut-être est-il infirme. Il a travaillé à l'étranger comme missionnaire ; il a pu y contracter la malaria ou une autre maladie de ce genre.

– Où était-il ?

– En Chine. Mais il était beaucoup plus jeune. Sans doute existe-t-il des maladies récurrentes qui resurgissent longtemps après... Sa dernière adresse officielle est celle de Portsmouth, mais mon Crockford date un peu. Les enfants sont à court de châtaignes ? Je ferais bien d'en répandre quelques-unes.

Sachant qu'il n'y en aurait pas beaucoup dans les bois, Nicholas en avait bourré ses poches, prévoyant de les laisser tomber discrètement là où les enfants étaient susceptibles de chercher. Harriet en avait déjà trouvé trois, pour son grand plaisir.

Ils continuèrent à marcher, parlant de l'automne, des enfants qui grandissaient, de l'école où iraient bientôt May et Matthew et du spectacle historique de Rosa. Puis, quand les enfants commencèrent à être fatigués, ils rentrèrent au presbytère. Le brouillard tombait et quelqu'un faisait brûler des feuilles un peu plus loin.

Ils firent griller les châtaignes dans la cheminée de la nursery, après quoi Nicholas raconta une histoire aux enfants. Harriet était blottie sur les genoux de sa mère, sa tête appuyée contre elle, son pouce dans la bouche ; les deux autres étaient assis à côté de Rosa sur le divan, les yeux écarquillés, concentrés sur le récit, chacun devenant tour à tour la princesse et le fils du pauvre bûcheron, apprenant ce que voulait dire être courageux, peureux, aimé, triomphant et responsable. Nicholas était aussi doué que Jim pour raconter les histoires, même si les siennes étaient différentes.

Harriet n'entendit pas la fin de celle-ci. Elle était fatiguée et la voix apaisante du révérend, le réconfort des genoux et de la poitrine de sa mère, la chaleur de ses bras, suffisaient à son bonheur. Quand vint l'heure du coucher, Sally la porta dans la chambre et la déshabilla avec douceur.

– On ne va pas la réveiller juste pour lui faire sa toilette, murmura-t-elle à Sarah-Jane. Je préfère qu'elle dorme. Ça attendra demain matin.

Elle déposa un baiser sur le front de la fillette, caressa ses épaisses boucles blondes et l'allongea dans le petit lit installé à côté du sien.

Le lendemain matin, ils allèrent tous à l'église. Sally ne savait trop que penser de la religion, même si elle se rendait toujours à la messe quand elle séjournait chez les Bedwell, par politesse. Ce serait bon de croire à tout cela, mais c'était trop simple, se disait-elle. Le monde n'était pas aussi simple. Son regard balaya l'intérieur de la vieille église : la chaire, les inscriptions sur les murs, les vitraux représentant des scènes qu'elle tentait d'identifier, tout en écoutant le sermon de Nicholas. Encore des histoires. Nul ne s'endormait quand Nicholas prêchait, malheureusement ; il ne pouvait pas répéter les mêmes sermons une année après l'autre. Car les gens oublient un argument simple et direct, mais ils n'oublient pas les histoires qu'on leur raconte.

Après le déjeuner vint le moment des adieux. Sally sentit son cœur se serrer et elle comprit à cet instant pourquoi elle était venue. Cette même impulsion l'avait poussée à mettre de l'ordre dans la salle du petit déjeuner et à jeter toutes sortes de vieilles choses : elle disait adieu au passé, car plus rien, désormais, ne serait pareil.

A la gare, Rosa et Sally s'étreignirent avec chaleur.

– Tu peux nous envoyer Harriet quand tu veux, murmura Rosa. Tu pourrais même rester ici, si tu voulais.

– C'est trop tard, dit Sally. Je ne peux plus me cacher. J'irai voir cet avocat mercredi. S'il est aussi doué qu'on me le dit, nous gagnerons le procès.

– Je parle sérieusement, dit Rosa. Nous adopterons Harriet. Nous ferons d'elle notre pupille sous tutelle judiciaire. Tout ce qui peut mettre des bâtons dans les roues de cet homme.

Sally sourit.

– Il faut que j'y aille, dit-elle, le train va partir. Si Nicholas apprend des choses sur M. Beech...

– Il est en train d'écrire des lettres. Nous le trouverons. Allez, dépêche-toi de monter.

Sally rejoignit Sarah-Jane et Harriet, le chef de gare donna un coup de sifflet et le train s'ébranla dans un nuage de vapeur, sous le soleil d'automne.

Le lundi, en fin de journée, alors que Sally avait passé un après-midi difficile avec deux clients exigeants avant de se rendre dans une pension à Islington, elle rentra chez elle pour découvrir une Ellie qui trépignait d'impatience.

– Mademoiselle... Mademoiselle..., murmura-t-elle au moment où la jeune femme franchissait le seuil. Il est ici ! L'homme aux couteaux !

– L'homme aux couteaux ?

Sally était fatiguée et ne comprit pas tout d'abord de qui Ellie voulait parler, mais au bout d'un instant son regard s'éclaira.

– Très bien, dit-elle. Où est-il ?

– Dans la cuisine, mademoiselle. Mais il a bientôt terminé ; il est train de remballer son matériel.

– D'accord. Je viens tout de suite.

Sally se débarrassa de sa cape et de son bonnet et, d'un pas décidé, se dirigea vers la porte située au fond du couloir, sous l'escalier, qui ouvrait sur la cuisine. La main sur la poignée, elle s'arrêta et tendit l'oreille. Elle entendit distinctement une voix d'homme.

Dans un murmure, elle donna ses instructions à la jeune bonne :

– Entre et mets-toi près de la porte de derrière. La clé est-elle dans la serrure ?

Ellie hocha la tête. Ses yeux écarquillés brillaient dans la pénombre.

– Verrouille la porte, alors.

Sally tourna la poignée et entra. Ellie lui emboîta le pas aussitôt et se précipita vers la porte de derrière. Mme Perkins, qui était occupée à faire une pâtisserie, leva la tête, étonnée.

L'homme était debout devant la table de la cuisine, sa valise à la main. Une rangée de couteaux étincelants et bien aiguisés était posée devant lui. Surpris, lui aussi, il s'interrompit au milieu d'une phrase et ôta sa casquette.

– Bonsoir, m'dame.

C'était un homme moustachu, assez corpulent, aux cheveux bruns. Il arborait une expression aimable.

– Comment vous appelez-vous ? lui demanda Sally.

– Cave, m'dame. George Cave. Y a un problème, m'dame ?

Elle hésita.

– Voulez-vous me suivre, je vous prie ? J'aimerais vous poser quelques questions.

– Si vous voulez, m'dame.

Il posa sa petite valise et la précéda dans le couloir. Mme Perkins et Ellie ne bougèrent pas.

– Entrez là, ordonna Sally en montrant la salle du petit déjeuner.

La jeune femme s'assit derrière la table, alors que le rémouleur restait tranquillement debout près de la porte.

– Qui vous a envoyé ici ? demanda-t-elle.

– Personne, m'dame. J'suis mon propre patron. Je vais dans plusieurs maisons en ville, et dans des boutiques. J'ai repris pas mal d'anciens clients à M. Pratt. Y pouvait plus tout faire, à cause qu'il tient plus très bien sur ses jambes.

– Vous n'allez pas chez le Dr Talbot, pourtant.

– C'est où qu'il habite ?

– Dans Hertford Street.

– C'est le secteur à M. Pratt. Il continue à faire Hertford Street et Nelson Square, vu que c'est tout près de là où qu'il habite. Moi, j'y trouve rien à redire, franchement. J'ai assez de travail pour vivre. La ville s'agrandit, m'dame. Y a ce nouvel hôtel et le...

– Connaissez-vous un dénommé Parrish ?

L'homme sembla réfléchir.

– Il habite à Twickenham, c'gars-là ? Parce que son nom, ça me dit rien.

Sally le dévisagea et sentit son cœur s'emballer. Le rémouleur paraissait sincère.

– Avez-vous interrogé mes domestiques à mon sujet ?

– Jamais de la vie, m'dame ! Est-ce qu'on m'aurait accusé de... ?

– Je sais que vous avez discuté de choses concernant cette maison. Ma bonne me l'a dit.

– Dans ce cas, vous feriez bien de voir ça avec elle, m'dame. Moi, je m'intéresse pas aux affaires des autres au point que j'essaie d'y fourrer mon nez, comme vous avez l'air de le penser. Je suis un honnête homme, moi. Y a plein de gens en ville qui pourront vous l'dire. Et j'suis pas obligé de venir. J'ai plus de travail qu'il m'en faut. Alors, si vous avez des reproches à me faire, allez-y franchement. Je fiche le camp d'ici et si vot' cuisinière veut faire affûter ses couteaux, faudra qu'elle s'adresse à quelqu'un d'autre.

Sally se sentit rougir jusqu'aux oreilles. Elle se leva.

– Je suis désolée, monsieur Cave. Je vous prie de m'excuser. C'est juste que nous avons eu quelques ennuis ici... quelqu'un semble très bien renseigné sur ce qui se passe dans ma maison. Alors, j'essaie de savoir ce...

– Assez, m'dame. J'ai pas envie de venir travailler dans une maison où qu'on m'accuse de jouer les espions. J'ai mieux à faire.

Ignorant les excuses de Sally, le rémouleur tourna les talons et s'en alla. Moins d'une minute plus tard, la jeune femme entendit claquer la porte de derrière.

Elle se laissa retomber sur sa chaise. Tout était odieux dans cette histoire, et elle était épuisée.

Le jeune fiancé d'Ellie, Sidney, le palefrenier du Dr Talbot, lui avait donné rendez-vous ce soir-là à vingt heures. L'un et l'autre adoraient le music-hall et il y avait un nouveau spectacle au *Britannia.* Le lundi n'était pas le meilleur des soirs pour y assister, car le public était toujours un peu clairsemé, mais ils pouvaient s'asseoir au chaud en se tenant par la main, et boire ensuite un petit verre. Tout comme Mlle Lockhart, le Dr Talbot avait les idées larges ; ce n'était pas un homme austère ni sévère et, contrairement à certains employeurs, il accordait facilement à ses employés une soirée de congé.

Au cours de l'entracte, Ellie parla à Sidney de l'homme aux couteaux. Ce dernier savait qu'un intrus s'était introduit dans la maison l'autre nuit et il était très inquiet. Il proposa même d'aller dormir à Orchard House, « pour qu'il y ait un homme dans la maison ». Ellie lui répondit de ne plus y penser : elle ne tomberait pas dans le panneau. Quoi qu'il en soit, Sidney avait son opinion concernant le rémouleur.

– Ce lascar est un vaurien, dit-il. Ça se sent. Les beaux parleurs comme lui, faut s'en méfier. Il a réponse à tout, je parie.

– Oui, mais c'est normal s'il est innocent, non ? dit Ellie.

- Non, justement ! C'est là que tu te trompes. J'ai étudié des rapports de police, figure-toi. C'est un fait avéré : un innocent ne répond pas à toutes les questions du tac au tac. Pas vrai ? Les gens oublient des détails. C'est normal. Où étais-tu la nuit du 14 août ? Tu vois, tu ne t'en souviens pas. Mais un malfaiteur, lui, te répondra immédiatement, en te regardant droit dans les yeux. On lui donnerait le Bon Dieu sans confession. Parce qu'il a tout répété avant. Ça se sent. Cette histoire de M. Pratt, c'est du baratin. Qui est ce bonhomme dont tu parlais, ce Trembleur ?

– Oh, M. Molloy. Ils le surnomment Trembleur. Pour rigoler. Il travaillait pour M. Garland dans le temps. Maintenant, il tient une pension à Islington. Mlle Lockhart s'y est rendue aujourd'hui...

C'était agréable de discuter avec Sidney. Il savait un tas de choses et il était toujours prêt à écouter, contrairement à certains jeunes hommes que connaissait Ellie et qui n'avaient qu'une idée en tête. Certes, il lui arrivait de pousser un peu loin la galanterie, mais elle aimait bien cela chez un homme ; cela prouvait son ardeur. En outre, il avait un côté sérieux. Dès le début, il avait compati aux malheurs de Mlle Lockhart et il suivait avec intérêt l'évolution de l'affaire.

Alors que les musiciens de l'orchestre revenaient (en essuyant la mousse de bière dans leurs moustaches, commenta Sidney, à juste titre), il serra la main d'Ellie.

– Tu peux parier ce que tu veux, lui dit-il, c'est ce rémouleur qui est derrière tout ça. Si tu veux mon avis, c'est un bon débarras.

Il glissa son bras autour des épaules d'Ellie et elle sourit.

– Allons, tu t'oublies, Sidney.

– Qu'est-ce que je te disais ? Ça prouve que je suis honnête, pas vrai ?

Elle l'autorisa à laisser son bras là où il était et la seconde partie du spectacle passa de manière fort agréable.

9
L'éminent avocat de la Couronne

L'aube du mercredi fut glaciale et venteuse. Sally avait mal dormi ; elle s'était réveillée de nombreuses fois, angoissée à la perspective de rencontrer l'avocat, et elle avait eu de la peine à se rendormir. Elle remarqua la lumière grise qui filtrait par les fentes des volets et entendit la pluie fouetter les fenêtres, avant de replonger dans un sommeil léger et agité. Quelques minutes plus tard – du moins ce fut son impression – Ellie vint la réveiller.

Quand Sally partit pour la City, il pleuvait à verse et le vent violent arrachait les branches les plus fines, au sommet des arbres. La jeune femme arriva à son bureau frigorifiée et trempée, pour constater que le feu refusait de s'allumer à cause du vent qui soufflait dans le mauvais sens ; en outre, il lui serait impossible de nettoyer ses mains noires de charbon et de cendres tant que l'eau n'aurait pas chauffé dans la bouilloire.

Le reste de la journée ne fut guère plus réjouissant. Au cours de la matinée, Sally constata qu'elle avait commis une erreur dans une lettre adressée à ses agents de change, erreur qui s'était traduite par un investissement hasardeux pour le compte d'un client. Heureusement, il ne s'agissait pas d'une grosse somme et le placement en question s'était révélé rentable en fin de compte, mais c'était le genre de négligence dont elle se croyait incapable. Et surtout, c'était exactement le genre de choses que le cabinet ne pouvait pas se permettre. Sally avait des responsabilités envers son associée.

Elle déjeuna sur le pouce – des sandwiches préparés par Mme Perkins, une pomme de son verger et une tasse de café, tiède à cause du feu toujours récalcitrant – en survolant les rubriques financières du *Times* et l'hebdomadaire *Financial Chronicles*. Soudain, un nom maintenant familier attira son attention ; elle relut toute la page, plus lentement. Ce nom était celui de Daniel Goldberg, et il apparaissait dans un article qui incitait le gouvernement à prendre des mesures fortes afin d'expulser ces agitateurs étrangers qui abusaient de l'hospitalité traditionnelle de la Grande-Bretagne pour répandre la haine. Apparemment, ce Goldberg était une figure connue des cercles socialistes sur le continent. Il avait été exilé de Prusse, puis de Bruxelles. Tout en réclamant son expulsion de Grande-Bretagne, le journal tenait à souligner qu'il demeurait attaché à la liberté d'expression et de pensée qui avait fait de ce pays un exemple pour bien d'autres, mais que, etc.

Sally lut l'article sans ressentir autre chose que de l'indifférence. Cela l'inquiéta ; elle n'aimait pas cette morosité qui peignait le monde entier en gris. Elle aurait dû éprouver un sentiment quelconque envers le socialisme, car il s'agissait d'une question vitale. Elle savait même ce qu'elle aurait dû ressentir, mais elle était trop occupée à haïr et à craindre Arthur Parrish ; elle n'avait plus assez d'énergie pour détester une théorie économique.

Elle posa le journal, prit quelques notes concernant des mouvements boursiers, puis se mit à arpenter le bureau de long en large et refit du café. Au bout d'un moment, Cicely Corrigan, qui était bien la plus douce des femmes, finit par perdre son calme.

– Pour l'amour du ciel, mademoiselle Lockhart, allez donc vous promener ! Vous n'avez plus rien d'autre à faire ici, à part vous ronger les sangs ! Allez faire un tour sous la pluie et dans le froid et, quand vous serez bien fatiguée, rentrez chez vous et prenez un bon bain chaud, vous vous sentirez mieux. Je rangerai et je fermerai.

– Oui, vous avez raison, soupira Sally.

Elle prit sa cape et son chapeau, récupéra ses bottines qui séchaient devant l'âtre et, sans un regard pour les papiers éparpillés sur son bureau, referma la porte derrière elle.

Dehors, un petit crachin glacé continuait à tomber. Sans y prêter attention, Sally passa d'un pas vif devant la cathédrale Saint-Paul, descendit Ludgate Hill et longea les quais jusqu'au palais de Westminster. La marée descendante laissait voir la rive opposée du fleuve, boueuse et grise, jonchée de détritus. Les docks, les dépôts de bois, les scieries et les fonderies s'étendaient, sinistres, sous le ciel bas ; en face de Whitehall Stairs, les grues à vapeur montaient et descendaient sans but apparent. Le pont de Westminster, maintenant que l'eau s'était retirée, paraissait inutile et pataud sur ses longues piles étroites. Tout allait de travers. Le monde était fou.

Sally secoua la tête, au moment où Big Ben sonnait trois heures de l'après-midi. Elle traversa le pont d'un bon pas. Arrivée sur la rive sud de la Tamise, elle bifurqua à droite en direction de Lambeth et, durant les deux heures suivantes, elle marcha à grandes enjambées. Elle ne connaissait pas cette rive, aussi ne tarda-t-elle pas à se perdre. C'était très bien ainsi. Si elle ne savait pas où elle était, personne d'autre ne le saurait, se disait-elle. Elle passa devant d'interminables alignements de misérables petites maisons, des ponts de chemin de fer, une prison, un hôpital, des chapelles, une grande place bordée d'élégantes demeures datant du XVIIIe siècle, un atelier de construction mécanique, un marché, un hospice, un théâtre, des maisons, des maisons, encore des maisons, un chantier de construction, une gare ferroviaire, une école, des logements d'artisans, encore des maisons, un foyer pour aveugles, une imprimerie…

Bien que vivant à Londres depuis longtemps, elle ignorait combien la ville était vaste. D'habitude, elle la traversait en train, en lisant un journal ou en prenant des notes. Pour elle, Londres ressemblait plus à une idée qu'à une réalité. Or, dans chacune de ces maisons, vivaient des êtres humains. Dans chacune de ces entreprises, des décisions étaient prises. Derrière ces portes, des gens tombaient amoureux, mouraient, accouchaient ou bien vivaient figés dans des années de haine conjugale. Ce petit garçon qui traînait la jambe, pourquoi boitait-il ? Il semblait mal en point, il était pauvrement vêtu ; l'avait-on frappé ? Ou bien était-il né estropié ? Avait-il souffert de rachitisme ? Cette vieille femme avec son plateau d'allumettes ; ce vieux juif dans ce bazar là-bas, qui manipulait des livres d'occasion ; cette ménagère qui avait peut-être l'âge de Sally, qui avait perdu toutes ses dents, et dont tout un côté du visage était rongé par une brûlure... La jeune femme se sentait émue par ces pauvres gens anonymes. Ils étaient anonymes à cause de leur ignorance ; car chacun d'eux possédait une vie en propre, comme elle.

Elle erra ainsi au hasard, pour regarder, absorber et ressentir, jusqu'à ce que la cloche d'une église lui rappelle qu'il était dix-sept heures. Il y avait une station de fiacres à proximité. Un cab attendait ; elle demanda au cocher de la conduire au Temple.

Le pont de Blackfriars était encombré et il était presque dix-sept heures trente quand Sally paya la course au cocher à l'entrée de Middle Temple Lane et courut jusqu'à Pump Court, où maître Coleman, avocat de la Couronne, avait son cabinet. Il faisait presque nuit et les fenêtres qui donnaient sur la petite place projetaient une lueur dorée dans le brouillard épais. Sally hésita un instant, ne sachant quelle porte emprunter, lorsqu'une silhouette se détacha de la pénombre et se précipita vers elle.

– Mademoiselle Lockhart ! Je commençais à me faire du souci...

C'était M. Adcock, son avocat. Il était tête nue - sans doute avait-il laissé son chapeau à l'intérieur – et semblait dans tous ses états.

– Je suis à l'heure, non ? N'avions-nous pas rendez-vous à dix-sept heures trente ?

– Si, si, mais il est presque l'heure. Il serait extrêmement regrettable d'arriver en retard. Maître Coleman est un homme fort occupé...

M. Adcock lui ouvrit la porte et Sally enjamba la marche de pierre pour pénétrer dans un couloir où un concierge attendait pour les faire entrer dans un bureau douillet. Trois clercs travaillaient là, en silence. On n'entendait que le grattement de leurs plumes en acier sur le papier, dans la lumière vive des lampes à gaz.

L'un d'eux leur fit traverser un autre bureau et frappa discrètement à une porte. Il n'y eut aucune réponse. Il ouvrit le battant avec précaution et s'écarta pour les laisser entrer.

– Maître Coleman va arriver d'une minute à l'autre, annonça-t-il d'une voix feutrée, une voix chaussée de pantoufles. Veuillez avoir l'obligeance de l'attendre ici.

Sally entra la première. Dans le confort et le luxe de ce lieu, elle prit soudain conscience qu'elle était trempée ; probablement avait-elle l'air débraillé. Ses bottines laissaient des flaques d'eau sur le parquet ciré.

Ayant récupéré son chapeau auprès du concierge, M. Adcock le triturait nerveusement entre ses mains.

Le clerc se retira. Ne voyant aucune raison de ne pas s'asseoir, Sally prit place sur une des chaises.

– J'ai découvert quelque chose au sujet de M. Beech, dit-elle. Vous ne vous asseyez pas, monsieur Adcock ?

– Beech ? Beech ? fit-il en s'installant sur l'autre chaise, disposée face au bureau.

– Le pasteur qui a signé le registre de mariage.

– Ah, oui, oui. Eh bien, qu'avez-vous découvert ?

Sally n'eut pas le temps d'en dire plus, car la porte s'ouvrit à la volée et un homme imposant, une toge voltigeant sur l'épaule, fit une entrée fracassante et laissa tomber une énorme pile de documents sur le bureau. D'épais cheveux noirs étaient rabattus sur son crâne dégarni et des favoris virant sur le roux lui mangeaient les joues. Son nez charnu, ses yeux gonflés et sa grosse bouche sévère ne semblaient pouvoir adopter qu'une seule expression, celle d'un mépris brutal.

M. Adcock s'était levé et s'inclinait, les mains jointes, dans une posture de supplication.

– Maître Coleman... votre clerc nous a fait entrer..., c'est pourquoi nous avons pris la liberté de vous attendre...

L'avocat de la Couronne émit un grognement. Sans prêter la moindre attention à Sally, il s'assit et se mit à parcourir les papiers posés devant lui.

– Eh bien ? dit-il au bout d'un moment, sans lever la tête.

– Euh... ma cliente, Mlle Lockhart, désirait une entrevue, si vous vous rappelez, maître. Elle estimait en effet que... euh... cela permettrait de clarifier un ou deux points...

– Une perte de temps, dit Coleman.

– Je vous demande pardon ? s'exclama Sally, stupéfaite.

Coleman la regarda comme s'il était surpris de la voir là. Son regard était dédaigneux.

– J'ai dit que c'était une perte de temps. J'ai lu tous les papiers, cette entrevue n'apportera rien de plus. Mais vous êtes quand même là.

Il reporta son attention sur les documents qu'il avait commencé à lire et nota quelque chose. Sally constata que ces feuilles concernaient une quelconque affaire commerciale, et non pas la sienne.

– J'allais justement parler à M. Adcock d'une découverte que j'ai faite concernant ce pasteur qui...

– Trop tard. Vous ne gagnerez pas ce procès en récoltant ici et là de prétendues preuves.

– C'est peut-être important.

– C'est important seulement si ça change quelque chose, et ce n'est pas le cas.

– Qu'est-ce qui peut changer quelque chose, alors ? Comment vais-je pouvoir gagner ce procès, maître Coleman ?

– En laissant faire votre avocat.

– Je vois. Et espère-t-il gagner tout seul ?

Le regard méprisant de Coleman revint se poser sur elle. Elle le défia, lèvres serrées. A ses côtés, M. Adcock frôlait la crise d'apoplexie.

– Je crois, dit-il, que Mlle Lockhart veut dire par là que...

Mais Coleman lui coupa la parole :

– Votre affaire est mal engagée, dit-il d'une voix grinçante, et je n'ai guère d'espoir de remporter la partie. En revanche, si vous adoptez ce genre d'attitude, je peux vous assurer que vous perdrez. L'impertinence et l'ironie ne m'impressionnent pas et elles n'impressionneront pas non plus le tribunal. Votre seule chance est de garder le silence, de répondre aux questions que l'on vous pose aussi brièvement, simplement et poliment que vous en êtes capable, et de ne pas imaginer que vous en savez plus que vos supérieurs sur la meilleure façon d'assurer une chose aussi complexe et subtile que la défense d'un accusé.

Sally en avait le souffle coupé. Elle ferma les yeux un instant, les poings serrés, et elle entendit Coleman tourner une autre feuille. Elle sentait à ses côtés M. Adcock qui se balançait d'avant en arrière sur sa chaise, rongé par l'angoisse. Finalement, elle prit une profonde inspiration et reprit :

– Puis-je me permettre de vous demander quelle tactique vous comptez adopter pour assurer ma défense ?

– Cela ne vous regarde pas. J'ai pris connaissance de tous les documents. Vous n'avez pas besoin d'en savoir plus.

– Si vous avez lu tous les documents, vous savez que toute cette affaire tourne autour de mon prétendu mariage avec ce M. Parrish. Et si...

Coleman se leva, coinça ses pouces dans les poches de son gilet et toisa Sally de son œil noir.

– Il s'agit ici d'une question de morale, dit-il. De décence. Ne croyez pas un instant qu'un quelconque tour de passe-passe avec des certificats de mariage et des signatures y changera quoi que ce soit. Vous vous présentez devant moi comme une femme qui, de son propre aveu, a renoncé à sa vertu, qui s'est comportée comme une vulgaire prostituée, et qui cherche à priver la bâtarde qu'elle a mise au monde d'un nom et d'un foyer légitimes. Voici comment vous apparaissez : lascive, cupide, irrésolue et malveillante. Oh, n'essayez pas de protester. Votre seule chance de garder votre enfant, c'est de me laisser convaincre la cour que vous êtes contrite. Que vous avez honte. Que vous regrettez amèrement le geste inconsidéré que vous avez accompli en abandonnant votre foyer. Restez muette, pleurez un peu et la cour se laissera peut-être convaincre, avec l'aide de mes arguments, qu'il serait dans l'intérêt de ce pauvre enfant de rester avec vous, au lieu d'aller avec son père. Je ne veux pas que vous m'empêchiez d'exercer au mieux ma difficile tâche avec votre stupide quête de preuves, comme si nous étions dans un quelconque roman à sensations destiné à divertir des femmes oisives. Vous ne connaissez rien au droit, ce n'est pas une affaire de femmes. Alors, cessez de vous bourrer le crâne avec des choses qui vous dépassent et de me faire perdre mon temps avec vos émois grotesques. Taisez-vous, prenez un air honteux et laissez-moi me charger de votre défense.

Sally demeura immobile quelques secondes, puis elle sourit gentiment.

– Combien est-ce que je vous paie pour bénéficier de cette expérience ? demanda-t-elle. Non, réflexion faite, inutile de répondre. Les gentlemen ne parlent pas d'argent. Dites-moi plutôt ce qui arrivera à mon enfant si je perds le procès demain.

– Vous devrez remettre le garçon à son père, dans un lieu et à un moment choisis par la cour.

Sally écarquilla les yeux et retint son souffle. Elle n'était pas aussi impassible qu'elle l'avait cru.

– Et vous avez pris connaissance des documents, comme vous dites ? demanda-t-elle d'une voix tremblante.

– Évidemment, répondit-il avec mépris.

– Dommage, alors, que vous n'ayez pas remarqué, comme cela est indiqué plusieurs fois, que mon enfant est une fille et non un garçon, dit Sally en se levant. Merci de m'avoir éclairée. Je suis maintenant persuadée que vous serez aussi efficace devant la cour que vous l'avez été en ces lieux. Bonne soirée, monsieur.

Sur ce, sans un regard pour M. Adcock, elle pivota et sortit. M. Adcock bredouilla des excuses, mais maître Coleman, avocat de la Couronne, ne souhaitait manifestement pas les entendre : quelques instants plus tard, elle entendit les pas précipités de son conseil dans le petit passage débouchant sur Middle Temple Lane.

– Maître Coleman, dit-il, essoufflé, est un des avocats les plus éminents et les plus respectés du royaume. Si j'avais pu imaginer que vous feriez preuve d'autant de… je suis navré de devoir dire ça… d'impertinence et de sarcasme, jamais je n'aurais…

– Je crois qu'il a dit « impertinence et ironie ». De toute façon, peu importe. S'il ne savait même pas que mon enfant était une fille, il n'avait pas le droit d'affirmer qu'il avait lu les documents.

– C'est un détail…

– Oh ! Ma fille est un *détail ?* C'est un terme d'avocats pour parler de mon enfant ? J'en ai suffisamment entendu pour aujourd'hui. Merci, monsieur Adcock. Bonne soirée.

Elle se retourna, mais elle sentit qu'il posait la main sur son bras.

– Mademoiselle Lockhart. Le but de maître Coleman, croyez-moi, était de vous placer dans l'état d'énervement et d'angoisse que vous devrez affronter demain au tribunal. Il s'agit d'un précieux aperçu, d'une illustration très utile du genre d'accusations que vous devrez sans doute subir de la part de la partie adverse. Si vous vous souvenez bien, c'est à votre demande expresse que j'ai organisé cette entrevue. Le temps de maître Coleman est extrêmement précieux…

– Bonne soirée, répéta Sally.

Elle libéra son bras et s'éloigna.

Deux heures plus tard, trempée jusqu'aux os et glacée, elle arrivait chez elle. Un bain chaud, un verre du whisky de Webster, quelques lettres, un baiser à Harriet qui dormait et au lit. Pour la première fois depuis des semaines, elle dormit à poings fermés. Sa décision était prise. Elle savait ce qui lui restait à faire.

10
Droit de garde

Assise sur l'un des bancs réservés au public, au fond de la salle de tribunal, Cicely Corrigan essayait de comprendre ce qu'elle entendait. Elle était quasiment seule. Un homme aux cheveux bruns, emmitouflé dans un grand pardessus gris griffonnait sur un calepin. Peut-être s'agissait-il d'un poète sans le sou, se dit-elle, qui passait ses journées au tribunal pour rester au chaud.

L'affaire fut rapidement expédiée. En l'absence de la principale intéressée, le verdict était connu d'avance. L'avocat de Sally tenta d'expliquer, pour la forme, que sa cliente, accablée par le remords, avait décidé de se racheter et demandait à la cour de bien vouloir reporter le jugement de six mois, période durant laquelle son avocat et elle tenteraient de parvenir à une réconciliation. Mais l'avocat de M. Parrish protesta. L'heure n'était plus aux réconciliations, dit-il. M. Parrish avait fait de nombreuses tentatives en ce sens, de son propre chef et par le biais de son représentant légal, et il n'avait rencontré que mépris et rejet. Les détails et les lettres étaient bien évidemment à la disposition de la cour si celle-ci souhaitait les examiner. La cour ne le souhaitait pas. Durant tout ce temps, M. Parrish conserva une attitude réservée, empreinte de regrets et assez noble, tout bien considéré.

Ainsi, moins de vingt minutes après le début des débats, l'affaire fut jugée et classée. Le processus de dissolution du mariage était enclenché, et la garde de l'enfant, Harriet Rosa Parrish, connues sous le nom d'Harriet Rosa Lockhart, devait être remise à son père, Arthur James Parrish. Les avocats de Sally se virent notifier l'ordre de conduire l'enfant au cabinet de l'avocat de M. Parrish le jour même avant dix-sept heures, soit six heures plus tard. Si Mlle Lockhart ne se pliait pas à cette décision... Les juges n'en dirent pas davantage, mais Sally savait à quoi elle s'exposerait en ce cas et en avait parlé à Cicely : elle serait condamnée pour outrage à la cour et risquait d'être envoyée en prison. Les dés étaient donc jetés.

– Mais qu'allez-vous *faire ?*

– Me cacher, répondit Sally. Et prouver que cet homme ment. Reprenez donc une part de cake.

Elles étaient installées dans un salon de thé du Strand. Sally avait prévu d'y retrouver Cicely à seize heures trente. Margaret était occupée avec un client, sinon elle serait venue aussi. Cicely était encore sous le choc : elle prit la dernière tranche de cake, tout en s'efforçant de ne pas dévisager sa patronne.

– Où est la... Où est votre... Où est Harriet? demanda-t-elle.

– Chez des amis. En sécurité. Nous allons y rester un jour ou deux, puis nous chercherons un logement.

– A Londres?

– Si je ne peux pas me cacher à Londres, je ne pourrai me cacher nulle part. Je ne pense qu'à ça depuis plusieurs jours, et je suis certaine d'avoir raison. Si je m'enfuis à l'étranger, je ne pourrai pas découvrir ce qui se cache derrière toute cette histoire; il faut que je sois sur place. J'ai besoin de mener mon enquête. Même chose si je m'exilais dans un village à la campagne. En outre, je serais beaucoup plus repérable, vous ne croyez pas? A Londres, personne ne fait attention aux autres. Nous sommes tous anonymes. C'est le seul endroit où se cacher. Je regrette simplement de faire peser un tel fardeau sur les épaules de Mlle Haddow. Et sur les vôtres. Je vous suis très reconnaissante, Cicely...

Mlle Lockhart avait changé, se disait Cicely. Elle ne semblait plus en proie au désespoir: ses yeux étincelaient, ses joues avaient retrouvé des couleurs; on aurait même pu croire qu'elle était heureuse. Elle finit son thé et réclama la note.

– Dites à Mlle Haddow que je lui écrirai ce soir. Je n'ose pas me rendre au bureau, car je suis sûre qu'ils me guettent, mais je lui indiquerai où elle peut me trouver. J'aurai besoin d'un certain temps pour élucider cette affaire, et peut-être Mlle Haddow devra-t-elle engager quelqu'un pour me remplacer, mais je lui expliquerai tout dans ma lettre. Merci de ce que vous faites pour moi. Vous n'êtes pas payée pour ça...

Laissant Cicely finir sa tranche de cake, elle remonta le col en fourrure de sa cape avant de sortir dans l'humidité glaciale de cette fin d'après-midi.

Il faisait presque nuit et les rues étaient pleines de monde. Sally attendit l'omnibus et, quand il arriva, elle prit place à l'intérieur de la voiture brinquebalante et bondée, entre une grosse dame munie d'un manchon et un monsieur qui transportait un parapluie dégoulinant. Elle ne cessait de penser à ce qu'elle avait à faire. D'abord, faire dîner Harriet, puis la coucher et lui expliquer qu'elles allaient partir pour une grande aventure, comme oncle Webster et Jim ; après quoi, elles chanteraient leurs comptines préférées et la fillette devrait faire sa prière.

Une fois que l'enfant serait endormie, Sally s'arrangerait avec M. et Mme Molloy pour que leur maison lui serve de lieu de rendez-vous et de refuge, un endroit où elle pourrait se cacher en cas de besoin, où elle pourrait rencontrer Margaret, et où Sarah-Jane Russell pourrait lui apporter des nouvelles de Twickenham. Ensuite, elle dînerait et irait se coucher. Elle n'était pas fatiguée, mais elle savait qu'elle dormirait.

L'omnibus s'arrêta. Elle se fraya un passage au milieu des voyageurs pour descendre. La nuit était tombée ; les lampadaires luisaient dans le brouillard, tels d'énormes et irréels dahlias. Les passants emmitouflés se hâtaient. Un petit balayeur des rues attendait près de l'abri des cochers, prêt à se précipiter pour déblayer la rue si quelqu'un souhaitait traverser. Au coin de la place, un vendeur de marrons chauds était recroquevillé d'un air misérable au-dessus de son brasero ; il n'avait même pas le courage de faire l'article, se contentant de remuer les marrons au-dessus des flammes quand ils menaçaient de brûler.

Sally s'engagea sur la place. Elle avait vécu là pendant quelque temps, avant d'être enceinte d'Harriet ; la pension appartenait à de vieux amis, un nommé Trembleur Molloy et son épouse. Trembleur travaillait pour Frederick à l'époque où Sally avait fait la connaissance des Garland, et quand Mme Molloy avait hérité d'une petite somme d'argent, la jeune femme leur avait conseillé d'acheter cette pension.

La maison était située à l'autre bout de la place, au-delà des arbres du petit jardin central ; en arrivant en vue de la façade, Sally s'arrêta net.

Il y avait un fiacre devant la porte. Deux hommes se tenaient sur le perron ; l'un d'eux était un policier.

Sally sentit une main lui broyer le cœur. Non, ils ne pouvaient pas l'avoir déjà retrouvée. Impossible... Elle recula et se réfugia dans l'escalier du sous-sol de la maison la plus proche. De là, elle coula un regard prudent à travers les grilles.

La silhouette de Mme Molloy se découpait dans l'encadrement bien éclairé de la porte. Le policier lui montrait quelque chose ; elle secouait la tête. L'autre homme gravit une marche de plus et sembla insister, mais Mme Molloy secoua la tête à nouveau. Sally n'entendait pas les paroles échangées, à cause de la distance, du grondement incessant de la circulation dans la rue et des gouttes de pluie qui tombaient sans discontinuer. Elle avait l'impression d'assister à un spectacle d'ombres chinoises.

– Faites qu'ils n'entrent pas..., se répétait-elle à voix basse.

Enfin, les deux hommes firent demi-tour et le policier lança quelques mots par-dessus son épaule. Mme Molloy referma la porte et Sally l'entendit claquer au moment où les policiers remontaient dans leur fiacre.

Le cocher secoua les rênes et la voiture démarra; l'attelage venait dans sa direction. Sally descendit quelques marches de plus et releva son grand col pour masquer son visage éclairé par la lumière de la fenêtre de la cuisine, juste au-dessus d'elle.

Dès que le fiacre eut tourné au coin de la rue, elle remonta l'escalier quatre à quatre et, glissant sur les pavés mouillés, bondit sur le trottoir; elle se raccrocha aux barreaux de la grille et courut vers la maison pour tambouriner à la porte des Molloy.

– C'est moi ! cria-t-elle par l'ouverture de la boîte aux lettres. Madame Molloy ! C'est moi !

Quelques secondes plus tard, la porte s'ouvrit et Sally s'engouffra dans le petit vestibule.

– Elle va bien ? Elle est toujours ici ?

– Bonté divine, pour qui me prenez-vous, mademoiselle ? répondit Mme Molloy. Je ne les laisserai pas entrer, n'ayez crainte. Mais ils ont dit qu'ils reviendraient dans une demi-heure avec un mandat de perquisition. Vous feriez mieux de...

– Une demi-heure ? Je dois m'enfuir. Je vais l'emmener immédiatement. Pouvez-vous m'aider... ? Pouvez-vous l'habiller, pendant que je jette quelques affaires dans un sac ? Et peut-être que M. Molloy pourrait aller chercher un fiacre ?

– Mais où voulez-vous aller, mademoiselle ?

– Je ne sais pas. N'importe où. Je réfléchirai à la question dans la voiture. Je vous en prie, madame Molloy, faites vite... Au cas où ils reviendraient plus tôt que prévu...

Mme Molloy hocha la tête. C'était une femme robuste et volontaire, mais le doute se lisait sur son visage. Sally s'empressa de monter dans la chambre, au premier étage. Elle prit le sac en tapisserie qu'elle avait apporté d'Orchard House, y fourra quelques vêtements, des affaires de toilette, des chaussures, puis son écritoire qui se trouvait sur la table de chevet et, pour finir, un objet enveloppé de toile cirée qui s'enfonça lourdement dans le nid des vêtements. C'était le pistolet.

Elle regarda autour d'elle. N'avait-elle rien oublié ? Non... elle n'avait pas pris grand-chose en quittant sa maison. Son sac à main... Il était là. Son carnet de chèques, ses clés.

La jeune femme redescendit précipitamment, au moment où M. Molloy, le visage protégé par un cache-nez et coiffé d'un chapeau melon, poussait la porte de la maison.

– Un fiacre vous attend, mademoiselle. J'ai choisi un attelage rapide, car si jamais vous allez assez loin...

– Mille mercis, dit Sally. Est-ce qu'Harriet... ?

– Ma femme s'en occupe. C'est une grande aventure pour elle, j'imagine. Remarquez, je n'en sais rien. Pour les enfants, tout paraît normal, vu qu'ils savent pas ce que ça veut dire normal. Rien ne les étonne. Où allez-vous, mademoiselle ?

– Sincèrement, je l'ignore. Mais je vous écrirai dès que possible pour vous dire où je suis.

– Vous en faites pas, mademoiselle, on vous dénoncera pas. Vous pourriez même rester ici, si vous vouliez.

– S'ils reviennent avec un mandat, ils finiraient par nous trouver, tôt ou tard...

Une porte s'ouvrit et une petite silhouette apparut, suivie de Mme Molloy qui portait un grand sac en papier.

– Maman ! s'exclama Harriet.

Alors que Sally se penchait pour la serrer dans ses bras, la fillette ajouta d'une voix étouffée :

– Regarde ! Des bissquits !

Elle se libéra de l'étreinte de sa mère et empoigna le sac.

– Je vous ai mis quelques biscuits, expliqua Mme Molloy. On ne sait jamais, hein ?

– Donnez-moi donc votre bagage, mademoiselle, dit son mari.

Mme Molloy se pencha pour embrasser Harriet, qui lui rendit son baiser d'un air distrait. Emmitouflée dans son manteau, avec son bonnet, ses gants et ses bottes, elle avait du mal à marcher. Sally la prit dans ses bras et mit son chapeau d'une main, avant de récupérer son manchon en astrakan et de passer le cordon autour de son cou d'un geste vif.

– Je l'ai mise sur le pot et j'ai changé sa couche il n'y a pas longtemps, lui glissa Mme Molloy. Vous êtes tranquille pour un petit moment. Oh, j'allais oublier... tout est propre...

Elle prit un ballot de linge, gonflé de couches pliées, et le donna à son mari qui venait de réapparaître dans l'encadrement de la porte. Sally aurait voulu dire mille choses, mais elle n'avait hélas pas le temps et se contenta d'un seul mot :

– Merci. Je ne sais pas ce que j'aurais fait sans vous... Je vous écrirai dès demain. Au revoir.

Harriet, qui jetait alentour des regards majestueux, comprit ce qui se passait ; elle transféra alors son sac de biscuits dans sa main gauche pour pouvoir dire au revoir avec sa main droite. Puis, dans une confusion de regards, de remerciements et de gestes maladroits, Sally et M. Molloy chargèrent le sac de linge à bord du fiacre pendant qu'Harriet prenait place près de la vitre.

– Où qu'on va, m'dame ? demanda le cocher.

– Oh. Euh... A la gare de Charing Cross, dit Sally.

Elle ferma la portière et s'assit, prenant Harriet sur ses genoux. Le cocher parla doucement à ses chevaux, ôta le frein et le fiacre se mit à rouler. Sally regarda derrière elle en faisant des signes de la main aussi longtemps qu'elle le put, jusqu'à ce que la voiture tourne au coin de la rue et que ce foyer chaleureux disparaisse dans la nuit.

LIVRE DEUX

II
Villiers Street

Sally trouva un petit logement dans Villiers Street, une rue étroite située derrière la gare de Charing Cross. La logeuse était allemande, et une seule chose l'intéressait : l'argent. La jeune femme paya une guinée d'avance, somme qui correspondait au loyer d'une semaine pour une chambre et un petit salon. Le charbon et les bougies étaient en plus ; Sally paya le supplément. Le linge devait être lavé à l'extérieur, et pour les repas, il fallait s'arranger. Sally prit les dispositions nécessaires.

– Votre nom, je vous prie ? demanda la logeuse après avoir noté avec soin tous les points sur lesquels elles s'étaient mises d'accord.

Elles se tenaient dans le couloir glacial et mal éclairé, sous le regard méfiant d'Harriet qui serrait toujours contre elle son sac en papier.

– Mme Marchbanks, répondit Sally, choisissant le premier nom qui lui passait par la tête.

Elle prit soin de laisser sa main gauche enfoncée dans son manchon ; il fallait qu'elle pense à acheter une alliance. Que portaient les veuves ? Car il fallait qu'elle passe inaperçue. Elle avait tellement de choses à découvrir.

– Est-ce que l'enfant mouille son lit ? demanda la logeuse.

– Oh... non... Enfin... normalement... Parfois.

– Je vais vous donner une alèse. Mettez-la sur le matelas, je vous prie. Par ici...

Son sac de voyage sous le bras, le sac contenant le linge de l'enfant à la main, Harriet dans l'autre bras, Sally suivit la femme dans un escalier étroit, jusqu'au deuxième étage. La logeuse posa sa lampe sur le rebord de la fenêtre du palier et choisit une clé de son trousseau, avec laquelle elle ouvrit une porte.

– Voilà, c'est ici, dit-elle. Je vais chercher l'alèse. N'oubliez pas, je vous prie.

Sally entra dans le petit salon et déposa sa fille sur le sofa.

– Il n'y a qu'un lit, dit la logeuse. Elle devra dormir avec vous. Je vais vous chercher des bougies et du charbon. Attendez-moi.

Elle disparut. Sally posa son sac et s'approcha de la fenêtre. Villiers Street luisait de reflets humides dans la lumière qui se déversait du pub voisin et de la demi-douzaine de lampadaires. Sur la droite, le Strand résonnait du bruit des roues de voitures, du martèlement des sabots et des cris de deux vendeurs de journaux rivaux postés devant la gare. Ce quartier était plus bruyant qu'Islington, et son animation était sans commune mesure avec le calme qui régnait à Orchard House.

– Maman, dit Harriet. C'est tout noir.

Sally se détourna de la fenêtre, s'assit sur le sofa et prit l'enfant sur ses genoux. Elle la débarrassa de son bonnet en fourrure et lissa ses cheveux blonds bouclés, qui étaient presque aussi épais que ceux de son père.

– Oui, je sais, il fait noir, ma chérie, mais la dame va nous apporter des bougies et on aura de la lumière. Et aussi un bon feu pour nous réchauffer. Et après, on mangera des biscuits, d'accord ?

– Tous les bissquits !

– Non, il faut en garder pour demain. Et ensuite, on te mettra au lit.

– *Tous* les bissquits !

– On verra. Tiens, regarde, voilà le feu...

Harriet tourna la tête pour voir entrer un jeune garçon maigre ; il apportait un seau à charbon et un autre contenant quelques braises qu'il déposa dans l'âtre. Sans un regard pour Sally et Harriet, il renifla, sortit une bougie de sa poche de gilet, l'introduisit dans le bougeoir sur la cheminée et gratta une allumette. Une fois la bougie allumée, il versa un peu de charbon dans la cheminée, le mélangea avec les braises rougeoyantes et repartit, sans un mot.

– J'espère que le feu va prendre, dit Sally. Je n'ai pas d'allumettes. Il aurait pu apporter du petit bois...

Elle se leva, arrangea les braises et le charbon dans l'âtre. A la lueur de la bougie, la pièce paraissait un peu plus chaleureuse. Harriet s'enfonça au fond du sofa et tira sur son gant pour pouvoir mettre son pouce dans sa bouche.

– Tu es fatiguée, ma chérie ?

– Mmmm.

– Ne t'endors pas tout de suite. Il faut d'abord te déshabiller pour te mettre au lit. Ce ne sera pas long.

La logeuse revint avec d'autres bougies, un fagot de petit bois et une alèse. Elle accepta d'apporter un peu de lait pour Harriet et du thé avec du pain et du fromage pour Sally. Cinq minutes plus tard, le feu rougeoyait joliment, les bougies flamboyaient, les rideaux étaient tirés et la porte fermée.

Pendant qu'Harriet était assise à table avec ses biscuits et son lait, Sally prit l'une des bougies pour se rendre dans la chambre. La pièce était glaciale et le lit semblait ne pas avoir été aéré ; il sentait l'humidité. Sally ôta les couvertures et les draps pour les faire sécher devant le feu, puis elle déplia l'alèse en toile cirée et l'étala sur le matelas.

– Tu vas devoir grandir vite, ma petite chérie, murmura-t-elle.

Il y avait un pot de chambre sous le lit. La salle de bains et les toilettes se trouvaient à l'étage inférieur. Sally prit le broc qui se trouvait sur la table de toilette, dans la chambre, et descendit chercher de l'eau chaude, après quoi elle déballa leurs affaires de toilette.

Harriet avait bu tout son lait. En la déshabillant, Sally découvrit qu'elle était encore sèche – Dieu soit loué. Elle tombait de sommeil, ses joues étaient empourprées et elle mâchonnait son pouce. Sally l'assit sur le pot, puis elle lui fit sa toilette, lui enfila sa chemise de nuit, lui brossa les cheveux et refit le lit avec des draps un peu moins froids et humides.

Mais quand elle la porta vers le lit, Harriet se mit à pleurer à chaudes larmes.

– Que se passe-t-il, mon trésor ?

– Mon agneau... Mon agneau...

Depuis la disparition de l'ours Bruin, l'agneau en laine était devenu son jouet indispensable pour dormir. Or, elles l'avaient oublié chez les Molloy. Sally s'assit sur le lit et berça doucement la fillette, appuyant son visage dans le creux de son épaule.

– Ne pleure pas, ma chérie... Écoute... On va écrire une lettre à Mme Molloy pour lui demander de donner ton agneau au facteur, pour qu'il nous l'apporte ici, tu veux ? On ira poster la lettre dès demain. N'oublie pas que nous partons à l'aventure. Et l'agneau doit rester chez M. et Mme Molloy ce soir pour veiller sur eux. Car c'est un petit agneau très courageux. Mais regarde...

Une idée lui était venue. Elle repoussa Harriet si brusquement que l'enfant, surprise, cessa de pleurer.

– Regarde la souris !

Espérant ne pas avoir oublié comment on faisait, elle sortit un mouchoir du sac de linge, le secoua pour le déplier, puis elle le replia, le tordit et le noua pour obtenir plus ou moins une sorte d'animal avec deux oreilles et une queue. C'était son père qui lui avait appris cela quand elle était enfant.

Harriet prit la « souris » et la serra contre sa poitrine d'une main, en gardant son pouce enfoncé dans sa bouche. Sally lui donna un baiser et l'allongea sur le drap rêche, puis elle souffla la bougie. Dans la faible lueur provenant du salon par la porte ouverte, Sally vit briller des larmes sur les joues de la fillette. Une vague de tendresse la submergea alors, si intense que ses propres yeux s'emplirent de larmes. Mais elle se ressaisit rapidement et caressa la tête de son enfant en lui fredonnant une comptine :

La lavande est bleue, la... la... la...
La lavande est verte,
Quand je serai roi, la... la... la...
Je ferai ta conquête...

Sally se souvenait de ses maladies d'enfance : son père, assis à son chevet dans la pénombre, lui chantait ces vieilles chansons de sa voix grave, il lui racontait des histoires, il l'aidait à guérir, il veillait sur elle. Elle n'avait jamais connu sa mère. Il avait été à la fois un père et une mère pour elle, comme elle devrait être une mère et un père pour Harriet.

La fillette s'était endormie. Sally la borda avec douceur et retourna dans la pièce voisine sur la pointe des pieds.

Le feu était presque éteint. Elle s'agenouilla devant la cheminée pour le ranimer avec une feuille de journal, quelques brindilles et un peu de charbon. Quand il fut reparti, elle se releva en regardant ses mains noires. Il n'y avait pas d'eau pour les laver, à moins de redescendre ; elle les essuya sur sa jupe et se laissa tomber sur la chaise devant la table. D'un revers du poignet, elle écarta ses cheveux qui lui tombaient devant les yeux et poussa un long soupir. Puis elle rapprocha la bougie, sortit de son sac un petit cahier et un crayon et se mit à écrire.

25 octobre 1881

Je ne sais que faire. Je ne sais pas trop comment lui faire sa toilette, la faire manger et, surtout, je ne sais pas comment on va s'en sortir, mais de nombreuses femmes s'en tirent très bien, après tout. Je suis tellement habituée à ce que Sarah-Jane se charge de tout (Note : penser à lui envoyer de l'argent pour un mois. Tout devrait être terminé ensuite.) et je n'avais pas conscience de tout ce qu'il y avait à faire, de toutes les choses auxquelles il fallait penser.

Que vais-je devenir ?

Nous avons dix livres sterling en liquide, peut-être un peu plus. Il faut que j'aille à la banque demain pour retirer de l'argent et ouvrir un nouveau compte sous un autre nom. Et je dois acheter une alliance. Est-ce que les veuves ne la portent pas à l'autre main, d'ailleurs ? A qui poser la question ? Je pense que nous pouvons vivre assez bien – nous trouverons un logement plus agréable que celui-ci –, mais je ne dois pas, absolument pas, avoir le moindre contact avec Orchard House, ni avec les Molloy ni avec le studio ni avec le cabinet ni avec quiconque. Sauf par lettres.

Vais-je devoir vivre ainsi le restant de mes jours ?

Surtout, aucun contact avec l'avocat de la Couronne.

Va-t-il faire appel du jugement ? Je pourrais lui écrire. Mais il me semble que j'ai brûlé tous mes vaisseaux de ce côté-là.

Puisque je ne peux pas prouver que H. est ma fille, je dois découvrir qui se cache derrière ce Parrish et ses agissements. S'il se livre à une quelconque activité criminelle, ils ne lui accorderont pas la garde de l'enfant.

Et ce pasteur, M. Beech. (Note : communiquer à Rosa la nouvelle adresse dès que nous serons en sécurité.) C'est le maillon faible, ce mensonge dans le registre. Si j'arrivais à comprendre la raison de tout ceci...

Elle s'interrompit en entendant Harriet s'agiter dans le lit, mais c'était une fausse alerte : l'enfant marmonnait dans son sommeil. Sally rajouta un peu de charbon dans la cheminée et retourna s'asseoir.

... je saurais comment le vaincre. C'est ma seule chance.

Un peu plus tôt dans la soirée, Ellie avait entendu quelqu'un sonner à la porte d'Orchard House. Levant les yeux des cartes qu'elle avait disposées devant elle sur la table de la cuisine pour faire une réussite, elle demanda :

– Qui ça peut bien être ?

– Vous risquez pas de le savoir si vous allez pas voir, répondit Mme Perkins qui somnolait dans le rocking-chair, son journal à la main.

La petite bonne se leva à contrecœur. La police lui avait déjà fait subir un interrogatoire, tout comme Sarah-Jane, et elle commençait à se demander si elle n'en avait pas trop dit concernant l'endroit où s'était réfugiée Sally. Peut-être revenaient-ils avec un mandat pour fouiller la maison.

Mais le visiteur nocturne était un jeune homme brun, vêtu d'un pardessus élimé. Ellie le prit tout d'abord pour un clochard, d'autant qu'il avait un drôle d'accent, mais ses manières étaient courtoises.

– Je cherche Mlle Lockhart, expliqua-t-il. Est-elle ici ?

– Non, monsieur, répondit Ellie. Et j'ignore où elle se trouve.

– Qui dirige la maison en son absence ?

Entendant approcher Sarah-Jane dans son dos, Ellie se retourna.

– Puis-je connaître votre nom ? demanda la nurse.

– Daniel Goldberg. Je suis journaliste. Je sais ce qui est arrivé à Mlle Lockhart et je pense être en mesure de l'aider. Mais pour cela, j'ai besoin de lui parler personnellement.

Ellie s'écarta, mais Sarah-Jane demeura à bonne distance de la porte ; elles avaient l'une et l'autre un peu peur des étrangers, désormais.

– Je ne peux pas vous dire où se trouve Mlle Lockhart, car je l'ignore, répondit Sarah-Jane. Elle n'est pas rentrée depuis ce matin. Et je ne sais pas quand elle doit revenir. D'ailleurs, même si je le savais, je pense que je ne vous le dirais pas, mais je n'en ai aucune idée.

– Puis-je lui laisser un message ? demanda l'inconnu.

– Je n'y vois pas d'objection. Vous n'allez pas écrire un article sur cette histoire, dites-moi ?

– Non, pas tout de suite.

Il griffonna quelques mots dans un carnet. Il arracha la feuille, la plia et écrivit le nom de Sally dessus.

– Veuillez lui remettre ceci. C'est important. Bonsoir.

Il souleva son chapeau à large bord et tourna les talons. Ellie s'empressa de refermer la porte.

Sarah-Jane regardait le message d'un air perplexe.

– Vous croyez qu'il dit vrai ? demanda la servante.

– Je ne sais pas. Je ne sais rien du tout. Je pourrais envoyer ce mot à Mme Molloy... mais si Mlle Lockhart n'est pas là-bas, comme l'a dit ce policier, elle ne le recevra pas.

– Mieux vaut le garder, suggéra Ellie. Jusqu'à ce qu'elle donne de ses nouvelles.

Sarah-Jane hocha la tête. Elle posa la feuille de papier sur un guéridon, dans l'entrée, pendant qu'Ellie retournait dans la cuisine.

12
Le directeur de la banque

Sally se réveilla plusieurs fois au cours de la nuit, car Harriet était agitée et le lit étroit. A un moment, la fillette poussa même un petit cri, mais la douce chaleur du corps de sa mère eut tôt fait de la rassurer.

Quand la jeune femme estima qu'il était l'heure de se lever, elle sortit du lit, ankylosée et fatiguée, enfila sa robe de chambre et laissa Harriet dormir encore un peu pendant qu'elle rallumait le feu et faisait chauffer de l'eau dans une bouilloire. Pourraient-elles continuer longtemps dans ces conditions ? se demanda-t-elle. Cette vie était si précaire. Il fallait qu'elles trouvent un endroit plus confortable dès que possible ; elle pourrait alors faire venir Sarah-Jane et commencer enfin à s'occuper sérieusement de cette affaire.

Après avoir fait du thé, elle alla réveiller Harriet. Celle-ci, pendant ce court laps de temps, avait mouillé le lit. Sally resta plantée là, désorientée. « Que faisait donc Sarah-Jane dans ces cas-là ? » Elle ne s'en souvenait plus. Bon, alors, que devait-*elle* faire ?

Elle arracha les couvertures pour leur éviter d'être trop mouillées, puis prit dans ses bras Harriet qui protesta et se débattit. Sally l'emmena dans la pièce voisine et la posa devant le feu avant de retourner dans la chambre pour enlever les draps. Et maintenant ? Il fallait laver l'enfant, mais pouvait-elle la laisser sans surveillance devant le feu pendant qu'elle descendait chercher de l'eau ? La prochaine fois, elle s'y prendrait autrement : elle ferait chauffer l'eau avant de laver Harriet. Et elle préparerait le thé ensuite, car maintenant, il allait être froid, et elle aurait pu se servir de cette eau pour la toilette...

– Reste ici, ma chérie. Maman va chercher de l'eau. Surtout, ne t'approche pas du feu.

Prenant le broc, elle descendit rapidement à la salle de bains. La pièce était occupée. Nouvelle indécision. Soudain, la porte voisine s'ouvrit et un homme apparut dans le couloir, vêtu d'un pardessus et coiffé d'un chapeau melon. L'air hébété, il regarda Sally, qui était en robe de chambre, s'empressa de détourner le regard et dévala les escaliers. La jeune femme se sentit rougir. C'est alors que la porte de la salle de bains s'ouvrit et qu'un autre homme en sortit, habillé de pied en cap. Comme le premier, il se figea, sembla sur le point de dire quelque chose, puis fronça les sourcils et descendit sans dire un mot.

Serrant les dents, Sally s'engouffra dans la salle de bains, remplit le broc à la chaudière et s'empressa de remonter dans sa chambre. Elle claqua la porte derrière elle

– Viens, ma chérie, on va te laver, dit-elle en versant l'eau chaude dans la cuvette.

– Non, grommela Harriet encore à moitié endormie.

Sally la débarrassa de sa chemise de nuit mouillée, la lava de la tête aux pieds et l'enveloppa dans une serviette pendant qu'elle cherchait du linge propre. Dans la précipitation du départ, elle n'avait pas pensé à prendre des bas pour Harriet.

– Tu vas devoir remettre ceux que tu portais hier, dit-elle. On ira en acheter d'autres aujourd'hui. Et je crois que maman devra faire comme toi. Allez, viens…

Elle parvint à habiller sa fille en usant de cajoleries, puis découvrit que le feu s'était éteint. Il n'y avait plus de papier pour le faire repartir.

– Oh, ma pauvre chérie, ça ne va pas être facile, hein ? commenta-t-elle en asseyant la fillette dans le fauteuil.

Harriet la regarda avec des yeux encore gros de sommeil, puis les referma comme pour manifester son mépris. Elle se trémoussa sur le cuir froid et glissant, cherchant une position plus confortable.

– Oui, c'est bien. Reste là un petit moment, pendant que maman s'habille. Et ensuite, nous… je ne sais pas. Nous prendrons le petit déjeuner.

Elle essuya l'alèse avec le drap qu'elle avait retiré, puis s'habilla. Il fallait qu'elle redescende chercher de l'eau pour faire sa toilette, mais elle ne voulait pas risquer de faire d'autres rencontres en robe de chambre dans les couloirs. Elle avait besoin d'intimité.

Et de propreté. En attendant qu'elles trouvent un endroit plus confortable où elles pourraient s'installer un certain temps et faire laver leur linge, elle devrait acheter plusieurs paires de bas et des sous-vêtements pour toutes les deux. « Penser à faire une liste après le petit déjeuner. Et trouver un autre endroit. »

Une fois habillée, elle descendit à la salle de bains, se déshabilla, fit sa toilette, s'habilla à nouveau et remonta dans la chambre. Après quoi, elle se sentit un peu mieux. Sa montre indiquait huit heures. Dehors, le temps était humide et brumeux. Elle entendait les bruits de la circulation sur le Strand. Soulevant Harriet dans ses bras, elle la hissa à la hauteur de la fenêtre.

– Écoute ! dit-elle. Tu entends le train ?

Une locomotive à vapeur sifflait derrière le grand mur noir de la gare de Charing Cross, juste en face. Harriet pointa le doigt vers le bout de la rue.

– Tommy ! s'écria-t-elle.

Un homme versait du lait dans deux grands pots que lui tendait une domestique. Son cheval, attelé à une charrette, attendait patiemment.

– Non, ce n'est pas Tommy, ma chérie. Mais il lui ressemble, dit Sally. C'est un autre laitier. C'est le laitier de Charing Cross.

Il y avait beaucoup de choses à voir par la fenêtre : un balayeur, un vendeur de journaux et de nombreux fiacres. Harriet aimait surtout les cabs, qui se balançaient avec élégance. Il y avait aussi un policier, grand et gros comme il se devait, deux moineaux, un pigeon et une dame tenant en laisse un petit chien noir sautillant qui fit beaucoup rire la fillette. En collant leurs visages à la fenêtre, elles apercevaient le Strand et elles pouvaient lire les publicités sur les omnibus qui passaient. Du moins, Harriet croyait qu'elle pouvait les lire ; en fait, elle les regardait et disait n'importe quoi pendant que sa mère les lisait à voix haute.

A huit heures trente, on frappa à la porte et la logeuse entra avec un plateau sur lequel il y avait du thé, des toasts, du beurre et de la marmelade. Harriet, qui ne savait pas encore très bien où elles étaient ni qui était qui, et qui n'aimait pas les visages renfrognés, resta immobile, sur ses gardes, pendant que sa mère expliquait pourquoi le drap était mouillé et réclamait du papier et du bois pour faire du feu.

Pendant que les deux femmes disparaissaient dans la chambre, Harriet examina le plateau. Les toasts étaient coupés fin ; elle se demanda s'ils avaient le même goût que les toasts épais. Puis maman et la dame réapparurent. Maman avait l'air en colère et la dame tenait le drap mouillé ; elle aussi paraissait en colère. « Elles sont fâchées après moi », pensa Harriet.

Mais la dame sortit sans un mot et maman vint l'embrasser, puis elles mangèrent des toasts. Ils n'avaient pas un goût différent de ceux qu'elle connaissait, mais la marmelade si et le lait aussi.

En fait, la logeuse avait rapporté à Sally les différentes plaintes qu'elle avait reçues à son sujet. La jeune femme s'était montrée dans une tenue inconvenante à plusieurs locataires de la pension. Sa conduite était inacceptable et elle devait quitter les lieux sur-le-champ.

Les protestations de Sally n'avaient servi à rien. La propriétaire avait pris sa décision et elle se montrait inflexible ; elle était même disposée à rembourser l'avance correspondant à une semaine de loyer. La mère et la fille devaient partir dès qu'elles auraient pris leur petit déjeuner.

Après la dispute (sans éclats de voix, très convenable), quand Sally se retrouva assise devant Harriet, en train de lui beurrer un toast, elle éprouva une sorte de joie. « C'est le destin, se dit-elle. De toute façon, cet endroit ne nous plaisait pas. »

– On va chercher une autre maison, annonça-t-elle. Et après, on fera venir Sarah-Jane, d'accord ?

– Et mon agneau.

– Oh, l'agneau. Oui, bien sûr. Nous devons écrire à Mme Molloy pour qu'elle le donne au facteur, tu te souviens ? Allez, mange. Après, on préparera nos bagages.

Trois quarts d'heure plus tard, après un échange de politesses glaciales avec la logeuse, Sally et Harriet se retrouvèrent sur le Strand. Il ne pleuvait pas, mais le temps était froid et humide, l'air tellement saturé d'eau que Sally vit des gouttelettes de condensation se former sur son manchon avant même qu'elle ait quitté Villiers Street.

Pour commencer, elle voulait se rendre à sa banque, la *London and Counties*, située à quelques centaines de mètres de là. Serrant fermement son sac d'une main et tenant Harriet de l'autre, elle se fraya un passage au milieu des passants qui se bousculaient, des vendeurs de journaux, des cireurs de chaussures, des clercs qui se hâtaient de se rendre à leur travail, des femmes qui faisaient leurs courses, des coursiers et des télégraphistes qui filaient au milieu de la foule tels des poissons parmi les algues. Et au milieu de toute cette agitation, Sally ne cessait de penser que le bureau d'Arthur Parrish ne se trouvait pas très loin de là ; il ne fallait surtout pas qu'on la voie.

Mais non, c'était ridicule. Dans une artère aussi encombrée que le Strand, elle était plus en sûreté que n'importe où ailleurs. Malgré tout, elle était nerveuse et ne pouvait se défaire de l'impression que tout le monde la remarquait, chargée comme elle l'était.

Arrivée à la banque, elle s'y engouffra et installa Harriet sur une chaise, avec leurs bagages.

– Tu surveilles bien nos affaires. Maman va chercher de l'argent.

Elle avait deux cents livres sterling sur son compte. Si elle les retirait et ouvrait un autre compte ailleurs, sous un autre nom, elle pourrait signer un bail de location d'un an pour une petite maison ou un appartement où elles vivraient confortablement. L'idée de se promener avec une telle somme d'argent sur elle ne la réjouissait pas, mais elle n'avait pas besoin d'aller très loin ; il y avait de nombreuses banques dans le quartier. De plus, si elle réclamait un chèque, ils risquaient de retrouver sa trace. L'argent liquide, lui, n'en laissait aucune.

Elle expliqua au caissier ce qu'elle souhaitait faire. Elle s'apprêtait à rédiger un chèque pour vider son compte lorsqu'elle remarqua l'expression de l'employé.

– Excusez-moi un instant, mademoiselle Lockhart, dit-il en se levant. Je dois juste vérifier une petite chose avec le directeur.

Il lui jeta un regard étrange, puis disparut dans un bureau. Sally sentit un signal d'alarme retentir dans sa tête. Elle regarda autour d'elle : Harriet s'amusait à compter les anneaux en acajou des pieds tournés de la table qui se trouvait à côté d'elle. Le portier, magnifique dans son uniforme, l'air bienveillant, soulevait sa casquette pour saluer une dame à qui il ouvrait la porte. Essaierait-il de l'arrêter si elle s'enfuyait avec sa fille ?

– Mademoiselle Lockhart ?

Le directeur se tenait derrière le guichet, en compagnie du caissier. C'était un homme d'un certain âge, au crâne dégarni et au sourire condescendant. Sally ne lui avait parlé qu'une ou deux fois, mais pas au cours de l'année écoulée.

– J'aimerais retirer l'argent qui est sur mon compte, expliqua Sally. Cela pose-t-il un problème ?

– J'aimerais vous parler en privé, répondit le directeur. Voulez-vous avoir l'obligeance de me suivre dans mon bureau ?

Sally pensa aussitôt : « Il va m'annoncer une mauvaise nouvelle. » Le caissier échangea un regard avec le directeur, puis il alla dire quelques mots au portier, comme s'il lui racontait une bonne blague.

Sally prit sa fille par la main et suivit le directeur jusque dans une pièce située au fond du hall. L'homme s'assit derrière son bureau. Sally prit place en face de lui, Harriet sur ses genoux.

– Que se passe-t-il, monsieur Emes ? Pourquoi ne puis-je pas retirer mon argent ?

– Il n'y a plus d'argent sur votre compte. A vrai dire, ce compte a été fermé.

Sally sentit sa mâchoire de décrocher. Pour de bon, pensa-t-elle bêtement, avant de se ressaisir.

– Je vous demande pardon ? Puis-je savoir où est passé mon argent ? Il y avait deux cents livres sur ce compte. Où sont-elles ?

– Votre, euh... mari s'est présenté dès l'ouverture ce matin, avec des documents du tribunal l'autorisant à... Je n'étais pas en position de... vous comprenez... Il était accompagné de son avocat, et...

– Vous lui avez donné mon argent.

– *Son* argent. Aux yeux de la loi, les biens d'une épouse appartiennent à son mari, qui peut en disposer à sa guise. Sauf en cas de contrat de mariage, évidemment. Mais l'avocat...

– Je ne suis pas mariée à cet homme ! Je ne l'ai jamais été ! Ce n'est pas mon mari !

Harriet levait les yeux vers sa mère, l'air affolé. Sally lui caressa les cheveux, par automatisme.

– Mademoiselle Lockhart, il n'y a aucun doute possible. L'avocat possédait tous les documents nécessaires. J'ai été surpris, comme vous pouvez l'imaginer, lorsque... j'ai appris cette nouvelle. Mais sachez que j'ai pris toutes les précautions pour m'assurer que j'agissais comme je le devais.

– Mais *mon argent*...

Sally passa sa main sur son visage et s'aperçut qu'elle secouait la tête d'un air abattu.

– Légalement, c'est *son* argent, je vous le répète. La banque n'a commis aucune faute.

– Vous avez laissé cet homme, cet inconnu, repartir d'ici avec tout mon argent ?

Le choc était plus fort que la colère. Sally en avait le souffle coupé.

– Ce n'est pas vraiment un inconnu, répondit le directeur. Selon un principe reconnu de la loi, le mari...

– Depuis combien de temps mijotait-il son coup ?

– Naturellement, la banque ne laisse pas partir l'argent d'un client comme ça. Nous avions été informés depuis un certain temps. Il n'y avait plus qu'à produire les documents nécessaires pour que les formalités soient accomplies, et grâce au jugement du tribunal prononcé hier...

Sally se leva. Sous l'effet du choc, elle avait oublié le caissier et le portier. Le premier avait-il transmis un message au second ? Le bureau de Parrish était situé à proximité de la banque ; peut-être était-il déjà en chemin ? Farouchement, elle serra Harriet contre elle.

– Vous vous êtes comporté de manière abominable, dit-elle au directeur. Je ne trouve pas les mots pour dire à quel point vous me répugnez. Vous avez laissé cet homme, ce voleur, me prendre tout mon argent, vous le lui avez remis personnellement, et vous ne m'avez même pas avertie... Espèce de sale crapule, pauvre lâche...

Le visage pincé du directeur était aussi sournois que celui d'un rat. Ses joues luisaient de sueur, mais il ne s'était pas départi de son sourire hypocrite. Sally lui tourna le dos et sortit du bureau. Le caissier était posté à l'entrée de la banque, comme s'il guettait quelqu'un. Le portier, lui, avait disparu. Elle avait vu juste. En la voyant marcher à grands pas vers la sortie, l'employé esquissa un mouvement comme pour l'empêcher de passer, et Sally se figea.

– Si vous posez un doigt sur moi, dit-elle d'une voix forte et claire, vous le regretterez toute votre vie. Écartez-vous de mon chemin.

Des gens s'étaient retournés ; Sally sentait leurs regards étonnés. Elle avança d'un pas vers le caissier, qui recula. Elle ouvrit la porte et sortit. Une minute plus tard, elle était déjà deux cents mètres plus loin, perdue dans la foule qui envahissait le Strand.

Harriet la tirait par la main. Elle voulait lui murmurer quelque chose à l'oreille. Sally se pencha pour l'écouter, mais elle n'entendait pas ce que lui disait sa fille. Elle déposa un baiser sur sa joue et continua d'avancer. Harriet se tut Habituellement, Sally parlait et l'enfant gazouillait et, bien que ce ne soit pas vraiment une conversation, la mère et la fille bavardaient quand même. Mais ce matin-là, Sally avait les lèvres pincées, les traits tirés et restait muette, aussi Harriet l'imita-t-elle.

Il n'était pas encore dix heures, constata Sally en passant devant la pendule d'un débit de tabac. Peut-être devrait-elle s'asseoir pour boire un café, parler à Harriet, se calmer un peu.

Oui, c'était une bonne idée. Il y avait justement un salon de thé sur le trottoir d'en face. Moins de cinq minutes plus tard, elles étaient assises à une table, et Harriet tenait à deux mains un grand verre de lait, pendant que Sally regardait la serveuse verser le café fumant contenu dans une cafetière en argent.

– Pourriez-vous m'apporter un journal ? demanda-t-elle.

– Certainement, madame.

Voilà qu'on l'appelait encore madame. Il faudrait qu'elle s'y habitue. Désormais, elle était Mme... Mme Jones, oui, voilà. Il n'était que dix heures et elle était déjà fatiguée. Tout cet argent disparu... Elle tremblait. Que pouvait-elle faire ? Il lui restait suffisamment dans son sac pour trouver une autre pension et tenir une ou deux semaines. Cela lui laisserait le temps d'écrire à Margaret pour lui demander de vendre quelques actions.

– Maman ?

– Oui, ma chérie ?

– Je veux mon agneau.

– Je sais. Dès qu'on aura une nouvelle maison, on demandera au facteur, tu te souviens ?

– Quelle nouvelle maison ?

– On n'aimait pas celle où on a dormi hier soir, alors on va... Merci, dit-elle à la serveuse qui lui apportait le journal. On va en chercher une autre. Plus jolie.

– Avec Sarah-Jane, dit Harriet.

– Euh... Pas tout de suite. Mais bientôt. C'est promis. Il faut d'abord qu'on trouve une belle maison. Et pour ça, maman doit regarder dans le journal.

– Pourquoi ?

– Parce que... Parce que c'est là qu'il faut chercher. Dans les petites annonces. Allez, tais-toi maintenant, maman lit.

Harriet obéit, bien qu'elle fût loin d'être satisfaite. Elle ôta ses gants et s'amusa à faire courir son ongle sur les motifs de la nappe en tissu. Ça sentait bon ici. Elle ne se souvenait pas qu'elle n'aimait pas la maison où elles avaient habité la veille. Elle ne se souvenait de presque rien, à vrai dire, mais elle se rappelait sa vraie chambre avec le cheval à bascule, la tanière de l'ours Bruin que lui avait construite l'oncle Webster et la maison de poupée. Soudain, elle eut très envie de sa maison de poupée.

Maman se mit à tousser tout à coup, comme quand elle s'étranglait avec une miette de pain. Ses yeux étaient grands ouverts et mouillés, et elle avait le visage tout rouge. Harriet l'observa, intriguée.

Voici l'article sur lequel était tombée la jeune femme :

DISPARUE

Une femme s'enfuit après une décision de justice

Suite à un jugement rendu hier par la Haute Cour, une femme et son enfant se sont volatilisées pour la deuxième fois.

M. Arthur Parrish, un courtier de vingt-sept ans résidant dans Telegraph Road, à Clapham, avait intenté une action en justice contre son épouse pour obtenir la garde de leur enfant. Mme Parrish avait abandonné le domicile conjugal quelques mois plus tôt.

Ce droit de garde a été accordé hier par le juge Hawke à l'époux délaissé. Presque aussitôt, on a découvert que Mme Parrish et sa fille Harriet, âgée de deux ans, avaient quitté leur domicile. On ignore où elles se trouvent.

Mme Parrish est une jeune femme de vingt-quatre ans avec des cheveux blonds et des yeux marron. Il est possible qu'elle se fasse appeler Lockhart, le nom qu'elle a adopté lorsqu'elle a quitté le domicile conjugal.

La police a lancé des recherches et émis un mandat d'arrêt pour enlèvement d'enfant.

Sally repoussa le journal et promena autour d'elle un regard aveugle, car ses yeux étaient embués. Combien de personnes avaient lu cet article ? Et par quelle perversion la loi anglaise permettait-elle qu'une femme soit pourchassée pour l'enlèvement de son propre enfant ?

D'un geste fougueux, elle prit Harriet sur ses genoux et la serra dans ses bras. La fillette se trémoussa et leva les yeux vers sa mère.

– Maman ?

– Oui, ma chérie ?

– Je veux un petit pain.

– Qu'est-ce qu'on dit ?
– S'il te plaît.
– Ah, c'est mieux.

Sally appela la serveuse et commanda un petit pain et un autre café. « Bénis soient les salons de thé », se dit-elle. Pour quelques pennies, vous pouviez y rester aussi longtemps que vous le souhaitiez et, en plus, on vous apportait à manger, à boire et des journaux.

Sally observa les passants dans la rue. Était-il possible que quelqu'un la reconnaisse ? Peut-être devraient-elles s'enfuir à l'étranger, finalement. Peut-être devrait-elle se teindre les cheveux.

Quand Harriet eut terminé son petit pain, Sally paya l'addition et rassembla ses sacs. La fillette la suivit docilement : tout cela lui semblait normal.

« Elle croit que je sais ce que je fais », pensa Sally.

Comme par miracle, un fiacre libre apparut au moment même où elles sortaient du salon de thé. Elle fit signe au cocher et lui demanda de les conduire à Bloomsbury. Quelques minutes plus tard, elles traversaient à vive allure Trafalgar Square. Accrochée à la main de sa mère, Harriet regardait le dos du cheval, luisant de sueur et les rênes tendues. Le fiacre s'engagea dans Cockspur Street et gagna Haymarket.

Pourquoi Bloomsbury ? Sally n'aurait su le dire... mais c'était là qu'elle avait trouvé refuge un jour, dans l'atelier du photographe. C'était là qu'Harriet avait été conçue, la nuit où Fred avait trouvé la mort. Bloomsbury était synonyme de sécurité. Elle se demandait pourquoi elle n'y avait pas pensé plus tôt.

La voiture s'arrêta dans Russel Square. Après avoir payé le cocher, Sally resta plantée au milieu de la place, avec Harriet. Elles devaient ressembler à deux passagères venant de débarquer d'un bateau.

– Par où allons-nous ? demanda-t-elle.

– A la maison, répondit Harriet.

– On va trouver une nouvelle maison, ma chérie. Où veux-tu qu'on aille voir d'abord ? Par ici ? Par-là, de l'autre côté ? Au bout de cette rue ? A toi de choisir.

Harriet réfléchit. La place était immense. Sally souleva la fillette dans ses bras, et Harriet désigna une rue qui partait vers l'est.

– Très bien, dit Sally. On va aller voir par là. Sois une gentille fille, reste près de moi pour traverser la rue.

Les sacs devenaient de plus en plus lourds. Harriet trottinait bien sagement à côté de sa mère. La rue choisie était bordée de grandes maisons de brique d'une sobriété toute classique, mais à l'aspect cossu. Il n'y avait rien pour elles par ici.

Sally s'engagea dans une rue plus étroite, puis sur une petite place fermée à la circulation par une barrière. L'endroit se nommait : Wellcome Passage – passage de la Bienvenue.

– Ça me plaît, commenta-t-elle. Allons frapper à une porte. Laquelle choisis-tu, ma chérie ?

Harriet tendit le doigt. Sally frappa. Une jeune bonne glissa la tête par l'entrebâillement de la porte, et Sally l'interrogea :

– Je cherche un logement. Savez-vous si quelqu'un loue des chambres par ici ?

– Mme Parker, au numéro 5, m'dame. Mais je sais pas si elle a des chambres libres. C'est juste là.

Le numéro 5, une construction à l'aspect miteux, tout en hauteur comme les maisons environnantes, possédait une porte d'entrée à la peinture écaillée et un heurtoir en cuivre qui n'avait pas été lustré depuis des années. Mais il s'actionnait facilement, ce qui signifiait que la maison était fréquentée, et les rebords des fenêtres étaient ornés de fleurs.

Une autre bonne, plus âgée, un peu plus négligée et moins curieuse, vint leur ouvrir.

– Oui, m'dame, y a une chambre de libre. J'vais chercher Mme Parker. Restez donc pas dehors avec ce temps.

L'étroit vestibule était encombré par un porte-parapluies et une bicyclette, et les murs étaient envahis de tableaux : de médiocres aquarelles encadrées de manière maladroite. La pièce sentait le chou.

Au bout de quelques minutes, la maîtresse des lieux, une petite femme ronde et énergique, aux yeux pétillants, sortit de la cuisine en s'essuyant les mains sur son tablier.

– Bonjour, dit Sally. Je crois savoir que vous avez une chambre à louer ? Je cherche un logement.

– Oui... Oui, répondit Mme Parker d'un ton théâtral en reculant d'un pas pour observer Sally, comme si elle essayait de deviner ses mensurations pour le patron d'une robe. Oui, c'est exact... (Elle avait une voix grave et expressive, avec une pointe d'accent cockney.) Nous nous sommes déjà rencontrées.

– Ah bon ? Je ne crois pas...

– Dans le monde des âmes. En tant qu'experte, je sais reconnaître les signes. Mais pas vous, car vous êtes encore jeune par l'esprit. Comment vous faites-vous appeler dans cet état de réincarnation ?

Cette question étrange et dérangeante était trop proche de la réalité. Sally eut un moment d'hésitation.

– Euh... Mme Jones. Et voici ma fille, Harriet.

La fillette s'amusait avec la pédale de la bicyclette. Sally la prit dans ses bras. Mme Parker dévisagea intensément la fillette, qui soutint son regard sans ciller.

– Cette enfant a une âme pleine de sagesse, déclara Mme Parker. Et vous... vous avez une âme jeune. Vous êtes perturbée, ma chère. Vous avez des secrets. Venez par ici...

Elle les précéda dans l'escalier jusqu'au deuxième étage. La maison était d'une propreté inégale, avec ici et là quelques coins qui sentaient très fort la cire ou la fumée de cigare. Arrivée sur le palier du deuxième étage, Mme Parker ouvrit avec une clé une porte peinte en vert.

– La chambre verte, annonça-t-elle. Les couleurs que nous voyons dans le monde physique sont les émanations de l'infini, voyez-vous. Leurs vibrations agissent sur l'âme. Pour vous, madame Jones, j'aurais prescrit la chambre bleue, malheureusement, un monsieur qui travaille dans le commerce l'occupe pour six mois. Mais vous n'avez rien à craindre dans la chambre verte.

C'était une chambre modeste, mais confortable. Là aussi il y avait des tableaux accrochés aux murs : ils ressemblaient à des paysages imaginaires, avec beaucoup de vert.

– Euh... c'est combien pour...

– Une guinée par semaine, annonça Mme Parker. Avec les repas : vingt-sept shillings et deux pence. Charbon et pétrole en plus, le linge est lavé à l'extérieur.

– Il y a juste un petit problème. Ma fille... (Elle reposa Harriet, qui commençait à gesticuler, sur une chaise.)... il lui arrive de...

– Venez, dit Mme Parker en ouvrant en grand la porte de la chambre pour laisser entrer Sally. Elle mouille son lit ? C'est un des petits inconvénients du monde physique. Ne vous en faites pas pour ça, ma chère. Nous mettrons cette alèze en caoutchouc sur le matelas. Vous admirez mes tableaux ? C'est mon fils, Rodney, qui les peint. Ou plus exactement, il guide ma main, vu qu'il vit dans le monde des esprits. Ici, nos repas sont strictement végétariens, madame Jones, mais je suis sûre que cela ne vous gênera pas. Nous les prenons dans la salle à manger. Combien de temps comptez-vous garder la chambre ?

– Oh... une semaine... Pour commencer. Je viens juste d'arriver à Londres. Nous chercherons un endroit pour nous installer de manière plus permanente...

– Vous êtes veuve ? demanda Mme Parker d'un ton enjoué.

– Oui. Le papa d'Harriet est décédé avant sa naissance.

– Il la voit maintenant, soyez-en sûre. Le déjeuner sera servi dans vingt minutes. Lizzie va s'occuper du feu et des lits. Je vais vous ennuyer en vous réclamant une semaine de loyer d'avance.

Sally paya pour la chambre et les repas, ainsi que pour le charbon et le pétrole qu'elle utiliserait dans les lampes. Elle découvrit alors que, outre tous les privilèges spirituels mis gracieusement à leur disposition, Harriet et elle auraient l'usage exclusif de la salle de bains et des toilettes situées juste à côté, car il n'y avait personne d'autre à cet étage.

– Je crois au plaisir de l'hygiène à tous les niveaux des relations personnelles, déclara Mme Parker en haut de l'escalier, tout en saluant d'un petit signe de tête un jeune garçon efflanqué qui franchissait une porte au pied des marches.

– Oh, moi aussi, affirma Sally.

Après le départ de Mme Parker, la jeune femme retourna dans la chambre pour se débarrasser de son chapeau et de ses gants. Harriet jouait avec la porte de la penderie et s'amusait à se regarder dans la glace fixée à l'intérieur. Sally s'assit sur le plus grand des deux lits qui occupaient la chambre exiguë. Submergée de fatigue, elle s'allongea et ferma les yeux.

Une minute plus tard, lui sembla-t-il, Harriet lui secoua la main.

– Maman ! Maman !

Quelqu'un frappait à la porte. Sally se leva péniblement et s'empressa d'aller ouvrir.

– Mme Parker dit que le déjeuner est prêt, marmonna la bonne d'un ton las.

– Merci. Nous descendons tout de suite. Viens, ma chérie, on va se laver les mains.

Tandis que la domestique redescendait, Sally se hâta d'ôter le manteau et le bonnet d'Harriet, de lui brosser les cheveux, avant de la conduire à la salle de bains pour lui laver les mains, puis… traversée par une pensée soudaine, elle sortit de sa poche de manteau le peu d'argent qu'il lui restait et le glissa dans le décolleté de sa robe.

Le déjeuner se composait de légumes verts au curry, de pommes de terre et de pudding avec de la confiture. Harriet refusa de manger, ce qui plongea Sally dans l'embarras : devait-elle l'obliger à vider son assiette, quitte à faire une scène ? Entre autres émotions, elle se sentit assaillie par la honte : elle connaissait si mal les habitudes alimentaires de sa fille. Jusqu'à maintenant, c'était Sarah-Jane qui s'occupait de ces choses-là, de manière si efficace et discrète que Sally n'avait pas conscience de sa négligence. Aujourd'hui, elle s'en apercevait brutalement.

Elle obligea quand même Harriet à manger toute sa part de pudding, ce qui les contraignit à rester à table après que tous les autres locataires l'eurent quittée. Quand la fillette eut enfin terminé, elles remontèrent dans leur chambre et croisèrent alors M. Parker dans l'escalier.

Celui-ci jeta des regards de conspirateur autour de lui, puis il se pencha vers Sally et lui dit à voix basse :

– Si vous voulez de la tourte à la viande... il y a une petite boutique au coin de la rue... Des fois, j'y vais en douce pour m'en payer une petite tranche... Ne dites rien à Mme P., surtout... Si vous voulez, je vous en rapporterai.

Les yeux pétillants d'une joie secrète, M. Parker descendit l'escalier.

En entrant dans la chambre, Sally découvrit que les lits avaient été faits. Voyant qu'Harriet bâillait, elle décida de la laisser dormir un petit moment. Elle retrouva la souris-mouchoir au fond du sac en tapisserie et, après l'avoir refaite, elle la donna à la fillette. Celle-ci la serra contre elle, ferma les yeux et s'endormit aussitôt.

Sally se rendit alors dans le petit salon, ferma la porte et poussa un soupir chargé d'une telle lassitude qu'il se transforma en un bâillement qui semblait ne jamais devoir cesser. Puis elle s'assit devant la table, sortit son cahier et écrivit :

Nous avons déjà déménagé. Je ne veux même pas parler de l'autre endroit, c'était trop répugnant. Ici, c'est un peu miteux, mais plus chaleureux. Pour ce qui est de l'argent... Pendant une heure environ, je n'y ai plus pensé. Dire qu'il a osé tout me prendre, et le directeur de la banque l'a laissé faire ! Il était averti depuis plusieurs jours et il ne m'a rien dit.

Elle dut s'interrompre, car elle pleurait de rage. Elle se frotta les yeux et reprit :

Inutile de pleurer. Il me reste trois livres et six shillings, le gîte et le couvert sont payés pour une semaine.

Liste des choses à faire :
Immédiatement,
1. Écrire à Margaret. Coursier ? Lui dire de vendre actions anglo-égyptiennes, chemins de fer canadiens. Verser l'argent sur son compte. Ou acheter ceinture-portefeuille pour le liquide.
2. Écrire aux Molloy. Agneau.

Plus tard,
3. Trouver un endroit pour s'installer.
4. Faire venir Sarah-Jane pour m'aider. Impossible d'enquêter sur Parrish si je dois m'occuper de H.
5. Découvrir POURQUOI.

Sally posa son stylo et frissonna, puis elle s'aperçut qu'elle avait de quoi allumer un feu si elle le désirait. Dehors, l'après-midi était gris, glacial et triste, mais au moins, c'était *dehors*. Elle eut un choc en constatant que moins de vingt-quatre heures s'étaient écoulées depuis qu'elle avait retrouvé Cicely dans ce salon de thé. La veille, à cette même heure, elle avait une maison, une fille et de l'argent. Qu'était-elle devenue ? Une réfugiée ?

Elle alluma le feu, puis elle se lava les mains et commença à déballer ses affaires.

13
Le salon de thé

Après avoir fait main basse sur l'argent de Sally et l'avoir prudemment déposé à sa banque, M. Parrish se rendit à son bureau. Il salua Rubinstein, le marchand de tabac du rez-de-chaussée, inspecta le contenu de sa boîte aux lettres, souhaita le bonjour à ses deux clercs et, après avoir balayé les lieux d'un regard attentif, se prépara à attaquer une fructueuse matinée de travail.

Lorsque sa montre en plaqué or lui indiqua qu'il était midi, il prit son manteau, son chapeau, et sortit. D'un pas vif, il longea le Strand, remonta Fleet Street, passa devant la cathédrale Saint-Paul et la Banque d'Angleterre et atteignit enfin Cornhill. Il appréciait cette promenade. Il marchait en balançant les bras et en inspirant à fond, se servant de son diaphragme conformément à la méthode prônée par le Dr Alver, de l'Institut suédois des sciences, dont il avait suivi les conférences sur l'hygiène au printemps dernier.

Arrivé à Cornhill, il consulta un journal, puis se mit en quête du numéro 14. Il s'agissait d'un immeuble de bureaux ; sur une discrète plaque de cuivre, on pouvait lire : *Arthur C. Montagu, enquêtes privées.*

Il y avait alors à Londres un certain nombre d'agences d'enquêteurs – des détectives privés, comme on les appelle aujourd'hui – et Montagu était le meilleur. Son agence, dynamique et entreprenante, bénéficiait de vingt années d'expérience et d'employés aussi nombreux que bien entraînés, le tout enveloppé de la plus grande discrétion. Si vous vouliez savoir avec qui s'était enfui votre mari ou pourquoi votre adjoint semblait si prospère alors que vous vous étonniez de trouver si peu d'argent dans la caisse, Arthur C. Montagu et son équipe déployaient leurs vingt ans d'expérience, trouvaient la réponse et vous adressaient la facture. Ils faisaient de la publicité, discrète elle aussi, dans le *Times ;* c'était d'ailleurs dans ce journal que M. Parrish avait découvert leur existence.

Il était maintenant assis dans un bureau austère et moderne, bien fourni en tubes de communication vocale, tuyaux pour les pneumatiques et machines à écrire. Un jeune employé enthousiaste prenait des notes.

– Signalement de votre épouse ? Ah ! Une photo. Capital. Et l'enfant ? Age ? Prénom ? Photo ? Non ? Dommage. Disparue depuis quand ? Hier. Se faisant appeler Lockhart, de chez Garland et Lockhart, photographes à Twickenham. Avez-vous des raisons de penser qu'elle aurait pu partir à l'étranger ? Nous pouvons entrer en communication instantanée, par télégraphe, avec nos bureaux de Paris et de Berlin, monsieur Parrish. Et le nouveau système de téléphone sera installé d'une semaine à l'autre. Non ? Elle est toujours à Londres ? Sans doute ? Mais peut-être pas ? Des noms d'associés ?... Taylor... Garland... Bertram, l'honorable Charles Bertram, qui est-ce ? L'associé de Garland, actuellement en Amérique du Sud... Se pourrait-il qu'elle se soit rendue là-bas ? Non ? Elle possède un cabinet à la City... conseillère en placements financiers ? Eh bien, dites donc ! Votre épouse est une dame pleine d'initiatives... Oui, oui, évidemment... vous le déplorez, je comprends, c'est inconvenant. Que voulez-vous, c'est l'époque qui veut ça. L'émancipation, comme on dit. N'est-ce pas ? Très bien, monsieur Parrish, nous allons mener une enquête. Toutefois, vous comprenez que... je ne peux rien vous promettre... Londres est une grande ville... Mais Arthur C. Montagu est une excellente agence, d'une efficacité déconcertante et éblouissante ! Arnold ! Faites circuler immédiatement ce signalement, et faites venir M. Billings.

M. Billings, le détective chargé de l'enquête, affichait un air tenace, comme il se doit, et son regard lourd, assez semblable à celui d'un chien limier, suffisait à inspirer confiance.

M. Parrish versa une avance destinée à payer les frais de M. Billings et prit congé, après avoir empoché une petite brochure détaillant les tarifs de l'agence Arthur C. Montagu. Il lui restait encore une visite à faire, conformément au conseil que lui avait donné un jour Gentleman Jack Draper, le célèbre boxeur poids moyen : « Quand ils sont dans les cordes, pas de pitié, frappez-les de toutes vos forces. »

M. Billings était un homme méthodique, encore plus que M. Parrish, bien qu'il n'eût aucune notion des principes scientifiques sur lesquels reposait la réussite en affaires de ce dernier. Peu de temps après avoir quitté l'agence de détectives, il s'engageait dans Bengal Court, une sorte de petite place coincée entre quatre églises. Le soleil ne pénétrait jamais jusque-là, et tout avait un aspect laborieux, sinistre et poussiéreux. Le numéro 3 n'échappait pas à la règle. Malgré son visage et son métier, M. Billings était un homme foncièrement joyeux et il esquissa une moue de dégoût. Ce n'était pas un endroit pour une femme, pensa-t-il en entrant au numéro 3.

Un concierge posté derrière une vitre coulissante l'envoya au troisième étage et, quand M. Billings atteignit ce niveau, il découvrit que l'atmosphère et l'aspect général des lieux étaient plus agréables : il y avait une plante fleurie sur le rebord de la fenêtre du palier, qui donnait sur le joli clocher d'une église, coiffé d'un petit dôme grotesque, et sur Mansion House un peu plus loin.

Sur la porte, une plaque indiquait : *S. Lockhart, conseil en placements financiers.* Il frappa.

– Entrez ! lui lança une voix féminine.

« Est-ce que cela pourrait être aussi simple ? se demanda-t-il. Non, sûrement pas... »

La jeune femme assise derrière le bureau avait une vingtaine d'années, et ce n'était pas Mlle Lockhart, ou Mme Parrish. Celle-ci était jolie, d'après la photographie qu'on lui avait remise ; ce n'était pas le cas de cette personne. Du moins, pas de prime abord. Son visage reflétait une sorte d'assurance amusée qui ne plaisait guère à M. Billings, car elle lui donnait un air trop intelligent. La dernière fois que M. Billings avait vu ce genre d'expression, c'était lorsque sa tante l'avait surpris en train de fumer un cigare derrière la cabane du jardin.

Malgré tout, il tenta sa chance.

– Mademoiselle Lockhart ?

– Non, je suis Mlle Haddow. Mlle Lockhart est absente. Que puis-je pour vous ?

– A vrai dire, j'aurais voulu voir Mlle Lockhart. Je représente MM. Gillray et Gillray, avoués. Il s'agit d'une affaire testamentaire. Mlle Lockhart a hérité d'une somme d'argent et...

– Puis-je voir votre carte ?

« Futée, cette fille. » M. Billings piocha une carte de visite dans sa poche de gilet et la lui tendit. Il grimaça en voyant la jeune femme prendre l'annuaire Kelly qui se trouvait sur une étagère derrière elle. Si elle vérifiait l'adresse qui figurait sur la carte, elle découvrirait qu'il s'agissait d'une simple boîte aux lettres et, en poursuivant ses recherches, elle ne tarderait pas à savoir que le locataire n'était autre qu'Arthur C. Montagu, agence d'enquêteurs privés. Mieux valait jouer franc-jeu, se dit-il. Cette fille était trop maligne.

Mais avant qu'il puisse ajouter quoi que ce soit, on frappa à la porte, et c'est à ce moment-là que la chance de Sally l'abandonna.

Mlle Haddow alla ouvrir et dit :

– Voulez-vous bien patienter un instant ? Je suis occupée avec un visiteur...

– J'ai un message pour Mlle Lockhart, mademoiselle, déclara une voix.

Par la porte entrouverte, M. Billings apercevait un commissionnaire. Une idée lui traversa l'esprit.

– Un instant, mademoiselle, dit-il en s'avançant.

Il y eut quelques secondes de confusion, et M. Billings en profita.

– Récemment, il y a eu un certain nombre d'affaires mettant en scène de faux commissionnaires. Puis-je voir votre carnet à souches ? demanda-t-il.

Le commissionnaire, ancien militaire aux cheveux gris, dont le torse s'ornait de plusieurs décorations, s'apprêtait à répondre, mais Mlle Haddow le devança :

– Les employeurs ont le droit d'examiner les carnets, mais personne d'autre à ma connaissance.

– Ce n'est rien, mademoiselle, dit le commissionnaire. Je veux bien montrer mon carnet à n'importe qui.

Il sortit de sa poche un petit livret plié. M. Billings le lui arracha des mains, le feuilleta rapidement, puis dit :

– Au revoir, mademoiselle.

Il rendit son carnet au commissionnaire, sortit et dévala l'escalier.

Margaret Haddow le regarda s'éloigner, perplexe et contrariée. Elle avait le sentiment d'avoir été manipulée, mais sans savoir comment. Elle prit la lettre que lui apportait le commissionnaire, donna un pourboire à ce dernier et s'installa pour lire.

– Cocher ! Cocher !

M. Billings avait de la veine : un cab libre passait dans la rue. Le cocher arrêta brusquement son attelage, obligeant un balayeur qui se trouvait là à sauter sur le trottoir pour sauver sa peau. L'homme lança une bordée d'injures dont certaines étaient inconnues de M. Billings.

– Conduisez-moi au siège du corps des commissionnaires, sur le Strand ! ordonna le détective en sautant à bord du cab. Et vite !

Le cocher était du genre sportif ; il avait déjà blessé deux ou trois balayeurs, et était toujours prêt à ajouter un trophée à son tableau de chasse. Il secoua les rênes, fit claquer son fouet et s'engouffra dans l'espace étroit entre un coupé de ville et le chariot d'un maçon, provoquant un cri d'effroi de la part du conducteur du premier et libérant un nouveau flot d'injures dans la bouche du second. Ils descendirent Lombard Street avec fracas ; le cab titubait et tressautait comme un char romain. M. Billings s'accrochait à son chapeau d'un air approbateur, bénissant le règlement strict qui régissait le corps des commissionnaires.

Celui-ci était composé de soldats et de marins à la retraite. Vous pouviez engager un commissionnaire pour faire une course, porter un message ou un colis, délivrer des circulaires, transporter de l'argent ou des chèques, surveiller un bâtiment désert la nuit… bref, pour faire plus ou moins n'importe quoi. Il existait d'ailleurs un tarif précis pour toutes ces missions, imprimé sur le livret que M. Billings avait exigé de consulter.

Sur le livret de chaque commissionnaire figurait aussi son matricule, ce qui permettait de dépister les imposteurs. M. Billings avait noté mentalement celui de cet authentique spécimen, et il espérait bien, grâce à cela, damer le pion à cette Mlle Haddow.

Le cab s'arrêta dans un claquement de fouet, un coup de frein brutal et un long dérapage. M. Billings sauta à terre et lança une pièce au cocher en lui criant « Attendez-moi ! », puis il s'engouffra dans le bâtiment.

Un sergent était posté à l'entrée, tiré à quatre épingles, le cheveu et la moustache gominés. M. Billings ne perdit pas de temps.

– Commissionnaire matricule 318, dit-il. Un caporal. Pouvez-vous me dire où il est ?

– Pourquoi, monsieur ?

– C'est urgent. Affaire de police. Nous avons besoin de son témoignage dans une histoire de meurtre. Oh, pardon, voici ma carte. Gillray et Gillray, avoués. Apparemment, le matricule numéro 318 serait en mesure de confirmer l'alibi de notre client, et cela pourrait faire toute la différence entre relâcher un innocent et le voir pendu. Alors, où est-il ? Vite !

Le sergent était aussi impressionné que n'importe qui par la potence. Il reporta son attention sur un grand registre qu'il feuilleta en léchant son doigt pour tourner les pages.

– Ah ! 318... caporal Lewis. Il devait porter un message à Bengal Court, dans la City. De la part d'une certaine Mlle Lockhart, résidant au numéro 5, Wellcome Passage, à Bloomsbury. Il est parti à...

– Je le trouverai, dit M. Billings en repartant à toute vitesse, laissant le sergent figé comme une statue, le doigt au-dessus du registre.

Margaret Haddow froissa la lettre de Sally dans son poing en poussant un juron. C'était un mot qu'elle avait entendu un jour dans la bouche d'un cocher et elle le trouvait parfaitement adapté à la situation.

Elle s'était fait manipuler, plus aucun doute. Cette espèce de limier coiffé d'un chapeau melon connaissait certainement l'adresse de Sally à présent. Il n'y avait qu'une seule chose à faire : se rendre sur place. Malheureusement, elle avait rendez-vous dans vingt minutes avec un client qu'elle avait déjà été obligée de décommander. Elles ne pouvaient pas se permettre de le perdre ; mais, d'un autre côté, elle ne pouvait pas laisser tomber Sally.

Margaret jeta un coup d'œil dans le bureau voisin où Cicely Corrigan était en train de rédiger des lettres.

– Je dois m'absenter, dit-elle. Une affaire urgente. Écoutez-moi... M. Patten va arriver dans une vingtaine de minutes. Vous lui ferez nos plus plates excuses et vous lui donnerez un autre rendez-vous. Je suis désolée de vous imposer ça, mais...

– N'est-il pas déjà là ? demanda Cicely.

Elles dressèrent l'oreille. Effectivement, on entendait des voix dans l'antichambre. Margaret ferma les yeux sous l'effet de l'exaspération tout en réfléchissant à toute vitesse.

– Vous allez devoir y aller à ma place, dit-elle à Cicely. C'est *extrêmement* important. Prenez votre manteau, votre chapeau et sautez dans un fiacre pour vous rendre à Wellcome Passage, à Bloomsbury. C'est noté ? Au numéro 5. Demandez au cocher d'attendre. Mlle Lockhart est là-bas. Vous lui direz de se rendre... au British Museum, ce n'est pas très loin, et de me retrouver dans la salle assyrienne. Elle ne doit surtout pas rester à cette adresse... à Wellcome Passage. Je la rejoindrai dès que possible... Oh, de l'argent pour le fiacre... Tenez. Utilisez ce qui reste pour revenir ici quand vous aurez déposé Mlle Lockhart au musée. Faites vite ! C'est une question de vie ou de mort.

Hébétée, mais pleine de bonne volonté, Cicely enfila son manteau élimé, son chapeau de l'année passée et empocha l'argent, pendant que Margaret allait ouvrir la porte pour accueillir son visiteur.

Mais M. Patten n'était pas seul. Le gentleman qui se trouvait là était l'incarnation du conseil de Gentleman Jack Draper, que M. Parrish n'avait jamais oublié, mais Margaret ne s'en apercevrait que dans quelques minutes.

M. Parrish était en train de traiter des affaires pour le compte de la Société missionnaire lorsque M. Billings fit irruption dans l'antichambre et s'adressa à son clerc :

– J'hésite à déranger M. Parrish dans l'exercice de son devoir, répondit le clerc, un jeune homme doté d'une tête de poisson et d'un très grand sens moral. Il s'entretient en ce moment avec le secrétaire des Missions unifiées pour l'Inde du Sud et Ceylan. Je ne pense pas que...

– Apportez-lui ça, mon gars, dit M. Billings tout en griffonnant ces quelques mots sur une carte de l'agence Arthur C. Montagu : « Je connais l'adresse de Mlle Lockhart. Billings. » Allez-y. Ne restez pas planté là, bouche bée !

Le clerc avala sa salive et alla frapper à la porte. Son patron détestait être dérangé, mais il n'avait pas le choix...

Le courtier prit la carte qu'il lui tendait, lut et se leva d'un bond.

– Il est à côté ? demanda-t-il.

– Oui, monsieur Parrish.

– Dites-lui d'attendre. Il va falloir m'excuser, monsieur Pryor. Une affaire urgente. Nous parlerons des problèmes matériels de votre mission une autre fois. Mais d'ici là, nous expédierons les bibles et les casques coloniaux à Madras par le prochain bateau à vapeur. Bonne journée, monsieur. Blake, veuillez raccompagner M. Pryor, je vous prie.

Le missionnaire, qui espérait évoquer la question des moustiquaires et des ventilateurs, fut poussé vers la sortie, son chapeau dans les bras, pendant que M. Parrish posait le sien sur sa tête.

– Où ? dit-il.

– A Bloomsbury. Un fiacre nous attend.

– Bravo.

Une minute plus tard, ils fonçaient dans Drury Lane. Le cocher passait un excellent après-midi.

Cicely Corrigan courut jusqu'à la station de fiacre de King William Street, en proie à une grande nervosité. Elle n'avait encore jamais pris de fiacre toute seule. Quel pourboire devait-elle donner au cocher ? Elle avait entendu dire qu'ils se montraient terriblement grossiers quand on ne laissait pas suffisamment...

Ah, comme elle aurait aimé avoir la décontraction de Mlle Lockhart ou l'assurance de Mlle Haddow ; elles étaient si adultes l'une et l'autre. Était-ce parce qu'elles étaient allées à l'université ?

Tant pis, elle devrait se débrouiller tant bien que mal. Elle se précipita vers le premier fiacre de la file et s'adressa au cocher :

– A Bloomsbury, s'il vous plaît. Au numéro 5, Wellcome Passage.

– On y va, mademoiselle, répondit le cocher, alors que Cicely montait à bord.

Il secoua les rênes et la voiture s'ébranla.

C'était assez simple, finalement. Et pour le pourboire, elle pourrait toujours demander à Mlle Lockhart.

Hélas, son équipage n'avançait pas très vite. Sans doute à cause de la circulation : ils étaient coincés derrière un omnibus, lui-même bloqué par... – elle pencha la tête sur le côté pour voir –... un corbillard, comme par un fait exprès ! Quand ils atteignirent Ludgate Circus, ils durent s'arrêter : un policier faisait passer les véhicules venant de Farringdon Road, sur la droite.

L'attente sembla durer au moins dix minutes mais, enfin, ils purent repartir. Peu à peu, la circulation devint plus fluide, et bientôt, le cab filait dans Fleet Street. Jusqu'à Chancery Lane où se dressaient, de chaque côté de la rue, de grands bâtiments de brique à l'aspect austère et distingué. Puis Holborn, où ils passèrent devant les vieilles constructions à pignons, de quatre étages ou plus, qui semblaient se pencher au-dessus de la rue. Après avoir suivi Southampton Row, ils arrivèrent à Bloomsbury. Cicely ne connaissait pas ce quartier, même si son père les avait emmenés un jour, son frère et elle, au British Museum.

Le cocher fit coulisser un panneau derrière elle et Cicely sursauta.

– C'est où qu'on va déjà, mademoiselle ?

– Euh... Wellcome Passage. Mais je ne sais pas où c'est...

– Va falloir demander.

Il tira d'un petit coup sec sur les rênes et le cheval se mit au pas, puis le fiacre s'approcha du trottoir. Il y avait là un policier, aussi imposant qu'un monument, qui marchait d'un pas tranquille.

– Wellcome Passage ? lui lança le cocher. Vous savez où que c'est ?

– Tiens, c'est curieux, dit l'agent de police. Vous êtes le deuxième cocher à me poser cette question en même pas cinq minutes. C'est par là, mon gars... au bout de la rue, la première à droite. Mais vous pourrez pas entrer avec votre voiture.

– Merci bien, dit le cocher.

Il donna un petit coup avec les rênes et ils repartirent dans la direction indiquée par le policier.

Cicely s'était redressée sur son siège. Ainsi, quelqu'un d'autre cherchait Wellcome Passage. C'était justement ce qui inquiétait Mlle Haddow.

Le cab tourna dans la première rue à droite et arriva devant la barrière qui bloquait l'accès au passage. Un autre fiacre attendait déjà à cet endroit.

Cicely descendit et fit le tour du fiacre pour rejoindre le cocher. Il y avait quelque chose de bizarre. Elle n'aurait su dire quoi, mais elle se sentait angoissée tout à coup.

– Pouvez-vous attendre ici quelques minutes ? Je vais revenir avec une dame et nous irons au British Museum.

– Faut me payer d'abord, répondit le cocher.

– Oh... pardon. Combien vous dois-je ?

– Un shilling et six pence, ma jolie.

La jeune fille fouilla dans son sac, trouva les pièces et les tendit au cocher. Elle rougit en constatant qu'il fronçait les sourcils. Combien devait-elle lui donner ? Que ferait Mlle Lockhart à sa place ?

– Si vous êtes toujours là quand je reviendrai, dit-elle, vous aurez un pourboire.

L'homme hocha la tête. Cicely contourna la barrière en courant, tandis que l'autre cocher observait la concurrence d'un œil intéressé : allait-il y avoir une course ?

Cicely trouva le numéro 5 et frappa à la porte. Une domestique à l'air méprisant et aux cheveux poussiéreux vint lui ouvrir.

– Y a-t-il ici une Mlle Lockhart ?

– Lockhart ?... Ah, vous voulez dire Jones. Mme Jones. Y en a déjà deux autres qui l'attendent en haut. Vous voulez attendre avec eux ?

– Deux autres ?

– Deux messieurs. Ils viennent d'arriver. On se croirait à Piccadilly Circus ici, cet après-midi. Alors, vous voulez monter ou non ?

– Elle n'est pas ici ?

– Elle est sortie, avec la petite. La gamine. A mon avis, elle va pas tarder. Vous entrez, oui ou non ? Y fait froid avec la porte ouverte.

Assurément, cette domestique se montrait pour le moins familière. Et ce n'était pas du tout le genre de maison dans laquelle Cicely s'attendait à trouver Mlle Lockhart.

– Savez-vous par où elle est partie ?

– J'en ai pas la moindre idée, et surtout, je grelotte, répondit la femme.

Cicely jeta des regards hésitants autour d'elle.

– Je vais l'attendre dehors, murmura-t-elle.

La domestique haussa les épaules et ferma la porte.

L'angoisse de la jeune fille redoubla. Ces deux hommes, là-haut... ils étaient venus avec l'autre fiacre. Pourquoi les attendait-il ? Pour les emmener ? Avec Mlle Lockhart ?

Les deux cochers, à l'entrée du passage, l'observaient : le sien d'un air revêche, l'autre avec une sorte d'impatience. Cicely cogna ses poings l'un contre l'autre et détourna le regard. La lumière grise de l'après-midi se refermait sur le passage et une brume glacée flottait dans l'air au niveau des toits. Et si Mlle Lockhart était partie pour de bon ? Combien de temps devait-elle attendre ? Combien de temps le cocher patienterait-il ?

De fait, moins d'une minute s'était écoulée quand Sally apparut au coin de la rue. Elle tenait un panier dans une main et une petite fille dans l'autre, et elle paraissait très fatiguée. En apercevant Cicely, elle sursauta.

– Oh ! Mademoiselle Lockhart ! Dieu soit loué !

– Cicely ! Que faites-vous ici ? Mlle Haddow a-t-elle reçu mon message ?

– Oui. Elle m'a envoyée à sa place car M. Patten, vous savez, le client, est arrivé juste au moment où elle allait partir, et elle a dit que je devais faire vite... Oh, mademoiselle Lockhart, il y a deux hommes qui vous attendent dans votre chambre. J'ai préféré rester dehors au cas où... Mlle Haddow va venir. Elle a dit que vous deviez la rejoindre au British Museum et que vous ne devez pas rester ici. Sans doute qu'elle savait que ces deux hommes allaient venir. Vous la retrouverez dans la salle assyrienne. J'ai un fiacre...

– Oh... Merci, Cicely. On ferait bien d'y aller, dans ce cas. Viens, Harriet.

– Maman...

La fillette murmura quelque chose à l'oreille de sa mère.

Celle-ci hocha la tête et tendit son panier à Cicely, sans dire un mot. Le visage fermé, elle entraîna sa fille dans un espace étroit entre deux maisons, puis lui souleva sa jupe et son jupon pour qu'elle se soulage dans le caniveau. Cicely fut prise de vertiges. Elle manqua de s'évanouir tant elle se sentait gênée et mortifiée. A vrai dire, pendant un moment, elle crut qu'elle rêvait. Découvrir que Mlle Lockhart avait un enfant était déjà choquant, mais qu'elle la laisse faire ça en pleine rue...

Elle ne savait pas ce que cela coûtait à Sally.

Une minute plus tard, elles étaient toutes les trois dans le fiacre, Harriet assise sur les genoux de sa mère, et elles quittaient rapidement Russel Square pour se précipiter vers l'entrée du British Museum.

Cicely expliqua de son mieux ce qui s'était passé. Sally l'écoutait en hochant la tête. C'était assez clair. Cela signifiait qu'elle allait devoir déménager de nouveau. Combien de temps Harriet supporterait-elle cette vie ? Et *elle ?*

Elle avait le teint pâle, les lèvres pincées. Elle était épuisée. La fillette était assise sur ses genoux, les joues rouges, le pouce dans la bouche, la tête appuyée sur l'épaule de sa mère, et elle fixait Cicely avec des yeux sombres comme ceux de Sally.

Le fiacre s'arrêta en douceur ; Sally en descendit la première, souleva Harriet dans ses bras et prit le panier que lui tendait Cicely.

– La salle assyrienne, a-t-elle dit ? J'espère qu'elle ne va pas tarder. Le musée ferme dans vingt minutes... Merci, Cicely.

Elle esquissa un sourire et entra dans le bâtiment. Cicely se ressaisit et fit coulisser le panneau derrière elle.

– On retourne à la City, dit-elle. Au coin de Cornhill et de Gracechurch Street.

Alors que le fiacre repartait, elle se surprit à trembler, sans savoir si c'était à cause du choc, de la honte ou du froid. Car elle éprouvait un sentiment de honte, même si elle n'aurait su expliquer pourquoi ; c'était comme si elle avait découvert soudain à quel point Mlle Lockhart était adulte, bien plus encore qu'elle l'imaginait, et que le fait d'être adulte signifiait faire des choses qu'elle n'aurait même pas pu nommer sans rougir. Mlle Lockhart ressemblait moins à une déesse à ses yeux désormais, beaucoup moins. Elle paraissait plus vieille, plus fatiguée, et même plus *ridée* peut-être. Elle n'incarnait plus un idéal. Tenir cette fillette au-dessus du caniveau comme ça... Et en même temps, elle paraissait plus réelle. Plus forte. Les choses étaient extraordinaires quand on regardait derrière... Du coup, elle avait oublié de demander quel pourboire elle devait donner au cocher. Mais elle ne pouvait pas embêter Mlle Lockhart avec ça, compte tenu des circonstances. Il faudrait qu'elle grandisse un peu, elle aussi.

Sally laissa Harriet monter seule les marches, mais elle la reprit ensuite dans ses bras pour pénétrer à l'intérieur du musée. Le gardien posté à l'entrée déclara :

– On ferme dans un quart d'heure, madame.

Sally hocha la tête.

– Pouvez-vous m'indiquer la salle assyrienne ?

– Sur la gauche, madame. Ensuite, continuez tout droit.

La jeune femme reposa Harriet, qui protesta.

– Il faut que tu marches un peu, ma chérie. Maman a mal aux bras...

– Je veux pas !

Sally regarda autour d'elle. Le gardien l'observait d'un air réprobateur, ainsi qu'un homme installé derrière un bureau, près de l'entrée.

En dépit de ses bras endoloris, elle porta Harriet pour longer les galeries grecques et romaines, au milieu des grandes statues blanches qui les regardaient d'un air froid et hautain. Puis elles traversèrent la salle des antiquités égyptiennes, passant devant des dieux, des pharaons et des obélisques de pierre qui ne lui avaient jamais paru aussi lointains, avant de déboucher enfin dans la salle assyrienne. Il y avait là d'énormes visages cruels ornés de barbes taillées en pointe, un gigantesque taureau, des personnages qui marchaient de biais, plaqués sur des dalles de pierre, vers un but brutal et arrogant, oublié depuis des milliers d'années...

Elles étaient seules. Sally posa Harriet, puis le panier. Celui-ci contenait quelques affaires propres, du savon, une serviette et un sachet de biscuits au gingembre. Harriet semblait grognon. Sally lui donna un biscuit, en espérant qu'aucun gardien n'allait rappliquer et les jeter dehors pour avoir profané les Assyriens avec des miettes de gâteau. Pourquoi ne mettaient-ils pas de sièges dans cette salle ? Harriet s'appuyait contre elle, une main autour de ses jambes, l'autre tenant le biscuit. Si elles avaient été à la maison, Sarah-Jane aurait su quoi faire : elle lui aurait donné un verre de lait et l'aurait couchée, car l'enfant semblait avoir un peu de fièvre.

Il ne fallait pas qu'elles retournent chez Mme Parker. Quelqu'un devait les y attendre. Cela signifiait qu'elle avait perdu tout ce qu'elle possédait : ses vêtements, ceux d'Harriet et tout le reste, à l'exception de ce que contenait le panier et de ce qu'elles portaient sur elles.

Sally se sentit submergée par la peur et le découragement : la chance était contre elle et la tâche qu'elle s'était assignée au-dessus de ses forces. Elle aurait donné cher pour pouvoir dormir, dormir en toute sécurité ! Et la pauvre petite Harriet qui s'appuyait contre elle pour ne pas tomber... elle avait à peine la force de tenir son biscuit. Sally se pencha et la prit dans ses bras. La fillette appuya sa tête contre l'épaule de sa mère et ferma aussitôt les yeux.

« Je ne dois m'appuyer nulle part. Je dois rester debout. Si je réussis à tenir jusqu'à l'arrivée de Margaret, il ne nous arrivera rien », se dit Sally.

Elle marchait lentement de long en large dans la faible lumière qui tombait d'une verrière poussiéreuse. Les vieilles pierres cruelles se dressaient de chaque côté ; leurs représentations d'esclaves, de batailles et de chasses au lion étaient comme les souvenirs d'un cauchemar qui refusait de disparaître.

Le biscuit glissa entre les doigts de Harriet. Sally se baissa, le dos droit, et ramassa le biscuit pour le mettre dans le panier, laissant sa fille s'installer plus confortablement dans ses bras.

Puis elle murmura, plus pour elle que pour l'enfant :

– On va s'en sortir, ma petite chérie. Bientôt, on pourra retourner à la maison et tout ira bien, tu verras. On jouera avec ton agneau ; Sarah-Jane, Jim et oncle Webster rentreront de voyage, et tu pourras retrouver ton lit... Oh, bon sang, où est Margaret ? Le musée va fermer...

Elle avança jusqu'à l'entrée de la salle et scruta le long couloir où les vieilles statues semblaient d'effrayants fantômes. Une dame et un monsieur le parcouraient avec lenteur, examinant les inscriptions sur les plaques ; un jeune homme faisait des croquis ; le gardien regardait sa montre. Personne d'autre en vue. Au bout de quelques minutes, le gardien glissa sa montre dans sa poche et s'adressa à la dame et au monsieur, qui hochèrent la tête et se dirigèrent, toujours à pas lents, vers la sortie. Le jeune homme rangea ses crayons.

Sally recula, espérant passer inaperçue ; dans le musée, elle trouverait au moins un coin de plancher pour dormir. Mais le gardien ne tarda pas à venir jeter un coup d'œil dans la salle. Il annonça :

– On ferme, madame !

Sally sentit sa gorge se nouer. Son moral était au plus bas. Elle hocha la tête, reprit son panier et rebroussa chemin au milieu des obélisques, des pharaons, des Vénus et des Minerve.

Une fois dehors, elle s'arrêta au pied du grand escalier, au bord des larmes. Harriet dormait dans ses bras, toute recroquevillée ; elle avait mal aux pieds, elle se sentait sale et poisseuse, elle avait froid, elle avait peur. D'un pas lourd, elle se remit en marche.

C'est alors qu'un fiacre s'arrêta au bord du trottoir. Margaret en descendit, tendit de l'argent au cocher, puis se retourna et aperçut Sally. Elles coururent l'une vers l'autre.

– Oh, Dieu soit loué...

– Que se passe-t-il ?

– Vous n'avez pas... ?

– Laissez-moi vous aider...

Dans une confusion de paroles vivement échangées, Margaret prit le panier et Harriet se réveilla, les joues en feu, les paupières lourdes, le pouce dans la bouche.

– Allons boire un thé, décida Margaret.

Ouvrant la marche, elle tourna dans Duke Street, une petite rue paisible où se trouvait un salon de thé à l'aspect accueillant.

– Je passe plus de temps dans les salons de thé

que…, commença Sally, sans savoir comment terminer sa phrase.

Elle laissa à sa compagne le soin de commander du thé et des petites crêpes et s'adossa à la banquette, épuisée.

Margaret lui expliqua la cause de son retard. L'affaire était grave. M. Patten, son client, était accompagné d'un autre homme, muni d'un acte judiciaire.

– Quel genre d'acte ?

– Je n'ai pas lu tous les détails, car j'étais pressée de vous rejoindre. Sachez seulement que ce Parrish s'est débrouillé pour vous empêcher de disposer de votre argent. Vos actions et tout le reste. Vous ne pouvez plus y toucher. Et il a réclamé à une autorité quelconque le droit d'en disposer à votre place. Oh, Sally…

– Il ne peut pas faire ça, dit Sally, d'une voix si faible qu'elle-même l'entendait à peine. Il a déjà fait main basse sur mon compte en banque…

– *Quoi ?* Vous voulez dire qu'après avoir menti et s'être parjuré, ce fou a osé vous faire une chose pareille ? Combien avez-vous perdu ?

– Deux cents livres… J'avais l'intention de vendre quelques actions, les chemins de fer canadiens par exemple, pour avoir un peu d'argent, mais… cela risque de ne plus être possible, légalement… Oh, Margaret, si vous saviez comme j'ai peur…

Elle parlait à voix basse à cause d'Harriet, mais celle-ci ne l'écoutait pas, elle sirotait son lait. Margaret prit la main de Sally dans la sienne.

– Cessez d'être terrorisée et buvez votre thé, dit-elle. Nous allons prendre une décision. Harriet, voudrais-tu une crêpe, si je te la coupe ?

Sally se força à respirer profondément, jusqu'à ce que ses mains cessent de trembler, puis elle vida sa tasse.

– Si seulement je savais *pourquoi*, dit-elle. Je pensais qu'avec de l'argent, je pourrais… je ne sais pas… louer un logement pour me cacher, puis découvrir ce que manigance cet homme… Mais il est trop rapide, Margaret. Il a réussi à me chasser de cette pension, alors que les gens étaient si gentils… Et je n'ose pas retourner chez moi à Twickenham, car ils doivent me guetter… Et voilà que je ne peux plus disposer de mon argent…

Elle dut s'arrêter.

– Mais que fait donc votre avocat ? demanda Margaret. Il s'agit là d'une persécution intolérable. Il devrait pouvoir y mettre fin.

– Impossible. Parrish ment, mais il possède tous les documents nécessaires pour confirmer ses dires, et si tout semble concorder, comme c'est le cas, alors… Le juge ne pouvait faire autrement que… C'est ma parole contre la sienne, et c'est un homme respectable, n'est-ce pas ? Un marguillier et ainsi de suite. D'après le tribunal, je suis une femme immorale qui vit dans Dieu seul sait quel temple de la débauche en compagnie de deux hommes célibataires. Pouvait-on s'attendre à autre chose ? Je pensais qu'il était possible de se cacher à Londres, mais en vérité, c'est comme vivre dans une maison de verre..

Margaret sortit un carnet et un petit stylo en argent.

– Dans l'immédiat, dit-elle, il vous faut les choses suivantes : de l'argent, un toit...

– Et un bon bain, ajouta Sally.

– Et à long terme, il vous faut...

– Du temps pour enquêter. Et la sécurité. J'ai besoin de savoir que... (Elle désigna Harriet d'un signe de tête.) qu'elle ne craint rien. Je ne peux pas la traîner partout avec moi, la pauvre. Aujourd'hui, j'ai passé mon temps à la surveiller, à la nourrir et ainsi de suite. Ce serait très bien si je n'étais pas obligée de me battre, mais je ne peux pas faire les deux en même temps. Voilà pourquoi j'ai besoin de temps et de sécurité. D'argent, en fait. Tout se résume à cela.

– Alors, ce n'est pas si grave, dit Margaret. Nous allons vous trouver un hôtel pour cette nuit. Vous pourriez loger à la maison, mais nous avons nos cousins en ce moment et il n'y a plus de place. Demain, je...

Soudain, Sally lui saisit la main.

– Là, dehors, s'exclama-t-elle. Ces trois hommes... N'est-ce pas Parrish ?

Margaret tourna vivement la tête puis, rapide comme l'éclair, elle piocha une poignée de pièces dans son porte-monnaie et les fourra dans la main de Sally.

– Vite, fuyez par les cuisines, dit-elle. Il y a certainement une issue derrière. Allez, filez ! Vite !

Sally s'empara de Harriet, trop hébétée pour protester, et se précipita vers la porte de la cuisine. Une voix d'homme retentit dans son dos et elle eut le temps d'entendre Margaret qui réclamait la police d'une voix puissante. Elle franchit la porte et se retrouva dans une cuisine exiguë, où une jeune femme était en train de démouler des cakes sur une table.

– Excusez-moi, dit Sally. C'est une urgence. On peut sortir par là ?

Abasourdie, la fille resta bouche bée. Sally poussa la porte du fond et aperçut une petite cour sombre bordée de hauts murs. Harriet s'était mise à pleurer; elle avait peur.

S'adossant à la cloison, Sally la fit passer de son bras droit à son bras gauche pour pouvoir fouiller dans son panier.

La porte de la cuisine s'ouvrit à la volée et la jeune serveuse poussa un hurlement. L'homme qui venait d'apparaître sur le seuil se précipita... et s'arrêta net en voyant le pistolet dans la main de Sally.

– Oui, il est chargé, dit-elle. Et je n'hésiterai pas à tirer. Mettez les mains en l'air et sortez lentement... à reculons. Mademoiselle, tenez la porte ouverte.

L'un et l'autre obéirent. Sally ne connaissait pas cet homme : il avait un visage ordinaire, une moustache et des vêtements ordinaires. Il sortit de la cuisine et la jeune femme le suivit.

Dans le salon de thé, où quelques instants plus tôt régnait une agitation pleine de curiosité, un profond silence était tombé. Parrish était là, ainsi qu'un individu que Sally ne connaissait pas. Comme tous les autres clients, Margaret s'était levée, tremblante et les yeux écarquillés. En apercevant le pistolet, certains reculèrent jusqu'au mur.

Finalement, ce fut Parrish qui brisa le silence :

– Ma chère Sally, ce n'est pas une façon de...

Elle pivota vers lui comme un tigre ; son doigt se crispa sur la détente. Elle sentait brûler la haine dans ses yeux. L'homme recula d'un pas.

– Où est le directeur ? demanda Sally.

– Je suis la gérante, déclara une femme en noir installée à la caisse.

– Avez-vous la clé du salon ?

– Oui.

– Sortez avec moi, je vous prie. Si vous bougez, dit-elle en s'adressant à Parrish, ou si l'un de ces hommes tente quoi que ce soit, c'est *vous* que je tue, Parrish. Vous !

Immobiles et muets, Parrish et ses hommes regardèrent la gérante détacher la clé du trousseau attaché à sa ceinture. Sally évitait le regard de Margaret. Elle recula vers la porte du salon de thé, sans cesser de tenir en respect les trois hommes.

– Sortez avec moi, dit-elle à la gérante. Vous autres, restez où vous êtes !

La femme en noir s'exécuta. Les hommes enfermés à l'intérieur se jetèrent sur la porte et secouèrent frénétiquement la poignée, pendant que les clients jetaient des regards inquiets à travers les vitres ruisselantes de pluie.

Sally posa Harriet, prit la clé et la déposa dans son sac.

– Les autres, je vous prie, demanda-t-elle, car elle devinait qu'il devait y avoir un double.

La gérante lui tendit le trousseau, sans un mot. Sally le lança le plus loin possible dans la rue. Elle entendit les clés retomber dans la boue, quelque part dans l'obscurité.

– Je suis sincèrement désolée, dit-elle. Il n'y avait pas d'autre issue.

Les hommes tambourinaient à la porte. Après avoir relâché prudemment le chien du pistolet, Sally le rangea dans son panier, reprit Harriet dans ses bras et s'enfuit vers le coin de la rue. Un ou deux passants s'étaient arrêtés pour assister à la scène.

Parrish et ses sbires n'allaient pas tarder à briser une vitre pour sortir ; elle devait sauter dans un fiacre, courir, se cacher...

Un omnibus passait bruyamment, en direction d'Holborn. Se frayant un passage sur le trottoir au milieu de la foule, Sally se hissa sur la plate-forme découverte à l'arrière du véhicule puis, bousculant les hommes qui descendaient de l'étage supérieur par l'escalier, elle rentra la tête dans les épaules et s'engouffra dans l'omnibus.

Elle regarda par la vitre : aucune trace d'éventuels poursuivants. Les vitrines des boutiques étaient illuminées. New Oxford Street était envahie de passants, d'hommes d'affaires qui rentraient chez eux, de vendeurs de journaux, de vendeuses de fleurs. La nuit était tombée.

– Jusqu'au terminus, s'il vous plaît, dit Sally au contrôleur en lui tendant quatre pence.

Elle prit son billet, s'assit et installa Harriet sur ses

genoux ; comme elle commençait à se détendre, elle se mit à trembler.

D'un geste automatique, elle lissa les cheveux de la fillette.

– On va se cacher, n'est-ce pas, ma chérie ? murmura-t-elle.

– Je veux rentrer à la maison.

Sally ne savait pas quoi répondre. Elle resta immobile, serrant sa fille contre elle, tandis que le flot de la circulation les entraînait vers l'East End.

14
Le cimetière

Sally et Harriet restèrent dans l'omnibus jusqu'au dernier arrêt. La fillette dormait ; Sally, engourdie par le froid, avait peine à rester éveillée. Quand la lourde voiture s'immobilisa, elle ramassa son panier, cala sa fille au creux de son bras gauche et se leva.

– Où sommes-nous ? demanda-t-elle au vieux conducteur.

– A Whitechapel Road, près du London Hospital. On ne va pas plus loin. C'est le terminus.

Sally descendit et resta un instant immobile sur le trottoir encombré, essayant de s'orienter. En ce début de soirée, les rues, dans la lueur aveuglante des lampes à naphte, grouillaient de monde ; l'air vibrait du vacarme de la circulation et une odeur de poisson frit flottait dans l'atmosphère. Harriet se frotta les yeux. Lorsque sa mère la posa à terre, elle s'accrocha à sa jupe en pleurnichant. Sally inspectait le contenu de son sac à main. Elle possédait trois shillings et sept pence, pas un penny de plus.

« Chaque chose en son temps, se dit-elle. Ne vois

pas trop loin. Il y a forcément un prêteur sur gages dans les parages. Que pourrais-je bien vendre ? »

Elle portait très peu de bijoux. Un médaillon que Frederick lui avait offert... mais il n'était pas question de s'en séparer. Elle n'avait ni boucles d'oreilles, ni broche, ni bracelet. La seule chose qu'elle pouvait vendre, c'était la montre en or de son père.

« Très bien, tu n'as qu'à la mettre au clou, se dit-elle. Le prêteur sur gages est obligé de la garder un an et un jour avant de la vendre, c'est la loi. D'ici là, cette sale histoire sera terminée depuis longtemps et tu pourras la récupérer. »

Il y avait aussi le pistolet...

Non. Elle en avait eu besoin l'après-midi même, et cela pouvait se reproduire. Une montre, elle pouvait s'en passer, surtout à Londres, où presque tous les grands édifices étaient ornés d'une pendule, dont certaines étaient même d'accord entre elles.

– Allons voir, dit-elle à Harriet.

Elle chercha l'enseigne aux trois boules de cuivre, symbole des prêteurs sur gages. Elle ne s'était pas trompée : il y en avait un à une centaine de mètres de là.

En ce jeudi soir, la boutique était bondée, car le salaire de la semaine était presque épuisé et de nombreuses familles pauvres venaient mettre en gage un ou deux objets.

Sally se retrouva en train de faire la queue avec d'autres femmes dans la boutique qui sentait le moisi, pendant que le prêteur sur gages et son épouse distribuaient les pennies et les shillings, rédigeaient des reçus et disposaient sur les étagères les pauvres objets qu'on leur confiait : des poêles, des chaussures d'enfant, une gravure encadrée représentant feu le prince consort.

Sally se sentait déplacée avec son manteau chaud et son chapeau, et Harriet regardait autour d'elle avec de grands yeux écarquillés, un peu effrayée par cette bousculade, l'atmosphère poussiéreuse, l'odeur rance des vêtements moisis et de la crasse, l'obscurité qui régnait dans la boutique à peine éclairée. Les autres femmes observaient d'un œil curieux la mère et la fille et chuchotaient entre elles.

Enfin, Sally arriva devant le comptoir. Le prêteur, un vieil homme aux cheveux blancs, lui jeta un regard calculateur et dit :

– Faites vite, s'il vous plaît. J'ai du monde qui attend.

– J'aimerais gager une montre.

Elle ne savait pas combien demander, ni comment se comporter.

– ... Une montre en or, précisa-t-elle.

– Eh bien, faites voir, jeta le vieil homme.

– Oh, oui, bien sûr. Pardonnez-moi.

Elle fouilla dans son sac de sa main gantée et faillit laisser tomber l'objet qu'elle cherchait. Dans la boutique, Harriet et elle étaient les seules à porter des gants. L'homme, avec des gestes professionnels et indifférents, prit la montre, la colla contre son oreille, l'ouvrit du bout du pouce et la tapota avec son ongle, avant de l'approcher de ses yeux pour examiner le mécanisme.

– Cinq shillings, annonça-t-il.

– Cinq shillings ?

Sally ravala ses protestations. Cette montre valait dans les cinq livres, au moins vingt fois plus. Mais le vieil homme jetait déjà des regards impatients par-dessus l'épaule de la jeune femme et quelqu'un la bousculait. Elle devinait que cinq shillings représentaient une grosse somme d'argent pour toutes les femmes qui l'entouraient. De toute façon, le prêteur sur gages avait tout pouvoir, et elle ne pouvait pas aller ailleurs.

– Très bien, dit-elle.

Le vieillard nota un numéro sur un ticket, le déchira en deux, en accrocha une moitié à la montre et donna l'autre à Sally. Elle la glissa dans son gant en regardant l'homme déposer sans ménagement l'objet dans un tiroir. Il lui remit ensuite une demi-couronne, deux shillings et six pence. Sally reprit la main d'Harriet et se dirigea vers la sortie.

– Haut les cœurs, ma jolie, lui glissa une femme corpulente qui tenait un parapluie.

Sally lui sourit. Cette femme avait un air jovial qui lui remonta un peu le moral. Mais cinq shillings ! Elle espérait empocher au moins trois livres…

Dehors, dans la rue animée, elle fut soudain assaillie par la faim. Elles n'avaient aucun endroit pour dormir, mais une abondance de denrées comestibles s'offrait à leur vue : des anguilles en gelée, là-bas sur cet étal, à un penny l'assiette ; des huîtres ; du poisson frit un peu plus loin…

– Tu as faim, ma chérie ?

– Je veux rentrer à la maison, gémit Harriet.

– Bientôt. En attendant, trouvons quelque chose à manger.

Elle continua d'avancer en tenant Harriet par la main. Celle-ci la suivait de bon cœur. Elle avait sommeil et Sally s'inquiétait de voir ses joues si rouges, mais la fillette était fascinée par l'agitation et le vacarme de la rue, tant qu'elle restait tout près de maman.

Soudain, elle ralentit le pas ; Sally se retourna et aperçut un boucher, dont le visage était d'une pâleur effrayante dans la lumière d'une lampe à naphte. Il découpait joyeusement une carcasse à grands coups de couteau, tel un pirate dans un tableau, pendant que son collègue braillait :

– C'est pas cher ! C'est pas cher ! Fixez vot' prix, ma belle dame ! Allez-y ! C'est donné ! Regardez-moi ce beau et gros morceau de viande... Non, pas vous, ma jolie, cette vieille vache... non, pas vous, non plus... C'est donné, je vous dis ! Allez-y, fixez vot' prix !

A côté de lui, un marchand de légumes faisait rouler de grosses pommes de terre aux formes bizarres dans le panier d'une femme et, un peu plus loin, devant une boutique de vêtements de seconde main pour hommes, des manteaux usés étaient suspendus, au-dessus d'une baignoire remplie de vieilles chaussures. Sally et Harriet déambulaient comme des touristes. Voilà donc comment les gens vivaient à Whitechapel ! Ils mettaient au clou des parapluies cassés, ils mangeaient des anguilles en gelée, ils portaient des chaussures ayant appartenu à d'autres et ils dormaient...

« Non ! Ne pense pas à dormir ! Chaque chose en son temps. D'abord, manger. »

A côté de la boutique de fripes se trouvait un restaurant à l'aspect chaleureux. A travers les vitres ruisselantes, Sally apercevait des gens attablés et des odeurs appétissantes arrivaient jusqu'à elle.

Elle poussa la porte et elles entrèrent dans une salle exiguë et enfumée, dotée de petits boxes sur les côtés. Elle en avisa un sur la gauche, inoccupé. Il y avait des assiettes sales sur la table, mais c'était la seule place libre. Sally hissa Harriet sur le banc en bois et la fillette glissa sur ses fesses pour faire de la place à sa mère.

Les gens la dévisageaient. Était-elle si différente d'eux ? Un ouvrier grisonnant, assis dans un box voisin, enfournait d'énormes bouchées de purée sans parvenir à détacher son regard de Sally et de sa fille. La jeune femme se demanda combien de temps il lui faudrait pour passer inaperçue. Peut-être avait-elle eu tort de venir dans l'East End ?

Un serveur fit son apparition, vêtu d'un long tablier blanc – ou plutôt qui, jadis, avait dû être blanc. Il débarrassa les couverts sales et les bouteilles de bière vides, essuya rapidement la table avec un torchon maculé et fit :

– Ouais ?

– Avez-vous un menu ? demanda Sally.

– Un quoi ?

– Qu'avez-vous à manger ?

– Comme d'habitude. Saucisses purée. Ragoût d'anguille. Harengs frits. Et tourte à deux pence.

– Une tourte, s'il vous plaît.

– Avec de la purée ?

– Oui, oui.

– Et pour la petiote ? Comment que tu t'appelles ? demanda-t-il à Harriet qui levait les yeux vers lui.

La fillette cacha son visage dans la manche de sa mère.

– Elle s'appelle Harriet, répondit Sally. On va partager la tourte et la purée, si vous pouvez apporter une cuillère et une fourchette pour elle aussi, s'il vous plaît. Oh... et aussi une tasse de thé et un verre de lait, ajouta-t-elle en espérant que l'établissement vendait ce genre de boissons.

Le serveur hocha la tête, adressa un clin d'œil à Harriet dont le visage était réapparu, et il repartit en coup de vent. Sally compta discrètement l'argent qui lui restait : huit shillings et sept pence. Pas plus tard que la veille, si elle avait eu la présence d'esprit de retirer son argent...

« Non. Ne pense pas à ça. »

La tourte à deux pence était énorme. Il y avait de la viande à l'intérieur, supposa Sally, la pâte était épaisse, la sauce sentait bon et le plat était chaud. Il était donc possible de se nourrir pour pas cher ; elles ne mourraient pas de faim. Chaque chose en son temps. Elle coupa quelques morceaux de tourte qu'elle fit glisser sur le côté de son assiette pour qu'ils refroidissent avant de les donner à Harriet.

Cette dernière était parfaitement réveillée à présent, mais elle avait le regard brillant et les joues enflammées. « Chaque chose en son temps, se répéta Sally. Estime-toi heureuse qu'elle soit réveillée. » Elle souffla sur un bout de tourte et donna la becquée à l'enfant. Au diable les bonnes manières !

A elles deux, elles finirent la tourte, mais elles durent laisser un peu de purée sur l'assiette. Sally s'attarda le plus longtemps possible dans leur petit box, lisant à voix haute une affiche de music-hall placardée au mur, expliquant à Harriet ce qu'était un prestidigitateur et ce que faisait au juste le Señor Chavez, le Prodigieux Mexicain Désossé. La fillette l'écoutait joyeusement. Sans doute ne comprenait-elle qu'un dixième des mots, mais c'était la voix de sa maman, elles étaient au chaud et blotties l'une contre l'autre.

– Un dessert, madame ? demanda le serveur.

Sally leva la tête : il s'adressait à Harriet, qui le regardait d'un air abasourdi.

– On a du plum-pudding, du roulé à la confiture avec de la crème, du pudding aux raisins de Corinthe...

– Non, merci, répondit Sally. Mais nous nous sommes régalées avec la tourte. Puis-je avoir l'addition ?

– Hein ? Oh, oui. Pas de problème. Une tourte à deux pence avec de la purée et de la sauce, du thé, un verre de lait... cinq pence.

Elle lui donna une pièce de six pence et lui dit de garder le penny restant. Il haussa les sourcils. Elle pensa alors : « Je n'aurais pas dû lui donner de pourboire. Ça ne se fait pas ici. A moins que ce ne soit pas assez ? Devrais-je lui donner plus ? »

Mais il laissa tomber la pièce dans sa poche de gilet, prit l'assiette et les couverts, et dit :

– Bonsoir. Euh... vous permettez que j'vous dise un truc ? C'est pas vos vêtements qui vous font repérer, c'est votre façon de parler. Essayez de prendre un ton plus dur et vous passerez inaperçue. Vous finirez par vous y faire, allez.

Sally ouvrit la bouche, mais ne trouva rien à répondre. Elle se contenta de hocher la tête. Après avoir essuyé la table avec son torchon sale, le serveur repartit en direction des cuisines.

« Nous voilà reparties, nous aussi », se dit la jeune femme en reprenant Harriet dans ses bras. L'enfant, après ce copieux repas, était plus lourde – ou alors Sally était fatiguée. Elle savait bien que sa façon de s'exprimer la trahissait. Mais elle n'avait jamais appris à parler avec l'accent cockney : elle n'en avait jamais eu besoin. Elle fit quelques essais à voix basse. Non, c'était ridicule, elle ne pouvait pas faire semblant, ce serait encore pire.

Qu'allaient-elles faire maintenant ?

Harriet était heureuse de se laisser porter par sa maman et de contempler les étals animés, les pubs, les boutiques, la bousculade des passants qui achetaient, vendaient, bavardaient et se chamaillaient. Et Sally était contente de pouvoir déambuler ainsi avec sa fille car, ici, elle se sentait invisible. On la regardait à peine. Elle se sentait en sécurité.

Mais tellement fatiguée. Parfois, la fatigue vous donnait une impression d'ivresse ; du moins le supposait-elle, n'ayant jamais été ivre. Mais elle avait succombé, une fois, aux vapeurs de l'opium, et l'extrême fatigue qui l'habitait ressemblait à cet état second et incontrôlable...

Elle n'aurait su dire combien de temps elles errèrent ainsi ; elle ne savait pas où elles se trouvaient. Elle ne savait qu'une chose : elles étaient libres. De temps à autre, elles passaient devant des maisons sur lesquelles une pancarte indiquait : *Pension* ou bien *Chambres pour voyageurs.* Dans la faible lumière des lampadaires, elles avaient toutes l'air aussi peu accueillantes ; c'étaient des habitations étroites et sombres, aux fenêtres sales.

Il avait cessé de pleuvoir et le ciel était dégagé. Les commerces et les étals restaient ouverts fort tard. En passant devant une boutique de vêtements d'occasion dans la vitrine de laquelle étaient exposées des couvertures pliées, Sally fit halte. Obéissant à une impulsion, elle entra, sans prêter attention à la puanteur, et paya quatre pence pour deux couvertures. Dix pence de dépensés, déjà – mais elles avaient le ventre plein et de quoi se couvrir. Quand elle sortit de la boutique, elle ne se souvenait plus de ce qu'elle avait dit au vendeur, ni avec quel accent ; toujours est-il qu'il n'avait montré aucun étonnement.

Il y avait une sorte d'église sur le trottoir d'en face, entourée de grands arbres qui la maintenaient dans l'ombre et... un banc ? Difficile à dire avec cette obscurité. Oui, c'était bien un banc, et il était sec, grâce à l'épais feuillage qui le protégeait.

Sous l'œil perplexe d'Harriet, elle prit une des couvertures et l'étala sur le banc. Puis elle s'assit, prit la fillette sur ses genoux et les enveloppa toutes les deux dans la deuxième couverture. Elle replia les bords de la première sur la deuxième et s'allongea sur le dos.

– Oh, Harriet, murmura-t-elle. Sais-tu ce que dirait ton papa s'il nous voyait ? « Lockhart, tu es complètement folle. Tu as toute l'Angleterre pour te cacher et tu dors sur un banc dans l'East End. Affronte-les ! », voilà ce qu'il dirait. « Tiens bon et montre-leur... »

Harriet était blottie contre elle, le pouce dans la bouche, bercée par le murmure de sa mère, réchauffée par la tiédeur de son corps. Après un moment de silence, Sally reprit son monologue ; son souffle faisait à peine trembler la fourrure du chapeau de l'enfant :

– Oh, Fred, que vais-je devenir ? J'ai l'impression qu'il y a trop d'ennemis à combattre, et je ne sais pas qui ils sont, ni pourquoi ils veulent notre fille... Mais ils ne l'auront pas, tu le sais, n'est-ce pas ? Tu sais que jamais je ne l'abandonnerai. Tu sais que j'aimerais mieux mourir. Tu le sais ? Oh, Fred, tout ce silence là où tu es... Cet argent, ce matin, à la banque... Ça représentait quatre années de salaire pour certaines des personnes qui vivent dans ce quartier. S'ils voyaient autant d'argent, ils n'en croiraient pas leurs yeux. Ces pauvres femmes qui mettent au clou leurs poêles à frire pour quelques pennies... Et il n'y a plus rien...

– Plus rien, répéta Harriet d'une voix endormie.

– Plus rien, répéta Sally en lui caressant la joue... Plus rien. Mais l'argent placé... c'est pire. Si Margaret avait pu vendre quelques actions, on se serait bien débrouillées. On aurait trouvé une petite maison, à Hampstead ou ailleurs, et Sarah-Jane serait venue s'occuper de Harriet. J'aurais changé de nom – Mme Jones – et j'aurais commencé à riposter. J'en suis capable, Fred. Je l'ai déjà fait, non ? Je me suis battue et j'ai gagné. Mais tu étais avec moi. Et je savais qui je combattais...

Son regard balaya le cimetière obscur qui jouxtait l'église. La rue semblait très lointaine à présent ; les cris des vendeurs étaient étouffés par la distance, le feuillage et la fatigue. Une silhouette pénétra en titubant dans le cimetière, visiblement ivre ; elle trébucha sur une pierre, tomba et resta couchée là, à marmonner des jurons. Puis elle se releva, à ce point enveloppée de haillons que Sally n'arrivait pas à voir s'il s'agissait d'un homme ou d'une femme, et se dirigea tant bien que mal vers une porte qui se découpait dans le mur de l'église. Mais au moment où elle allait s'installer dans l'embrasure, une autre silhouette, ombre parmi les ombres, se dressa et la repoussa. La première silhouette s'écroula ; Sally entendit un bruit de vomissement, suivi d'un juron étouffé.

Elle assista à toute cette scène sans étonnement. Peu à peu, elle aperçut d'autres formes tapies dans l'obscurité, dans les embrasures de portes, derrière les pierres tombales, sur l'autre banc situé un peu plus loin.

– Il y a beaucoup de gens ici, murmura-t-elle. Ils

dorment, comme je devrais le faire. Mais pourquoi ce banc était-il inoccupé ? J'aperçois deux – ou trois ? – personnes tassées sur l'autre banc, comme Harriet et moi. Oh, Fred, j'ai eu tort de venir ici. Je ne devrais pas l'exposer à ça. Mais je ne savais pas quoi faire. Moi, la femme indépendante... J'étais si fière de moi... Je traversais la vie en gagnant de l'argent et en faisant des affaires, me croyant futée, et puis voilà que cette histoire me tombe dessus et, du jour au lendemain, je me retrouve couchée sur un banc avec pour seuls biens sept shillings et deux vieilles couvertures...

Elle sursauta. Il y avait quelqu'un d'autre sur le banc avec elles ! Harriet n'avait pas bougé, mais Sally, elle, était parfaitement réveillée, les sens en alerte. Une silhouette d'homme, c'était tout ce qu'elle distinguait ; et il la regardait.

Puis elle entendit des bruits de pas : lourds, réguliers, venant du chemin de graviers, et elle comprit pourquoi ce banc était resté inoccupé jusque-là. Les pas s'arrêtèrent près d'elle. Le policier tenait une lanterne qu'il braqua sur le visage de Sally.

– Qu'est-ce que vous fichez sur ce banc ? demanda-t-il. Vous ne pouvez pas rester ici. Vous n'êtes pas une vagabonde.

Avant qu'elle puisse répondre, l'homme qui se trouvait lui aussi sur le banc intervint :

– C'est rien, monsieur l'agent, dit-il avec un fort accent – russe ? polonais ? – ma femme parle pas anglais. On se repose juste. On vient de débarquer dans le port, on arrive de Hambourg.

– Vous avez un endroit où aller, alors ?

– Oh, oui. J'ai un cousin qui vit dans Lamb Street, à Spitalfields. Mais il fallait qu'on se repose un moment.

– Vous feriez mieux de repartir. C'est pas un endroit pour s'arrêter longtemps.

Le policier regarda l'homme prendre délicatement le bras de Sally pour l'aider à se lever. Celle-ci resserra la couverture autour de son cou et plaqua Harriet contre elle.

Sans rien dire, elle suivit l'homme sur le chemin de graviers ; ils franchirent la grille et tournèrent à gauche dans la rue.

– Qui êtes-vous ? demanda-t-elle lorsqu'ils se furent suffisamment éloignés pour ne pas être entendus par le policier.

– Un ami. L'ami d'un ami, en fait. Je m'appelle Morris Katz. Pardonnez-moi de vous avoir présentée comme ma femme mais cela me semblait plus prudent. Le policier nous observe. Vous voulez bien me suivre ?

15
La mission

De taille moyenne, solidement bâti, l'homme portait un pardessus élimé et un chapeau noir qu'il ôta pour s'adresser à Sally, sous une lampe à gaz crachotante fixée au mur. Il avait une épaisse barbe noire et son expression offrait un curieux mélange de douceur, de compassion et de détermination.

Il remit son chapeau sur sa tête et l'ombre masqua son visage.

– Je n'ai jamais entendu parler de vous, dit-elle. Si vous êtes un ami, vous connaissez forcément mon nom.

– Vous vous appelez Lockhart. Et votre fille, Harriet.

– Comment savez-vous qui je suis ? Vous m'avez suivie ?

– Oui. Depuis un certain temps. Vous avez le sentiment d'être en danger, et c'est exact. Mais vous avez des amis dont vous ignorez l'existence.

– Des amis ? Lesquels ? Qui est donc cet ami dont vous m'avez parlé ?

– Je crois que son nom ne vous dirait rien. Sachez seulement que ce n'est pas M. Parrish, au cas où vous vous poseriez la question. Cela étant, vous feriez bien de venir avec moi, car le policier nous observe.

Sally se retourna. Le policier était toujours là, en effet, devant l'église, l'air soupçonneux.

– Où allons-nous ?

– Dans une maison, pas très loin d'ici. Il y a un lit. Vous y serez en sécurité.

L'homme se remit en marche. Sally lui emboîta le pas en faisant passer Harriet d'un bras à l'autre. Elle nageait en pleine perplexité. S'il s'agissait d'un rêve, comme elle en avait l'impression, autant le suivre jusqu'au bout, car ce M. Katz semblait, pour l'instant, digne de confiance. En outre, elle n'avait pas vraiment le choix.

Quand un ivrogne ou une bande d'enfants, et même, à un moment, deux femmes qui se battaient en poussant des cris stridents, tentèrent de bousculer la jeune femme, Morris Katz se rapprocha d'elle, lui prit le bras et se dressa entre elle et le danger. Il ne paraissait pas particulièrement querelleur, mais sa poigne était solide et son pas ferme. C'est pourquoi Sally se laissa entraîner.

Peu après, il s'arrêta dans une vieille rue paisible, quelque part à Spitalfields, et fit tinter la sonnette d'une grande maison qui avait conservé quelques vestiges du XVIIIe siècle au niveau des fenêtres et de l'imposte au-dessus de la porte. Celle-ci fut ouverte par une femme d'un certain âge qui s'écarta sans dire un mot pour les laisser entrer.

Sally se retrouva dans un couloir faiblement éclairé où flottait l'inévitable odeur de chou bouilli. Il n'y avait ni tableaux aux murs, ni tapis, ni linoléum, mais le parquet était propre.

Ses bras étaient endoloris, mais la fillette dormait et se mettait à geindre dès qu'elle sentait sa mère bouger. Sally la changea de bras une fois de plus, avec lassitude, et laissa échapper un soupir en sentant qu'Harriet était mouillée. Et pas de vêtements de rechange. Que faire ?

Pendant ce temps, son guide parlait à voix basse avec la femme qui les avait fait entrer. Finalement, il se tourna vers Sally.

– Je vais vous laisser ici, dit-il. Vous serez en sécurité. Je reviendrai vous chercher bientôt et nous pourrons discuter. Mais pour l'instant, je dois m'en aller.

Il souleva son chapeau et Sally croisa de nouveau le regard de ces yeux noirs déconcertants. Puis il sortit, visiblement pressé.

La femme prit alors la parole :

– Venez par ici, mademoiselle. Mlle Robins va vous recevoir.

– Qui est... ?

Sally n'eut pas le temps d'achever sa question, car la domestique montait déjà l'escalier devant elle. Elle la suivit ; on lui ouvrit une porte. La femme annonça son nom, puis se retira. Sally regarda autour d'elle.

C'était une grande pièce austère, presque vide, à l'exception de deux chaises et d'un grand bureau couvert de papiers, de bulletins officiels et de différents journaux politiques. Derrière était assise une femme dont Sally supposa qu'il s'agissait de Mlle Robbins : la quarantaine, un air sévère, presque cruel, et une forte carrure. Elle portait une robe stricte et avait relevé ses cheveux en chignon, sans chercher à adoucir son apparence. Elle dévisagea Sally, puis se leva et lui tendit la main.

– Asseyez-vous, mademoiselle Lockhart. Je m'appelle Elizabeth Robbins. Vous êtes ici à la mission sociale de Spitalfields. Je vous attendais.

Sally, étonnée, s'assit, sans lâcher Harriet.

– Vous m'attendiez ? répéta-t-elle.

– M. Katz m'a parlé de votre histoire. Un dénommé Parrish prétend que vous êtes son épouse et qu'il est le père de votre enfant. C'est bien cela ?

– Oui... Mais qui est ce M. Katz ? Et comment connaît-il mon histoire ? Mademoiselle Robbins, je ne comprends pas...

– M. Katz vous expliquera tout cela demain quand vous le verrez. Dans l'immédiat, vous avez besoin de vêtements de nuit, pour vous et pour la petite. Susan va vous montrer votre chambre. Vous voudrez vous laver, j'en suis sûre. Vous pouvez rester ici aussi longtemps que vous le souhaitez, mais il faudra vous rendre utile. Je crois savoir que vous exercez une profession indépendante ?

– Je suis conseillère en placements financiers. Enfin, je l'étais. Car je... J'ai découvert aujourd'hui que... Mademoiselle Robbins, je n'ai plus d'argent. Plus du tout.

– Vous pouvez travailler. Vous êtes robuste et en

bonne santé. Attelez-vous à la tâche. Vous ferez les lits. La cuisine. Vous aiderez le Dr Turner. Vous mettrez la main à la pâte.

Sally hocha la tête.

– Je ferai tout ce que vous voudrez. Je pourrais peut-être vous aider dans votre comptabilité...

– Ce serait terminé en dix secondes. Vous ne seriez pas socialiste, par hasard ?

– Non... Pourquoi ?

– Simple curiosité. Rassurez-vous, nous n'essaierons pas de vous convertir. Je vais appeler Susan, elle va vous conduire à l'étage.

Elle appuya sur une sonnette et replongea le nez dans ses papiers. Quand la domestique entra dans le bureau, Mlle Robbins lui demanda d'installer la jeune femme dans la chambre d'amis et de lui trouver du linge, après quoi, d'un ton brusque, elle souhaita à Sally une bonne nuit.

Sally suivit Susan à l'étage supérieur, dans une pièce étroite. La femme alluma un bout de chandelle et tira sur les couvertures d'un petit lit.

– Je vais essayer de vous trouver une bouillotte, mademoiselle. Il y a des serviettes dans l'armoire. La salle de bains est à côté.

Elle ressortit et revint une minute plus tard avec une bouillotte en terre cuite brûlante et deux fines chemises de nuit en coton, une pour Sally et l'autre, plus petite, pour Harriet. La femme devait être de caractère taciturne ; elle ne s'attarda pas pour bavarder, et Sally, reconnaissante, put s'occuper de sa fille. Cette dernière, le visage rougi par le sommeil, était d'humeur irritable, mais elle se laissa laver et sécher en se contentant de ronchonner. Sally avait enroulé la petite chemise de nuit autour de la bouillotte, car elle sentait l'humidité.

– On va devoir partager le même lit, ma chérie. Comme la nuit dernière à Villiers Street.

Cette journée avait sans nul doute été la plus longue de sa vie.

La jeune femme coucha Harriet, la borda, l'embrassa, lui chanta une ou deux comptines, la regarda fermer les yeux et mettre son pouce dans sa bouche, repoussa ses cheveux épais sur son front (« Je n'ai pas de brosse, il faut que je pense à en acheter une demain. Mais avec quel argent ? ») et resta assise près d'elle jusqu'à ce qu'elle soit endormie.

Elle sentit venir de très loin un bâillement qui lui ouvrit la mâchoire si largement qu'elle crut ne jamais pouvoir la refermer. Sans doute se serait-elle endormie sur-le-champ si elle n'avait pas entendu du bruit dans le couloir. Quelqu'un criait, quelqu'un frappait le sol... Sally sursauta et sortit voir ce qui se passait.

Une femme inconnue se débattait avec une autre femme, manifestement ivre, dont le cuir chevelu saignait d'abondance. Visiblement, elle essayait de la traîner jusqu'à la salle de bains. Apercevant Sally sur le pas de la porte, elle lui lança :

– Venez m'aider ! Allumez la lumière dans la salle de bains..

Sally s'empressa de faire ce qu'on lui demandait, avant de revenir prêter main-forte à la femme ; l'ivrognesse braillait des propos incohérents et se débattait, dégageant une odeur infecte.

– Aidez-moi à l'emmener dans la salle de bains... Il faut nettoyer cette plaie... Allons, Mary, du calme... Ça ne sert à rien de se débattre... Voilà... Voyons voir ça...

L'infirmière, si c'en était une, poussa avec son pied un tabouret derrière les genoux de la dénommée Mary pour l'obliger à s'asseoir. Puis elle lui tint la tête entre ses mains puissantes et examina la plaie. Les cheveux emmêlés de la pocharde grouillaient de vermine.

– Elle a besoin d'un bon bain, déclara l'infirmière. On sera obligés de désinfecter le lit ensuite si elle y dort dans cet état. Vous pouvez me donner un coup de main ?

C'était une femme énergique au visage rougeaud, un peu plus âgée que Sally, dotée d'un tempérament joyeux et d'une voix aux accents cultivés. Déjà, elle faisait couler de l'eau.

– Euh... oui, bien sûr.

Elle aida donc l'infirmière à déshabiller sa patiente, qui continuait à se débattre, mais avec moins d'énergie. Soudain, Mary se laissa tomber sur le sol, avant de se redresser d'un bond, comme mue par un ressort. Au milieu des gesticulations et des jurons, Sally apprit que Mary s'était certainement soûlée avec l'argent qu'elle avait gagné en se prostituant, et qu'elle était atteinte de syphilis. En entendant ce mot, la jeune femme eut un mouvement de recul

– Non, ne vous inquiétez pas, dit l'infirmière d'un ton enjoué, tout en savonnant la tête crasseuse de Mary, avant de la mettre sous l'eau pour la rincer. Vous ne risquez pas de l'attraper. Bon sang, je serais étonnée qu'elle n'ait pas d'autres maladies. (Elle baissa la voix pour ajouter :) Elle n'en a plus pour longtemps. L'année prochaine, à cette époque, elle sera morte. Je mise sur l'alcoolisme. Mais ça pourrait aussi bien être une demi-douzaine d'autres choses. Elle a une vilaine plaie sur la tête, mais je parie que celui qui lui a fait ça est dans un état encore pire. Je ne crois pas qu'elle mourra de cette façon...

Assommée par l'eau chaude et ce récurage vigoureux, Mary semblait au bord de l'évanouissement. Sally la fit sortir de la baignoire et la sécha tant bien que mal, pendant que l'infirmière lui appliquait un emplâtre sur le front.

– Faites un tas de ses vêtements, ordonna-t-elle à Sally. On va les laver, les sécher et elle pourra les remettre. Qui êtes-vous, au fait ?

– Sally Lockhart. Mlle Lockhart. Mais je ne comprends pas... Quel est donc cet endroit ? Vous êtes infirmière ?

– Je m'appelle Turner, et je suis médecin.

Sally se sentit rougir. Elle savait qu'il existait des femmes médecins, et pourtant, elle avait pensé qu'une femme exerçant des tâches médicales était forcément une infirmière... C'était indigne d'elle. Mais le Dr Turner ne semblait pas s'en formaliser. Tout en aidant Mary à enfiler une chemise de nuit, elle expliqua :

– Nous sommes ici dans une mission. Mais elle n'a rien de religieux. Notre but n'est pas de sauver les âmes. D'ailleurs, j'ignore ce qu'est une âme. Je me contente de sauver les corps. Mlle Robbins est présidente de la Ligue des femmes socialistes de l'East End. Moi, je suis ici pour éponger le sang et distribuer les médicaments. Et vous, qu'est-ce qui vous amène ?

– Un dénommé Katz, répondit Sally, en essayant de faire glisser le bras de Mary dans une manche de la chemise de nuit. Mais, à vrai dire, je ne sais pas pourquoi. Certes, je lui suis très reconnaissante, mais... J'étais sur le point de m'endormir. Je ne savais pas quoi faire...

Sally était au bord des larmes. Le Dr Turner la dévisagea d'un air intrigué, avant de s'intéresser à ses vêtements, visiblement coûteux, mais elle s'abstint de toute remarque.

– Allons coucher Mary, dit-elle. Elle va dormir comme une souche. Allez, Mary... Au dodo... On va faire de beaux rêves...

Cette bonne humeur exubérante était parfaitement appropriée à la situation, se dit Sally. Le Dr Turner était le genre d'Anglaise pleine d'énergie qui, en d'autres circonstances, aurait chassé à courre ou exploré les fins fonds du Zambèze. Difficile d'imaginer une personne mieux armée pour affronter l'East End. Après l'avoir aidée à coucher Mary (dans une pièce étroite où deux autres lits étaient déjà occupés), Sally alla déposer les vêtements sales dans une remise, derrière la cuisine.

– Laissez-les par terre dans le coin, dit le Dr Turner. Avec un peu de chance, ils n'y seront plus demain matin. Dépêchez-vous d'aller vous laver les mains !

Sally s'exécuta et se surprit à bâiller de nouveau. Qui était ce Dr Turner ? Qui était Mlle Robbins ? Et surtout, qui était ce Katz ? « Je ne suis pas capable de réfléchir maintenant. Ni d'écrire mon journal. On verra ça demain matin. Harriet est là, en sécurité pour le moment. »

– Pousse-toi un peu, ma chérie. Maman a sommeil.

Parmi les alignements de logements insalubres, les cours sordides et les ruelles malodorantes de l'East End subsistaient çà et là quelques coins d'élégance et de beauté : une rangée ou même toute une rue de grandes et vieilles maisons en brique, construites pour les tisserands de soie français qui s'étaient réfugiés à Londres pour fuir les persécutions contre les huguenots, à une époque où les bâtisseurs auraient été incapables de construire une maison laide, même s'ils l'avaient voulu.

Un de ces îlots préservés (à un jet de pierre de la mission) était baptisé Fournier Square. Le XIXe siècle l'avait à peine effleuré. Il aurait suffi de faire disparaître du décor quelques détails, un cab, un garçon boucher, un panneau vantant les mérites de l'extrait de bœuf Brand, pour l'imaginer peuplé de perruques poudrées, de gentilshommes portant l'épée et le tricorne et de chaises à porteurs. Si le grand Dr Johnson[1] était revenu dîner à Fournier Square, au numéro 12,

1. Écrivain et moraliste anglais du XVIIIe siècle.

comme il l'avait fait un jour, il n'aurait remarqué aucune différence.

Ce soir-là, il régnait une certaine animation au numéro 12. Des lumières brillaient à presque toutes les fenêtres, des bruits de couverts et d'appétissants fumets s'échappaient de la cuisine au sous-sol et flottaient le long des marches menant au rez-de-chaussée ; on voyait les silhouettes des domestiques aller et venir dans les pièces, portant des lampes, tirant des rideaux et déplaçant des meubles.

Dehors, une imposante voiture à cheval venait de déposer son passager. Des grooms replièrent sous le châssis un appareil métallique, avant de faire signe au cocher qu'il pouvait repartir. L'un d'eux claqua la portière, bien plus large que celle d'une voiture normale, car le véhicule lui-même était grand et massif. Il s'agissait de la voiture que Jacob Liebermann avait vue à Riga – celle que Bill et Goldberg avaient épiée à Amsterdam, et qui avait conduit le Tzaddik jusqu'à cette maison de Londres.

Dans le hall, un valet de chambre soulevait avec habileté l'épaisse couverture sombre qui couvrait les jambes de son maître. Un valet de pied lui ôtait son chapeau haut de forme d'un mouvement rapide et nerveux, puis s'empressait de le débarrasser de sa cape. La raison de cette nervosité était la petite ombre malfaisante qui avait tant effrayé les rares personnes l'ayant entrevue. Posée sur l'épaule droite de l'invalide, accrochée à ses cheveux et à son oreille par ses petits doigts pointus, elle jacassait, malveillante. Il s'agissait d'un singe gris.

Tous ces mouvements, longuement répétés, furent exécutés en silence. Quand le maître fut débarrassé de sa couverture, de sa cape et de son chapeau, un valet de pied ouvrit la double porte donnant sur un cabinet où attendaient une bassine d'eau chaude et du savon parfumé. Le valet de chambre fit franchir la porte au fauteuil roulant et lava le visage et les mains de son maître, puis il les sécha délicatement avec des serviettes chaudes, avant d'appuyer sur une sonnette. Le singe était perché sur le porte-serviettes ; ses petits yeux farouches ne quittaient pas les mains du domestique.

La porte se rouvrit et un autre valet de pied poussa le fauteuil roulant dans une somptueuse salle à manger où régnait une douce chaleur. Dès qu'ils s'approchèrent de la table, le singe bondit de l'épaule de son maître et se faufila au milieu des assiettes et des verres, contournant le dessous-de-plat en argent et la salière en cristal, frôlant les candélabres avec sa queue dressée. Il s'empara d'une pomme et revint auprès de son maître pour la dévorer à petits coups de dents.

Le Tzaddik éclata de rire. Le majordome servait du vin pendant que le valet, posté devant la desserte, versait dans une assiette de la soupe de tortue contenue dans une soupière en argent.

– L'ascenseur, dit le maître.

Il possédait une voix grave teintée d'un curieux accent.

– Il est installé, monsieur Lee, répondit aussitôt le majordome. Et il fonctionne parfaitement. Nous l'avons testé hier, monsieur.

– Parfait. Vous pouvez disposer. Michelet me servira.

Le majordome s'inclina. Le valet de chambre, un homme grassouillet, aux lèvres rouges et pincées, plaça l'assiette de soupe devant son maître et rompit un petit pain en plusieurs morceaux. Le singe posa sa pomme.

M. Lee émit un petit bruit avec sa langue ; l'animal prit alors l'un des morceaux de pain, qu'il trempa dans l'assiette de soupe, pour le porter ensuite à la bouche de son maître. Dès que celui-ci l'eut avalé, les petites mains aux ongles noirs répétèrent le même geste.

– Michelet, vous n'avez pas été assez rapide avec la serviette, fit remarquer M. Lee.

Le valet blêmit et déplia aussitôt un linge blanc empesé avec lequel il tapota le menton de son maître, avant de le lui nouer autour du cou. Pendant ce temps, le singe avait fourré sans ménagement un autre morceau de pain trempé dans la bouche de M. Lee.

Après une demi-douzaine de bouchées, M. Lee dit :

– Mange, Miranda.

Le singe mastiqua à petits coups de dents sauvages, accroupi sur la table, près de l'assiette. Sa queue pendait dans le vide.

Le valet débarrassa l'assiette creuse et la remplaça par une autre, sur laquelle étaient disposés des morceaux de turbot baignant dans une sauce à la crème. Le singe continua à nourrir son maître, tandis que le valet se tenait prêt à essuyer le menton de M. Lee. Mais cela n'arrivait pas souvent, car Miranda était trop rapide pour renverser beaucoup de sauce en chemin. Le valet porta lui-même le verre de vin à la bouche du maître.

Après le poisson, on apporta une selle d'agneau, coupée en petits morceaux pour que le singe puisse les saisir avec ses doigts, accompagnée de légumes découpés de manière similaire. Puis il y eut du melon et des anchois mélangés à des œufs brouillés, servis sur un toast. Le singe mangea une ou deux bouchées de chaque plat, à l'exception des anchois.

Après le repas, M. Lee se fit servir un verre de porto et quelques noix, ouvertes par le valet et apportées par le singe. Puis M. Lee ordonna :

– Assez. Conduisez-moi au salon.

En entendant ces mots, Miranda bondit et s'accrocha aux revers de la veste de l'infirme ; mais elle se ravisa et retourna chercher sa pomme, revenant aussitôt se blottir sur la poitrine de son maître. L'animal se remit à grignoter pendant que le domestique poussait le fauteuil roulant dans le salon. Une fois installé à bonne distance du feu de cheminée, après qu'on lui eut servi un café et un brandy, alors que le singe dormait, lové à l'intérieur de son gilet, M. Lee s'exprima de nouveau :

– Vous pouvez faire entrer le secrétaire, dit-il de sa voix douce et vibrante.

Le valet salua et se retira, pour revenir une minute plus tard, accompagné d'un homme de grande taille avec des cheveux blonds coupés court et dressés sur la tête, à la prussienne. Il déposa une mallette à ses pieds, claqua des talons et s'inclina légèrement.

– Je vous souhaite un bon retour parmi nous, monsieur Lee. J'espère que vous avez fait bon voyage.

– Bonsoir, Winterhalter. Oui, merci, c'était très agréable. Je vous en prie, asseyez-vous.

Après avoir servi du café et du brandy au visiteur, le valet sortit.

Cette voix étrangère avait réveillé le singe, qui était maintenant assis sur l'épaule de M. Lee et jetait des regards haineux en direction du visiteur. Celui-ci n'y prêtait pas attention. Il était assis, droit comme un i et, de temps à autre, à la demande de M. Lee, il portait la tasse de café ou le verre de brandy à la bouche de son employeur. Le singe ne quittait pas sa main des yeux.

– Eh bien, Winterhalter. Combien Parrish a-t-il récolté pour moi ?

– J'ai déposé à la banque sept mille huit cent quarante-six livres, sept shillings et trois pence depuis votre dernière visite, monsieur Lee. Auxquelles il faut ajouter le produit de la vente de la marchandise blanche en Argentine, qui s'élève à trois mille quatre cents livres. Soit au total onze mille deux cent quarante-six livres, sept shillings et trois pence. Les frais sont un peu plus élevés ce trimestre, principalement à cause de la police. Le contact de M. Parrish, l'inspecteur Allen, a malheureusement été relevé de ses fonctions et...

– Il ne parlera pas, j'espère ?

– Nous y avons veillé, monsieur.

M. Lee hocha la tête.

– Parfait. Passons maintenant à l'autre affaire. Ce voyage en Russie a été très profitable. Les possibilités sont immenses et j'ai déjà commencé à m'organiser. Je suis très satisfait de l'application dont a fait preuve ce Parrish. Pour le récompenser, je vais lui offrir de nouvelles responsabilités. Au fait, comment se présente son affaire... familiale ?

– La cour a rendu un jugement favorable pas plus tard qu'hier, monsieur. Favorable à M. Parrish, s'entend. L'affaire devrait être résolue dans les meilleurs délais. Oh, à propos... nous nous sommes procuré ceci.

Ouvrant sa mallette, le secrétaire en sortit une petite chose molle. Le singe émit un sifflement de haine et M. Lee fit claquer sa langue jusqu'à ce que l'animal se calme. Winterhalter posa l'objet sur une table près de la lampe. Harriet l'aurait reconnu immédiatement : il s'agissait de son ours en peluche, Bruin.

– Ah, fit M. Lee. Nous allons le ranger en lieu sûr. Miranda est jalouse. Excellent travail, Winterhalter. Excellent. Revenons-en à l'affaire russe. Écoutez-moi attentivement et n'hésitez pas à prendre des notes. C'est une affaire complexe.

Le secrétaire ouvrit un carnet, sortit son stylo en argent et se redressa sur son siège. Le singe capta les reflets de l'argent et ses yeux noirs suivirent chaque déplacement du stylo pendant que les deux hommes discutaient. Soudain, il bondit sur le tapis, s'accrocha aux rideaux, puis sauta sur la cheminée, incapable de tenir en place. Dans la lumière rougeoyante du feu, on aurait dit un diablotin jouant dans le palais du prince des Ténèbres. Il sauta à côté de l'ours en peluche, mais M. Lee émit un grognement et Winterhalter se saisit prestement du jouet pour l'éloigner du singe, comme si l'ours avait été un objet précieux, à mettre de côté pour une occasion tout à fait particulière.

16
Jeu de construction

A son réveil, Sally entendit des voix, des pas et tous les bruits d'une maison débordante d'activité. Elle n'avait aucune idée de l'heure. Harriet dormait à poings fermés et elle n'avait pas mouillé le lit. Sally resta allongée une minute ou deux, le temps de rassembler ses esprits, avant de se lever et d'aller tirer les fins rideaux. Le clocher d'une église se dressait à l'extrémité de la rue étroite, et l'horloge indiquait huit heures moins dix.

Elle réveilla la fillette, lui fit sa toilette et l'habilla, puis toutes deux descendirent et trouvèrent le chemin de la cuisine, qui semblait constituer le cœur de la maison. Le Dr Turner était là, en train de prendre son petit déjeuner en compagnie de six ou sept autres femmes, plus ou moins pauvrement vêtues, assises autour d'une grande table. La domestique qui lui avait ouvert la porte la veille au soir faisait cuire des œufs devant une cuisinière. Mary, la femme blessée à la tête, n'était pas là.

– Ah ! Mademoiselle Lockhart ! s'écria le Dr Turner. Venez donc prendre votre petit déjeuner. Il y a du porridge, des toasts et du thé dans la théière et... Bonjour, ma petite ! Comment t'appelles-tu ?

Sally présenta Harriet, puis elles prirent place à table. Les autres femmes dévisagèrent d'un air intrigué la mère et la fille, mais cela ne dura que quelques instants. Une atmosphère démocratique régnait en ce lieu et Sally se sentit tout de suite à l'aise : cela lui rappelait l'époque bénie de Burton Street. Pendant qu'elles mangeaient le porridge trop liquide et les toasts brûlés, le Dr Turner s'empressa de fournir quelques explications concernant l'endroit :

– Mlle Robbins a hérité d'une grosse somme d'argent provenant de l'entreprise familiale. Ils fabriquent du chocolat, je crois, ou du cacao, quelque chose comme ça. Bref, elle a créé cette mission il y a cinq ans pour répandre ses idées progressistes dans tout l'East End : le socialisme, la laïcité et ainsi de suite. Très vite, elle a compris que ce n'était pas ce dont les gens avaient besoin dans l'immédiat. Alors, elle en a fait un refuge. Un endroit qui accueille les femmes quand elles ne savent pas où aller. Quant à moi, je devais partir en Afrique comme missionnaire, figurez-vous. Mais j'ai entendu parler du travail de Mlle Robbins, alors je suis venue voir ce qu'elle faisait ici, et j'y suis toujours. Je me pose des questions sur Dieu. J'ai l'impression qu'il nous a abandonnés. Nous devons nous occuper des *corps.* Les âmes peuvent se débrouiller toutes seules. Telle femme a besoin de médicaments tout de suite, pour pouvoir être encore en vie la semaine suivante et pouvoir éventuellement se préoccuper de son âme. Tel enfant a besoin d'un refuge dès ce soir, avant que son père le tue. Quand il aura appris à faire confiance à un adulte plus d'une minute, alors quelqu'un pourra lui parler de Jésus. D'ici là, c'est du temps perdu. Du moins, c'est ce que je pense. Mais évidemment, c'est une goutte d'eau dans l'océan. Tout le bien que l'on peut faire est insignifiant comparé à tout ce qu'il reste à accomplir. Ils sont des milliers, là, dehors, à mourir de faim... (Elle s'interrompit et haussa les épaules.) Vous verrez, Mlle Robbins est parfois effrayante quand elle aboie, mais c'est une femme juste. Néanmoins, ne lui donnez pas de raison de mordre, vous y perdriez un bras. Je crois qu'elle m'a dit qu'elle avait un travail à vous confier ce matin. Si vous souhaitez laisser Harriet ici, elle sera parfaitement en sécurité. Susan s'occupera d'elle. J'ignore quelle est votre situation au juste, mais votre fille sera très bien avec nous.

Sally était pleine d'appréhension à l'idée de remettre Harriet entre des mains étrangères. Tant que Parrish était à ses trousses, elle ne voulait pas perdre sa fille de vue. D'un autre côté, elle avait vu le Dr Turner à l'œuvre et lui aurait confié sa vie sans hésiter. S'il y avait un endroit sûr, finit-elle par décider, c'était bien la mission sociale de Spitalfields. D'ailleurs, il était temps qu'elle les dédommage de leur hospitalité.

Une heure plus tard, après avoir confié Harriet à Susan, la domestique, Sally marchait en direction du quartier de Wapping en compagnie de Mlle Robbins. Elle en profita pour l'interroger au sujet de M. Katz

– M. Katz est un ami de la mission. Il a aidé de nombreux réfugiés, des juifs principalement, bien entendu. Il est horloger de son métier. Il n'y a plus de place chez lui en ce moment, car sinon, je suis sûre qu'il vous aurait hébergée

– Mais comment a-t-il su qui j'étais ?

– Je l'ignore. Il a beaucoup de relations dans les milieux socialistes de Londres.

– Il m'a dit que nous avions un ami commun. Mais je ne vois pas qui ça peut être.

– Moi non plus, dit Mlle Robbins. Il faudra que vous lui posiez la question. Mais parlons plutôt du problème d'aujourd'hui. Il s'agit d'une femme qui vit à Rowley Court. Nous l'avons aidée l'an dernier, à l'époque où son mari la maltraitait. Il était au chômage. Ça va mieux maintenant ; il a retrouvé un travail et il ne boit plus autant. Nous tenons des dossiers, voyez-vous. Ils ont besoin d'être mis à jour. Ce sera votre travail. Cette femme s'est souvenue de nous et elle est venue réclamer notre aide. Ah, nous sommes arrivées... C'est là, sur la gauche. A votre place, je relèverais ma jupe pour qu'elle ne traîne pas par terre.

Mlle Robbins plia le plan qu'elle consultait et pénétra dans une ruelle obscure. C'était une journée froide mais claire, et pourtant, en avançant entre ces hauts murs de brique, Sally crut avoir laissé le ciel derrière elle pour toujours et qu'elle ne respirerait plus jamais l'air frais.

La puanteur la fit suffoquer et elle dut plaquer son bras sur son visage. C'était plus qu'une odeur pestilentielle ; c'était un être invisible qui l'assaillait et la forçait presque à reculer. Lorsque les deux femmes tournèrent au coin de la ruelle pour déboucher sur une sorte de petite place, Sally découvrit l'origine de cette puanteur. Les cabinets – une seule petite cahute pour les huit logements de la cour – étaient bouchés et ils avaient débordé. Les pavés disparaissaient sous un lac d'immondices. Une fillette, nue de la taille aux pieds, était accroupie sur le perron d'une des maisons. Elle était à peine plus âgée qu'Harriet, et pourtant son visage pincé ressemblait à celui d'un vieux singe.

– M'man ! cria-t-elle d'une voix stridente en apercevant les visiteuses, avant de partir en courant sur ses pieds maculés d'excréments.

– Remontez votre jupe jusqu'à la taille. Ne vous en faites pas pour vos chaussures, ça se lave. Ne perdez pas de temps à vomir. Prenez des notes. Vous êtes là pour ça, dit Mlle Robbins.

Sally rassembla sa jupe et ses jupons comme le lui avait conseillé Mlle Robbins, puis elle sortit son carnet et son stylo.

– Alors, vous voyez de quoi que je vous causais, mademoiselle Robbins ? s'exclama une femme qui venait d'apparaître sur le seuil d'une des maisons. C'est comme ça depuis des semaines ! On s'est plaints au propriétaire, mais il dit que ça le concerne pas ; faut s'adresser à la voirie, à ce qu'y paraît. Mais j'sais pas où aller, moi. J'sais pas quoi dire ni rien...

Elle était maigre, avec un visage émacié et un coquard violacé sous l'œil. Ses vêtements n'étaient pas très propres, mais ils semblaient avoir été récemment raccommodés, et une étincelle de vie continuait à briller dans son regard.

Sally avait du mal à se retenir de vomir. Que l'on puisse demeurer plus de cinq minutes dans cette atmosphère méphitique, et à plus forte raison y vivre, lui paraissait inconcevable. Et pourtant, des gens habitaient là. Elle se concentrait pour noter les paroles de cette femme, tout en essayant de ne pas respirer.

Mlle Robbins insista ensuite pour inspecter les cabinets.

– Rien ne sert de se plaindre si je ne sais pas quel est le problème, dit-elle. Nous devons rassembler le plus de preuves possible. Vous souvenez-vous depuis quand ces cabinets sont bouchés ? Et quand en avez-vous parlé au propriétaire ?

Ayant soutiré à la femme tous les renseignements qu'elle souhaitait, Mlle Robbins effleura sa joue tuméfiée et demanda :

– Comment vous êtes-vous fait ça, Martha ?

– Oh, c'est rien, j' suis tombée dans le noir et je m' suis cognée contre la rampe d'escalier, mademoiselle. Parole ! Ma bougie s'est éteinte et j'avais la flemme de remonter chercher des allumettes.

– Votre mari travaille toujours ?

– Oui.

– Combien rapporte-t-il à la maison ?

– Dix-neuf shillings la semaine dernière, mademoiselle. Vingt la semaine d'avant.

– Vous arrivez à vous en sortir ?

– Tout juste, mademoiselle. On est mieux lotis que d'autres. J'ai pas de loyers en retard, c'est le plus important.

– Oui, en effet. Votre propriétaire serait sans doute de cet avis. Et vos enfants, comment se portent-ils ?

– Y sont en pleine forme, mademoiselle. On pourrait croire qu'y seraient tombés malades, et pourtant, y vont très bien pour l'instant. Mais y a la typhoïde dans la rue. A quelques numéros d'ici. Elle va pas tarder à venir chez nous, et une fois qu'elle sera dans not' cour...

– Très bien. Je vais m'occuper de ça. Je veillerai à ce qu'on intervienne. Mais si votre mari recommence à vous frapper, vous me le direz, j'espère ?

– Évidemment, répondit la femme d'une toute petite voix.

Sally était livide et transpirait à force de lutter contre la nausée. Quand elles se furent éloignées, Mlle Robbins déboucha un petit flacon de sels qu'elle lui tendit sans rien dire. La jeune femme l'approcha de son nez ; l'odeur puissante lui donna aussitôt un coup de fouet.

– J'espère que vous avez bien tout noté. Vous pourrez tout mettre au propre plus tard, mais on a besoin de ces informations tout de suite. Venez.

D'un pas vif, elle entraîna Sally sous les arches du pont de chemin de fer, puis elles remontèrent Leman Street en direction de Whitechapel. C'était un quartier pauvre, mais au moins, cette puanteur atroce ne flottait pas dans l'air, même si celui-ci était imprégné d'autres effluves : les émanations écœurantes de la raffinerie de sucre, les bouffées de fumée étouffantes qui s'échappaient de l'usine de charbon animal située une ou deux rues plus loin.

Dans Colchester Street, Mlle Robbins passa en revue les plaques de cuivre vissées à côté des portes, jusqu'à ce qu'elle trouve celle qu'elle cherchait. Elle entra sans hésiter ni même frapper. Sally lui emboîta le pas, son carnet à la main.

Dans un bureau, un homme obèse inscrivait des chiffres dans un grand registre pendant qu'un employé beaucoup plus fluet comptait des pièces sur une table.

– Cooper ? demanda Mlle Robbins. Êtes-vous chargé de percevoir les loyers de Rowley Court ?

– Je vous demande pardon ?

L'autre homme s'arrêta de compter, une main en l'air.

– Le conduit d'évacuation est bouché. Une locataire s'est plainte auprès de vous...

– Le 25 du mois dernier, précisa Sally.

– ... et vous n'avez rien fait. Cet endroit est maintenant dans un état déplorable. Avez-vous signalé la chose aux services de la voirie métropolitaine ?

– C'est possible. Mais je ne vois pas...

– Par lettre ? Puis-je la voir ?

– Non, vous ne pouvez pas. Comment osez-vous venir ici et exiger que... ?

– Comment osez-vous exposer vos locataires aux maladies et à la fange ? Comment osez-vous laisser vivres des enfants dans de telles conditions ? Comment osez-vous percevoir les loyers de ces gens sans rien faire pour remédier à cette situation effroyable ? A votre avis, combien de temps faudra-t-il avant que la typhoïde se répande ? Ou le choléra ? Je suis bien contente de vous avoir rencontrée, Cooper. Je saurai me souvenir de vous.

– Allons, allons. Je vous en prie, un instant, madame. Laissez-moi vous expliquer. Ces logements ne m'appartiennent pas, je ne suis que l'agent. J'ai transmis les remarques des locataires au propriétaire, madame. Aussitôt après avoir été informé du problème, mais ensuite, ce n'est plus de notre ressort. L'entière responsabilité incombe à la voirie... savoir si M... si le propriétaire a... euh, informé les... services concernés...

– Qui est le propriétaire ?

– Eh bien... il s'agit d'une société, pas d'un simple individu.

– Son nom ?

Le gros homme fit semblant de consulter un registre, alors que ce nom lui était sans doute aussi familier que son propre visage dans la glace.

– La Société foncière d'East London, madame.

– C'est une société anonyme ? demanda Sally.

– Que voulez-vous dire ?

– S'agit-il d'une société privée à responsabilité limitée ? Est-elle enregistrée en tant que société ? S'agit-il d'une entité légale ou pas ?

– Je suis désolé, mademoiselle, mais je ne comprends pas.

– Très bien. Quelle est l'adresse de cette société ?

L'homme semblait désorienté et inquiet.

– Angel Court, juste derrière Throgmorton Street. Écoutez...

– Bonne journée, dit Mlle Robbins et elle sortit en coup de vent, suivie de Sally.

– Que signifie cette histoire de société anonyme ? demanda Mlle Robbins.

– Une société anonyme est une entité légale, au même titre qu'un individu ; elle peut donc être poursuivie en justice. Dans le cas contraire, il faut porter plainte contre les individus, à condition de découvrir leur identité. C'est votre intention ?

– Nous verrons. Commençons par la voirie. Je n'ai pas les moyens d'attaquer les gens en justice.

« Moi non plus, à présent », se dit Sally, alors qu'elles continuaient leur chemin en silence.

Un silence plus chaleureux que précédemment, lui semblait-il. Comme si elle avait passé un test avec succès.

Les bureaux des services de la voirie métropolitaine étaient situés à Bishopgate, à un peu moins d'un kilomètre de là. En arrivant, les deux femmes se retrouvèrent confrontées à un fonctionnaire aux manières doucereuses nommé Hanbury.

– Rowley Court... Rowley Court... La Société foncière d'East London... Ah, j'ai ici une note d'un certain M. Cooper concernant un problème de... Oui, nous avons accusé réception de cette information par courrier. Regardez, j'ai un double ici...

Il sourit et leur montra une lettre.

– C'est tout ce que vous comptez faire ? Envoyer une lettre ? Monsieur Hanbury, je pense que vous devriez mettre votre chapeau et votre manteau et venir avec nous.

Le fonctionnaire paraissait quelque peu déconcerté.

– Je vous demande pardon ?

– Savez-vous dans quel état se trouve cet endroit ?

M. Hanbury leva les bras en signe d'impuissance.

– Madame, j'ignore qui vous êtes et ce que vous cherchez au juste, mais la responsabilité des problèmes de ce genre incombe entièrement au propriétaire. En outre, je vais être franc avec vous : ce n'est pas moi qui prends les décisions concernant les travaux à effectuer. Les services de la voirie ont un programme de travaux d'aménagement...

– Je ne parle pas d'aménagement, je parle de réparations. Celles-ci sont urgentes. Les habitants de Rowley Court ont de la fange jusqu'aux chevilles et ils sont obligés de marcher dedans. Quand comptez-vous intervenir ?

Le fonctionnaire haussa les sourcils et esquissa un mouvement d'épaules. Puis il regarda autour de lui et baissa la voix :

– Le problème, voyez-vous, c'est que les endroits comme celui-ci sont souvent remplis de juifs, d'étrangers, d'individus des basses classes. Leurs notions de propreté sont très différentes des nôtres. Je comprends fort bien que vous soyez choquée par ce spectacle et cette odeur, mais croyez-moi, ils sont habitués à bien pire. Je pourrais vous montrer...

– Ça suffit, dit Mlle Robbins. Nous allons noter vos remarques et les inclure dans la lettre que nous enverrons à votre supérieur, avec une copie adressée au député de la circonscription. Bonne journée, monsieur.

Une fois de plus, Mlle Robbins sortit en coup de vent. Sally eut le temps de remarquer que M. Hanbury se donnait beaucoup de mal pour paraître indifférent.

– Que vont-ils faire ? demanda-t-elle, alors qu'elles reprenaient le chemin de la mission. Ils vont réparer les canalisations ?

– Oui, maintenant ils vont le faire. Mais vous rédigerez quand même ces lettres, s'il vous plaît, et vous les posterez immédiatement.

– Ils se servent toujours de cette excuse… les étrangers, les juifs ?

– Oh, très souvent. L'immigration a beaucoup augmenté depuis un an ; il est facile de rejeter la faute des mauvaises conditions de vie sur les nouveaux venus. Et il est vrai que certains d'entre eux sont sales. Ils n'ont jamais eu l'occasion de vivre proprement.

Cet après-midi-là, comme il n'y avait personne d'autre pour s'occuper d'eux, Sally se chargea de surveiller les cinq enfants hébergés par la mission. Leurs mères, qui avaient toutes une vingtaine d'années et faisaient deux fois leur âge, s'étaient enfuies de chez elles pour échapper à la violence de leurs maris. L'une d'elles avait déniché suffisamment d'alcool ce matin-là pour être totalement abrutie à l'heure du déjeuner. Il y avait parmi ces femmes une Irlandaise, menue et discrète, prénommée Bridget, à qui Mlle Robbins avait confié une pile de linge à repriser.

Bridget était assise en compagnie de Sally dans une grande pièce vide située sur le devant de la maison, et toutes deux regardaient les enfants jouer avec quelques cubes et de vieilles poupées. Harriet s'amusait avec les autres, ce qui ne laissait pas d'inquiéter quelque peu sa mère. La peur de la maladie, de la crasse et de Dieu sait quoi encore... des mauvaises manières, se surprit-elle à penser en rougissant, se dressait devant elle, tel un spectre, mais elle la repoussa en se disant que, premièrement, ça ne durerait pas longtemps et que, deuxièmement, elle n'était plus en position de jouer les snobs.

Un des enfants de Bridget, un petit garçon rachitique d'environ trois ans, se déplaçait avec difficulté ; Sally demanda pourquoi.

– Son père l'a battu avec un tisonnier, m'dame. Regardez son dos.

Sally souleva la chemise déchirée et le maillot de corps. Le garçonnet avait le dos à vif ; du pus suintait de trois grandes plaies, la peau était zébrée de rouge et, près de la base de la colonne vertébrale, s'étirait une longue entaille enflammée.

– Là, dit Bridget en montrant cette blessure, son père s'est servi d'un tisonnier chauffé au rouge. Il était ivre, il savait pas vraiment ce qu'il faisait. C'est un brave homme, mais quand la boisson s'empare de lui, il devient comme une bête.

Sally avait du mal à parler.

– L'avez-vous montré au Dr Turner ? A-t-elle vu son dos ?

– Oh, oui. Elle lui a mis de la pommade, mais il vaut mieux laisser les plaies à l'air libre, qu'elle dit.

Le petit garçon repartit en se dandinant. Son visage était dénué de toute expression ; on aurait dit un vieillard qui ne comprenait pas un mot d'anglais.

– Vous avez prévenu la police ? demanda Sally.

– Au sujet de mon mari ? Ils voudront pas s'en mêler.

– Quand même... Ne doit-il pas être puni pour ce qu'il a fait ?

– Vous savez ce qui s'est passé la dernière fois, m'dame ? Quand il m'a frappée, moi, avec le tisonnier ? Ils l'ont emmené au tribunal de police, et là, le juge lui a donné une amende, figurez-vous ! Une amende à un pauvre qu'a pas un sou ! On n'a rien mangé pendant des semaines pour pouvoir payer. Au moins, il pouvait pas boire. C'était déjà ça.

Sally regarda le petit garçon, Johnny, assis par terre, à l'écart des autres enfants. Harriet avait organisé un thé avec deux petites filles visiblement perplexes ; un autre garçon jouait seul dans son coin avec des soldats. Dans la lumière grise de l'après-midi, l'air semblait froid et stagnant. Un petit feu brûlait dans la cheminée. Il y avait quatre chaises dans la pièce, une table, le vieux coffre à jouets cabossé, et rien d'autre. Les enfants jouaient sur le plancher nu ; Bridget raccommodait, assise à côté de Sally, et tout était calme.

La jeune femme avait l'impression que le monde était empoisonné. Qui pouvait autoriser ce genre de choses ? Pas étonnant que le Dr Turner ait le sentiment que Dieu, s'il existait, les avait laissés tomber. Mais elle, Sally Lockhart, était ici maintenant. Et que faisait-elle ? Valait-elle mieux que les autres ?

Avec des gestes maladroits, elle lissa sa jupe, se leva et alla s'agenouiller à côté du petit Johnny.

– Tu veux jouer ? lui demanda-t-elle.

Il la fixa. Elle essaya de lui sourire, mais recula devant le regard dur et mort de l'enfant. Détournant la tête, elle fit glisser vers lui quelques cubes. Il y en avait en bois et d'autres, plus petits, plus lourds, en forme de briques, tous ébréchés.

– Si on construisait une maison ? proposa-t-elle.

L'enfant la regarda empiler les cubes.

– Tu ne veux pas en mettre, toi aussi ? dit-elle. Tiens, regarde, si on mettait le gros, là ?

Elle lui montra comment faire et, peu à peu, il s'y mit à son tour, mais toujours en imitant la jeune femme, comme s'il avait peur de prendre la moindre initiative ou bien n'avait aucune idée de ce qu'il devait faire.

La maison fut rapidement terminée, car il n'y avait pas beaucoup de cubes. Elle avait une porte, mais pas de toit, et une seule fenêtre.

Ils s'agenouillèrent pour la contempler.

« Que faire maintenant ? se demanda Sally. A quoi pourrait-on jouer ? »

Le petit Johnny ne savait pas ce que jouer voulait dire. Il n'avait jamais joué dans sa vie. Et en contemplant cette sinistre et brève éternité âgée de trois ans, Sally fut assaillie par le chagrin en songeant qu'elle ne pouvait rien faire pour lui, car elle non plus ne savait pas jouer. Pas plus que Johnny, elle ne savait ce qu'on pouvait faire après avoir construit une maison.

C'était toujours Sarah-Jane qui jouait avec Harriet. Sally venait les voir, souriait devant cette scène tendre, puis repartait. C'était Jim qui emmenait la fillette faire la chasse aux caramels dans le jardin, après les avoir cachés avec soin. C'était Webster qui avait construit la balançoire et qui faisait rouler Harriet sur les rails servant à déplacer l'appareil photo. Sally se contentait de jeter un regard en passant, avant de retourner à des occupations plus importantes, comme lire un journal économique ou conseiller des placements à un client.

Résultat, elle était incapable de montrer à cet enfant comment on jouait.

La maison de cubes se dressait entre eux. Sally avança la main et poussa tout doucement ; elle s'écroula.

Ce soir-là, M. Katz vint la chercher.

Elle avait rédigé les lettres que lui avait demandées Mlle Robbins, couché Harriet, dîné de pain et de fromage, puis aidé le Dr Turner à l'infirmerie, coupant de vieux morceaux de mousseline pour en faire des bandages et nettoyant des flacons. Elle n'avait pas eu une seule minute à elle, mais elle savait que, bientôt, elle devrait réfléchir à la question de l'argent, écrire à Margaret et indiquer à Sarah-Jane où elle se trouvait, avant de reporter son attention sur ce mystère : pourquoi Parrish la persécutait-il ? Mais pour l'instant, elle se sentait à l'abri et cela lui suffisait.

A vingt heures, la domestique entra dans l'infirmerie et annonça qu'un visiteur attendait Mlle Lockhart en bas. Le cœur de la jeune femme s'emballa, mais Susan précisa aussitôt qu'il s'agissait du monsieur qui l'avait conduite à la mission. Sally s'essuya les mains. Elle jeta un coup d'œil vers le Dr Turner et, voyant que celle-ci l'observait avec attention, espéra que ses joues avaient repris des couleurs.

M. Katz l'attendait dans le bureau de Mlle Robbins. Il se leva quand Sally entra. Dans la lumière, elle le voyait un peu mieux que le soir précédent et elle remarqua ses poignets de chemise élimés et ses chaussures éraflées. Mais la voix grave et grondante avait quelque chose de rassurant, et son regard était à la fois courtois et amical. Ils se serrèrent la main.

– Monsieur Katz, je vous suis infiniment reconnaissante, commença Sally. Mais j'espère que vous allez pouvoir me dire qui vous êtes et comment vous me connaissez.

– Je vais vous conduire auprès d'un homme qui a besoin de votre aide. Il vous dira tout ce que vous avez besoin de savoir.

– *Mon* aide ? Je suis mal placée pour aider qui que ce soit !

– Quand vous entendrez ce qu'il a à vous dire, vous n'en douterez plus. Avez-vous un manteau et un chapeau ? Si je me souviens bien, ceux que vous portiez hier soir étaient assez repérables. Pourriez-vous en emprunter d'autres ? Personne ne nous remarquera, mais on n'est jamais trop prudent.

– Prenez mon manteau, proposa le Dr Turner en entrant dans la pièce d'un pas assuré. Personne ne fera attention à vous avec mes vieilles nippes. Ne vous en faites pas pour Harriet, nous veillerons sur elle.

Elle décrocha un vieux manteau couleur rouille suspendu à une patère près de la porte et le lança à Sally, qui l'enfila. Le chapeau suivit la même trajectoire. Il était un peu trop grand pour la jeune femme, mais il avait l'avantage de masquer son visage. Une fois habillée, elle alla chercher son panier dans sa chambre.

– Où allons-nous ? demanda-t-elle.

– A Soho, répondit Katz.

Pendant le trajet – que ce soit dans l'omnibus, sur le trottoir bondé d'Oxford Street ou en remontant Dean Street – il se montra peu bavard. C'est seulement lorsqu'ils furent arrivés devant la pension qu'il daigna lui donner quelques indications :

– L'homme que nous venons voir s'appelle Jacob Adler. Ce n'est pas son seul nom. Voyez-vous, il est recherché par les polices de plusieurs pays. Mais pas pour ce que vous considéreriez comme un crime, je pense. Dans cette maison, dans ce pays, et pour l'instant, il se fait appeler Goldberg. Daniel Goldberg.

– Le journaliste ?

Sally s'apprêtait à gravir les marches du perron. Elle s'arrêta.

– Vous avez entendu parler de lui, dit Katz. Vous comprenez donc pourquoi il n'est pas très aimé.

– Je refuse de parler à un journaliste. Surtout un...

– Surtout un socialiste ?

Sally ne répondit pas. Elle se sentait prise au piège. Mais elle était venue jusqu'ici : pourquoi ne pas rencontrer cet homme ? Quant au socialisme, ce qu'elle avait vu ce jour-là la rendait plus compréhensive à bien des égards.

– Soit, dit-elle.

– Avez-vous de quoi retourner à Whitechapel ? Je ne monte pas avec vous, j'ai d'autres visites à faire.

– Oui. Mais pourquoi… ?

– Vous le trouverez dans la pièce située en haut de l'escalier, au deuxième étage. C'est sa fenêtre que vous voyez là.

Katz montra une petite fenêtre éclairée. Sally voyait une ombre se déplacer au plafond.

– Allez-y, entrez. C'est un lieu de réunion ; il y a toujours un tas de gens qui vont et viennent. Nul ne fera attention à vous. Bonsoir.

Avant que Sally ait pu ajouter quoi que ce soit, il avait disparu au milieu de la foule massée devant le petit théâtre voisin.

La jeune femme se retourna vers la maison. La porte était ouverte et, comme l'avait dit Katz, des gens entraient et sortaient. Une affiche placardée près de l'entrée annonçait une conférence en anglais et dans une autre langue dont elle ne reconnaissait pas l'alphabet. Ce n'était pas du russe, se dit-elle. De l'hébreu ?

Elle se fraya un passage au milieu de la foule qui se pressait à la porte d'une pièce dans laquelle un homme barbu, vêtu d'une veste couleur prune, faisait un discours. Sa voix était profonde, ses gestes théâtraux, son regard magnétique, et le public applaudissait, sifflait, l'acclamait, riait aux éclats... tout en mangeant, buvant, fumant, en interpellant l'orateur, en menant des discussions passionnées avec les uns et les autres.

Arrivée au premier étage, Sally découvrit un certain nombre d'hommes et de femmes assis à des tables, en train de lire le journal, d'écrire ou de jouer aux échecs. Cet endroit ressemblait davantage à un club privé qu'à une pension. Elle capta au passage trois langues qu'elle comprenait et plusieurs autres qu'elle ne comprenait pas. Personne ne lui prêta la moindre attention.

Elle continua à monter. Il faisait plus sombre au deuxième étage, c'était aussi plus calme. Son cœur battait à tout rompre. « Et si c'était un piège ? » Ils l'avaient dupée... Katz l'avait attirée jusque-là et il était retourné à Whitechapel pour s'emparer d'Harriet...

Qu'est-ce qui lui avait pris de venir ici ? Quelle idiote ! Ne retiendrait-elle jamais la leçon ?

Ses doigts cherchèrent le pistolet caché sous le châle, dans son panier. Il était là : solide, lourd et chargé. Elle le prit en main, appuya l'anse du panier sur son bras pour pouvoir tirer plus facilement et frappa à la porte sous laquelle filtrait un rai de lumière.

– *Ja !* lança une voix. Entrez !

Elle poussa la porte.

17
Un homme au travail

Goldberg leva la tête. La jeune femme se tenait sur le seuil, tendue et tremblante, semblable à un félin aux aguets. Ses yeux scintillaient, ses cheveux blonds luisaient. Elle était extraordinaire : désespérée, effrayée, mais nullement démontée. Et si jolie, remarqua-t-il immédiatement. Non, le mot était trop faible. Elle était superbe.

Il ne l'avait jamais vue, mais il sut aussitôt qui elle était. Il se leva.

– Mademoiselle Lockhart... entrez. Soyez la bienvenue. Savez-vous depuis combien de temps je vous cherche ?

– Je, euh... Un dénommé Katz m'a conduite jusqu'ici. Mais...

– C'est moi qui lui ai demandé de veiller sur vous. Vous a-t-il emmenée à la mission de Mlle Robbins ?

Sally répondit par un hochement de tête. Goldberg poussa une chaise dans sa direction et se tourna vers le buffet

Elle en profita pour regarder autour d'elle. Cette pièce était pleine de vie, comme la Chambre des Communes ou les coulisses d'un grand théâtre ; c'était un lieu vibrant d'activité, d'excitation, d'énergie et de désespoir.

Et pourtant, il n'y avait là qu'un homme assis à sa table de travail.

– Vous boirez bien un verre de vin, dit-il.

Sans attendre la réponse de Sally, il remplit deux verres d'un liquide aux reflets dorés. Son bureau, constata-t-elle, était recouvert de livres et de journaux ouverts, et le sol jonché de papiers, car le journaliste employait une méthode simple : dès qu'une feuille était entièrement écrite (d'un seul côté), il la laissait tomber par terre et en prenait une autre. Il s'était arrêté au milieu d'une page ; son écriture était fine et serrée et le papier parsemé de taches d'encre. Une pierre grosse comme un poing maintenait une pile de feuilles blanches, à côté d'une tasse remplie de crayons et de stylos à plume.

Il lui tendit un verre et se rassit.

Elle n'avait pas imaginé Daniel Goldberg aussi jeune, la trentaine à peine ; il avait une masse de cheveux noirs rebelles, striés de quelques mèches grises sur les tempes. Solidement bâti, il possédait des épaules larges et des mains qui semblaient capables de déchirer en deux l'un de ces épais rapports officiels. D'ailleurs, son expression laissait deviner qu'il l'aurait fait avec plaisir. Ses yeux étaient sombres et les rides d'expression qui les entouraient formaient déjà un réseau complexe. Il avait un nez fort, avec des narines bien ouvertes; sa bouche était large et mobile. Il n'était pas très beau, mais il paraissait plus vivant que tous les gens qu'elle avait connus.

Il leva son verre.

– A la défaite de nos ennemis !

Sally but une gorgée de vin : il était fort et sucré.

Puis ils se mirent à parler tous les deux en même temps. Cela les fit sourire, et Sally le laissa poser sa question :

– Votre fille... elle est en sécurité ?

– Oui. Mais... Comment savez-vous qui je suis ? Et vous parlez de nos ennemis... Parrish est-il également votre ennemi ? Je vous en prie, monsieur Goldberg, expliquez-moi ce qui se passe.

– Parrish est un criminel. J'enquête actuellement sur une colossale escroquerie, un complot visant les immigrants juifs. Quelqu'un les abuse en leur vendant de faux billets de bateau, en les obligeant à payer diverses taxes imaginaires et Dieu seul sait quoi d'autre encore. Dieu ? Non, *moi* aussi, je le sais. Des centaines et des centaines de petites plaies qui saignent sans cesse, des milliers de personnes escroquées, spoliées et abusées. J'ai assisté à cela de Saint-Pétersbourg à Liverpool, et je sais que cela se poursuit au-delà, jusqu'à New York. Les Russes n'ont guère besoin d'encouragements pour persécuter les juifs, mais je suis convaincu que ce... cette conspiration, cette entreprise, ce complot, appelez ça comme vous voulez, encourage ceux qui déclenchent les pogroms afin de provoquer une nouvelle vague d'immigration. Savez-vous ce qu'est un pogrom ? Ce mot est synonyme de pillage, de terreur et de destruction. Quelqu'un tire les ficelles. Je l'ai vu, mais je ne connais pas son nom. On le surnomme le Tzaddik. C'est un mot yiddish qui signifie « le juste », « le saint ». C'est ironique, bien sûr. Le Tzaddik a des agents dans tous les pays d'Europe, et sans doute en Amérique également. Son homme, à Londres, est votre cher M. Parrish.

Sally retint son souffle.

– Continuez, dit-elle.

– Il occupe une position idéale. Courtier, c'est une activité suffisamment floue, et qui permet de brasser pas mal d'argent. Dans ces conditions, il est très difficile de prouver qu'il se livre à des malversations. C'est pourtant le cas. Par exemple, quand ils débarquent à Londres, certains immigrants ont une adresse où se rendre, celle d'un cousin, d'un frère... Mais la plupart n'ont rien. Des hommes à la solde de Parrish les attendent sur les quais pour les conduire – moyennant finance, évidemment – auprès d'un propriétaire qui leur loue une chambre à un prix exorbitant, avec obligation de payer un mois d'avance. Au cours des jours suivants, ils apprennent, par des voisins ou des parents, les véritables prix des loyers, mais il est trop tard : impossible de récupérer auprès du propriétaire la somme versée. Alors ils s'en vont, mais peu importe ! Il y en aura d'autres sur le prochain bateau. Les escroqueries et les extorsions pratiquées par cet individu sont innombrables et, s'il ne s'est pas encore intéressé aux ateliers clandestins, il a l'intention de s'y mettre.

Mais les juifs ne sont pas ses seules poules aux œufs d'or. Il y a dans le West End six maisons qui lui rapportent toutes les semaines entre soixante et soixante-dix livres chacune. Louer une maison comme celle-ci coûterait normalement... Combien ? Deux guinées ? Trois, peut-être ? Lui perçoit soixante ou soixante-dix livres par semaine. Sans oublier le jeu, évidemment. Et la prostitution. Je le sais, car j'ai fait en sorte que la personne qui collecte les loyers se fasse détrousser il y a une quinzaine de jours.

Voyant l'expression de Sally, il ajouta d'un ton enjoué :

– Oui, j'exerce également quelques activités criminelles en dehors du journalisme. Je n'ai encore tué personne, mais je ne veux pas en faire un principe. En l'occurrence, l'argent volé a été versé au refuge juif de Wapping. Ce qui m'intéressait, c'était ceci... le livre de comptes.

Il ouvrit un tiroir d'où il sortit le petit carnet graisseux que Bill avait confisqué à M. Tubb. Il le tendit à Sally qui le feuilleta. Il recensait un grand nombre de sommes d'argent versées, ainsi que des adresses... Elle releva la tête, stupéfaite.

– On le tient ! s'exclama-t-elle. Avec ça, je peux... Si Parrish est un criminel, jamais la justice ne lui confiera Harriet ! Et il sera obligé de me rendre mon argent...

– Vous seriez prête à témoigner contre lui, n'est-ce pas ?

– Évidemment, avec ça !

– Réfléchissez. Aux yeux de la loi, vous êtes son épouse.

– Oh..., fit-elle avec une grimace amère. Une épouse ne peut pas témoigner contre son mari. Mais il doit bien y avoir...

Goldberg lui reprit le carnet.

– Je le garde en lieu sûr. Nous nous en servirons, mais pas maintenant.

– Comment... Pourquoi vous êtes-vous intéressé à moi et à... ma situation ? demanda Sally. Je n'ai rien à voir avec l'immigration juive.

– Tout ce qui concerne Parrish m'intéresse. Quand j'ai appris qu'il intentait une action en justice pour obtenir le divorce et la garde d'un enfant, je me suis tout naturellement interrogé. Plus j'y réfléchissais, plus cela me paraissait complètement fou.

– Ça l'est ! dit Sally. J'ai cru que j'avais perdu la tête. Pourquoi ? me demandais-je. Pourquoi moi, pourquoi Harriet ? Il n'y avait aucune explication. A moins que... à moins que cette histoire soit vraie et que j'aie tout oublié... On oublie parfois les choses les plus incroyables. Je sais de quoi je parle, ça m'est arrivé... Mais oublier *ça !* Il faudrait que je sois folle. Et par moments, j'ai cru que c'était le cas... Mais non. Harriet n'est pas son enfant. Le père de ma fille est mort. Et de toute façon...

– De toute façon, une femme comme vous n'épouserait jamais un homme comme lui, conclut Goldberg d'un ton catégorique. Bien sûr que non. Ça n'a aucun sens.

– Qu'est-ce que ça signifie, alors ?

– L'idée de ce plan insensé ne vient pas de Parrish. Il y a quelqu'un d'autre derrière lui, quelqu'un qui veut vous punir en vous prenant votre enfant. Parrish fait ça uniquement pour l'argent ; il ne compte pas, ce n'est qu'un pion. N'importe qui d'autre aurait pu tenir son rôle. Oubliez Parrish. L'homme qui se cache derrière tout ça, c'est le Tzaddik.

Sally resta assise sans rien dire. Elle avait envisagé cette hypothèse des centaines de fois, sans jamais parvenir à mettre un nom sur l'ombre qui se tenait tapie derrière le courtier ; ce n'étaient que spéculations, idées fantasques. Mais en les entendant dans la bouche de cet homme, elle comprit qu'elle n'était pas folle. Elle avait enfin un allié.

– Vous comprenez maintenant pourquoi je tenais tant à vous retrouver ? reprit Goldberg. Je veux que vous découvriez qui est le Tzaddik. Je sais certaines choses sur lui. Mais si c'est une personne qui vous hait... et si vous arrivez à deviner qui ça peut bien être, alors là... on le tient ! Et vous serez enfin libre car, avec tout ça, vous pourriez retourner au tribunal. Soit dit en passant, si j'étais vous, je choisirais un meilleur avocat la prochaine fois. Je l'ai vu à l'œuvre devant la cour. C'est un abruti.

– Comptez sur moi ! Monsieur Goldberg, c'est la nouvelle la plus réjouissante que j'ai entendue depuis... Oh, depuis des semaines. Mais cet homme, le... Tzaddik ? Quel genre d'individu est-ce ?

Goldberg lui raconta alors ce qui s'était passé à Amsterdam. Sally l'écouta avec attention. Ses yeux s'écarquillèrent quand il évoqua l'étrange masse colossale de cet individu paralysé, la silhouette bondissante et malfaisante du singe, la fille qui hurlait à l'intérieur de la voiture à cheval et qui avait préféré mourir noyée plutôt que... que quoi ? Sally fut parcourue par un frisson glacé. Voilà donc l'homme qui voulait s'emparer d'Harriet ?

De qui pouvait-il bien s'agir ?

– Je pense qu'il se trouve à Londres actuellement, ajouta Goldberg. Je n'en suis pas certain, mais un homme que je connais a assisté au déchargement d'une grosse voiture noire sur les quais, il y a un jour ou deux. D'ailleurs, il est logique qu'il soit venu pour connaître le verdict du tribunal, non ? Votre disparition a dû les mettre en rage.

– Ils ont bien failli m'attraper hier, dit Sally. J'ai dû...

Elle sortit le pistolet de son panier. Goldberg laissa échapper un sifflement.

– Sacré calibre, commenta-t-il. Vous avez tiré avec ça ?

– J'étais prête à le faire.

A son tour, elle lui raconta ce qui s'était passé, depuis le matin où, dans son jardin, elle avait reçu la demande de divorce, jusqu'au moment où Katz l'avait trouvée sur le banc de l'église. Goldberg ne l'interrompit qu'une fois, lorsqu'elle évoqua le garçon qui l'avait arrêtée à l'entrée de Middle Temple Lane.

– C'était Bill, dit-il. Un de mes protégés. Il m'a parlé de votre rencontre. Il paraît que vous avez réagi férocement, comme une tigresse. Vous n'auriez pas hésité à le tuer. Je voulais absolument vous rencontrer, c'est maintenant chose faite. Mais je vous en prie, continuez.

Ils s'observèrent un instant, les yeux dans les yeux, puis Sally baissa la tête et reprit son récit. Quand elle eut terminé, Goldberg demeura immobile un instant, puis il posa les mains à plat sur son bureau et se leva.

– Vous avez bien mérité un autre verre de vin, dit-il.

Il prit son verre et le remplit.

– C'est du tokay. Un vin de mon pays.

– Vous êtes hongrois ?

– Je l'étais. Maintenant, je suis... C'est ici que je vis, c'est ici que je travaille. J'écris en anglais. Peut-être que je deviens anglais, finalement. A la chute du Tzaddik !

Ils burent. Sally se sentait gagnée par une certaine timidité. C'était à cause de la décontraction soudaine, du soulagement de se découvrir un allié. Mais surtout, c'était la nature de cet allié, la présence magnétique de cet homme, sa troublante vitalité, le sentiment qu'il était entouré de bourrasques et de tempêtes invisibles, chargées d'électricité. Il avait une mission à remplir, et il y mettait toute sa vie et tout son être ; c'était une chose que Sally aimait par-dessus tout chez les autres. Voilà pourquoi elle avait l'impression d'être redevenue une jeune fille rougissante et muette.

« Mais tu n'es plus une gamine, se morigéna-t-elle. Tu es adulte, maintenant. Trouve quelque chose à dire. »

– Dans le livre de comptes de Parrish, reprit-elle en désignant le carnet posé sur le bureau, il est question de marchandise blanche. Qu'est-ce que ça signifie ?

Goldberg la regarda intensément avant de répondre.

– Il s'agit des filles vendues pour la prostitution. C'est une partie des sinistres activités du Tzaddik. Ou de Parrish. Ils emploient un certain nombre de femmes, parlant yiddish généralement, qui vont sur les quais pour repérer les jeunes femmes voyageant seules. Elles leur offrent un toit et une fois que la pauvre fille est isolée, loin de ses compatriotes et de tout secours, on lui fait comprendre quel est le prix à payer pour le gîte et le couvert. La moitié des filles qui travaillent dans les sinistres maisons de Parrish sont des immigrées, de pauvres réfugiées juives arrivées seules. Quand elles tombent malades ou quand elles sont usées, on les emmène à l'étranger et on les vend à des bordels dans les ports. L'Amérique du Sud est une des principales destinations. Voilà le genre d'individus auquel nous avons affaire, mademoiselle Lockhart. Ce sont des hommes capables de tout.

Sally était muette d'effroi. Goldberg enchaîna :

– Vous comprenez pourquoi j'ai besoin de votre aide ? Nous devons découvrir pour quelle raison le Tzaddik tient tant à vous faire du mal. A partir de là, nous saurons qui il est. Et peut-être pourrons-nous le détruire. Passons maintenant aux questions pratiques. De quoi avez-vous besoin avant toute chose ? D'argent ?

Sally rassembla ses esprits.

– Oui. Je dois également informer la nurse d'Harriet de l'endroit où je me trouve. Et aussi mon associée, Mlle Haddow... Ce sont les trois choses les plus importantes dans l'immédiat. Ensuite, je dois retrouver le pasteur qui a signé le registre de mariage.

– Parfait.

Goldberg prit une feuille de papier vierge ; sa main saisit la plume, qu'il enfonça dans l'encrier avec la précision d'un oiseau qui picore.

– Vous allez rédiger un mot à l'intention de la nurse et de votre associée, dit-il. Je les porterai personnellement pour qu'elles sachent qui je suis et puissent me faire confiance. *A priori*, Parrish ne me connaît pas. Il sait que quelqu'un le cherche, mais il ne sait pas qui. Venez. Installez-vous...

Il se leva et lui offrit sa place. Après voir rédigé les deux lettres, Sally les glissa dans des enveloppes qu'elle cacheta sous les yeux de Goldberg, appuyé contre le rebord de la fenêtre. Elle sentait le poids de son regard sur elle, mais cela ne la gênait pas. Il y avait même quelque chose de flatteur dans le fait d'attirer l'attention d'un tel homme. Mais elle repoussa cette pensée dans le fond de son esprit, avec l'intention d'y revenir plus tard.

– Vous avez fini ? demanda-t-il. Parfait. Je vais vous raccompagner jusqu'à la mission. Je sais bien que vous êtes armée, mais j'y tiens. Outre le plaisir de votre compagnie, je veux savoir où se trouve ce refuge pour pouvoir y retourner ensuite, voir qui est cette Mlle Robbins et ce qu'elle fait. Certains de mes camarades méprisent le travail des réformateurs des classes moyennes qui vont dans les taudis pour faire le bien. Pas moi. Certes, ces taudis ne devraient pas exister et notre tâche consiste à les faire disparaître, mais tant qu'ils existent, et tant que des gens comme Mlle Robbins font ce travail, une douzaine de femmes auront un endroit où dormir cette nuit et des médicaments pour soigner leur toux. N'oubliez pas votre chapeau…

– Merci, dit Sally. A vrai dire, ce n'est pas le mien. Il est trop grand. On me l'a prêté…

Elle savait très bien ce qui la poussait à faire cette réflexion : c'était la vanité. Mais cela faisait si longtemps qu'elle n'avait pas eu le plaisir de paraître jolie. « Pas maintenant, se reprocha-t-elle. Pas maintenant. » Encore un sujet de réflexion pour plus tard.

Dans l'omnibus, ils n'échangèrent que quelques mots et, quand ils se serrèrent la main devant la mission, éclairés par la lampe à gaz installée au-dessus de la porte, Goldberg se contenta de lui adresser un sourire fugace. Mais, quelques instants plus tard, après avoir embrassé Harriet et s'être glissée à côté d'elle dans le lit étroit, Sally s'autorisa à analyser cette étrange exultation, pleine d'inquiétude, qu'elle sentait vibrer en elle. La cause en était simple. Elle avait vu en Daniel Goldberg quelque chose d'extrêmement rare : un homme dont elle sentait immédiatement, et sans le moindre doute, qu'il était son égal.

A moins de deux kilomètres de là, le Tzaddik, assis dans son salon, attendait que M. Parrish lui explique pourquoi il avait perdu Sally.

Accroupi sur son épaule, le singe faisait tourner une noix du Brésil entre ses petites mains noires ; il la porta à sa bouche et la grignota. M. Parrish se serait senti particulièrement nerveux s'il n'avait appliqué les « principes orientaux de la maîtrise de la pensée », exposés par le grand mystique Wu Shu-Fan dans un ouvrage que le courtier avait acheté au printemps précédent. Il s'agissait de pratiquer de profondes inspirations, accompagnées d'un mouvement en spirale des énergies psychiques autour de la colonne vertébrale.

C'était ainsi, grâce à l'envolée tourbillonnante de ses énergies psychiques et à une profonde respiration diaphragmatique, que M. Parrish pouvait faire face à son patron avec sérénité et lui raconter ce qui s'était passé.

– Elle avait un pistolet, monsieur Lee, expliqua-t-il. Ses intentions ne faisaient aucun doute. Elle aurait commencé par me tirer dessus, vu que j'étais dans sa ligne de mire ; ensuite, si besoin était, elle aurait tué les deux autres, et dans la panique qui en aurait résulté, elle se serait enfuie. Ce qu'elle a fait, d'ailleurs. Je n'aimerais certes pas subir le désagrément d'une blessure, mais le tracas provoqué par mon décès serait bien plus important. Impossible, dès lors, de réclamer la garde de l'enfant. Nous avons donc brisé la vitre du salon de thé et nous l'avons suivie. Elle a pris un omnibus pour se rendre dans l'East End. A cette heure, les rues étaient pleines de monde, mais j'ai pu sauter dans un fiacre et le suivre, pour voir où elle descendait. Hélas, la circulation était dense et je l'ai perdu de vue. Mais j'ai remarqué qu'il était de couleur vert foncé et que la ligne s'arrêtait à Whitechapel.

– Avez-vous récupéré ses affaires dans la pension de Bloomsbury ?

– La logeuse, une certaine Mme Parker, a refusé qu'on emporte quoi que ce soit. J'ignore donc ce qu'elle a laissé là-bas. Je peux faire cambrioler la pension, si vous le souhaitez, monsieur Lee.

L'obèse réfléchit. Le singe avait terminé sa noix ; il descendit, tête baissée, pour aller en chercher une autre dans le bol de fruits secs que le majordome avait décortiqués un peu plus tôt. M. Lee murmura un ordre et aussitôt, le singe glissa un cerneau entre les lèvres de son maître

Quand celui-ci eut lentement mâché et avalé, il reprit :

– Inutile. Poursuivez les recherches. Mais sachez que je ne suis pas du tout impressionné par votre travail, jusqu'à présent. Vous manquez de sens critique envers vous-même. Vous pouvez garder l'argent qui se trouvait sur son compte en banque ; vous me remettrez le reste, tout ce qu'elle possède sous forme d'actions et d'obligations. Si c'est vous qui la retrouvez, je vous restituerai le tout ; si une autre agence met la main sur elle, vous ne verrez pas un sou de plus. Agissez immédiatement. Dès demain à la première heure, je veux voir la preuve que toutes les actions et obligations enregistrées au nom de Veronica Beatrice Lockhart et réclamées en toute légalité par Arthur James Parrish ont été transférées sur mon compte.

– Je comprends, monsieur Lee, répondit Parrish.

Le contrôle oriental de ses pensées était sérieusement malmené.

– Avez-vous l'intention de faire appel à une autre agence ? Puis-je me permettre de vous demander avec qui je serai... en concurrence ?

– Certainement, répondit Lee. Avec la police métropolitaine. En sortant, veuillez avoir l'obligeance de faire entrer le monsieur qui attend dans le couloir. Il s'agit du commissaire adjoint Bushell.

La spirale psychique s'écroula. M. Parrish se leva ; il s'apprêtait à ajouter quelque chose mais, devant le visage impassible de son patron, il se ravisa.

– Bonsoir, monsieur, dit-il en s'efforçant d'adopter un ton positif et de donner une impression de vigueur et d'efficacité. Je vous apporterai les documents demain matin, monsieur. Bonsoir.

Le commissaire adjoint Bushell était un homme d'un certain âge, affligé d'une toux sèche et de manières obséquieuses, envers M. Lee du moins. Car, envers M. Parrish, il se montra plutôt méprisant.

Il s'assit et écouta avec attention M. Lee lui expliquer ce qu'il attendait de lui.

– Une certaine Lockhart, Mlle Sally Lockhart, se cache dans cette ville, probablement, non je dirais certainement, dans l'East End, avec une fillette de deux ans prénommée Harriet. Je veux que vous la retrouviez. Elle est blonde, jolie, âgée d'une vingtaine d'années. Autant que je sache, elle n'a pas beaucoup d'argent. Elle est déjà recherchée par la police. Le journal qui se trouve sur la table à votre droite vous expliquera pourquoi. Miranda, une autre noix..

Le singe bondit aussitôt vers le bol, chipa une noix du Brésil et la fourra dans la bouche de son maître, pendant que le commissaire lisait l'article que Sally avait découvert la veille dans *The Times.*

Ayant fini sa lecture, M. Bushell replia soigneusement le journal.

– Je n'étais pas personnellement au fait de cette affaire, dit-il. En tant que commissaire adjoint, je ne m'occupe pas, bien évidemment, des enquêtes au jour le jour. Mon intervention risquerait fort d'attirer l'attention et de provoquer des réactions...

– Occupez-vous-en, ordonna M. Lee. Débrouillez-vous comme vous voulez. Autrement, j'avertirai vos supérieurs et la presse de vos liens avec certaines « maisons ». Je possède la liste de toutes vos visites, avec les heures, les sommes d'argent dépensées ou gagnées, les noms des filles que vous avez vues. Vous saviez bien qu'il y aurait un prix à payer, Bushell. Le voici : mettez le maximum d'hommes sur cette affaire et retrouvez cette femme.

M. Bushell, qui ne connaissait pas les principes orientaux de la maîtrise de la pensée, se ratatina dans son fauteuil. Il hocha la tête, poussa un soupir et se leva.

– Une dernière chose, dit M. Lee avant que son visiteur n'atteigne la porte. Il y a quelque part à Soho un homme qui se fait appeler Goldberg. Un journaliste. J'ai entendu dire qu'il abusait de son statut d'hôte de ce pays en espionnant diverses activités commerciales légales. Ce serait une marque de décence et de patriotisme que de découvrir où se cache cette crapule et d'informer le ministère de l'Intérieur de ses agissements afin de le faire expulser. D'ailleurs, il est sous le coup d'une condamnation à mort en Hongrie et je suis sûr que les autorités de ce pays seraient ravies de le récupérer. Occupez-vous de cela également, voulez-vous ?

18

L'Ordre de Sophie la Sanctissime

Arthur Parrish avait de nombreux contacts dans l'univers peu recommandable de la pègre et il ne lui fallut pas longtemps pour lancer la traque. Il opéra scientifiquement, suivant les principes établis dans l'ouvrage capital d'Abner T. Handley, *L'Ami du jeune homme : comment réussir dans les affaires*, à la lecture duquel il avait consacré de nombreuses heures fructueuses. Abner T. Handley se montrait particulièrement éloquent sur les questions de prudence et d'ingéniosité, et M. Parrish estimait avoir franchi un pas supplémentaire dans ces deux domaines, car il avait offert une récompense de cinquante livres sterling pour toute information concernant l'endroit où se trouvait Sally ; l'argent étant celui de la jeune femme, évidemment. Que pouvait-il y avoir de plus économique et de plus élégant que de faire payer le prix de la chasse à la proie elle-même ?

Pendant ce temps, le commissaire adjoint Bushell ordonnait aux superintendants des brigades de Whitechapel, de Stepney et de la Tamise, de la police métropolitaine, d'affecter le plus grand nombre d'hommes possible à cette recherche. A eux tous, ces fonctionnaires avaient mille deux cent trente-cinq policiers sous leurs ordres, et même si, intérieurement, chacun des superintendants jugeait déplacée l'intervention du vieux commissaire – qui aurait mieux fait, à leur sens, de se contenter de remplir des paperasses à Scotland Yard –, ils étaient néanmoins bien décidés à faire bonne impression en mettant la main sur cette Sally Lockhart ; aussi, une fois de retour dans leurs brigades respectives, chargèrent-ils de cette tâche une bonne partie de ces mille deux cent trente-cinq hommes.

Le commissaire adjoint Bushell n'en avait pas pour autant oublié Goldberg. Il avait sa propre opinion sur les agitateurs étrangers, qu'ils soient socialistes, communistes, anarchistes ou pire encore, et il connaissait un agent qui avait déjà effectué ce genre de travail pour lui par le passé. Il le convoqua à Scotland Yard, lui ordonna de se mettre à la recherche de cette crapule et de l'avertir dès qu'il l'aurait trouvée.

Ce matin-là, Sally suivit de nouveau Mlle Robbins dans une de ses visites. Cette fois, elles se rendirent dans une famille qui fabriquait des boîtes d'allumettes. Mlle Robbins rassemblait des statistiques destinées à un rapport sur les conditions de vie dans l'East End, et Sally l'accompagnait car elle voulait voir ce qu'était un atelier clandestin.

Il s'agissait d'une famille de cinq personnes : le père, la mère, deux filles à peine sorties de l'enfance et un petit garçon de sept ans, malade, qui s'entassaient dans une pièce mesurant à peine quatre mètres sur trois. Couché sur un matelas dans un coin, le garçon respirait à peine. Dans l'air épais flottaient des odeurs de maladie, de sueur, de poisson et de colle. Les mains de tous les membres de la famille s'affairaient de manière ininterrompue, collant de petits morceaux de bois fin sur des bandes de papier couleur magenta, les mettant de côté pour les faire sécher, puis les pliant pour en faire des boîtes d'allumettes. L'une des deux filles, une adolescente à l'air éveillé et rebelle, rassemblait les boîtes avec de la ficelle. L'usine leur donnait deux pence pour douze douzaines de boîtes, expliqua le père. Sally avait du mal à y croire, mais Mlle Robbins confirma ses dires. De plus, ils devaient acheter eux-mêmes la ficelle et la colle. Résultat, en travaillant toute la journée et une partie de la nuit, ils gagnaient juste de quoi ne pas mourir de faim.

– Ce n'est pas vraiment un atelier clandestin, expliqua Mlle Robbins alors qu'elle repartait avec Sally, car ils travaillent à leur compte, d'une certaine façon, et non pas pour un petit employeur qui possède les lieux et organise le travail. Mais ça revient au même : c'est de l'exploitation. De la part de l'usine, en l'occurrence. Soit dit en passant, la plus grande des filles, celle qui attache les boîtes, ne va pas tarder à quitter le foyer familial. Elle a été repérée par une femme qui tient une maison close dans Devonshire Street. Là-bas, elle gagnera rapidement de l'argent et la maladie la tuera.

– Ce n'est pas certain, répondit Sally, car elle éprouvait le besoin de se raccrocher à une pensée optimiste.

– Non, peut-être pas. Peut-être qu'un riche gentleman au grand cœur tombera amoureux d'elle et l'épousera. Peut-être qu'un ange descendra sur terre pour l'emmener directement au paradis. Peut-être se fera-t-elle renverser par un omnibus. Je ne peux pas prédire le destin des individus, en effet. Mais une chose est indéniable : dans mille autres ateliers, il y a des filles aussi jolies que celle-ci, pleines de vitalité, intelligentes et frustrées, et un grand nombre d'entre elles finiront comme je vous l'ai prédit. Rien n'est plus sûr.

Sally ne savait que dire. Effarée par cette sinistre réalité, elle se retourna vers ce qu'elle connaissait bien – l'argent, les bénéfices et les coûts – et se demanda à combien de clients elle avait conseillé d'acheter des actions de la société Bryant & May, les fabricants d'allumettes. Elle-même en possédait !

Trois lettres l'attendaient à la mission, mais elle n'eut le temps de les lire qu'après avoir donné un coup de main en cuisine, puis distribué la soupe et le pain aux femmes et aux enfants. Les lettres avaient été apportées par un monsieur brun ; la domestique ne put rien lui dire de plus. Sally les avait glissées dans sa poche pour les lire plus tard, mais son cœur avait fait un bond dans sa poitrine lorsqu'elle avait reconnu, sur l'une d'elles, les épais caractères à l'encre noire.

Après avoir débarrassé la table et fait la vaisselle, Sally alla coucher Harriet. La fillette avait le visage empourpré ; elle était agitée et se collait à sa mère. Sally dut la cajoler et la bercer un long moment. Enfin, elle s'endormit et la jeune femme put sortir les lettres de sa poche. Reconnaissant l'écriture de Sarah-Jane Russell, elle ouvrit l'enveloppe et lut :

Chère Mademoiselle Lockhart,

J'espère que vous êtes cachée dans un endroit sûr. Trois hommes surveillent la maison depuis hier et un policier est venu avec un mandat pour fouiller partout. J'ai été obligée de le laisser entrer. Il a dit qu'il y avait aussi un mandat d'arrêt contre vous. Je n'ai pas voulu le croire, c'est trop horrible, mais s'il le dit, c'est sûrement vrai. Il a emporté de nombreux papiers et d'autres choses. J'ai voulu l'en empêcher, mais il m'a répondu que le mandat lui donnait ce droit. Vivement que Jim et M. Webster rentrent d'Amérique du Sud, mais toujours pas de nouvelles.

Mme Molloy est venue aujourd'hui pour savoir s'il y avait du nouveau. Elle est terriblement inquiète. Je ne voudrais pas compliquer encore les choses, mais il faut payer la cuisinière et Ellie demain, et je n'ai pas d'argent.

Je confie la lettre d'Oxford à M. Goldberg. Il est déjà venu, mais je ne savais pas qui c'était, je ne pouvais donc rien lui dire.

Je ferai tout ce que je peux pour vous aider. Embrassez Harriet de ma part et dites-lui que je l'aime. J'espère de tout cœur que cette histoire sera bientôt terminée.

Très affectueusement,
Sarah-Jane

La lettre en provenance d'Oxford avait été écrite par Nicholas Bedwell.

Ma chère Sally,

Je crois avoir retrouvé votre mystérieux M. Beech. Un de mes vieux amis, autrefois aumônier d'Exeter College, est aujourd'hui... C'est une longue histoire, sachez simplement qu'il existe à Hampstead (dans Rolfe Road) un établissement baptisé l'Ordre de Sainte-Sophie. Le nom complet est plus long que ça, mais je suis pressé car le facteur va bientôt passer, et vous le découvrirez par vous-même.

Apparemment, il s'agit d'une confrérie de prêtres ou de moines. Sophia *signifie sagesse. C'est le genre d'afféteries auxquelles je n'ai pas le temps de m'intéresser. Il y en a pléthore ici, à Oxford : des étudiants prétendument esthètes se donnent des noms extravagants et accomplissent des rites fantaisistes. Il s'agit d'un ordre de l'Église catholique, et non pas anglicane, mais d'après mon ami Reggie Routledge, on y trouve également quelques convertis, parmi lesquels un nommé Gervase Davidson Beech, qui a passé un certain temps en convalescence, à défaut d'un terme plus approprié, dans la communauté de Saint-Anselm, à Norwich.*

Si je peux me permettre une suggestion, une attaque frontale (aller sur place et jouer cartes sur table) serait sans doute la meilleure tactique. Ne lui laissez pas le temps de trouver une excuse. J'espère ne pas me méprendre sur le compte de cet homme, mais la nature de l'affection qui semble l'avoir poussé à aller se faire soigner à Saint-Anselm laisse supposer, hélas, que je ne me trompe pas. Peut-être voudriez-vous qu'en ma qualité de membre du clergé, j'essaie de l'interroger ?

Je n'ai rien vu dans les journaux concernant votre procès. Inutile de vous préciser que notre chère Harriet et vous êtes dans toutes nos prières. Dites-moi ce que vous voudriez que je fasse.

Très affectueusement,
Nicholas

Sally reposa la lettre, à la fois émue, remplie d'allégresse et exaspérée, car si Nicholas connaissait l'affection dont souffrait M. Beech, et si celle-ci avait une influence sur cette affaire, pourquoi diable ne la nommait-il pas ?

Par bonheur, dans une heure environ, elle pourrait poser la question directement à M. Beech. « Merci, Nick », pensa-t-elle ; elle se promit de lui écrire dès qu'elle rentrerait.

Elle décacheta ensuite la lettre de Goldberg, en constatant que ses mains tremblaient.

Chère Mademoiselle Lockhart,

J'étais navré de ne pas vous trouver en arrivant à la mission, mais l'excellent Dr Turner a eu la bonté de bien vouloir vous transmettre ces lettres. J'espère qu'elles contiennent des nouvelles qui vous réjouiront.

Je vais maintenant rendre visite à Mlle Haddow. J'espère repasser à la mission dans la soirée.

Hâtivement,
Daniel Goldberg

Sally se sentait abattue, sans trop savoir pourquoi, et se trouvait ridicule de réagir ainsi. Après avoir demandé à Susan de veiller sur Harriet, elle sortit.

Un omnibus vert foncé la conduisit à Tottenham Court Road, puis un jaune la déposa à Haverstock Hill ; six pence et trois quarts d'heure après avoir quitté la mission, elle descendait Rolfe Road à la recherche de l'Ordre de Sainte-Sophie. C'était une rue de banlieue paisible, bordée de maisons individuelles, entourées d'arbres et de grands jardins. Elle ne savait pas à quoi s'attendre au juste mais, très vite, elle avisa une inscription peinte sur une porte en bois. On pouvait y lire, en petites lettres gothiques rouges :

Ordre noble et sacré
de l'émanation de la très sainte Sophie

La maison semblait bien entretenue et le jardin aussi, malgré son aspect austère. Elle actionna la sonnette et, quelques instants plus tard, un homme mince portant la tenue des prêtres catholiques vint ouvrir la porte.

– Bonjour, dit-elle. Je viens voir M. Beech.

L'homme esquissa une grimace.

– M. Beech est... Il est ici... Est-ce qu'il vous attend ?

– Non, mais il saura qui je suis. Je m'appelle Lockhart.

Elle s'exprimait sur un ton aussi agréable que possible. Cet homme avait quelque chose de borné et de tatillon, avec son médaillon en or légèrement ridicule qui pendait au bout d'une chaîne sur sa poitrine et sa bague en améthyste. Ayant pris sa décision, il s'écarta pour laisser entrer Sally.

– Il est préférable que vous attendiez dans le hall, dit-il.

Les meubles étaient foncés, oppressants, soigneusement cirés ; une odeur d'encens flottait dans l'air. La pièce était curieusement impersonnelle. D'un geste brusque, le prêtre indiqua une chaise à la visiteuse, puis il disparut en haut de l'escalier. La jeune femme s'assit et attendit.

Cinq minutes s'écoulèrent, puis elle entendit quelqu'un descendre l'escalier. C'était un homme âgé, maigre, au teint cireux, vêtu comme le prêtre qui avait ouvert la porte, avec le même pendentif doré autour du cou.

– Monsieur Beech ? demanda Sally.

– Lui-même. Mais je crains de ne pas vous connaître, mademoiselle Lockhart. Et je ne pense pas pouvoir vous aider.

– Avez-vous été autrefois pasteur de la paroisse Saint-Thomas à Portsmouth ?

– C'est exact, mais voilà un certain temps que je...

Sa voix mourut. Sally le regarda d'un air inquiet, car il semblait sur le point de s'évanouir. Il venait de comprendre qui elle était.

Elle était décidée à ne pas l'aider. Elle le regarda se diriger vers une chaise, marchant avec peine. On aurait dit qu'il allait se laisser tomber dessus, mais il s'accrocha au dossier et resta debout.

– Allons plutôt dans la bibliothèque, dit-il d'une voix si faible qu'elle ressemblait à un murmure.

Il lui ouvrit la porte. En fait de bibliothèque, il s'agissait d'une pièce où se trouvaient quelques étagères chargées de livres, une table, des chaises et, au-dessus de la cheminée, un tableau dans le style symboliste, rempli de personnages auréolés affichant des expressions extatiques.

Sally s'assit pendant que l'ancien pasteur fermait la porte.

– Vous connaissez la raison de ma visite, dit-elle.

– Oui.

– Vous avez falsifié un registre de mariage pour faire croire que j'étais mariée à M. Parrish.

– Je... Oui.

Debout près de la table, l'air abattu, il jouait nerveusement avec son pendentif. Dans cette pièce mieux éclairée, Sally constata que la médaille n'était pas en or, mais en cuivre. Elle représentait une silhouette féminine entourée de rayons dorés, comme si elle irradiait la lumière.

– Quel est ce médaillon ? demanda Sally pour briser le silence.

– Le symbole de Sophie la Sanctissime, la Très Sainte Sagesse.

– Et qu'est au juste votre... ordre ?

– Un groupe de... d'initiés qui se consacrent à l'étude et à la propagation, si je puis dire, de la Sainte Sagesse.

– La Sainte Sagesse ? En quoi est-elle différente de la sagesse de tous les jours ?

– Elle... Naturellement, il y a un aspect ésotérique que je ne peux pas... Différents niveaux d'initiation... C'est un système complexe, basé sur la notion de salut par le biais de... le biais de... la connaissance... Une très ancienne doctrine... gnostique...

– Oui. Celui qui détient les bonnes connaissances ira au paradis. Je comprends très bien. L'inverse, c'est l'ignorance, et ne pas savoir, c'est infernal, monsieur Beech. Ainsi, pendant trois ans, j'ai ignoré que j'étais mariée à ce M. Parrish. Est-ce un exemple de ce savoir secret auquel vous vous consacrez ?

– Mademoiselle Lockhart, je vous prie de me permettre de vous expliquer...

– C'est précisément la raison de ma présence.

Il tira une chaise et s'assit de l'autre côté de la table. Sa peau était flasque, parcheminée et jaune, comme s'il avait été gravement malade. D'après l'annuaire clérical Crockford de Nicholas, le pasteur Beech était âgé d'une cinquantaine d'années, mais il semblait en avoir quatre-vingts. Ses yeux étaient chassieux et rougis. Jamais Sally n'avait vu sur un visage tant de culpabilité, de faiblesse, de misère, de... de quoi ? Il y avait dans son expression un mélange d'obstination et de fourberie qu'elle n'aimait pas.

– Eh bien ? dit-elle.

– Cela s'est produit à une époque où je n'étais pas en possession de tous mes moyens, avoua-t-il. (Il la regarda un bref instant, puis ses yeux se détournèrent de nouveau.) Depuis ma jeunesse, depuis l'époque où j'étais missionnaire sous les tropiques, je suis victime de... d'une affection qui me rend de temps en temps... Disons qu'elle limite ma capacité de jugement. L'incident dont vous parlez... J'en suis profondément navré et embarrassé... est survenu au cours d'une de ces périodes.

– Pourquoi avez-vous fait ça ?

– Je viens de vous l'expliquer. Dans ces moments-là, je ne sais plus très bien ce que je fais... Il s'agit d'une faute déplorable, vraiment déplorable. Je le reconnais volontiers.

– Je vous ai demandé *pourquoi*. Pourquoi avez-vous fait ça ? Il vous a obligé ?

– Il ?

– Parrish, évidemment.

– C'est difficile à dire, rétrospectivement... Mais je vous en supplie, il faut me croire. Je n'ai pas agi par malveillance, j'ignorais qu'il existait réellement une personne portant votre nom... Ça ressemblait à une plaisanterie...

– Oh, cessez donc de mentir, monsieur Beech ! Avez-vous une idée de ce que cette « plaisanterie » a provoqué ?

– Je vous en prie, mademoiselle... euh, Lockhart. Ne parlez pas si fort, je vous en conjure...

– J'ai une fille. Une fille illégitime, certes, mais elle est à moi et je l'aime. Son père est mort. Je n'avais jamais entendu parler de M. Parrish avant qu'on me remette les documents m'informant qu'il réclamait le divorce et la garde de mon enfant. Et s'il a pu formuler une telle requête, basée sur cet incroyable mensonge, c'est parce que vous avez falsifié le registre de mariage il y a trois ans ! Je vous cherche depuis que j'ai vu ce document, et maintenant que je vous ai enfin retrouvé, vous allez devoir déclarer devant le tribunal que vous avez commis un faux. Vous seul pouvez affirmer, avec une certitude absolue, que Parrish ne m'a pas épousée en ce mois de janvier. Si vous...

Sally s'arrêta en voyant qu'il secouait la tête. Elle le foudroya du regard ; il baissa la tête.

– Vous n'avez pas le choix, dit-elle.

– Non, je ne peux pas.

– *Pourquoi ?* Pourquoi me faites-vous une chose pareille ? Ma *fille...* Vous allez laisser un inconnu me l'enlever ? *Pourquoi ?*

M. Beech déglutit plusieurs fois, essaya de parler, s'agita sur sa chaise comme s'il voulait se lever. Sally tendit le bras par-dessus la table et serra le poignet parcheminé, consciente de la force qui habitait ses doigts et prête à briser ces os fragiles s'il le fallait.

– Je vous en prie, vous me faites mal...

– Pourquoi avez-vous fait ça ? Quelle pression exerçait-il sur vous, bon sang ? Pourquoi refusez-vous d'avouer que vous avez menti ?

– Je ne peux pas... Je ne...

La porte s'ouvrit. M. Beech se retourna brusquement, comme un élève pris en faute.

– Puis-je savoir quelle est la cause de cette manifestation extraordinaire ? demanda le prêtre qui avait fait entrer Sally.

Celle-ci lâcha le poignet de M. Beech, qui se renversa contre le dossier de sa chaise en pleurnichant ; sa lèvre inférieure tremblait et il avait les larmes aux yeux.

– J'essaie de convaincre M. Beech de faire ce que lui dicte sa conscience. Il m'a causé un tort considérable et a mis en danger mon enfant, et lui seul peut réparer les dégâts. Monsieur Beech, je vous le demande encore une fois : êtes-vous prêt à déclarer devant la Cour que vous avez falsifié ce registre de mariage ?

– Nul ne doit me contraindre... Ce serait totalement incompatible avec mon... mon... mon travail pour l'Ordre de Sophie la Sanctissime si je devais subir l'interrogatoire d'un...

– Très bien. Dans ce cas, acceptez-vous de signer une déclaration ?

– Je ne peux pas. Il serait inconvenant qu'un... membre du clergé s'engage par le biais d'un serment quelconque...

– M. Beech a clairement exposé sa position, me semble-t-il, dit l'autre homme. Je pense que vous n'avez rien à gagner en adoptant une attitude menaçante. Je dois vous prier de quitter les lieux...

Il s'avança vers Sally.

– Très bien, dit-elle, désespérée. Je vous promets de ne pas menacer M. Beech. Et je renonce même à lui demander de témoigner. Il peut rester cloîtré ici bien tranquillement. (Elle se retourna vers l'ancien pasteur.) Mais vous comprenez bien que j'ai besoin de savoir *pourquoi !* Pourquoi avez-vous fait ça ? Est-ce Parrish qui vous a forcé la main ou quelqu'un d'autre ? Qu'ont-ils fait pour vous obliger à signer ce registre ?

– Je ne connais aucun Parrish !

– Vous avez écrit une lettre à un pasteur de Clapham pour lui recommander M. Parrish. Vous le connaissez forcément.

– J'étais malade !

– Qui est venu vous voir, il y a trois ans, pour vous obliger à signer le registre ?

Ils étaient debout tous les trois et aucun ne bougea pendant un long moment. Finalement, M. Beech esquissa un haussement d'épaules convulsif et se mit à pleurer. Il était secoué de sanglots et de grosses larmes roulaient sur ses joues ; ses mains tamponnaient inutilement ses yeux. L'autre homme le prit par le bras et le conduisit vers la porte. Sally l'entendit gravir l'escalier d'un pas mal assuré.

Le prêtre referma le battant.

– Je ne sais pas ce qui est préférable dans ce cas, dit-il avec gravité. Évidemment, M. Beech est soumis à la discipline de cet ordre qu'il a rejoint récemment, toutefois nous n'avons pas le pouvoir d'obliger nos frères à révéler ce qu'ils veulent garder secret... Mais une autre personne se trouve impliquée, vous en l'occurrence, et si j'ai bien compris, un enfant est en danger. C'est un dilemme.

Il contempla le tableau au-dessus de la cheminée, comme pour y puiser l'inspiration.

– Je peux seulement faire une chose. Je n'ai pas obtenu cette information par le biais de la confession et je ne la considère pas comme un secret. Notre économe est au courant et notre jardinier également, et il vaut mieux que vous l'appreniez de ma bouche que par une personne de ce genre. M. Beech souffre depuis des années d'une maladie qu'il a contractée quand il était jeune homme. Lorsqu'il a rejoint cet ordre, il m'a affirmé être guéri, mais j'ai eu la tristesse de découvrir que ce n'était pas vrai. Il recevait des colis, remis à l'économe ou au fils du jardinier. Je suppose que l'expéditeur de ces colis est la même personne qui l'a obligé à commettre cette chose qui vous a causé du tort... cette personne qui continue à le contrôler.

– Aujourd'hui encore ?

– Oui. M. Beech est toujours une victime, malheureusement. Et je crains qu'à son âge...

– Mais quelle est donc cette maladie ? Et en quoi confère-t-elle à une tierce personne un tel pouvoir sur lui ?

– Oh, je vous prie de m'excuser. J'aurais dû être plus clair. M. Beech est victime de l'opium. C'est un toxicomane.

L'opium...

Sally avait frémi en entendant ce mot. Elle avait expérimenté les effets de cette drogue et elle comprenait maintenant la curieuse allusion de Nicholas Bedwell dans sa lettre, car son frère jumeau était tombé dans ce piège, tout comme M. Beech.

Il s'agissait donc d'un chantage : signez ce registre ou nous vous dénonçons. Affaibli par des années de dépendance, M. Beech avait obéi. Ces absurdités de la très sainte Sophie n'étaient qu'une tentative pour oublier, pour masquer, pour détourner son sentiment de culpabilité sous un flot de mysticisme. Combien d'autres petits crimes mesquins avait-il commis, combien d'autres mensonges avait-il proférés ?

Mais on continuait à lui fournir de la drogue. C'était intéressant. Voilà pourquoi il ne voulait pas en dire plus, évidemment, de peur qu'on cesse de l'approvisionner. L'apparition de l'opium dans cette histoire faisait vibrer une sonnette d'alarme quelque part dans l'esprit de Sally. Ses cheveux s'étaient hérissés sur sa nuque, mais elle ne comprenait pas pourquoi.

Elle passa le début de la soirée à jouer avec Harriet et à couper du pain pour le dîner pris en commun. La fillette n'était pas dans son assiette. Elle avait un peu de fièvre et elle était incapable de se concentrer sur un jeu quelconque sans se mettre aussitôt à geindre et à pleurer. Sally était partagée entre l'envie de cajoler sa fille et son sentiment de culpabilité face aux souffrances bien plus grandes qu'enduraient certains des autres enfants.

Dès qu'elle eut un moment de libre, elle se rendit à l'infirmerie pour que le Dr Turner la rassure sur l'état de son enfant. Quelle ne fut pas sa surprise de la trouver seule et en larmes !

– Oh, quelle idiote je fais ! Je ne peux pas m'en empêcher, c'est plus fort que moi... Ça me prend toujours comme ça... Quand pourrai-je enfin *changer* les choses ?

Sally l'enlaça et la laissa sangloter. Une femme atteinte de tuberculose s'était présentée à la mission un peu plus tôt, et le Dr Turner avait été obligée de la renvoyer. Elle aurait dû se rendre à l'hôpital de Whitechapel Road, pas très loin de là, mais elle avait refusé.

– Elles savent que ça équivaut à une condamnation à mort ; ils ne vont à l'hôpital que pour mourir, c'est ce qu'ils disent tous. Cette femme m'a suppliée de l'accueillir, mais je ne peux pas laisser entrer la maladie ici, elle se propagerait de manière catastrophique... Je suis sûre qu'elle va dormir dans la rue...

Sally la laissa pleurer tout son soûl. Ses larmes étaient si puissantes, si sincères que Sally ne put s'empêcher de pleurer elle aussi, en songeant au Dr Turner, au petit Johnny, à la femme atteinte de tuberculose et à toutes ces vies misérables. Soudain, ses propres peurs et ses problèmes lui apparaissaient comme une partie de ce vaste océan de malheurs qui venait cogner à la porte de la mission.

– Je ne vous suis d'aucune utilité, constata Sally.

Les deux femmes se regardèrent, les joues marbrées de larmes et les yeux rougis. Le Dr Turner secoua la tête. Puis elle se redressa, se moucha et poussa un soupir.

– Venez donc écouter Jack Burton ce soir, dit-elle. Il nous remontera le moral.

– Qui est-ce ?

– Un docker. Il essaie de rassembler tous ses collègues derrière le syndicat pour que celui-ci puisse venir en aide aux travailleurs. Car, tant qu'ils ne seront pas unis, il sera facile de les exploiter, voyez-vous. Jack Burton est un personnage joyeux et un excellent orateur ; il me remplit le cœur de joie, il me fait croire que tout est possible... Allons, venez, Sally ! Vous permettez que je vous appelle Sally ? Moi, c'est Angela.

– J'aimerais beaucoup venir. Ce monde est tout nouveau pour moi, jamais je n'aurais pu imaginer des choses pareilles, de telles difficultés... Ces fabricants de boîtes d'allumettes que j'ai vus ce matin... Mais je me fais du souci pour Harriet. Elle a un peu de fièvre et je préfère ne pas la laisser. En outre, j'attends une visite. Au sujet de l'affaire qui concerne ma fille. Je vous en dirai davantage, bientôt. J'ai fait une découverte aujourd'hui et je pense être sur une piste.

– Vous viendrez avec moi une autre fois ? Vous n'avez pas idée de toute la force, le talent, l'imagination qui sont gâchés ; toutes ces qualités comme l'intelligence, le courage, les dons de visionnaire et de meneur, on les trouve chez ces travailleurs, ces hommes et ces femmes. Ils n'ont pas besoin de bonnes âmes des classes moyennes comme moi ! Ce qu'il leur faut, c'est une *chance*...

– Ils ne vous respectent pas parce que vous appartenez aux classes moyennes, Angela. Ils vous respectent à cause de ce que vous êtes, bon sang ! Vous êtes un médecin ! Combien de vos collègues ont choisi de s'installer ici ? Songez combien vous êtes précieuse ! De plus, vous êtes une femme qui s'est battue pour devenir médecin, et ces gens savent combien cela a dû être dur pour vous, à quel point vous deviez être déterminée pour y arriver. Vous *savez* que votre travail ici est précieux. Et vous savez que vous le faites bien, non ? Ne *les* laissez pas s'approprier toute la fierté. Vous aussi vous avez des raisons d'être fière, plus qu'*eux*.

– Eux ?

– L'ennemi. Les propriétaires, les patrons d'usine.

– Les capitalistes ?

– Oui. Moi y compris, je sais. Mais je ne suis pas comme *eux*. Et chaque jour, j'apprends.

Angela hocha la tête, se moucha de nouveau et esquissa un sourire, les yeux rougis.

– Eh bien, de quoi souffre cette petite Harriet ? lança-t-elle. Allons voir ça.

Bill était très occupé. Le *melamed*, M. Kipnis, avait découvert un surplus d'énergie au fond d'une bouteille quelconque et il le faisait travailler dur sur son vieil exemplaire du *Nouveau manuel illustré* de Webb, Millington & Co.

– Je l'ai acheté exprès pour toi, répéta-t-il pour la dixième fois depuis le début de la leçon. Je suis allé à Farringdon Road. J'ai passé des heures à le chercher. Ça m'a coûté trois pence. Cet ouvrage te fera beaucoup d'usage. Alors, applique-toi. Tiens, essaie donc celui-ci, cet oiseau. Quel est son nom ?

Les doigts tremblants de M. Kipnis tournèrent les pages du livre. Bill contempla le dessin représentant une chouette et plissa le front en essayant de déchiffrer les mots écrits dessous.

– La... C'est une chouette, hein ? La chouette... se... trouve... dans les... vieilles... vieilles... J'y arrive pas, m'sieur Kipnis.

– Fais voir ça. (Le vieil homme se pencha au-dessus du manuel.) Ruines, mon garçon ! Regarde, c'est un r pour commencer et ensuite, tu as le son « u »i. Les ruines. Vas-y, continue.

– ... les vieilles ruines et les... ar... les arbres creux.

A chaque point, Bill éprouvait un sentiment de soulagement, car cela signifiait qu'il était allé un peu plus loin. Déjà les petits mots devenaient transparents, comme autant de minuscules fenêtres dans une maison : il arrivait à voir le texte à travers. Et chaque jour, un peu plus de lumière entrait, si bien que les grands mots commençaient à avoir l'air familier eux aussi ; de plus en plus souvent, il arrivait à deviner ce qu'ils voulaient dire. Avant longtemps, il serait capable de s'attaquer au *Manifeste communiste.*

– Elle se nourrit de... de... jeunes... lapins... Hé, regardez, m'sieur Kipnis, il y a des *lapins* sur cette page. C'est bien des *lapins,* hein ?

– Exact, mon garçon. Tu te débrouilles bien. C'est un excellent manuel que tu as là. Il contient beaucoup de sagesse. Écoute...

M. Kipnis promena autour de lui son regard embrumé. Ils se trouvaient dans la pension de Dean Street et Goldberg s'était absenté. Le *melamed* fit signe à Bill de s'approcher et chuchota :

– J'ai entendu quelque chose aujourd'hui. Tu diras à M. Goldberg qu'on le recherche. La police. Il ferait bien de se cacher quelque temps. Ils veulent l'arrêter, à ce que j'ai entendu. Tu le préviendras, hein ?

– Les flics ? Pourquoi ils le cherchent ?

– Je n'en sais rien, moi. Mais il a intérêt à ne pas se montrer. Inutile de provoquer des ennuis quand on peut les éviter en s'enfuyant, pas vrai ?

– Et s'il veut pas s'enfuir ?

– Les juifs sont toujours obligés de fuir, mon garçon. Nous ne sommes jamais les bienvenus. Ce qu'on peut espérer de mieux, c'est rester tranquilles dans notre coin, éviter les ennuis. Évidemment, ce serait différent à Jérusalem. En Israël. Mais ce n'est pas pour les gens comme nous, on ne connaîtra pas ça de notre vivant.

M. Kipnis émit un long soupir mélodieux, ses yeux étaient humides. Ses doigts se refermèrent sur la flasque glissée dans sa poche et il désigna le manuel d'un signe de tête.

– Continue, mon garçon. Tu en étais à cette bestiole, là... la chouette. T'arrête pas.

Le front plissé, Bill reprit le livre de lecture. S'enfuir... éviter les ennuis... ça ne ressemblait pas à Goldberg, pensait-il. Ni à Kid Mendel. Il devait bien exister des juifs qui ne fuyaient pas. Comment la grande Bridie Sullivan de Lambeth Walk pourrait-elle le respecter s'il se comportait comme un lâche ? D'autant qu'elle pouvait comparer avec des gars comme Liam.

– N'oublie pas, ajouta M. Kipnis. Tu répéteras ce que je t'ai dit à M. Goldberg.

– Promis, m' sieur Kipnis. Mais il s'enfuira pas, vous verrez. Elle se nourrit de... lapins, de rats, de souris et d'oiseaux. Elle... cherche sa nourriture quand... vient la nuit...

A huit heures, ce soir-là, la domestique ouvrit la porte du bureau où Sally était occupée à rédiger des lettres et annonça :

– Il y a là une dame qui veut vous voir, mademoiselle.

C'était Margaret. Sally laissa échapper un petit hoquet de surprise et les deux femmes s'étreignirent.

– Avez-vous eu... Est-il venu ?

– Oh, Sally, vous n'avez pas idée de...

Margaret affichait un air inquiet. Sally lui avança une chaise et la laissa parler.

– Depuis jeudi... toute la journée d'hier, à vrai dire, et toute la matinée aujourd'hui, le cabinet a été rempli d'hommes, des comptables, qui ont tout inspecté : les lettres, les dossiers, le moindre document. Ils ont débarqué hier matin à la première heure. Ils voulaient tout emporter. Ils avaient un mandat, mais je l'ai lu attentivement, il ne précisait pas qu'ils pouvaient emporter quoi que ce soit, alors je suis descendue en courant pour demander au concierge de fermer la porte à clé, et ensuite, j'ai foncé à côté pour voir ce drôle de petit avocat, vous vous souvenez de lui ? L'homme qui boite ? Il a été *formidable.* Il s'est déplacé immédiatement pour consulter le mandat, alors que les autres s'apprêtaient à enfoncer la porte, et il leur a dit que, si jamais ils faisaient ça, il les attaquerait en justice. Je l'ai engagé sur-le-champ et il a veillé à ce qu'ils n'emportent rien, les obligeant à effectuer toutes leurs recherches sur place. Oh, Sally, ils sont en train de saboter notre cabinet ! M. Wentworth, c'est l'avocat, a découvert qu'ils ne s'intéressaient pas seulement à votre argent. D'après les documents qu'il a pu consulter, ils veulent nous empêcher d'exercer, sous prétexte que notre société n'est pas enregistrée légalement. C'est toujours lié à ce fameux faux mariage. L'idée, c'est que, n'ayant pas révélé que vous utilisiez l'argent de votre mari pour vos affaires, toutes nos activités sont illégales. J'ai passé toute la journée à essayer de répondre à leurs questions, à tenter de les contenir, et je pense qu'ils ont fait tout ce qu'ils pouvaient faire pour le moment. M. Wentworth a fait preuve d'une efficacité remarquable ; il a compris ce qui se passait et il a réagi aussi vite que possible. Il a utilisé toutes les méthodes envisageables pour gagner du temps : injonctions, assignations, etc. Cela nous a permis d'avoir un sursis jusqu'à lundi. Mais il ne peut pas faire plus sans votre autorisation. S'il pouvait prendre connaissance des documents concernant votre procès contre Parrish, peut-être pourrait-il trouver une autre brèche. Oh, Sally, si vous aviez vu leur arrogance ! Comme s'ils avaient le droit de débarquer et d'emporter tout ce qu'ils voulaient. Je comprends maintenant ce que vous avez ressenti : l'impression d'être souillée, impuissante... C'est affreux.

La froide et cynique Margaret ne pouvait cacher son désespoir. Sally était ébranlée.

– Mais vous, que devenez-vous ? s'enquit Margaret. Comment avez-vous atterri ici ? Où sommes-nous ? Qui est l'homme qui s'est présenté au cabinet ? Oh, ne vous inquiétez pas, nous n'avons pas parlé devant les autres. Et comment va Harriet ?

Sally lui raconta tout ce qui s'était passé. Quelques jours seulement s'étaient écoulés et toute cette histoire ressemblait à une épopée. Elle conclut son récit par l'étrange, frustrante mais alléchante entrevue avec M. Beech, et la révélation concernant l'opium.

– Je ne sais pas pourquoi, dit-elle, mais j'en reviens toujours à cela. Il y a quelque chose qui cloche là-dedans. Vous pensez que cet avocat, ce M. Wentworth, serait capable de se charger de mon affaire ? Vous avez confiance en lui ?

– Oui. Il est vif, intelligent et honnête. A mon avis, il n'a pas beaucoup de clients. Il faut dire qu'il n'est pas très avenant ; les gens choisissent souvent leur avocat en fonction de son apparence. En outre, son cabinet est assez miteux. Mais après l'avoir vu à l'œuvre, je suis prête à lui faire confiance, oui. Il y a juste un problème : vous allez devoir vous livrer à la police.

– Mais... jamais de la vie ! Je ne peux pas..

– *Écoutez-moi.* Il ne peut pas vous aider si vous vous cachez. Il aurait des ennuis, lui aussi, et ensuite, ce serait *impossible* de vous aider. Il doit agir conformément à la loi. Mais une fois que vous vous serez rendue et que vous l'aurez engagé, il pourra vous faire libérer sous caution pour cette histoire d'arme à feu, vous savez, dans le salon de thé. Il fera placer Harriet sous tutelle judiciaire pour la protéger de Parrish dans l'immédiat, il récupérera tous les documents auprès de votre précédent défenseur et il se mettra immédiatement au travail. Mais si vous ne vous livrez pas, il ne peut pas agir.

Sally se leva et marcha vers la fenêtre. Celle-ci donnait sur la rue, mais on ne voyait que l'obscurité, à peine tenue en respect par une ou deux lampes à gaz. Whitechapel était un quartier animé en début de soirée, avec ses pubs et ses étals, mais la mission était située dans une rue tranquille, à l'écart, et il n'y avait absolument personne dehors.

Sally appuya son front contre le carreau froid. Si elle avait un bon avocat, il pourrait travailler pour elle, combattre cette folie maléfique. La requête de Parrish serait rejetée, sa fille n'aurait plus rien à craindre, elle récupérerait son argent et son cabinet serait sauvé.

Mais quelque part dans cette obscurité se trouvait le Tzaddik. Il était à l'origine de tout cela. Même si Parrish était écarté, ça ne changerait rien : le Tzaddik était trop bien caché, rien ne pourrait faire le lien avec le courtier. De plus, il serait alerté et il s'empresserait de disparaître.

Et là, dissimulé dans les ténèbres, il préparerait une nouvelle attaque. Comme la première fois, elle serait si bien montée, si longue à venir, que le coup, lorsqu'il le porterait, serait fatal. D'ailleurs, peut-être qu'un autre piège attendait déjà Sally, au cas où celui-ci échouerait. A en juger par la minutie avec laquelle il avait préparé ce guet-apens, la jeune femme ne pouvait pas croire qu'il n'ait pas envisagé toutes les possibilités. Elle était peut-être entourée de dizaines de pièges invisibles, aussi ingénieux que mortels, prêts à se déclencher.

Non, se dit-elle. Son adversaire était le Tzaddik, et si elle voulait gagner, il valait mieux qu'elle reste cachée pour le moment en laissant Parrish œuvrer pour le pire. Si seuls ses biens étaient en jeu, elle y renoncerait sans même hésiter, mais elle devait penser à Margaret. Et dès qu'ils auraient découvert où se trouvait Harriet...

Elle se retourna, sans trop savoir ce qu'elle allait dire : peut-être aurait-elle parlé à Margaret du Tzaddik, mais avant qu'elle puisse prononcer un seul mot, la porte s'ouvrit et Goldberg entra.

Sally se tourna vers Margaret et, devant l'expression de celle-ci, elle devina que cette apparition l'avait transfigurée. Confuse, elle rougit comme elle n'avait encore jamais rougi.

Goldberg salua Margaret d'un signe de tête courtois.

– Bonsoir, dit-il. Votre avocat, M. Wentworth, est un brave homme. Je lui ai parlé. Mais... nous verrons ça plus tard. Mademoiselle Lockhart, on a besoin de vous. Au bord du fleuve. L'enfant est en sécurité ici ? Dans ce cas, suivez-moi. Mademoiselle Haddow...

Après un autre hochement de tête, il ressortit en laissant la porte ouverte. Sally le suivit, en jetant un regard impuissant à Margaret.

19
L'histoire de Rebecca

Ils descendirent Royal Mint Street en direction de la Tour de Londres. Goldberg semblait nerveux et préoccupé et, quand Sally l'interrogea, il répondit simplement :

– Nous allons accueillir un bateau. Je vous en dirai davantage quand nous serons au bord du fleuve.

Les rues étaient encombrées et les trottoirs étroits. Le journaliste prit le bras de la jeune femme, comme s'il en avait le droit, et continua à marcher d'un pas vif et régulier à ses côtés. Sally pouvait sentir sa chaleur, la tension qui l'habitait, sa force également : il y avait en lui quelque chose d'implacable. Elle était déconcertée par la puissance des émotions qu'elle ressentait, et encore plus par leur nature.

Ils bifurquèrent en direction du fleuve. La masse imposante et sombre de la Tour de Londres se dressait sur leur droite. Au bout de la rue, une ouverture étroite conduisait à une volée de marches de pierre qui descendaient vers l'eau. Avant de s'y engager, Goldberg s'arrêta et montra les grilles des docks, un peu plus loin.

– Vous voyez tous ces fiacres ? demanda-t-il. Et ces curieux ?

Sally constata en effet que la route était bloquée. Un policier tentait vainement de faire mettre les fiacres en ligne, au milieu de la bousculade et des cris. On aurait dit un vol de vautours affamés se battant pour une proie ; elle en fit la remarque à voix haute.

– C'est exactement ce qu'ils sont, dit-il. Ils attendent de pouvoir se jeter sur les juifs qui vont débarquer. Les premiers bateaux vont bientôt accoster, on ferait bien de se dépêcher.

Il l'entraîna dans l'escalier. Celui-ci n'était éclairé que par la faible lueur d'une lampe à gaz installée au coin d'un entrepôt situé sur leur gauche. Les marches étaient mouillées et glissantes, Sally prit la main de Goldberg.

Au pied de l'escalier, un homme attendait à bord d'une barque. Il tenait à la main une vieille lanterne en corne, qu'il leva lorsque les deux jeunes gens s'avancèrent vers lui. Sally découvrit alors un visage crasseux orné d'une barbe grise. Avant même de s'approcher davantage, elle capta de puissants effluves d'alcool.

– Bonsoir, monsieur G., dit le vieil homme.

– Bonsoir, Charlie. Nous allons ramener un passager et nous voulons accoster à cet endroit.

– Pas de problème, m'sieur.

Le dénommé Charlie immobilisa son embarcation le temps que Sally monte à bord. Goldberg s'assit avec elle à l'arrière, l'homme accrocha la lanterne à une perche installée à la proue et prit les rames.

– Où est la vermine ? demanda le journaliste.

– Au bout du quai, m'sieur. Dans le bassin Sainte-Katharine. Y a soixante ou soixante-dix personnes qui doivent débarquer, peut-être même plus. Ils les déchargent là-bas pour qu'ils puissent filer directement par Lower Thames Street. Vous avez vu tous ces fiacres ? Les cochers ont été avertis de cet arrivage le mois dernier. Maintenant, ils mettent un flic pour essayer de les contrôler. La semaine dernière, ils étaient pas loin de cent.

Il s'éloigna du quai, glissa les avirons dans les dames de nage et se mit à ramer en donnant de petits coups légers.

– Quelle est cette vermine dont vous parlez ? demanda Sally.

– Des parasites. Des escrocs. De petits malfrats. Tous ces vautours que vous avez vus là-bas.

Leurs voix semblaient différentes sur l'eau, loin des murs de brique de la ville.

– Ces cochers de fiacre, c'est les pires de tous, commenta le batelier. Les gens qui débarquent, même s'ils ont un endroit où aller, ils parlent pas anglais pour la plupart, alors ils répètent l'adresse qu'on leur a donnée jusqu'à ce que le cocher comprenne. Y a certains cochers qui les baladent dans toute la ville, jusqu'à Walthamstow, Leyton ou Wanstead Flats, et ils les larguent là en leur faisant payer une fortune. Ce soir, y seront nombreux, vu que c'est un bateau qui vient de Rotterdam. Les bateaux d'Hambourg, ils s'en occupent pas. C'est les ateliers clandestins qui guettent les passagers d'Hambourg.

– Je ne comprends pas, murmura Sally. Tout cela est nouveau pour moi.

– Les patrons d'ateliers clandestins guettent les nouveaux arrivants qui ne se rendent pas compte de ce qui se passe.

La nuit était calme et l'eau glissait sous le bateau comme une étoffe de soie. Goldberg était assis à ses côtés, immobile, et le vieux batelier dont l'haleine sentait le gin semblait à moitié endormi ; seuls les mouvements des rames, rapides et légers, réguliers comme un mouvement d'horloge, indiquaient qu'il maîtrisait toujours la barque. Sally avait l'impression d'être suspendue... entre le ciel et l'eau, entre le passé et le futur, entre le danger et... et quoi ? Elle regarda Goldberg mais, sous le large bord de son chapeau, son expression était indéchiffrable.

– Pourquoi m'avez-vous conduite jusqu'ici ? demanda-t-elle. Vous attendez quelque chose de moi ?

Il hocha la tête.

– Il y a sur ce bateau une jeune femme qui voyage seule. Elle est porteuse de nouvelles concernant le Tzaddik et je tiens à les entendre le plus vite possible. Nous devons faire vite. A l'arrivée du bateau, il y aura des femmes comme celles dont je vous ai parlé, plusieurs sans doute, à la recherche de jeunes filles seules. Elles parlent le yiddish, le russe, l'allemand, et elles prétendent travailler pour des œuvres de charité juives. Tout est bon pour capturer de nouvelles victimes.

– La marchandise blanche ? dit Sally.

Goldberg acquiesça.

– Nous devons repérer Rebecca Meyer et l'arracher aux griffes de ces femmes. Le problème, c'est qu'elle s'attend à être accueillie par une femme. Si vous la trouvez et si vous restez avec elle, elle nous suivra. Vous êtes d'accord ?

Sally opina.

– Mais comment la reconnaîtrai-je ?

– J'ai une photo d'elle. Tenez...

Il lui tendit un vieux cliché abîmé et gratta une allumette pour l'éclairer. La jeune fille avait été photographiée sur le perron d'une maison, sans doute en Russie, supposa Sally. Elle était brune, avec des traits épais, un air méfiant ; un châle couvrait ses cheveux. Avec son balai à la main, elle ressemblait à une domestique. L'allumette s'éteignit.

– Elle parle anglais ? demanda Sally.

– A peine. Un peu d'allemand, je crois. Montrez-lui la photo en cas de besoin. Ce ne sera pas facile, vous devrez gagner sa confiance. Je ne serai pas avec vous, une autre tâche m'attend à bord. Mais vous pouvez y arriver.

« Je l'espère », se dit la jeune femme.

Elle glissa la photo dans son gant, alors que leur embarcation continuait d'avancer au milieu du fleuve.

Soudain, elle aperçut le paquebot. Il était encore à bonne distance, au milieu d'une forêt de mâts ; des lumières brillaient à travers les hublots et sur le pont. Une nuée d'embarcations plus petites, des barques, des canots, une ou deux vedettes à vapeur, grouillaient tout autour comme des mouches. Alors qu'ils s'approchaient, Sally constata que le pont était couvert de silhouettes sombres, collées les unes aux autres ; certaines descendaient la passerelle mal éclairée et vacillante qui pendait le long du flanc du paquebot. Dans les embarcations, des mains se tendaient pour les aider, saisissant des ballots de vêtements qu'elles balançaient au fond de l'embarcation, avant d'aider leur propriétaire à s'installer, pour s'occuper immédiatement du suivant.

Charlie, le batelier, maintenait son esquif à la hauteur du paquebot, tout en restant à l'écart, et Sally s'aperçut que le courant était devenu plus fort avec la marée.

L'une des barques, tellement chargée qu'elle menaçait de chavirer, s'éloigna péniblement, aussitôt remplacée par une autre. Apparemment, il n'existait aucun ordre préétabli pour déterminer qui pouvait approcher du pied de la passerelle. Premier arrivé, premier servi, et les jurons des bateliers qui luttaient pour avoir la meilleure place résonnaient dans la nuit.

L'embarcation qui avait réussi à devancer les autres transportait deux hommes à son bord : le premier ramait et le deuxième servait d'interprète, constata Sally. Il s'adressait en yiddish aux passagers massés sur le pont et Goldberg expliqua à Sally qu'il leur proposait de les conduire à quai et leur garantissait un trajet en fiacre jusqu'à une pension juive propre, en promettant de les présenter au propriétaire, tout cela pour seulement dix shillings. En entendant ces mots, Sally sursauta, car le voyage de Rotterdam à Londres ne coûtait qu'une livre ! Malgré cela, les gens se bousculaient pour pendre place à bord de la barque.

« Peut-être ne connaissent-ils pas la valeur de dix shillings », pensa-t-elle.

– Ah, fit Goldberg. Regardez qui voilà !

Une vedette à vapeur s'était approchée du paquebot, écartant deux embarcations plus petites qui tanguèrent dans son sillage. Un homme corpulent, au visage rond, coiffé d'un haut-de-forme et couvert d'une pèlerine, escaladait avec difficulté la passerelle qui se balançait, suivi d'un homme plus petit, coiffé d'un chapeau melon et tenant un porte-documents.

– Qui est-ce ? demanda Sally.

– Le célèbre Arnold Fox. Vous n'avez pas lu son nom dans les journaux ? Ça va venir. Antisémite notoire, il mène une campagne retentissante pour contraindre le Parlement à repousser les juifs. Charlie, approche-nous du bateau. Je veux voir ce que manigance ce type. Prête, mademoiselle Lockhart ?

Sally hocha la tête. Sans effort apparent, le vieux batelier exécuta un demi-tour et se faufila avec habileté entre la poupe de la vedette d'Arnold Fox et la proue de l'embarcation suivante.

Dès qu'ils touchèrent la coque du paquebot, le journaliste s'y accrocha, tandis que Sally enjambait le platbord pour prendre pied sur l'étroite passerelle. Consciente des regards qui la jaugeaient, de la bousculade, des autres bateaux regroupés sur l'eau noire, elle sentait aussi la présence de Daniel Goldberg dans son dos. Soudain, il posa la main sur son bras, brièvement ; elle se retourna, croisa son regard, puis reporta son attention sur le pont.

Quand ils se retrouvèrent à bord, dans la lumière vive et les ombres tranchantes que projetaient les lampes à pétrole, le journaliste se pencha vers Sally et lui glissa :

– Dès que vous la voyez, foncez. D'autres voudront en faire autant. Regardez là-bas... cette vieille sorcière, je l'ai déjà vue. C'est une tenancière de maison close, Mme Paton. Regardez ce qu'elle fait...

Il montrait une femme vêtue d'un luxueux manteau de fourrure, lourdement maquillée. Elle avait une cinquantaine d'années, supposa Sally, une bouche pincée et des yeux froids comme des pièces de monnaie. Elle parlait à l'oreille d'une jolie fille aux yeux noirs, qui serrait contre elle son ballot de vêtements et semblait désorientée et impuissante. Tout en parlant, la vieille femme lui caressait la joue avec sa main ornée de grosses bagues. La fille ne disait rien. Finalement, la femme jeta un regard à l'homme qui attendait près du garde-fou. La fille les suivit en direction de la passerelle.

Sally avait envie de se précipiter pour la retenir, mais elle sentit la main de Goldberg se refermer sur son bras.

– On s'attaque aux racines, pas aux feuilles. Vous voulez un autre exemple ? Regardez cet homme.

D'un mouvement de tête, il désigna l'un des passagers, un gros homme coiffé d'une toque en fourrure. En l'observant, Sally s'aperçut qu'il se comportait à la manière d'un chien de berger. La bagarre pour accéder à la passerelle, la bousculade, n'étaient pas aussi désordonnées qu'il y paraissait. Cet homme choisissait les passagers qui seraient autorisés à descendre et repoussait les autres, en fonction de l'embarcation qui attendait en bas, mais il agissait avec tant d'adresse qu'il donnait simplement l'impression de faciliter le flot.

– Qui est-ce ? demanda Sally.

– Un des rapaces. Observez bien les bateliers. Certains appartiennent à l'organisation, d'autres non ; ils ont un mot de passe ou une sorte de signal.

Ils se penchèrent au-dessus du garde-fou, mais dans l'obscurité, au milieu de l'agitation des bateliers vociférants, il était difficile de repérer d'éventuels signaux.

– Quels passagers choisit-il ?

– Les riches. C'est-à-dire ceux qui possèdent encore quelques roubles. Les autres, il s'en fiche. Imaginez un peu : c'est comme ça depuis leur départ de Russie, le chemin est jonché de parasites. Mais n'oubliez pas Rebecca Meyer. Je vais vous abandonner un instant, je vous retrouverai plus tard. Bonne chance.

Il s'éloigna, fendant la foule. Sally regarda autour d'elle.

Il y avait beaucoup de choses à voir. Partout, on apercevait des ballots, des sacs de toile brute fermés par une ficelle, de petits paquets soigneusement enveloppés de calicot, des matelas roulés et des édredons en plumes saucissonnés par des cordes. Et les chapeaux : pas de melons, pas de hauts-de-forme à l'exception de celui d'Arnold Fox l'antisémite, pas de casquettes en tweed, mais des toques en fourrure mitées, dont une en astrakan, magnifique, des casquettes à la russe avec des bords en cuir. Toutes les femmes portaient des châles sur la tête. Les enfants, rendus malades par la traversée ou plongés dans la léthargie par la faim, avaient les yeux caves, le teint livide. Les hommes étaient tous barbus, les femmes avaient des pommettes saillantes et des yeux sombres.

Et les odeurs. L'odeur des vêtements sales, des corps sales, des chaussures sales ; l'odeur du poisson frit et du mal de mer, l'odeur de la maladie, de la pauvreté et d'un long et pénible voyage.

Elle s'était arrêtée près d'une porte bien éclairée qui donnait accès à l'intérieur du paquebot. Un homme à la barbe grise, en uniforme, planté devant la porte, bloquait le passage à M. Arnold Fox et à son compagnon, qui tenait un carnet et un stylo à la main.

– Capitaine van Houten, je vous somme de répondre à ma question, disait Arnold Fox de sa voix haut perchée. Je mène une enquête pour le compte du Parlement britannique et il me faut une réponse. L'officier des douanes est-il monté à bord ?

– Évidemment, répondit le capitaine avec agacement. Il est monté à Gravesend, comme toujours.

– A-t-il compté les passagers ? Ou a-t-il simplement accepté le chiffre que vous lui avez donné ?

– Vous insinuez que mon chiffre était incorrect ? Vous voulez dire que je ne sais pas compter ?

– Il faut que je sache, capitaine van Houten. Combien d'étrangers lui avez-vous signalés ?

– Soixante-trois. Et ce chiffre est exact.

– Les a-t-il comptés ?

– Je me fiche de savoir s'il les a comptés ou non. C'est à lui de vous le dire. Allez donc lui poser la question ! Pourquoi est-ce que vous m'ennuyez avec ça ?

– Je lui poserai la question, soyez-en sûr, répliqua Arnold Fox. En attendant, j'aimerais voir vos statistiques officielles, je vous prie.

– Ce n'est pas de votre ressort. Je remets ces documents au capitaine du port. Si vous voulez les consulter, allez lui demander.

– Capitaine, je vous rappelle qu'il s'agit d'un rapport parlementaire officiel...

– Vous faites partie du gouvernement ?

– Non, mais...

– Êtes-vous seulement membre du Parlement ?

– Je ne vois pas en quoi...

– Arrêtez de me faire perdre mon temps. N'importe quel idiot peut prétendre rédiger un rapport officiel, ça ne veut rien dire. Allez jouer ailleurs !

– N'avez-vous donc aucune considération pour le sort de ces pauvres malheureux ?

Le capitaine répondit par un reniflement de mépris et planta là Arnold Fox. Celui-ci, nullement découragé, se retourna et s'écria par-dessus le brouhaha de la foule rassemblée sur le pont :

– Y a-t-il ici quelqu'un qui parle anglais ?

Il avança au milieu de la foule, en quête d'un interprète. Son grand nez blanc se plissait de manière involontaire.

Sally regarda une fois de plus la photographie de Rebecca Meyer. Mais le cliché était petit, la jeune fille faisait une grimace à cause du soleil et, surtout, elle avait le même type physique que la plupart des femmes présentes sur le bateau. Ce ne serait pas facile.

Elle se fraya un chemin au milieu de la cohue, s'efforçant d'ignorer les regards, dévisageant toutes les femmes ou les jeunes filles solitaires qu'elle apercevait. Mais dans cette foule, il n'était pas facile de distinguer qui était seul et qui ne l'était pas. Plus d'une fois, elle crut avoir trouvé Rebecca Meyer, pour voir ensuite la femme en question prendre un enfant dans ses bras ou s'adresser à un homme qui faisait visiblement partie de sa famille.

Ayant atteint la proue du paquebot en enjambant les ballots et les matelas, les cartons et les caisses éventrés, maintenus par des ficelles, elle fit demi-tour. Goldberg avait disparu, mais l'homme à la toque de fourrure continuait à s'affairer au sommet de la passerelle. Sally l'observa pendant une minute ou deux et eut tôt fait de comprendre son manège : il adressait un signe aux bateliers avec quatre doigts, ou un seul doigt, en fonction du type de passager. Mais comment les sélectionnait-il ? Elle n'en avait aucune idée. Pendant ce temps, non loin de là, Arnold Fox, obligé de brailler pour se faire entendre, interrogeait quelqu'un pendant que son compagnon prenait des notes. Un peu plus loin, la mère maquerelle, Mme Paton, bavardait avec une jeune fille coiffée d'un châle noir. La main posée sur le bras de la passagère, elle jaugeait sa silhouette tout en affectant un dévouement plein de bonté.

Cette jeune femme n'était-elle pas Rebecca Meyer ?

Sally regarda une fois encore la photographie. C'était possible. Mais elle était trop loin pour en avoir la certitude, aussi s'approcha-t-elle d'un pas vif. Du coin de l'œil, elle vit le compagnon de Mme Paton atteindre le haut de la passerelle et échanger quelques mots avec l'homme à la toque en fourrure ; celui-ci marchait peut-être dans la combine.

Arrivée à trois ou quatre mètres des deux femmes, Sally s'immobilisa. Mme Paton parlait d'une voix douce en caressant l'étoffe rugueuse de la manche de la jeune fille, et celle-ci fixait le pont d'un air absent. Mais soudain, elle leva la tête et fit une grimace qui semblait exprimer tout son désespoir. Visiblement, elle cherchait un moyen d'échapper à l'horrible maritorne. Tous les doutes de Sally s'envolèrent.

Elle s'avança.

– Rebecca ! s'exclama-t-elle.

Sans laisser à la jeune fille le temps de réagir, elle l'embrassa sur la joue en murmurant :

– *Ich bin deine Schwester*... Je suis ta sœur.

Rebecca prit les mains de Sally dans les siennes et un éclair de complicité traversa son regard. La jeune femme se tourna alors vers Mme Paton.

– Ma sœur va venir avec moi.

La vieille femme lui jeta un regard haineux. Très calmement, elle pinça les lèvres et cracha sur la manche de Sally, avant de s'éloigner en adressant un haussement d'épaules à son compagnon toujours posté près de la passerelle.

Hébétée, Sally se figea, mais Rebecca sortit un mouchoir pour essuyer le crachat de la vieille femme. Elle était plus jeune que Sally l'avait supposé : tout juste dix-huit ans. Mais quelque chose avait marqué son âme, car ses yeux exprimaient la souffrance.

– Je viens avec vous ? demanda-t-elle en allemand.

– Oui. Herr Goldberg est ici. Nous allons repartir avec lui dans une minute.

Sally avait beau regarder autour d'elle, elle ne le voyait pas. A quelques mètres de là, M. Arnold Fox, ayant terminé son enquête, appelait son batelier et relevait avec soin les pans de sa pèlerine pour descendre la passerelle, suivi de près par son secrétaire qui fourrait ses notes dans son porte-documents.

Une idée vint soudain à la jeune femme. Pouvait-elle agir sans se faire repérer ?

Elle avança à petits pas et, profitant de la bousculade, donna un coup de coude dans le porte-documents glissé sous le bras de l'homme au chapeau melon, juste au moment où il allait poser le pied sur la passerelle. Il poussa un cri d'effroi, tenta de le rattraper, mais trop tard : le porte-documents heurta le garde-fou, s'ouvrit et tous les papiers tourbillonnèrent et voltigèrent dans l'obscurité, avant de se poser sur l'eau et de couler au milieu des embarcations agglutinées. Sally savoura l'expression horrifiée du secrétaire presque autant que la rage d'Arnold Fox.

Rebecca affichait un petit sourire perplexe.

– Un ennemi, commenta Sally.

– Ah.

– Bravo ! fit la voix de Goldberg dans son dos.

Il s'adressa en russe à Rebecca, qui répondit avec une certaine réserve.

– Allons-y, dit-il et il fit signe à Charlie, le batelier.

Sally regarda la barque se faufiler avec aisance au milieu des autres embarcations et atteindre le pied de la passerelle. Le trio s'empressa de la descendre pour retourner sur le fleuve obscur.

Moins d'une heure plus tard, ils buvaient du thé dans une maison de Spitalfields, chez Morris Katz. Son épouse et leur fille, de l'âge de Rebecca, accueillirent la nouvelle venue avec des embrassades et de chaleureuses paroles en yiddish, avant de l'emmener prendre un bain. Il fallait aussi lui trouver des vêtements propres. Goldberg discutait à voix basse avec Katz. Assise dans un coin, Sally savourait la bienfaisante atmosphère protectrice qui émanait de ce foyer. Et, en même temps, elle se demandait quelle était sa place ici. Elle ne se sentait pas exclue, non ; simplement, c'était un monde qu'elle ne connaissait pas.

Soudain, la porte s'ouvrit et Rebecca réapparut. Elle paraissait plus douce, moins tendue, plus fatiguée aussi. Elle sourit en rencontrant le regard de Sally et joignit ses mains.

– Il faut que je m'en aille, dit Goldberg. Morris, Mlle Lockhart va rester pour discuter avec Rebecca.

Il adressa un signe de tête à Sally qui le regarda partir, toujours aussi surprise par sa brusquerie : il passait en un instant de l'amitié à l'indifférence, de la vulnérabilité à la sévérité. Lorsque la porte se referma derrière lui, elle se sentit curieusement diminuée.

Rebecca s'assit à la table, à côté de Sally. De prime abord, ses traits épais la faisaient paraître maussade et pataude, puis une étincelle d'intelligence et de sensibilité animait brièvement son visage. Dans ces moments-là, elle était presque belle. Le reste du temps, elle aurait pu être n'importe quelle paysanne russe, habituée à se montrer docile et respectueuse. Mais, étincelle ou pas, il y avait en permanence une ombre dans ses yeux.

Dans un mélange de russe et de yiddish, que traduisit Morris Katz, et d'allemand, que comprenait Sally, Rebecca leur raconta son histoire.

Elle venait du *shetl*, une communauté juive extrêmement pauvre de la campagne russe. Elle était la fille d'un employé de laiterie. Lorsque sa famille avait été assassinée au cours d'une des vagues de massacres qui balayaient ce monde, elle était devenue domestique chez un juif plus prospère, un marchand qui avait quitté la province en distribuant des pots-de-vin pour s'installer à Moscou. Rebecca avait appris à lire, son intelligence s'était développée ; elle avait fini par attirer l'attention du marchand et s'était finalement retrouvée enceinte de son enfant. C'était à partir de ce moment-là qu'il avait cessé de la trouver attirante et qu'il l'avait renvoyée. Ensuite, elle avait dérivé dans un cercle d'étudiants et d'artistes, gagnant sa vie comme modèle. Lors de la naissance de son enfant, elle avait vécu quelque temps avec un étudiant nommé Semyonov, un socialiste, qui fut bientôt envoyé en exil en Sibérie. Peu de temps après, l'enfant mourut. Mais, en vivant avec Semyonov, Rebecca fut influencée par certaines de ses idées et elle avait commencé à étudier, pour elle-même. Elle avait lu tout ce qu'elle pouvait, y compris les articles de Goldberg qui étaient publiés dans divers journaux interdits.

Comme beaucoup d'autres, elle avait entendu parler du Tzaddik, cette sinistre présence qui hantait les vies de ceux qui souhaitaient partir s'installer ailleurs. Toutes sortes de rumeurs circulaient parmi les communautés superstitieuses du *shetl :* ce n'était pas un être humain, mais une masse de chair animée par un rabbin corrompu ; il possédait un esprit maléfique auquel il imposait sa volonté par la magie ; ses agents attiraient chez lui des jeunes filles qu'il dévorait afin de s'approprier leur jeunesse et leur force...

Goldberg avait parlé à Sally de la fille qui s'était noyée à Amsterdam. Il était facile de croire à ce genre d'horribles histoires.

Tandis que Rebecca poursuivait son récit, Sally sentait croître son respect pour cette jeune fille discrète, banale et solide, car elle avait découvert l'adresse du Tzaddik à Moscou et trouvé du travail dans la maison voisine.

– Je voulais m'approcher de lui, le voir de mes propres yeux. J'avais rejeté toutes les superstitions, je ne croyais pas aux *dibbouks,* aux golems, ni à tout ce folklore démodé. Je voulais savoir la vérité, et agir. J'ai sympathisé avec une de ses domestiques et j'ai appris que cet homme possédait des maisons dans toute l'Europe, mais qu'il passait la majeure partie de son temps à Amsterdam. Il parle plusieurs langues, mais le hollandais semble être sa langue maternelle.

– Je l'ai vu entrer et sortir une ou deux fois. Il se déplace toujours de nuit. Il est énorme, monstrueux. Et paralysé. Il peut parler et bouger la tête, mais pas les membres. C'est pourquoi ce singe l'accompagne partout. Il dort même dans son lit. Il a fait remplacer les cordons par des sonnettes électriques pour que le singe puisse appeler les domestiques en appuyant sur un bouton. Il a aussi un valet nommé Michelet qui se charge de tout ce que le singe ne peut pas faire : il le lave, il l'habille, et ainsi de suite. C'est un homme abominable, paraît-il. Du fait de son intimité avec le Tzaddik, il possède un pouvoir sur les autres domestiques, et il s'en sert, surtout avec les femmes. C'est la bonne qui m'a raconté tout ça. Elle m'a parlé aussi des sifflets.

– Les sifflets ? demanda Sally.

Morris Katz hocha la tête.

– J'ai entendu parler de ces sifflets. A Kiev, à Berdicev et dans d'autres endroits, les émeutiers qui pillent les boutiques et les maisons des juifs sont dirigés par des coups de sifflet. Quelqu'un donne le signal et une foule en apparence inoffensive se transforme en populace enragée. Au coup de sifflet suivant, ils s'arrêtent et se dispersent. Une fois que vous connaissez la signification de ces coups de sifflet, vous êtes terrorisé quand vous les entendez. Et le Tzaddik a quelque chose à voir dans tout ça ? demanda-t-il à Rebecca.

– Oui, répondit-elle. Il a dicté une lettre à son secrétaire, destinée à un de ses agents en Biélorussie, dans laquelle il décrivait ce système. Il l'a dictée en allemand et son secrétaire l'a traduite, mais le Tzaddik ne lit pas le russe, et comme il ne fait confiance à personne, il a demandé à quelqu'un d'autre de lui retraduire le texte dans l'autre sens. La domestique l'a su et… elle a volé la lettre pour me la donner. Je l'ai là, avec moi.

Katz sourit ; c'était le sourire d'un homme fier de l'exploit d'un camarade. Sally se surprit à espérer pouvoir accomplir un jour une prouesse qui mériterait un tel sourire, mais Rebecca semblait honteuse. Elle enchaîna :

– Hélas, le Tzaddik a découvert que la domestique le trahissait, alors il l'a châtiée. Il l'a donnée à Michelet. J'ignore ce que celui-ci lui a fait, mais je ne l'ai plus jamais revue… Un jour, le Tzaddik a fait fouetter un de ses serviteurs avec le knout. On ne l'utilise presque plus de nos jours, même dans les prisons. L'homme en est mort. Mais nul n'a osé protester.

Elle s'interrompit pour boire une gorgée de thé, puis reprit :

– Cette femme était devenue mon amie, je voulais faire quelque chose pour la venger. Je savais que le Tzaddik allait partir en voyage, je n'avais donc pas beaucoup de temps. Alors, je me suis introduite chez lui et… Je ne savais pas ce que je voulais faire. Ses bagages étaient empilés dans le hall. Soudain, une alarme s'est déclenchée. Des hommes ont accouru. Ils m'ont emmenée au sous-sol.

Rebecca s'interrompit de nouveau. Son visage était dénué d'expression. Sally se pencha par-dessus la table pour lui prendre la main.

– Au bout d'un moment, ils ont fini par se lasser, je suppose. Ils m'ont jetée à la rue. Je n'ai plus revu le Tzaddik. J'avais échoué. Sauf que...

On frappa à la porte d'entrée et Rebecca s'interrompit aussitôt. Sally sentit la terreur de la jeune fille et lui pressa la main. Tous se pétrifièrent.

Quelqu'un criait, mais Sally n'aurait su dire dans quelle langue. Puis il y eut un bruit de pas précipités dans le couloir. Morris Katz lança d'une voix hachée :

– La police !... Vite... Dans la cave... par ici...

Il tira un rideau bas qui se trouvait derrière le rocking-chair. Les coups frappés à la porte redoublèrent de violence et des cris fusèrent :

– Ouvrez ! Police !

Katz poussa Sally et Rebecca devant lui.

– Baissez-vous ! dit-il.

Le rideau dissimulait une porte d'environ un mètre de haut. Katz l'ouvrit, dévoilant un escalier qui s'enfonçait dans l'obscurité. Sally se plia en deux et descendit les premières marches derrière Rebecca. C'est alors que se produisit un fracas, quelque part à l'extérieur.

– La porte d'entrée..., commenta Sally en se retournant.

Mais elle ne vit que Katz qui portait son doigt à ses lèvres et refermait la porte de la cave sur elle.

Sally trouva la main de Rebecca et elles demeurèrent immobiles dans l'escalier, dans le noir le plus complet, tendant l'oreille.

Une voix autoritaire retentissait plus haut :

– Monsieur Morris Katz, je crois que vous hébergez une personne recherchée...

Un torrent de yiddish lui répondit, mais le premier homme coupa la parole à Katz :

– Assez ! Je cherche un certain Goldberg. Est-il dans cette maison ?

Sally serra la main de Rebecca dans la sienne. Elle croyait que c'était *elle* qu'ils recherchaient...

– Non, répondit Katz. D'ailleurs, avez-vous un mandat ?

On entendit un froissement de papier.

– Satisfait ? Agent Bagley, fouillez l'étage. Moi, je vais jeter un coup d'œil par ici. Saviez-vous que vous hébergiez un fugitif, monsieur Katz ? Un meurtrier, qui plus est ? Le châtiment suprême l'attend dans son pays. Quelle méthode utilisent-ils en Hongrie, monsieur Katz ? Le savez-vous ? Est-ce la pendaison ou la guillotine ?

20
Henné

– Qu'a-t-il donc fait ? demanda Sally d'une voix tremblante. Quel est son crime ?

Une demi-heure s'était écoulée. Les deux jeunes femmes étaient restées assises dans l'obscurité, n'osant même pas chuchoter. Au-dessus de leurs têtes, elles entendaient des bruits de pas et des éclats de voix. Enfin, les policiers quittèrent les lieux, non sans avoir mis Katz en garde ; celui-ci attendit cinq bonnes minutes avant d'ouvrir la porte de la cave.

Sally ne pensait plus qu'à cette nouvelle menace. Que deviendrait-elle si Goldberg était capturé ? Et... si c'était un criminel ?

– C'est de la politique, il ne s'agit pas d'un crime, tenta d'expliquer Morris Katz.

Lui-même, visiblement, ne savait pas trop de quoi il était question.

– Ils disent qu'il n'a pas le droit de vivre ici, dans ce pays... Il devrait... Oh, je ne sais pas...

– Il est condamné à mort ?

Sally avait du mal à parler.

– En Angleterre, on ne tue pas les gens pour des raisons politiques. Dans d'autres pays... ils vous collent des crimes sur le dos, et ils se moquent pas mal de vos motivations...

– Ils ont dit que c'était un *meurtrier*...

– Ils sont prêts à dire n'importe quoi. Goldberg n'est pas comme ça. C'est un combattant, certes, mais...

Soudain, Sally se souvint que Rebecca allait dire quelque chose au moment où la police était arrivée. Elle se retourna vivement vers la jeune fille.

– Rebecca, juste avant que les policiers ne frappent à la porte, vous nous racontiez ce que vous aviez fait, et vous disiez... *abgesehn von*... Sauf que...

– *Abgesehn von... Ah! Der Tzaddik, ja?*

– Oui, c'est ça. Vous disiez que vous aviez échoué, sauf que... Et nous avons été interrompus à ce moment-là. Vous vous souvenez?

Sally se raccrochait désespérément au récit de Rebecca, car elle sentait qu'elle approchait d'une chose capitale.

– Ah! Ça me revient. Je disais que j'avais quand même accompli une petite chose. Quand je me suis introduite chez le Tzaddik, avant l'intervention de ces hommes, j'ai vu ses bagages...

– Oui, je me souviens. Et ensuite?

– Il y avait des étiquettes dessus. J'en ai arraché une. Je ne comprends pas pourquoi j'ai oublié. Je l'ai transportée jusqu'ici... Elle est là, dans la poche de ma robe...

Une seconde plus tard, elle brandit une étiquette toute froissée et déchirée, mais on pouvait encore y lire : *H. LEE, ESQ., 12, FOURNIER SQUARE, SPITALFIELDS, LONDRES.*

– Voilà son nom, dit Rebecca. Ou l'un de ses noms. Lee. Esq. ça ne fait pas partie du nom, n'est-ce pas ? Et l'adresse... Spitalfields...

Ce nom sonnait curieusement dans sa bouche ; les sons ne ressemblaient pas à ceux qu'elle avait l'habitude de prononcer dans sa langue. Mais Sally ne le remarqua même pas. Les poings serrés l'un contre l'autre, elle les secouait de haut de bas comme si ce geste pouvait l'aider à se souvenir.

– Qu'y a-t-il, Sally ?

Elle avait trouvé ! M. Bywater, le clerc de son avocat, avait évoqué – cela paraissait bien lointain – une affaire dont lui avait parlé un ami : *Lee contre Belcovitch*. Il lui avait raconté de quelle façon ce Lee avait dépossédé un innocent de son commerce et nommé Parrish à sa place. Le vieux clerc prétendait que c'était la preuve que Lee se cachait derrière Parrish. Comment avait-elle pu oublier cela ? Et l'adresse sur l'étiquette du bagage... une place avec un nom français commençant par un F, à Spitalfields...

– C'est lui ! On a la preuve !

Elle dut alors expliquer en quoi elle était mêlée à toute cette histoire. Elle évoqua Harriet et le procès, raconta sa fuite, expliqua comment elle avait trouvé refuge à la mission. Ce fut long et pénible, mais quand elle eut achevé son récit, Rebecca la regarda avec compassion et une sorte d'envie, comme si elle la comprenait mieux. Sally se souvint alors que la jeune femme avait eu un enfant elle aussi, et que celui-ci était mort.

Mais son esprit angoissé n'avait cessé, pendant tout ce temps, de s'interroger sur le cas Goldberg.

– Nous devons trouver un avocat, déclara-t-elle. Il y a peut-être un moyen de les empêcher de l'expulser. A-t-il un avocat ? Que savez-vous sur lui exactement, monsieur Katz ? Moi, je ne sais presque rien... Mais nous devons lui trouver un avocat.

Morris Katz haussa les épaules.

– Il y a quelqu'un qui vit à Dean Street, dans Soho, mais est-ce qu'il... ?

– M. Wentworth ! s'exclama Sally qui venait de se remémorer le nom de l'avocat dévoué et efficace dont Margaret Haddow lui avait parlé... quand cela ? Pas plus tard qu'aujourd'hui ?

Elle se leva, trop brutalement, car elle fut prise de vertiges et dut se retenir à la main de Rebecca. Celle-ci se leva à son tour.

– Je vais trouver un avocat pour M. Goldberg, déclara Sally lorsque sa tête eut cessé de tourner.

Après avoir remercié Morris Katz pour son aide, elle enfila sa cape et mit son bonnet. Ses mains tremblantes avaient du mal à nouer les attaches et elle se sentait transie.

Rebecca l'accompagna jusqu'à la porte. Les deux femmes s'étreignirent et s'embrassèrent comme des sœurs.

Au clair de lune, Bengal Court offrait un aspect ancien et secret. Un vrai coupe-gorge. Les ombres s'étendaient sur la petite place comme un immense rideau noir et Sally hésita un instant ; pourtant, elle n'avait pas le choix. Sa clé tourna dans la serrure.

Elle monta l'escalier dans l'obscurité et se glissa à l'intérieur du cabinet. Elle alluma une bougie et griffonna en toute hâte un mot à l'attention de Margaret. Pouvait-elle dire à M. Wentworth que Sally souhaitait le voir pour une affaire de la plus haute importance, le plus tôt possible le lendemain matin ? Ne pouvant pas venir au bureau au cas où l'endroit serait toujours surveillé, elle l'attendrait... (Elle hésita un instant.)... à Saint-Dionis Backchurch, juste derrière Fenchurch Street.

En donnant rendez-vous à cet homme, elle mettait en jeu sa propre sécurité, elle le savait, d'autant qu'il avait insisté pour qu'elle se rende à la police. Mais elle s'occuperait de cela plus tard. Le plus important dans l'immédiat, c'était de trouver un avocat pour Daniel Goldberg.

Ayant laissé le billet bien en évidence, elle avisa le grand plan de Londres fixé au mur, derrière le bureau de Margaret. Il lui fallut un certain temps pour localiser Fournier Square : cette place était située à quelques rues seulement de l'endroit où elle se trouvait un peu plus tôt, chez M. Katz. L'annuaire qui était sur l'étagère le confirma : au 12, Fournier Square vivait un certain H. Lee, Esquire.

Qu'est-ce que cela lui apportait ? se demanda Sally. Réponse : elle en savait un peu plus. Et cette information avait semé en elle le germe d'une idée qui la faisait trembler. Elle souffla la bougie et resta assise dans le noir. Plus elle réfléchissait et plus elle avait peur.

Elle quitta les lieux aussi silencieusement que possible et rentra à la mission. Elle arriva au moment où une église voisine sonnait deux heures. Harriet ne fut pas contente d'être arrachée à son lit bien chaud pour être conduite aux toilettes, elle ronchonna, comme toujours. C'était à la fois si attendrissant et si familier que, lorsque Sally s'endormit en pleurant, ce n'était pas de peur, à cause de Goldberg ou du mystérieux H. Lee, mais par amour pour son enfant. La peur et l'angoisse l'assaillirent plus tard, dans ses rêves.

Saint-Dionis Backchurch était une des églises bâties par Christopher Wren, auteur de la cathédrale Saint-Paul : grande, sombre et digne, elle était, à neuf heures le lendemain matin, complètement déserte. Sally avait emmené Harriet ; assises sur un banc vers le fond, mère et fille s'amusaient à déchiffrer les inscriptions sur les tombes les plus proches.

Elles attendaient depuis cinq minutes quand la porte de l'église s'ouvrit pour laisser entrer un petit homme à l'aspect miteux qui ôta son chapeau et s'avança en boitant vers le banc où se trouvait Sally.

– Mademoiselle Lockhart ? Je suis Wentworth. Et voici Harriet ? Bonjour, Harriet. Il y a un nombre inhabituel de policiers dans les rues ce matin. Vous l'avez remarqué ? Bon. Avez-vous pris une décision ?

– Il ne s'agit pas de moi, monsieur Wentworth. Mon affaire peut attendre pour le moment. Il s'agit de quelqu'un d'autre.

L'avocat hocha la tête d'un air grave. Son regard perçant le faisait ressembler à un oiseau. Harriet semblait fascinée : l'homme était doté d'une horrible tête de gnome avec une grande bouche et des sourcils roux broussailleux, de la même couleur que ses cheveux, mais son visage était si vivant, si expressif, que l'effet n'était pas laid. Il s'assit sur le banc placé devant elles et passa son bras par-dessus le dossier.

– Je vous écoute, dit-il.

– Si une personne est accusée d'un crime dans un autre pays… un citoyen de ce pays… et si cette personne a trouvé refuge ici, doit-elle être renvoyée chez elle ?

– Quel pays ?

– La Hongrie.

– Oui. Il existe un traité d'extradition entre la Grande-Bretagne et l'Empire austro-hongrois.

– Mais si cette personne est innocente ? Si les accusations portées contre elle ont été inventées pour des raisons politiques ?

– La justice de notre pays ne peut pas juger du bien-fondé de ces accusations, cela est du ressort de la justice hongroise. Mais s'il est évident que le crime est de nature politique, la demande d'extradition n'est pas recevable.

– Vous voulez dire…

– Le traité ne peut s'appliquer. On ne peut pas le renvoyer.

Sally fut envahie par un intense soulagement. Elle se laissa aller contre le dossier, surprise de découvrir à quel point elle était tendue jusqu'à cet instant. Quand elle rouvrit les yeux, elle constata que l'avocat l'observait avec calme.

– Réfléchissez bien avant de me dire quoi que ce soit, la prévint-il. N'oubliez pas que je suis obligé d'obéir à la loi, moi aussi.

Sally l'observa à son tour. Elle remarqua que ses poignets de chemise étaient élimés et son col aussi, mais son regard était clair et franc ; il savait ce qu'il faisait, ce qui inspirait confiance à la jeune femme.

Après avoir inspiré profondément, elle lui confia tout ce qu'elle savait sur Goldberg. Wentworth resta silencieux, sauf pour réclamer quelques précisions, et il nota tout dans un carnet en piteux état.

Quand Sally eut terminé, il le referma en le faisant claquer. Puis il releva la tête ; son visage de gnome était très sérieux.

– Et au sujet de l'autre affaire... votre problème personnel ? Vous êtes sûre de ne rien vouloir faire ?

– Je... je dois d'abord découvrir une ou deux choses. Je crois savoir qui se cache derrière tout ça. Mais en agissant maintenant, je risque de l'alerter, et il trouvera un autre moyen de m'attaquer.

Wentworth semblait sceptique. Sally enchaîna :

– Il s'agit d'un homme qui escroque et exploite les immigrants. Et... qui pousse des jeunes filles vers la prostitution. C'est ainsi que j'ai rencontré M. Goldberg, d'ailleurs, car il enquête sur ses agissements.

– Hmmm, fit l'avocat. Je vais vous répéter ce que j'ai dit à Mlle Haddow. Je ne peux pas vous aider tant que vous vous cachez de la police. En toute franchise, je devrais vous dénoncer, car vous êtes recherchée pour kidnapping, il y a un mandat contre vous, et je risque de passer pour votre complice. Je ne le ferai pas, mais je devrais. Vous savez où se trouve mon cabinet, voici ma carte au cas où vous auriez besoin de me joindre chez moi. Je vais plonger dans mes livres pour réviser les problèmes d'extradition. Dès que vous avez du nouveau – si M. Goldberg est arrêté, par exemple – contactez-moi, nous déposerons une requête d'*habeas corpus*.

– *Habeas corpus* ?

– Il s'agit d'un acte judiciaire qui oblige la personne détenant le prisonnier à le présenter, en même temps que les motifs de sa détention. Si le tribunal estime que ces motifs sont insuffisants, le prisonnier est remis en liberté. Dans ce cas précis, cela nous permettra de retarder la procédure et nous donnera le temps d'établir les motivations politiques.

Wentworth se leva et serra la main d'Harriet d'un air solennel.

– Comme je vous le disais en arrivant, il y a un nombre inhabituel de policiers dans les rues ce matin. Voilà, c'est tout.

Il serra la main de Sally, salua d'un hochement de tête la mère et la fille et repartit aussi rapidement qu'il était venu, toujours en boitant. Sally s'aperçut alors que, pas une fois au cours de leur discussion, il n'avait fait remarquer que l'affaire de Sally était difficile et délicate, et risquait de lui causer du tracas. Difficile de trouver quelqu'un de plus différent de l'incapable M. Adcock.

Alertée par la mise en garde de Wentworth, elle ressortit de l'église par la porte située sur le côté et jeta des regards à droite et à gauche avant de tourner dans Lime Street pour repartir vers Spitalfields.

Du travail l'attendait à la mission. On avait apporté un énorme tas de vieux vêtements et Angela Turner voulait que quelqu'un trie ceux qui étaient encore mettables. Sally s'attela à cette tâche, pendant qu'Harriet jouait à côté d'elle. Pendant toute la matinée, elle pensa à M. Wentworth, à la menace d'extradition et à l'*habeas corpus*, mais plus encore à tout autre chose.

Après un déjeuner composé de pain et de fromage, Sally fit la vaisselle et conduisit Harriet dans leur chambre pour la sieste. Quand la fillette fut couchée, Sally s'assit à côté d'elle et lui caressa la tête.

– Ma chérie ?

– Hmm.

– Tu es une très gentille fille. Peux-tu aussi être une petite fille courageuse ?

Harriet fixait sa mère, son pouce dans la bouche, pendant que sa main gauche tirait doucement sur le lobe de son oreille droite : c'était sa position pour s'endormir. Sally s'agenouilla près du lit et posa la tête sur l'oreiller à côté de celle de sa fille. Dans un murmure, elle dit :

– Quand maman était une petite fille comme Harriet, son papa la conduisait dans la forêt ou dans la montagne, et là, on vivait sous une petite tente, on faisait cuire notre nourriture sur un feu de camp et on buvait l'eau de la rivière. Il fallait qu'on soit très courageux tous les deux à cause des tigres, des serpents et des singes sauvages. Mais même quand maman ne voyait pas son papa, elle savait qu'il était tout près d'elle et elle n'avait pas peur. Tu vas être courageuse toi aussi, mon petit trésor, hein ? Car maman va devoir aller quelque part pendant un petit moment. Mais je vais t'emmener chez une amie qui s'occupera de toi. Tu ne verras pas maman, mais elle sera tout près de toi. Et après, on rentrera à la maison...

Harriet s'était endormie. La voix de Sally mourut. Tout doucement, elle repoussa les cheveux qui tombaient sur le visage de sa fille et contempla son enfant pendant plusieurs minutes, émerveillée par cette expression de profond sérieux, même dans le sommeil. Elle aurait aimé retrouver quelque chose de son propre père dans ces traits enfantins, mais c'était impossible, car le père de Sally n'était pas vraiment son père, même si elle ne l'avait découvert qu'à sa mort. La seule chose dont hériterait Harriet viendrait des souvenirs de Sally. Et, plus tard, la société qu'elle avait créée avec l'argent qu'il lui avait légué.

Plus tard... Quand ? Bientôt, peut-être.

Sally se leva sans bruit, écrivit un mot à l'attention d'Angela Turner et un autre pour Mlle Robbins, puis elle se rendit dans la salle de bains.

– Sally ! Qu'avez-vous fait à vos cheveux ? *Dein schönes Haar...*

– Je voulais changer de tête. Mais les couper ne suffit pas, je voudrais changer la couleur aussi et je me disais que vous pourriez peut-être m'aider ?

Rebecca se tourna vers Mme Katz et sa fille Leah, qui tenait Harriet dans ses bras, et elles échangèrent quelques paroles rapides. Sally saisit au vol les mots *mit Henna fârben*, puis Mme Katz hocha la tête et quitta la pièce.

– Avec... du henné ? dit Rebecca. Je ne connais pas le mot. Ils risquent de devenir rouges. Marron-rouge. On peut toujours essayer. Mais pourquoi, Sally ? Qu'allez-vous faire ?

Voyant qu'Harriet était accaparée par un petit chien en bois, la jeune femme répondit à voix basse :

– Cela concerne ce que vous nous avez dit hier. J'ai eu une idée, mais si je veux avoir une chance de réussir, il faut que je me déguise. Et j'ai besoin de mettre Harriet en lieu sûr. Je ne peux pas la laisser à la mission, elles sont trop occupées et il n'y a personne pour veiller sur elle. Alors, j'ai pensé que vous pourriez peut-être... Mme Katz et Leah sont si adorables... Je n'aime pas demander, mais je ne vois pas d'autre solution...

C'était la première fois de sa vie que Sally réclamait quelque chose sans avoir les moyens de payer. Elle se sentait nue, et pas uniquement à cause de ses cheveux coupés très court. Rebecca se tourna vers Leah et celle-ci, aussi menue et vive qu'un petit oiseau, s'empressa de hocher la tête.

– Évidemment ! dit-elle. Bien sûr qu'on peut s'en occuper. Mais qu'allez-vous faire ?

Sally avait la nausée. Chaque fois qu'elle y repensait, c'était pire. Mais elle s'était fixé un objectif : pas question de faire demi-tour.

– Je vais m'introduire dans sa maison. Je veux le voir de mes propres yeux. Et si je peux faire quelque chose pour contrecarrer ses plans, je le ferai. Mais je dois changer d'aspect. Il sait à quoi je ressemble, ou Parrish le sait, et ils ne s'attendent pas à voir une personne brune. D'ailleurs, ils ne pensent pas voir qui que ce soit. Alors... Voilà ce que j'ai l'intention de faire.

Les deux jeunes filles la regardèrent sans rien dire. Sally crut tout d'abord qu'elles n'avaient pas compris, mais Leah parlait très bien l'anglais et Sally avait essayé de traduire au fur et à mesure. Non, elles avaient bien entendu.

– Mais *comment ?* demanda Leah.

– Je ne sais pas encore. Je trouverai un moyen. Mais cela risque de me prendre du temps, voilà pourquoi...

Sally se tourna vers Harriet, qui jouait toujours avec le petit chien. Rebecca se baissa pour la soulever dans ses bras et l'asseoir sur ses genoux.

– Elle sera en sûreté ici, dit-elle. Nous prendrons soin d'elle. Mais êtes-vous vraiment décidée ?

Elles communiquaient plus facilement à présent, moitié en allemand, moitié en anglais. Sally hocha la tête.

– Oui, il le faut. Pas seulement pour Harriet et moi, mais aussi pour M. Goldberg. J'ai longuement réfléchi. Pourquoi la police voudrait-elle l'arrêter, tout à coup ? Il ne se cache pas, c'est un journaliste connu. C'est seulement depuis qu'il enquête sur le Tzaddik que la police le recherche. Je n'ai pas le choix, Rebecca. Mais vous devez me dire tout ce dont vous vous souvenez, tous les *détails,* sur lui, ses domestiques, ses habitudes..., absolument tout.

Mme Katz revint dans la pièce avec une cuvette d'eau chaude, une serviette et diverses choses dans un sac en papier marron. Elle dit quelques mots à Leah, qui traduisit :

– Il y en a pour deux heures. Et il faut supporter l'eau très chaude, dit maman. Comme vous êtes blonde, la couleur ne sera peut-être pas très foncée, mais on fera le maximum. Commencez par défaire votre robe et mettez cette serviette autour de votre cou pour ne pas vous tacher...

Sous le regard intrigué d'Harriet, Sally se pencha au-dessus de la cuvette et Mme Katz se mit au travail.

Rebecca lui rapporta tout ce dont elle se souvenait. La domestique avec qui elle avait sympathisé était russe et faisait partie du personnel permanent de la maison et non des domestiques privés du Tzaddik. Car celui-ci, tel un monarque, se déplaçait avec sa cour. Il avait un secrétaire, un Allemand nommé Winterhalter ; un cuisinier, un Français dont Rebecca ne connaissait pas le nom ; son médecin personnel, allemand lui aussi, le Dr Strauss ; un cocher et des valets chargés de l'aider à se déplacer ; et enfin, surtout, il avait son valet, Michelet.

Celui-ci avait pour tâche d'habiller et de laver le Tzaddik, et de s'occuper de tous ses autres besoins personnels. C'était le personnage le plus important de la maison, après le maître, évidemment. Rebecca le trouvait prétentieux et elle essayait de se remémorer ce qu'elle avait entendu dire à son sujet : capricieux et grassouillet, il raffolait du chocolat, des sucreries et des cigarettes parfumées. Lui seul dans la maison était capable de dompter le singe qui mordait qui il voulait sans jamais être puni. Un jour, il avait planté ses petites dents dans la main de Michelet et celui-ci, au lieu d'agiter le bras pour tenter de lui faire lâcher prise, avait calmement tiré sur sa cigarette, avant d'en écraser le bout rougeoyant sur la tête de l'animal. Le singe s'était enfui en hurlant et, depuis ce jour, il était terrorisé par le valet.

Quant au singe lui-même...

– C'est le diable incarné, continua Rebecca en massant les cheveux de Sally avec un produit à l'odeur âcre. On a beau dire ce qu'on veut sur les animaux... ils sont innocents, ils ne connaissent pas le bien ou le mal, Adam et Ève, l'Arbre de la Connaissance, bla bla bla... moi je dis que ce singe n'est pas innocent. Le mal, ça le connaît. Si je croyais à tout ce folklore sur les *dibbouks* et les golems, je penserais qu'il s'agit d'un esprit maléfique et non pas d'un animal de chair et de sang. Quand son maître veut punir un domestique, il demande parfois à son singe de l'attaquer, et celui-ci obéit. Les malheureux n'osent pas se défendre, sauf Michelet. Olga, la domestique, m'a raconté autre chose. Elle m'a dit que le singe se faisait vieux et que le Tzaddik avait essayé de le remplacer en dressant de jeunes animaux, mais cela n'a pas marché. Un jour, très bientôt, il mourra. Que fera alors le Tzaddik? Dieu seul le sait... Bon, on va rincer de nouveau. Penchez la tête au-dessus de la cuvette.

Sally absorba tout ce qu'elle venait d'entendre, pendant que Mme Katz et Rebecca lui lavaient et lui rinçaient les cheveux, appliquaient la pâte, lui enveloppaient la tête dans des serviettes, rinçaient de nouveau et ainsi de suite. M. Katz arriva au beau milieu des opérations, leva les bras au ciel et ressortit, mais revint peu de temps après pour jouer avec Harriet.

Le temps passa, ils partagèrent un dîner composé de soupe de betteraves, de légumes en saumure et de pain noir, après quoi Sally (la tête toujours enturbannée) monta coucher Harriet dans le petit lit installé dans la chambre de Rebecca. M. Katz avait souvent hébergé des réfugiés, ses affaires étaient prospères et il y avait toujours de la place sous son toit pour une personne dans le besoin. De plus, il adorait les enfants.

Ils laissèrent Sally dire au revoir à sa fille. Celle-ci avait sommeil et elle n'était plus intriguée par les serviettes qui entouraient la tête de sa mère.

– Bonne nuit, ma petite chérie, murmura Sally. Tu te souviens de ce que maman t'a dit sur le courage?

– Les tigres.

– Exact. Même si tu ne vois pas maman, elle n'est pas très loin. Ferme les yeux, mon trésor. Sois une gentille fille courageuse...

Elle déposa un baiser sur son front, puis sur ses joues, avant de la serrer dans ses bras. Des larmes coulèrent sur l'oreiller, juste à côté de la tête d'Harriet, mais celle-ci ne remarqua rien.

Sally redescendit. On ôta les serviettes ; avec ses cheveux roux foncé et courts, elle ne se reconnut pas dans le petit miroir que Mme Katz tenait devant elle.

– Merci, dit-elle. C'est... c'est exactement ce que je voulais.

– *Die Augenbrauen !* s'exclama Rebecca. Les sourcils. Ils devraient être plus foncés. Vos yeux, eux, sont déjà sombres, c'est étrange, non ? Des yeux si sombres et des cheveux si blonds. Mais les sourcils doivent correspondre aux cheveux.

Leah dénicha un crayon que Sally humecta entre ses lèvres pour s'assombrir les sourcils. Maintenant qu'elle était totalement différente, elle se dit qu'il lui fallait un nom différent.

– Louisa Kemp, dit-elle. Voilà comment je m'appelle désormais. Je suis bonne à tout faire. Ou quelque chose comme ça. Merci à tous pour votre aide.

– Sally, n'oubliez pas que cet homme est *dangereux*, dit Rebecca. Il n'hésite pas à tuer.

– Combien de temps doit-on vous laisser là-bas avant de venir à votre secours ? demanda Leah.

– Je vous ferai parvenir un message, d'une manière ou d'une autre. Sinon...

– Et pour M. Goldberg ?

Sally hésita, puis haussa les épaules.

– S'il vient ici... Je ne sais pas. Dites-lui que j'ai vu un avocat... Occupez-vous de ma fille...

– Elle est en sécurité ici, murmura Rebecca.

Elles s'embrassèrent. Sally s'emmitoufla dans sa cape, mit son bonnet et s'en alla.

LIVRE TROIS

21
Le valet

Il pleuvait.

Une pluie forte, ininterrompue. Une dépression s'était installée au-dessus du Sud de l'Angleterre : des nuages bas flottaient sur Londres. Leurs ventres lourds se transformaient en brouillard sur Crouch Hill, Stratham Hill, Hampstead et Highgate, et ils se déversaient copieusement et sans fin dans les égouts et les caniveaux, inondant le sol.

Les nouveaux égouts avaient été conçus pour faire face à des chutes de pluie exceptionnelles. Lorsqu'il y avait trop d'eau pour les principaux égouts de récupération, elle était drainée vers des circuits de délestage et rejetée dans la Tamise. Ces canaux étaient installés sur les lits des anciennes rivières qui couraient sous toute la ville : la Fleet, Stamford Brook, la Wallbrook, la Tyburne, etc. Nombre de ces cours d'eau étaient recensés et cartographiés mais, parmi les passants, conducteurs et passagers qui allaient et venaient à la surface, rares étaient ceux qui savaient où ils se trouvaient.

Dans les quartiers les plus anciens de la ville, il existait des dizaines de sources et de ruisseaux totalement oubliés. La plupart étaient de simples filets d'eau, mais certains roulaient un flot plus important, surtout après de fortes précipitations, quand la pluie avait eu le temps de pénétrer dans le sol. Outre ces sources et ces ruisseaux, il y avait des centaines – voire des milliers – d'anciens égouts, certains obstrués et écroulés, d'autres continuant à fonctionner plus ou moins, mais tous couverts d'une épaisse couche de crasse et de vase et grouillants de grenouilles, de rats et d'anguilles.

Une de ces rivières oubliées s'appelait la Blackbourne. Elle surgissait du sol à Hackney, en un lieu où se trouvait autrefois un monastère mais qui, à l'époque de Sally, était occupé par une conserverie. Elle coulait vers le sud en serpentant et finissait par se déverser dans la Tamise, non loin de la Tour de Londres. Au XIIIe siècle déjà, ce cours d'eau était un égout à ciel ouvert qui transportait non seulement toutes les ordures ménagères, les cadavres de chiens et autres, mais aussi les déchets des papeteries, des tanneries et des savonneries installées sur les rives, si bien que l'eau de la Blackbourne était devenue synonyme de saleté innommable. Au XVIIe siècle, elle avait été recouverte et oubliée, mais elle continuait à couler et, en 1646, de fortes inondations provoquèrent l'effondrement de trois maisons dans la rivière. Quinze personnes périrent noyées et trois autres ne furent jamais retrouvées dans ce marécage putride.

Peu de temps après, la rivière fut de nouveau recouverte et oubliée.

Mais il continuait à pleuvoir. Les égouts y déversaient leurs immondices et les diverses abominations qui s'y étaient échouées au fil des ans ne l'avaient pas rendue plus attirante. A cause d'une fuite dans une conduite d'évacuation, sous un abattoir de Stepney, d'importantes quantités de sang coulaient dans un ancien caniveau qui passait juste en dessous et se retrouvaient dans la Blackbourne. Une teinturerie de Shoreditch évacuait tous ses déchets chimiques dans un puits bien commode, situé juste derrière l'usine, qui aboutissait également à la rivière. Le mur de briques construit à la va-vite en 1665 pour consolider le flanc d'une fosse où étaient ensevelies des victimes de la peste avait commencé à s'effriter, et la Blackbourne charriait les restes de plusieurs cadavres de pestiférés. Une puissante mixture qui, lorsqu'elle se déplaçait paresseusement par temps sec, libérait des bouffées de puanteur à travers les briques effritées et les pierres disjointes dans une centaine de caves environnantes ; lorsqu'un orage la faisait gonfler, la rivière rongeait peu à peu le mortier, la chaux et le ciment. Sous terre, on pouvait entendre sa voix.

– C'est quoi, ce bruit, Charlie ? demanda un peintre-décorateur à son compagnon, alors qu'ils remballaient leur matériel après une journée de travail.

Charlie tendit l'oreille.

– On dirait une sorte de grondement. C'est leurs foutus tuyaux.

D'un mouvement du pouce, il désigna le nouveau système de canalisations qui renfermait l'eau sous pression de la Compagnie hydraulique de Londres, destinée à alimenter l'ascenseur installé dans le sous-sol où ils travaillaient.

– J'me méfie de ces machins.

– Non, c'est pas ça, reprit le premier. Ça vient d'en dessous. Écoute…

Il s'agenouilla et colla son oreille au parquet.

Soudain, la cage de l'ascenseur s'ouvrit avec un fracas métallique et Herr Winterhalter, le secrétaire particulier du Tzaddik, en sortit. Il regarda l'ouvrier agenouillé.

– Avez-vous terminé ? demanda-t-il d'un ton sec.

– Euh, oui… désolé, m'sieur. J'avais cru entendre un bruit.

Le peintre se releva. Le secrétaire tendit quelques pièces.

– C'est la somme dont nous étions convenus, je crois. Vous semblez avoir fait du bon travail. Quand la peinture sera-t-elle sèche ?

– Mieux vaut attendre trente-six heures, conseilla Charlie. Y a pas beaucoup d'aération ici. Faudra laisser toutes les portes ouvertes.

Ils ramassèrent leurs outils et remontèrent l'escalier étroit, l'ascenseur étant de toute évidence interdit aux ouvriers. Tout comme la porte principale, d'ailleurs. C'est pourquoi ils sortirent par-derrière.

Sally, à l'abri d'une station de fiacres située de l'autre côté de la place, les observait. La maison débordait d'activité : toutes les fenêtres étaient éclairées, des domestiques allaient et venaient, les bras chargés, arrangeant parfois un rideau. Bientôt, elle devrait passer à l'action.

Serrant son panier contre elle, elle resserra les pans de sa cape et courut sous la pluie battante jusqu'à la porte de derrière. Son histoire était-elle au point ? Elle se jeta à l'eau.

La lumière de la cuisine éclairait le petit espace encaissé, mais les carreaux dégoulinaient d'humidité, à l'intérieur comme à l'extérieur, et personne ne colla son nez à la fenêtre lorsqu'elle frappa.

Elle poussa la porte, entra et s'immobilisa, clignant des yeux pour chasser les gouttes de pluie.

– Qu'est-ce que… ?

Une femme corpulente leva les yeux de la casserole posée devant elle sur la cuisinière. Une domestique se figea avec son plateau de vaisselle sale et un valet de pied, qui s'apprêtait à emporter un grand plat recouvert d'une cloche en argent, la dévisagea.

– *Remuez ! Remuez !*[1] lança d'une voix aiguë une quatrième personne, un homme au teint mat coiffé d'une toque blanche de chef.

Il était occupé à casser des œufs dans un bol, tout en surveillant la casserole de la grosse femme. Celle-ci le regarda d'un air ahuri.

– Remuez ! Remuez ! répéta-t-il en anglais.

La femme se retourna vers le récipient, mais il était

1. En français dans le texte

trop tard : la sauce déborda et se déversa sur le feu en grésillant ; l'odeur de brûlé assaillit les narines de Sally.

Le cuisinier français lâcha une bordée d'injures dans sa langue, mais il lui était impossible d'intervenir sans lâcher ses œufs. C'était la chance de Sally. Avisant un torchon sur une table, elle se précipita pour essuyer les dégâts, pendant que la grosse femme se tournait vers le Français en protestant vigoureusement.

La domestique emporta sa vaisselle sale dans l'arrière-cuisine, le valet de pied sortit et le calme revint. La grosse femme reprit la casserole.

– Laissez, ma petite, dit-elle. Je m'en occupe. Cette espèce d'imbécile prétentieux... Je comprends jamais rien à ce qu'il demande. Vous êtes la fille envoyée par l'agence ?

Sally eut une seconde pour réfléchir.

– Oui, répondit-elle.

– Posez donc votre panier dans un coin en attendant. On s'occupera de votre uniforme plus tard. Allez donc voir si vous pouvez aider Monseigneur, je sais pas ce qu'il veut.

– Je parle un peu français... Il y avait une cuisinière française là où je travaillais avant...

Curieusement, elle avait pris un léger accent du Yorkshire. Elle ne fit rien pour y remédier, ravie de suivre le flot des événements tant qu'ils lui étaient favorables.

– Dieu soit loué ! Moi, je le comprends pas, ce bonhomme-là... L'imbécile.

Après s'être débarrassée de sa cape et de son bonnet, la jeune femme s'empressa d'engager la conversation avec le cuisinier. Moins de cinq minutes plus tard, elle était devenue indispensable : elle transmettait les ordres secs du chef à la grosse femme (qui, apprit-elle, était la cuisinière-gouvernante, Mme Wilson) et à la fille de cuisine. C'était l'heure du coup de feu : apparemment, il y avait des invités de marque ce soir-là. Le chef, M. Ponsot, s'affairait au-dessus des sauces et des pâtisseries. Ses manières hautaines mettaient Mme Wilson en rage, et Sally échangea avec celle-ci quelques petits regards complices. Quelle chance incroyable ! Elle était arrivée au bon moment.

Entre deux phrases à traduire, les œufs à battre en neige et la préparation du café, Sally essaya de deviner quel rôle elle était censée jouer.

– Quand avez-vous contacté l'agence, madame Wilson ? demanda-t-elle durant une accalmie.

– Ce matin seulement. On a dû renvoyer la fille d'avant. Elle buvait.

– Oh…

– C'est pour ça que j'étais étonnée de vous voir. On vous attendait pas avant demain.

Cette nouvelle était un soulagement. Au moins, se dit Sally, la véritable remplaçante n'arriverait pas avant plusieurs heures.

– Il se trouve que j'étais justement à l'agence, alors…

– D'où vous venez ?

Sally se félicita d'avoir opté pour un accent du Yorkshire, car, même s'il présentait par moments quelques faiblesses, des Londoniens ne s'en apercevraient pas. Malgré tout, elle devait réfléchir vite.

– De Bradford. Mais j'étais au service d'une lady et d'un gentleman qui voyageaient beaucoup et j'ai passé pas mal de temps à l'étranger.

– Vous êtes femme de chambre ? Nous avions demandé une bonne à tout faire.

– J'ai été femme de chambre, en effet. Mais j'aime mieux m'occuper du travail de maison.

– Tant mieux. Il n'y a pas de lady ici.

– Oh ? (Sally se dit qu'elle pouvait se permettre de montrer un peu de curiosité.) Qui est le maître de maison ?

– Un gentleman nommé M. Lee. Très riche. Mais paralysé. Il est incapable de bouger le moindre muscle.

– Vraiment ? C'est affreux…

– Il y a deux sortes de domestiques ici, comme vous le découvrirez très vite. Nous sommes placés sous les ordres de M. Clegg, le majordome, mais pas les domestiques particuliers du maître. Surtout son valet, M. Michelet. Il ne quitte jamais M. Lee.

Mme Wilson avait dit cela d'un ton neutre, mais on devinait aisément son mépris pour le valet. De beaux ferments de rancœur et de discorde, pensa Sally.

Alors qu'elle s'apprêtait à poursuivre son interrogatoire, la porte de la cuisine s'ouvrit et un homme au visage austère entra. Il affichait une expression de dégoût qui semblait gravée sur ses traits. A voir sa tenue, Sally déduisit qu'il s'agissait du majordome et, si elle savait interpréter les signes, il devait être déconcerté par la présence de ces nouveaux domestiques aux airs supérieurs, tout comme Mme Wilson.

– C'est donc vous la nouvelle. Votre nom ?

– Louisa Kemp, monsieur Clegg.

– Vos références ?

Sally s'attendait à cette question. Aucun domestique ne pouvait se faire engager sans présenter des références fournies par son précédent employeur.

– Je travaillais chez Lord et Lady Islip et, si votre maître veut se donner la peine de leur écrire, je suis certaine qu'ils lui enverront un double de ma lettre de recommandation, monsieur Clegg. Je suis en faute, certes, mais toutes mes affaires ont brûlé dans un incendie. Heureusement que j'avais déjà été employée par cette agence et qu'ils me connaissaient, car...

– Lord et Lady Islip, répéta-t-il en prenant note. L'adresse ?

Sally la lui donna. Lord Islip était le frère aîné de Charles Bertram, l'associé de Webster Garland ; Sally savait qu'il coopérerait, mais cela signifiait qu'elle devait lui écrire, ou lui envoyer un télégramme, à la première heure le lendemain matin. « Tu régleras ce problème le moment venu. Pour l'instant, montre-toi discrète et efficace. »

Mme Wilson expliqua au majordome que Sally maîtrisait parfaitement le français, et M. Clegg opina.

– Ça peut être utile, dit-il. Bon, parfait. Foster... (D'un mouvement de tête, il désigna la fille de cuisine.), vous montrera votre chambre après le dîner. A ce sujet, sachez que nous dînons après les domestiques du maître. Nous devons donc attendre. C'est bon pour le caractère, assurément. Voici les règles : surtout, n'approchez jamais le maître, à moins qu'il ne vous réclame personnellement. C'est M. Michelet, son valet, qui s'occupe de tous ses désirs. Conclusion, toutes les tâches quotidiennes, comme le ménage et ce genre de choses, doivent être faites hors de la présence du maître. S'il vous appelle, si vous répondez à un coup de sonnette ou autre, vous frappez à la porte, mais vous n'entrez pas, vous attendez. Je suis sûr que M. Michelet vous en dira plus à ce sujet. Mais souvenez-vous : le maître ne veut pas vous voir. C'est un gentleman affligé d'un énorme fardeau… Nul doute que Mme Wilson vous en a déjà parlé. Il souffre terriblement. N'ajoutez pas à sa souffrance.

Sally hocha la tête en essayant d'adopter un air respectueux et humble.

– Ainsi vous parlez français ? Ce sera utile. Je suis sûr que M. Michelet sera ravi d'avoir une conversation avec vous.

Elle ne savait comment interpréter cette dernière remarque ; elle y vit un nouvel exemple de la tension qui régnait entre les gens de maison et la cour, comme elle les avait qualifiés dans sa tête.

Le dîner fut bref et frugal ; il fut servi par la fille de cuisine et le plus jeune des valets de pied. Il y avait onze domestiques en tout. Même s'ils paraissaient un peu guindés et distants envers elle, ils semblaient tous relativement honnêtes. Ils ne savaient rien, ou ils ne voulaient pas parler, des affaires de leur employeur ; tout ce qu'elle put apprendre, c'était qu'il voyageait beaucoup et qu'il résidait dans cette maison un mois sur trois.

Petit à petit, les rapports entre ces domestiques et les autres s'éclairèrent. Quand M. Lee était présent, son valet prenait possession du salon privé de M. Clegg, si bien que le majordome devait s'asseoir dans la cuisine avec les domestiques de rang inférieur. D'où leur comportement guindé, se dit la jeune femme, car M. Clegg était le genre d'homme austère et renfrogné en présence duquel il est très difficile de se détendre, même quand il essaie de se montrer chaleureux. L'autre bonne glissa à Sally qu'il avait un caractère épouvantable et qu'elle devrait faire attention à la manière dont elle lui parlait.

Sally savait peu de choses des coutumes en vigueur dans le monde des domestiques et elle devait s'obliger en permanence à faire preuve de discrétion et de politesse envers chacun. Mais, apparemment, sa tactique était efficace : ils semblaient ne pas se soucier d'elle, à l'exception des domestiques de sexe masculin, qui jetaient des regards appuyés sur sa silhouette. Elle savait bien que, si elle était entrée dans cette maison en tant qu'invitée, jamais ils n'auraient osé la regarder de cette façon.

Sally en apprit un peu plus après le dîner, lorsque l'autre bonne, Eliza Foster, la conduisit dans la cham-bre que toutes deux devaient partager et chercha un uniforme pour elle dans l'armoire à linge des domestiques. Eliza était une jeune femme courtaude, au visage banal criblé de taches de rousseur. Dès qu'elles eurent quitté la cuisine, la bonne, qui tenait une bougie à la main, chuchota :

– Faites bien attention à ce satané valet, M. Michelet.

– Pourquoi ? Comment est-il ?

– Il a les mains baladeuses. Et pas seulement les mains. C'est pour ça que Lucy a été obligée de partir.

– La fille que je remplace ? Mme Wilson m'a dit qu'elle buvait.

– Elle n'allait pas vous dire la vérité tout de suite, hein ?

Elles avaient atteint le palier du premier étage, au fond de la maison. Eliza s'arrêta et tendit l'oreille. Ses yeux s'écarquillèrent et elle posa son index sur ses lèvres.

– Chut. Il arrive...

Une porte s'était ouverte et quelqu'un montait avec une lampe. Eliza s'empressa de faire demi-tour, mais une voix s'éleva dans son dos :

– Qui est là ?

La jeune fille se figea. Sally sentait sa réticence. Elle se retourna et attendit que l'homme les rejoigne, mais garda les yeux baissés.

– Comment vous appelez-vous ? demanda-t-il

– Louisa Kemp, monsieur.

– Regardez-moi, mon enfant.

Sally leva la tête. Le valet avait un visage grassouillet et flasque, mais son expression était celle d'un rapace. Il tendit la main. Sally la lui serra et il la garda dans la sienne un instant, l'approchant de son visage.

– Vous avez la main douce, commenta-t-il. Vous êtes la nouvelle bonne, Louisa ?

– J'étais femme de chambre, monsieur Michelet.

– Ah, quelle main douce. Et quel joli visage. Je suis ravi de faire votre connaissance, Louisa. J'espère que nous aurons l'occasion de bavarder tous les deux.

– Oui, je l'espère également, monsieur Michelet.

Il garda sa main dans la sienne quelques secondes. Quand il la relâcha enfin, Sally esquissa un petit signe de tête, qui aurait pu passer pour une demi-révérence gênée de la part d'une jeune femme manquant d'assurance.

– Venez, lui souffla Eliza.

Sally la suivit, sentant dans son dos le poids du regard du valet.

Lorsqu'elles se retrouvèrent dans la chambre, une pièce exiguë sous le toit, avec deux lits étroits et une commode, Eliza explosa :

– Je le hais. C'est uniquement parce que je ne suis pas jolie comme vous ou comme Lucy qu'il se contente de me regarder. Pauvre Lucy... je me demande bien où elle est maintenant...

– Que s'est-il passé ?

– Toujours la même chose. J'ai essayé de l'avertir, pourtant. Elle va avoir son bébé et elle sera obligée de l'abandonner à l'orphelinat ou un endroit comme ça. Et sans lettre de recommandation, elle aura du mal à trouver une autre place. Mais personne n'ose dire non à ce type, c'est ça le problème. Car il ira se plaindre au maître et on se retrouvera à la porte de toute façon. C'est beaucoup mieux quand il n'est pas là.

– Parlez-moi de lui. Du maître.

– Il me donne des frissons. C'est la manière dont il reste assis là à vous regarder. Remarquez, je le vois pas beaucoup, car il aime mieux qu'on s'approche pas de lui. Mais c'est un pauvre homme. Vivre paralysé comme ça… Et être obligé de dépendre de ce sale type pour tout : faire sa toilette, s'habiller… Je vous le répète, c'est de Michelet que vous devez vous méfier.

Il était donc évident que la route conduisant au Tzaddik passait par le valet. « Une chose à la fois », se dit Sally dans son lit en frissonnant sous les couvertures trop fines. Elle avait l'impression d'être un soldat en campagne, comme cet homme qu'elle croyait être son père quand elle était enfant. « Garde ton sang-froid sous le feu de l'ennemi. Et ne mouille pas ta poudre à fusil. »

Après une nuit de sommeil sans rêves, elle se réveilla en sursaut lorsqu'Eliza la secoua à six heures du matin. L'uniforme qu'elle devait porter était un peu trop grand mais, en serrant bien les cordons du tablier, ça pouvait aller.

– On doit allumer le feu dans toutes les pièces, expliqua Eliza. Comme dans n'importe quelle maison, sauf qu'ici, il faut les entretenir toute la journée. Ça coûte une fortune en charbon. Ils viennent de faire installer ce qu'ils appellent un ascenseur, pour faire monter et descendre son fauteuil roulant. On aurait pu croire qu'ils installeraient un système pour monter le charbon, eh bien non ! On est obligés de se taper les escaliers, comme partout ailleurs. Et il faut bien tout nettoyer, il est très maniaque : dès qu'il aperçoit un grain de poussière, il en fait tout un drame. Tu n'as qu'à commencer par la salle à manger, tu feras le salon ensuite. Moi, je m'occupe de la bibliothèque et du hall. Après ça, on fera l'étage. Le petit déjeuner est à sept heures et demie.

Après avoir fait sa toilette à l'eau froide, puis vidé et rallumé quatre cheminées, Sally se sentait sale et mal dans sa peau lorsque les domestiques s'installèrent autour de la table pour prendre leur premier repas. Mais ce laps de temps lui avait permis de réfléchir à la suite de son plan et, tandis que Mme Wilson mangeait son porridge et buvait son thé, Sally se jeta à l'eau :

– Excusez-moi, madame... Pourrais-je vous demander un service ? Je sais bien que je viens tout juste d'arriver, mais c'est à cause de ma vieille mère... J'ai promis de l'avertir dès que j'aurais trouvé une place – elle attend que je lui envoie un peu d'argent – et si je pouvais m'absenter quelques minutes, je pourrais attraper le service postal de huit heures et demie au coin de la rue... Je vous promets de rattraper le temps perdu, madame...

Mme Wilson l'observa d'un air sceptique. Sally craignait qu'elle ne lui réponde que quelqu'un d'autre posterait sa lettre plus tard, mais la gouvernante hocha la tête en marmonnant :

– Faites attention que M. Clegg vous voie pas. A vos risques et périls.

– Merci, madame Wilson.

La jeune femme avala son assiette de porridge, correct bien qu'un peu léger, et attendit que M. Clegg fût sorti avant de se glisser au-dehors. Il y avait beaucoup d'allées et venues dans la maison à cette heure car le petit déjeuner n'était pas un repas aussi formel que le dîner et, moins de cinq minutes plus tard, après avoir couru sous la pluie, Sally était devant le guichet du bureau de poste, au coin de la rue. Une fois de plus, la chance était de son côté. Non seulement ils acceptaient les télégrammes, mais personne n'attendait devant elle. Il ne lui fallut pas longtemps pour écrire sur le formulaire : ENVOYEZ IMPÉRATIVEMENT RÉPONSE POSITIVE A DEMANDE CONCERNANT ÉTATS DE SERVICE DOMESTIQUE NOMMÉE LOUISA KEMP. STOP. TRÈS IMPORTANT. STOP. VOUS EXPLIQUERAI PLUS TARD. STOP. SALLY LOCKHART.

Elle tendit le télégramme à l'employé, paya et regagna la maison en courant.

Restait l'autre problème : que faire quand la fille envoyée par l'agence Pethick se présenterait ? Inutile de tergiverser. Elle attendit d'être sûre que Michelet se trouvait seul dans le salon, puis elle se faufila dans la pièce et referma la porte derrière elle.

– Que faites-vous dans... ? Ah, Louisa ! Vous savez que vous ne devez pas être ici passé une certaine heure...

Elle posa son index sur ses lèvres. Les yeux du valet brillaient. Il s'approcha d'elle.

– *Monsieur,* dit-elle en français.

– *Vous parlez français ? Mais...*

– Un tout petit peu. Je vous en supplie, monsieur Michelet, pouvez-vous m'aider ?

– De quoi s'agit-il ?

Elle levait les yeux vers lui, d'un air attendrissant espérait-elle. L'homme se rapprocha encore un peu. Sally sentait son eau de Cologne.

– Je ne devrais pas être ici, avoua-t-elle. La vérité, c'est que je ne suis pas envoyée par l'agence de placements Pethick. Il se trouve que j'étais là-bas quand votre demande leur est parvenue et, étant aux abois, je me suis présentée hier soir. Ils ont dit qu'ils enverraient quelqu'un aujourd'hui. Une autre fille. Je ne sais pas quoi faire...

– Ah, je vois... Vous voudriez que je renvoie cette autre fille ?

Elle baissa les yeux, puis releva la tête d'un air timide. Michelet passa sa langue sur ses lèvres. Du bout du doigt, il caressa la joue de Sally.

– Ma petite Louisa... Les questions de personnel ne sont pas de mon ressort. Ce sera difficile. Toutefois...

– Je vous revaudrai ça un jour, monsieur.

– Je n'en doute pas.

Sa main joua délicatement avec les petits cheveux qui bouclaient dans la nuque de la jeune femme et il l'attira vers lui... lorsque, soudain, un cri retentit au plafond.

Sally sursauta et leva la tête. Michelet la lâcha en poussant un juron. Elle découvrit alors, sautant d'une corniche à un meuble vitré et d'une étagère à la cheminée, le fameux singe : un éclair gris qui poussait des cris stridents et haineux en dévoilant ses petites dents jaunes. Il bondissait, s'accrochait, se balançait, bondissait de nouveau. Sally remarqua qu'il tenait quelque chose sous son bras : une petite boule brune...

Michelet tendit le bras et l'agrippa en plein vol, tel un joueur de cricket qui attrape une balle.

Immédiatement, le singe se tut et demeura immobile dans la main du valet. L'objet qu'il tenait était tombé près du mur, mais le valet ne s'en était pas aperçu. Michelet approcha lentement l'animal de sa bouche, de manière menaçante, comme s'il allait le mordre : le singe resta inerte et mou, comme une poupée de chiffons, les yeux fermés.

Le Français le laissa tomber par terre. Comme un chat, l'animal retomba sur ses pattes et s'enfuit par la porte ouverte. Sally l'entendit pousser de petits cris de colère dans le couloir.

– Oh, Louisa, dit le valet, faut-il que vous soyez une mauvaise fille pour que cet animal vous haïsse à ce point ! Vous avez vu ses dents ? Des dents très aiguisées, Louisa. Il aimerait beaucoup vous mordre... Heureusement, je sais le contrôler. Il a peur de moi. Ne craignez rien, mon enfant. Si vous savez être cruel, ce sont *eux* qui ont peur.

Sur ce, il quitta la pièce en toute hâte.

Appuyée contre le dossier d'un fauteuil, Sally inspira à fond. Le pire était à venir. Soit. Elle saurait faire face. Mais elle avait fermé les yeux et, quand elle les rouvrit, elle vit l'objet que le singe avait laissé tomber. Par réflexe, elle se baissa pour le ramasser : c'était l'ours en peluche d'Harriet, Bruin !

Impossible de le confondre avec un autre jouet. Il avait eu l'oreille gauche arrachée et Sally l'avait recousue tant bien que mal avec du fil violet pendant que Sarah-Jane était en congé, car elle n'avait rien trouvé d'autre. Son cœur fit un bond dans sa poitrine et elle serra l'ours contre sa poitrine, submergée par un sentiment d'amour et de désespoir. Mais il s'agissait d'une *preuve*... Ils avaient volé l'ours en peluche... Elle ne s'était donc pas trompée, la piste conduisait bien ici... et ils avaient donné Bruin à un *singe*...

La porte s'ouvrit à nouveau et Michelet entra. Il lui arracha l'ours des mains.

– Le singe ne doit pas jouer avec ça, dit-il. Il déteste cette peluche. Il l'aurait déchiquetée et le maître ne le veut pas. Heureusement que nous l'avons sauvée, n'est-ce pas ?

Il repartit avec Bruin.

Pourquoi l'avaient-ils volé si ce n'était pas pour le donner au singe ? Ce devait être pour Harriet. Pour qu'elle se sente comme chez elle lorsqu'ils la conduiraient ici. « Non, ne pense pas à ça. Une chose à la fois. »

Harriet était en sécurité pour l'instant, loin de cette maison. Sally se dit qu'elle ferait bien de se comporter comme une véritable bonne à tout faire si elle ne voulait pas être renvoyée pour incompétence. Ce serait le comble.

Elle passa le restant de la journée à exécuter les ordres de Mme Wilson : elle lustra l'argenterie, repassa le linge, remplaça toutes les bougies du grand chandelier dans la salle à manger, fit la poussière, alla chercher du charbon...

En fin d'après-midi, alors qu'elle prenait cinq minutes de repos dans la cuisine, un tintement retentit. Elle leva les yeux vers la rangée de clochettes accrochées à côté de la porte ; celle marquée *Bibliothèque* vibrait encore au bout de son ressort. Il n'y avait personne d'autre dans la cuisine, c'était donc à elle de répondre.

Elle se leva, lissa son tablier, vérifia que son bonnet était bien droit, puis s'empressa de monter l'escalier jusqu'à une porte verte matelassée.

« Frapper et attendre », se dit-elle. Elle pensait que Michelet viendrait ouvrir la porte mais, au lieu de cela, une voix grave lança :

– Entrez !

Elle poussa la porte et exécuta une petite révérence devant l'homme assis dans le fauteuil d'invalide, tout en gardant les yeux baissés. Pourtant, elle brûlait d'envie de le regarder, mais elle parvint à se contrôler. Elle sentait sa présence, une masse sombre et immobile ; et, du coin de l'œil, elle aperçut un deuxième homme debout près de la fenêtre.

– Apportez-nous du thé, dit la voix grave et fêlée de l'homme au fauteuil roulant.

Quelque chose remua dans les profondeurs de la mémoire de Sally, mais très brièvement, comme un énorme poisson qui aurait lentement remué une nageoire avant de disparaître.

Elle s'apprêtait à faire demi-tour lorsqu'il ajouta :

– Attendez. Vous êtes nouvelle. Comment vous appelez-vous ?

– Kemp, monsieur.

Elle leva la tête, car elle venait d'entendre une sorte de gazouillis. Son regard glissa sur le visage impassible et lunaire de l'invalide, puis se posa sur le diablotin malfaisant perché sur son épaule et qui montrait les dents.

– Kemp. Très bien. Allez.

La jeune femme esquissa une nouvelle révérence. Au moment où elle s'apprêtait à sortir, l'homme qui se tenait près de la fenêtre se retourna... et Sally se retrouva face à Arthur Parrish.

Celui-ci n'eut aucune réaction, hormis l'habituel et automatique coup d'œil à sa silhouette. Puis il détourna la tête, sans s'intéresser davantage à elle, et Sally réussit à quitter la bibliothèque sans montrer son trouble.

« Ça marche ! se dit-elle. Ils ne m'ont pas reconnue ! »

C'était grâce à la couleur de ses cheveux ou à la tenue de domestique... ou peut-être parce qu'elle était la dernière personne qu'ils s'attendaient à voir là. Elle regagna la cuisine, soulagée. « Quand j'étais une dame, personne n'osait me déshabiller ainsi du regard, se dit-elle en se remémorant le regard du courtier.

Maintenant que je suis une domestique, ils le font tous... »

Mme Wilson se trouvait dans la cuisine. Elle expliqua à Sally que le maître aimait qu'on dépose le thé sur la table basse près de la cheminée ; son invité se chargerait de le servir.

Quand la fausse Louisa Kemp remonta avec le thé, les deux hommes discutaient. Ils firent à peine attention à elle. Elle salua, déposa avec précaution le plateau sur la table basse, et entendit Parrish qui disait :

– Non, monsieur. J'ai peur qu'elle se soit enfuie du poulailler. Nous sommes arrivés trop tard.

– Quel est donc cet endroit ? demanda le Tzaddik.

– Une sorte de colonie socialiste en plein Whitechapel. Elle y est allée, nous en sommes certains, avec la gamine. Mais nous suivons une autre piste. Les juifs...

Elle ne pouvait rester plus longtemps. En outre, elle craignait d'être trahie par ses mains tremblantes. Après avoir refermé la porte, elle y colla son oreille, mais seul un murmure indistinct lui parvenait, puis elle entendit M. Clegg approcher Elle lissa son tablier et redescendit dans la cuisine.

James Wentworth frappa à la porte du cabinet de Bengal Court. Cicely Corrigan, qui ouvrit la porte, le laissa entrer en poussant un soupir de soulagement.

– Mademoiselle Haddow ! s'écria-t-elle. C'est l'avocat... M. Wentworth... Je suis navrée, monsieur, dit-elle en se retournant vers lui, nous avons été débordées toute la journée.

– Entrez, monsieur Wentworth, dit Margaret.

L'avocat s'avança en boitant, après avoir confié son chapeau et son manteau à Cicely.

Margaret lui servit une tasse de thé, sans même lui demander s'il en voulait. Il avait le teint pâle, se dit-elle, et il s'assit comme si tous ses membres le faisaient souffrir.

– Ça m'a pris toute la journée, annonça-t-il, mais au moins, j'ai réussi à les contrer – pour un temps. Je n'entrerai pas dans les détails de procédure, mais sachez que vous pouvez recommencer à faire des chèques sur votre compte courant. Ils se sont engagés à les honorer, s'ils sont signés par vous, uniquement, et si le montant ne dépasse pas vingt livres à chaque fois.

– Le premier chèque que je signerai sera pour payer vos honoraires, dit Margaret.

– Je n'ai pas encore fini mon travail.

– Si je ne vous paie pas pendant qu'on a de l'argent, je risque de ne pas pouvoir le faire plus tard, répliqua-t-elle en ouvrant son chéquier.

« De plus, pensa-t-elle, vous semblez en avoir bien besoin. »

Elle rédigea le chèque, le détacha et le lui tendit.

– Savez-vous où se trouve Mlle Lockhart ? demanda-t-il.

– Non. Et je suis très inquiète. Savez-vous qu'il y a eu une descente à la mission ?

Il haussa les sourcils.

– Une descente ?

– Ce matin. La police a débarqué. Ils ont tout mis sens dessus dessous, de la cave au grenier. Sally n'était pas là, évidemment. La femme qui dirige cet endroit n'a rien voulu dire mais, par la suite, elle m'a confié qu'elle ignorait de toute façon où se trouvait notre amie. D'après le médecin, elle s'est fait couper les cheveux très court et elle est partie. Cela signifie qu'elle a dû trouver un autre toit.

– Elle s'est coupé les cheveux ? Compte-t-elle se déguiser ? Espérons qu'elle a fait du bon travail, car j'ai vu une excellente photographie d'elle cet après-midi, à l'entrée d'un poste de police. Elle a de sérieux ennuis, mademoiselle Haddow, et je ne peux pas l'aider tant qu'elle ne me le demande pas.

– Et tant qu'elle ne se rend pas ?

– Exactement.

– Elle ne le voudra jamais. Vous ne la connaissez pas, elle est prête à se battre...

– J'espère que vous ne dites pas ça au sens propre ?

– Si. Elle a un pistolet et elle s'en est déjà servie.

Wentworth resta muet. Son expression était grave.

– Je sais qu'il y a de meilleurs moyens de régler ses problèmes, reprit Margaret, mais elle a essayé et regardez où ça l'a menée. Avez-vous conscience de l'ampleur du complot auquel elle se trouve confrontée ?

– Je commence à m'en apercevoir. Et je suis d'autant plus convaincu qu'elle ne devrait pas compliquer la situation en tirant sur les gens. Dites-moi... Savez-vous quelque chose sur ce M. Goldberg ?

Margaret secoua la tête.

– Je l'ai vu une ou deux fois... Je pense que... je pourrais lui faire confiance... Comme à un bandit de grand chemin héroïque... Une sorte de Robin des Bois, si vous voulez... Mais j'ignore s'il faut le prendre au sérieux.

– J'en ai appris suffisamment sur lui pour savoir qu'il faut le prendre au sérieux. Et j'avoue que je suis assez admiratif. Mais une accusation de meurtre, c'est grave.

Ce petit homme boiteux et laid dégageait une impression de calme et d'autorité. Comme Sally, Margaret savait apprécier la compétence ; c'était d'ailleurs une des raisons pour lesquelles les deux jeunes femmes s'appréciaient mutuellement.

En entendant des voix dans la pièce voisine, Margaret tourna la tête. Cicely discutait avec une autre femme qui paraissait très agitée.

Margaret fit un pas vers la porte, mais celle-ci s'ouvrit avant qu'elle ait pu l'atteindre. Dans l'encadrement se tenait une jeune fille d'environ dix-huit ans, dont le visage portait des traces de larmes récentes.

– Mademoiselle Haddow ? Je ne savais pas à qui m'adresser... Je viens d'Orchard House, je suis la nurse d'Harriet...

– Sarah-Jane Russel. Oui, je me souviens de vous. Que se passe-t-il ? Avez-vous vu Mlle Lockhart ?

– Non, mademoiselle... Mais ils nous ont jetées dehors...

Elle tremblait, de froid ou de détresse, peut-être des deux. James Wentworth lui offrit son siège.

– Je suis avocat, mademoiselle, et j'agis pour le compte de ce cabinet. Que s'est-il passé ? Qui vous a jetées dehors ?

Sarah-Jane se laissa tomber sur le siège.

– Des hommes sont venus aujourd'hui. Ils avaient des documents... des mandats ou je ne sais quoi... et ils ont dit que la maison appartenait désormais à M. Parrish, ainsi que tout ce qu'elle contenait. Ils nous ont donné une semaine de gages et ils nous ont dit, à la cuisinière, à Ellie, la bonne, et à moi, qu'on était renvoyées et qu'on devait partir immédiatement. Ils étaient accompagnés d'un ouvrier qui a changé toutes les serrures... Je ne... Je ne sais pas quoi faire... Oh, mademoiselle, que va-t-il se passer ?

22
La cave

Sally n'eut pas le temps de penser à Goldberg avant de se coucher, ni même à Harriet, mais à peine eut-elle posé la tête sur son oreiller dur que toutes ses angoisses réapparurent. Et c'était insupportable, car sa petite fille pleurait à cause d'elle.

Sally fut submergée par une telle douleur qu'elle ne put réprimer un sanglot. Immobile dans son lit, elle serrait son oreiller dans ses bras comme s'il s'agissait de son enfant et laissa couler ses larmes en faisant le moins de bruit possible.

Mais Eliza ne dormait pas. Un murmure s'éleva du lit voisin :

– Ça ne va pas, Louisa ? Que se passe-t-il ?

Sally déglutit avec peine.

– Je... je pense à ma mère, chuchota-t-elle.

C'était horrible de mentir car elle avait l'impression de renier Harriet. Mais elle savait qu'elle n'avait pas le choix.

– Mme Wilson a dit quelque chose au sujet de ta mère...

« Tant mieux, pensa la jeune femme. Ma petite histoire a fonctionné. »

– Elle est souffrante, expliqua-t-elle. Je voulais absolument lui envoyer un peu d'argent... Je le lui ai posté ce matin... C'était tout ce qui me restait.

Elle renifla. Son visage ruisselait de larmes mais, curieusement, son véritable chagrin était comme étouffé. Comme c'était étrange ! En feignant un sentiment on pouvait en atténuer un autre ! Elle prit un mouchoir pour sécher ses pleurs.

– Mme Wilson n'est pas une mauvaise femme, murmura Eliza.

– Elle a été bonne avec moi.

– Parfois, elle est un peu sèche, mais elle n'est pas méchante. M. Clegg est un homme bien, lui aussi. C'est ce valet que je ne supporte pas. On peut dire que tu lui as tapé dans l'œil, Louisa. Je vais te dire une chose : depuis que je travaille ici, c'est la première fois de ma vie que je suis bien contente de pas être jolie. Et pas seulement à cause de lui. Il y a le maître aussi...

Sally en eut la chair de poule.

– Que veux-tu dire ?

– Eh bien...

Le lit grinça lorsque la jeune bonne se tourna pour adopter une position plus confortable. Il faisait sombre dans la chambre et la pluie qui martelait le toit, pas très loin de leurs têtes, couvrait parfois leurs murmures.

– Personne ne te parlera jamais du maître. Si tu poses des questions, on te mettra en garde. C'est comme s'il n'avait pas d'existence en dehors de l'instant présent. Dans ma place précédente, chez Sir Charles Dyhouse, on n'arrêtait pas de cancaner dans la cuisine : on se demandait ce que Sir Charles faisait au Parlement ou qui allait être invité, ce genre de choses. Parfois, un gentleman nommé M. Priestley passait la nuit dans la maison et il avait l'habitude de se faufiler dans la chambre de Lady Dyhouse pour n'en ressortir qu'à l'aube. Un jour, on s'est levés de bonne heure, deux autres domestiques et moi, pour le surprendre en chemise de nuit. L'un après l'autre, on a surgi dans le couloir avec un seau de charbon ou une pile de linge ; à peine était-il passé devant l'un de nous, qu'il en croisait un autre. « Bonjour, monsieur Priestley ! » qu'on lui faisait, haut et fort, d'un ton joyeux. Il est devenu tout rouge. Mais il nous a donné un joli pourboire et on n'a jamais recommencé.

Sally rit de bon cœur et se moucha.

– Je me souviens de parties de chasse comme ça, dit-elle. On devinait facilement qui était le..., tu vois ce que je veux dire, car la maîtresse de maison distribuait les chambres pour que le monsieur soit le plus près possible.

– Oui, je vois, et vous en causiez entre vous, non ? C'est naturel. Mais pas ici. On ne dit jamais un mot sur le maître. Comme si on avait tous peur. Bref, ce que je voulais dire, c'est que j'ai jamais parlé de lui à personne. Seulement à Lucy, la fille qui travaillait là avant toi. Elle m'a raconté qu'un jour, elle avait vu M. Michelet amener une fille au maître. Dans la cave.

Une de ces filles... si tu vois ce que je veux dire. M. Michelet a expliqué ensuite à Lucy, qui me l'a répété, que le maître se contentait de regarder la fille. Il la regarde pendant des heures. Après ça, M. Michelet lui donne un peu d'argent et il la flanque dehors. Pour sûr que le maître aurait voulu faire pareil avec Lucy, vu qu'elle était jolie, mais M. Michelet avait pris soin de la cacher. Il voulait se la garder pour lui. Remarque, c'était pas mieux pour elle.

– Il l'a emmenée dans la cave ? Qu'y a-t-il, en bas ?

– J'en sais rien. C'est M. Michelet lui-même qui fait le ménage au sous-sol, les autres domestiques n'ont pas le droit d'y aller. Ils ont fait installer un nouvel engin hydraulique. Avant, ils étaient obligés de faire descendre le maître dans une sorte de monte-charge. Ils ont fait venir des fils de télégraphe ou je ne sais pas quoi, qu'ils ont descendus dans la cave. Sans doute qu'il y a tout un bric-à-brac là-dessous, mais on n'a jamais rien vu.

– Il t'a déjà adressé la parole ?

– Le maître ? Non. Et il n'a jamais posé les yeux sur moi. Sauf quand j'apporte le thé ou du charbon ou quand il me demande quelque chose. Cette maison, c'est comme un hôtel pour lui, avec des employés. Il ne connaît même pas nos noms, il s'en fiche.

– D'où vient son argent ?

– Dieu seul le sait. Mais tout bien considéré, c'est pas une si mauvaise place, ajouta Eliza en bâillant. Écoute-moi cette foutue pluie. Si ça continue comme ça, va falloir faire sécher tout le linge dans la cuisine.

Elle se retourna dans son lit. Une ou deux minutes plus tard, Sally entendit un léger ronflement. Elle demeura immobile, les larmes avaient séché sur son visage, son corps et son esprit étaient parfaitement éveillés.

Cette chambre, comme toutes celles des domestiques, était située au dernier étage, sous les toits. En dessous, il y avait les chambres de la « cour » du maître, son secrétaire, son médecin, que la jeune femme n'avait fait qu'apercevoir de loin. A l'étage inférieur se trouvaient les appartements du maître : chambre, dressing-room, salle de bains, et juste à côté, la chambre de son valet. Puis c'était le rez-de-chaussée, les cuisines et, encore plus bas, la cave.

Sally se leva sans bruit, enfila une paire de bas noirs,puis, après réflexion, une deuxième paire par-dessus la première. Sa chemise de nuit était blanche, mais sa cape marron foncé la dissimulerait ; si elle relevait le bas de sa chemise et rabattait la capuche sur sa tête, on ne verrait plus aucune tache claire.

Elle avait des allumettes dans son panier. Elle les prit, ainsi que le morceau de bougie planté dans le bougeoir entre les deux lits, et ouvrit la porte de la chambre.

L'horloge d'une église sonna minuit. La maison était silencieuse et plongée dans une totale obscurité. Les nuages épais et la pluie battante masquaient la lumière venue du ciel et les lampadaires installés dans la rue, en dessous, dispensaient une si faible lueur qu'elle ne parvenait pas à s'introduire par l'étroite fenêtre du palier. Sally serait obligée de se déplacer à tâtons.

Elle entreprit de descendre l'escalier. Elle le connaissait suffisamment bien maintenant. En atteignant le palier où dormaient M. Lee et son valet, elle poussa la porte matelassée qui séparait l'escalier de service du reste de la maison. Une lampe à gaz fixée à côté de la porte à double battant de la chambre du maître émettait un petit sifflement. Juste en face se trouvait la porte de l'ascenseur, toujours ouverte à l'étage auquel se trouvait M. Lee. A côté de l'escalier de service se trouvait la chambre du valet. Sally remarqua un rai de lumière entre l'huis et le plancher; elle referma tout doucement la porte matelassée.

Elle descendit jusqu'au rez-de-chaussée. La seule lumière provenait de la lampe à gaz de l'étage supérieur. Elle emprunta alors le demi-escalier qui menait aux cuisines, en prenant d'infinies précautions pour ne faire aucun bruit. Après s'être assurée qu'il n'y avait personne, elle remonta au rez-de-chaussée.

Elle se félicitait d'avoir enfilé deux paires de bas car le sol était froid. La salle à manger... le salon... la bibliothèque... l'ascenseur. L'ascenseur était-il l'unique moyen d'accéder à la cave? « Non, certainement pas, se dit-elle. Il doit y avoir un autre accès, au cas où cet engin tomberait en panne. Il y a forcément un escalier quelque part. » Mais il ne se trouvait pas dans l'entrée, ni dans la cuisine.

A pas feutrés, Sally se dirigea vers le salon. Toutes les pièces étaient munies de portes à double battant pour laisser passer le fauteuil roulant, parfaitement graissées, si bien qu'elles ne faisaient aucun bruit. Elle se faufila dans la pièce et referma la porte derrière elle, avec un petit clic qui résonna tel un coup de tonnerre dans le silence.

Les rideaux étaient tirés, mais les braises encore rougeoyantes dans la cheminée dispensaient une faible lueur. Quand ses yeux se furent habitués à la pénombre et quand elle eut localisé les meubles, elle les contourna avec soin, à la recherche d'un moyen d'accès à la cave qui lui aurait échappé.

En vain. Elle fit demi-tour et colla son oreille à la porte avant de l'ouvrir pour ressortir dans le couloir. Pendant un court instant, Sally se crut découverte, car la faible lumière provenant de l'étage supérieur semblait éclatante en comparaison de la lueur des braises. Son cœur fit un bond dans sa poitrine, mais il n'y avait aucun bruit, aucun mouvement, rien. Elle était seule.

Malgré tout, elle se sentait plus vulnérable que jamais. Elle avait peur, inutile de le nier. Mais il ne servirait à rien de rebrousser chemin.

Elle ouvrit la porte de la bibliothèque, se glissa à l'intérieur et la referma aussitôt. Cette pièce était totalement obscure : le feu s'était éteint. Une odeur de cigarette flottait dans l'air.

Devait-elle gratter une allumette ? Que faire d'autre ?

Elle prit la bougie, gratta une allumette en tremblant et, après avoir allumé la bougie, la secoua pour l'éteindre avant de la jeter dans l'âtre. Des gouttes de cire chaude coulèrent sur ses doigts, mais elle n'y prêta pas attention, trop occupée à aller et venir dans la pièce pour regarder entre les étagères et derrière la grande vitrine qui renfermait des porcelaines de Chine.

Et soudain, dans un coin, elle avisa une porte. Celle-ci n'était pas fermée ; en fait, elle était maintenue ouverte par une cale. Un escalier étroit, d'où s'échappait une forte odeur de peinture, s'enfonçait dans l'obscurité. S'arrêtant juste le temps de tendre l'oreille pour vérifier que personne n'approchait, elle commença à descendre les marches.

Celles-ci décrivaient un coude, là où une autre porte était bloquée en position ouverte. L'odeur de peinture était encore plus forte.

La première pièce était vide : un parquet posé récemment, des murs nus peints en blanc, et rien d'autre. De là, une porte s'ouvrait sur une autre pièce, beaucoup plus vaste et meublée, même si des draps recouvraient les chaises et la table. La grande cage en fer de l'ascenseur occupait le centre de la pièce avec ses tuyauteries de la Compagnie hydraulique de Londres et sa grille en fer, récemment peinte elle aussi.

Il y avait encore une autre pièce derrière dont la porte était également ouverte. Sally s'en approchait lorsqu'elle sentit, plus qu'elle ne l'entendit, un grondement lointain et faible, comme la sensation produite par un gros moteur qui tourne ou de l'eau qui se déverse dans une canalisation. Le bruit semblait provenir du mur de briques lui-même et Sally fut tentée d'y coller sa main, mais elle se souvint au dernier moment que la peinture était encore fraîche. Elle s'agenouilla et posa sa main sur le sol. En effet, il tremblait très légèrement.

Qu'est-ce que ça signifiait ? Y avait-il un moteur en dessous ? Impossible de le savoir.

C'est alors que l'ascenseur, dans son dos, se mit en marche.

Sally laissa échapper un petit cri de stupeur et sa main tremblante lâcha la bougie, qui tomba et s'éteignit aussitôt.

Au même instant, elle aperçut une lumière en haut de l'escalier, elle ne pouvait donc pas fuir par là. Prise de panique, elle balaya le plancher de la main à la recherche de la bougie, car elle ne pouvait pas la laisser là. Elle la retrouva enfin, ainsi que la petite flaque de cire qui en avait coulé, se releva, chercha l'autre porte à tâtons (tant pis pour la peinture fraîche) et se faufila dans la pièce voisine, juste au moment où l'ascenseur arrivait en bas et s'arrêtait dans un soupir.

Cachée derrière la porte, plaquée contre le mur, elle retenait son souffle, consciente de l'odeur chaude et âcre que dégageait la bougie éteinte. Dans le silence, les portes de l'ascenseur s'ouvrirent avec fracas et quelqu'un en descendit.

Plus tôt dans la soirée, un meeting avait eu lieu dans la salle de la Ligue d'éthique et de tempérance de Whitechapel. Une association à l'âme si noble qu'elle jugeait toute forme de censure détestable et se montrait prête à louer ses locaux à n'importe qui, même si c'était pour prôner le gavage des jeunes enfants avec du whisky volé.

La Ligue d'éthique et de tempérance s'était souvent lamentée par le passé : elle prenait l'argent de ses visiteurs tout en s'offusquant des opinions regrettables qu'ils proféraient. Mais, ce soir, la pilule était particulièrement amère, car sur l'estrade se trouvait M. Arnold Fox.

Il avait annoncé un discours sur le thème de l'immigration – comme s'il lui arrivait de parler d'autre chose ! Le public savait déjà ce qu'il allait entendre, mais les gens aiment bien qu'on les conforte dans leurs préjugés, et Fox était particulièrement en forme : sa voix chaude vibrait de sincérité tandis qu'il expliquait à ces gens combien ils étaient nobles, combien leurs racines anglaises étaient riches et pures.

Mais ce que le public préféra, ce fut le moment où il évoqua la vermine venue d'ailleurs, leurs coutumes infâmes, leurs corps rongés par toutes sortes de maladies. Ils étaient venus pour ça : c'était comme si ces créatures détestables, ces sous-hommes, apparaissaient par milliers devant eux, grouillants et baragouinants, à mesure que Fox les décrivait, avec leurs yeux rougis, leurs dents pourries, leurs mèches de cheveux gras, leurs gros nez et cette puanteur... Le public frissonnait d'horreur et de plaisir.

Fox décida alors de les exciter davantage.

– La pureté ! s'exclama-t-il. La pureté... Le droit qu'une petite Anglaise acquiert à sa naissance, le bien le plus précieux d'une rose anglaise, le temple sacré de la féminité, son joyau le plus beau... Volé ! Arraché ! Lacéré ! Pillé et déshonoré par ces monstres débordants de luxure et de toutes les dépravations...

Rien de tel que le sexe pour échauffer les esprits. Ça fonctionnait à tous les coups.

Au fond de la salle bondée, un homme au regard sombre, coiffé d'une casquette en toile, le visage en partie masqué par une écharpe grise, observait. Non pas l'orateur, qu'il avait déjà vu un grand nombre de fois, mais la foule. Et il n'aimait pas cette folie que faisait monter Fox. Il se tourna vers le garçon qui se tenait à ses côtés et lui glissa :

– Rappelle les gars, Dick. Interrompre un meeting ordinaire, c'est une chose, mais ces gens sont survoltés. Pour ce soir, mieux vaut essayer d'en apprendre le plus possible. Observons-le, écoutons-le, suivons-le. Voyons qui paie. Mais pas de violence.

– Les gars sont prêts, monsieur Goldberg.

– Dis-leur de laisser tomber. (Les yeux de Goldberg étaient glacés.) Tu n'as pas vu le service d'ordre ? Et les flics dehors ? Qu'est-ce que tu préfères : être imprudent et perdre ou bien être intelligent et gagner ? Non, ne dis rien, tu donnerais la mauvaise réponse. Fais ce que je te dis. Je m'occuperai de lui, tu verras.

Le dénommé Dick hocha la tête d'un air morne et s'éloigna pour transmettre le message de Goldberg. Celui-ci reporta son attention sur l'estrade, juste au moment où il sentait qu'on le tirait par la manche, de l'autre côté. Tournant la tête, il découvrit un jeune homme frêle, portant des lunettes, au visage inquiet.

– Reuben Singer ? demanda-t-il à voix basse, pendant que Fox continuait à vociférer sous les acclamations de la foule. Tu es l'apprenti de Katz, si je ne m'abuse ? Que fais-tu ici ? C'est dangereux !

– Vous y êtes, *vous,* monsieur Goldberg. Pourtant, votre tête est mise à prix...

– J'ai l'habitude. Et ne prononce pas mon nom à voix haute. Alors, qu'est-ce que tu veux ?

– C'est au sujet de la femme avec son enfant. M. Katz a pensé que vous aimeriez être averti, mais personne ne savait où vous étiez...

Singer recula devant l'expression de son interlocuteur.

– Eh bien, parle ! Ils l'ont retrouvée ? le pressa le journaliste.

– Non. Elle a laissé son enfant chez les Katz, Rebecca Meyer s'en occupe. Et elle s'est déguisée pour aller espionner le Tzaddik, en se faisant engager comme domestique. Ils n'ont pas réussi à la dissuader. Mais évidemment, ils ne savaient pas que...

Singer s'attendait à une réaction de désespoir ou de colère, aussi fut-il déconcerté de voir apparaître un large sourire espiègle, rempli d'admiration, sur le visage de Goldberg.

– Quelle fille ! s'exclama celui-ci. Magnifique ! Qui aurait pu penser à ça ?

– Est-ce que ça ne complique pas nos plans ?

– Si, considérablement. Ça signifie qu'il va falloir la sortir de là. Pourvu qu'elle soit prudente...

Ce fut de nouveau l'hiver sur le visage de Goldberg. Singer aurait aimé qu'il se montre plus impassible : inutile d'espérer passer inaperçu quand on a un visage aussi expressif. De plus, les hommes qui les entouraient les avaient entendus murmurer, malgré les diatribes de Fox, et ils s'étaient retournés pour les dévisager.

Mais Goldberg s'en moquait. Offrant un visage rayonnant aux curieux, il fit face à Arnold Fox en hochant la tête et en frappant doucement dans ses mains, comme s'il était pénétré d'un ravissement muet.

« Cet homme est fou, pensa Singer. Tout comme cette Anglaise, cette Lockhart ; elle doit être folle elle aussi... »

Sally ne bougeait pas. Les pas s'éloignèrent lentement de l'ascenseur... vers la porte derrière laquelle elle se cachait, et s'arrêtèrent.

Une voix demanda en anglais :

– Ce sont les domestiques qui font le ménage ici ?

Sally ne connaissait pas cette voix à l'accent allemand, sec et guindé. Mais l'autre voix, elle la reconnut sans peine.

– Bien sûr que non, répondit Michelet. Ils n'ont pas le droit de venir ici, Herr Winterhalter.

« Le secrétaire », se dit Sally.

– Vous faites le ménage vous-même ?

– C'est exact.

– Pas très bien, visiblement. Vous avez renversé de la cire par terre.

– Je ne suis jamais descendu ici avec une bougie. Sans doute les ouvriers...

– M. Lee ne sera pas content. Veuillez arranger ça sur-le-champ.

Sally pria pour que la cire ait eu le temps de durcir

Au bout d'un moment, M. Michelet reprit la parole :

– Puis-je vous demander, Herr Winterhalter, si M. Lee a pris des dispositions pour engager une nurse ?

– Une nurse ?

– Pour l'enfant. Si elle doit rester ici, il faudra quelqu'un pour veiller sur elle. Je me renseigne, tout simplement.

– Cela ne vous regarde pas, Michelet.

– Je vous demande pardon, Herr Winterhalter, mais cela me regarde, justement. Je suis responsable de tous les aspects de la vie privée de M. Lee. Si cette enfant doit faire partie de la maisonnée et apprendre à établir... une sorte de relation avec M. Lee, il est de mon devoir de veiller à ce que, par exemple, elle ne meure pas de négligence ou de faim.

– Ne soyez pas ridicule. On lui donnera à manger.

– Et qui s'en chargera ?

– Un des domestiques. Peu importe. C'est moi qui m'occuperai de sa formation.

Sally avait du mal à respirer. Ils parlaient de sa fille !

– Vous savez bien que ce n'est pas possible, Herr Winterhalter, dit Michelet d'un ton doucereux.

– Détrompez-vous. Ne vous mêlez pas de ça. Ce n'est pas de votre ressort.

– Le bien-être de M. Lee est de mon ressort.

– La gestion des affaires domestiques relève de ma compétence.

– Et moi, je gère cet animal. Nul ne sait le contrôler à part moi. Il est normal que l'enfant me revienne.

– A *vous ?*

Ce simple petit mot débordait de mépris. Sally était horrifiée. Ces deux hommes se disputaient le privilège de prendre en main Harriet, mais dans quel but ? Elle n'osait même pas y penser.

– Oui, à *moi !* Si elle doit remplacer cet animal, pour nourrir M. Lee, lui essuyer la bouche... il s'agit de *mes* responsabilités. Il est donc logique que ce soit *moi* qui la forme. *Moi* seul sais comment faire. Et M. Lee sera de mon avis !

– Vous croyez vraiment ?

– J'en suis sûr !

– Sachez qu'il m'a confié cette tâche. Inutile de discuter. C'est moi qui m'en chargerai.

– Vous n'y connaissez rien. Votre domaine, c'est la correspondance, les affaires, l'argent. M. Lee ne veut pas d'une petite secrétaire, il veut quelqu'un pour remplacer ce singe quand il mourra. Une charmante petite créature qui lui donnera à manger, qui le lavera, qui tiendra ses cigarettes, qui saura le satisfaire. *Je* connais tout cela. Pas vous. C'est donc à moi qu'il revient de la former.

– Trop tard, Michelet. M. Lee lui-même vous confirmera ce que je suis en train de vous dire. C'est moi qui serai responsable de la formation de l'enfant.

– Impossible !

– Aucun doute.

– Vous allez la détruire avec vos exigences...

– Ces choses-là peuvent se déterminer grâce à la science. Les degrés de douleur, de châtiment et de récompense sont connus et quantifiés. Il existe des tableaux, des schémas. Rien ne sera laissé au hasard, à l'instinct, au sentimentalisme, et à toutes ces choses que vous seriez tenté d'introduire. Rappelez-moi, monsieur Michelet, pour quel crime vous avez purgé une peine de trois ans de prison ?

Silence.

– Une histoire d'enfants, je crois, reprit le secrétaire. En tout cas, il s'agissait d'une affaire qui n'incite pas à vous confier la responsabilité d'une fillette. Parfait, je vois que nous nous comprenons. Il n'y a rien à ajouter. Écartez-vous, je vous prie, que je puisse inspecter l'autre pièce.

La lumière se déplaça vers la porte et s'arrêta sur le seuil, à quelques centimètres seulement de Sally qui, derrière la porte, retenait son souffle.

– Cette pièce sera la chambre de l'enfant ? demanda Michelet, d'un ton beaucoup plus doux.

– Cela se peut. (Le secrétaire renifla.) Bizarre... ça sent la bougie ici.

Il entra dans la pièce. Sally le voyait distinctement, s'il s'était retourné, il l'aurait découverte. Il toucha le mur, regarda ses doigts, les essuya avec un mouchoir et fit demi-tour.

Sally resta immobile, sa capuche masquait son visage.

Winterhalter repassa dans la pièce voisine.

– La peinture n'est pas encore tout à fait sèche. Il faudra laisser les portes ouvertes jusqu'à ce que l'odeur ait disparu. Donnez-moi la clé, je vous prie.

Il y eut un tintement de clés, suivi du fracas métallique de la porte de l'ascenseur, puis du chuintement du système hydraulique et la lumière disparut en s'élevant vers le plafond.

Sally sentit un filet de sueur couler dans son dos. Elle avait envie de s'appuyer contre le mur, mais elle n'osait pas à cause de la peinture. Elle se laissa tomber à genoux et posa sa tête contre le sol froid jusqu'à ce qu'elle cesse de trembler.

« Tu réfléchiras à tout ça plus tard, se dit-elle. Pour l'instant, retourne te coucher. »

Après avoir attendu une éternité, lui semblait-il, elle se releva et se dirigea vers la porte, à tâtons. L'obscurité était complète. Pas question de gratter une allumette, cette fois ; elle devait sortir de la cave, prendre le risque de traverser le hall et remonter par l'escalier de service, dans le noir. Dire que, si la peinture avait été sèche, cet homme aurait fermé la porte à clé…

Il lui fallut presque une heure pour regagner son lit. Au moment où elle refermait derrière elle la porte matelassée du hall et posait le pied sur la première marche de l'escalier, l'horloge de l'église sonna deux heures. Elle tremblait de froid et tous ses membres étaient endoloris, à cause du travail de la journée et des efforts déployés pour ne pas faire de bruit.

Plus que trois étages à monter. Arrivée sur le premier palier, elle se retourna pour attaquer la deuxième volée de marches... et son cœur fit un bond dans sa poitrine.

Quelqu'un l'attendait.

La silhouette gratta une allumette. Dans la lueur dansante, Sally découvrit alors le visage grassouillet et avide de Michelet.

– C'était donc vous, murmura-t-il. Louisa. La vilaine Louisa. Eh bien, *mademoiselle,* je crois que vous devriez me suivre dans ma chambre. Nous allons avoir une charmante petite conversation. J'attendais cela avec impatience.

23
Non aux Juifs

Dans la chambre, le valet gratta une autre allumette et alluma une lampe. Puis, sans crier gare, il prit Sally dans ses bras et plaqua sa bouche sur la sienne. Il sentait le tabac, les violettes de Parme et l'eau de Cologne. La jeune femme avait le cou tordu et du mal à respirer. Elle le repoussa en haletant.

– Pas de bruit, souffla-t-il. M. Lee est juste à côté. Et il a l'ouïe très fine. Eh bien, j'attends vos explications.

– Mes explications ?

– Que faisiez-vous dans la cave ? Vous pouvez vous estimer heureuse que je ne vous aie pas dénoncée à cet imbécile de Winterhalter.

– Je ne comprends pas ce que vous voulez dire, monsieur. J'ignorais même qu'il y avait une cave dans cette maison. Je suis simplement descendue à la cuisine pour me mettre de la glace sur la tête, car j'ai une migraine épouvantable. Je sais que je n'aurais pas dû, mais la douleur était insupportable. J'ignore qui est ce M. Winter… Je ne vois pas de quoi vous parlez.

Il la regarda en plissant les yeux.

– Vous êtes allée dans la cave. J'ai vu l'allumette que vous avez jetée dans la cheminée et la cire par terre. Winterhalter, lui, n'a rien remarqué. Et ça, alors ?

Il souleva la cape de Sally. Sur le revers, on apercevait une légère tache qui aurait pu être de la peinture blanche.

– Je me suis fait ça au bureau de poste ce matin… ils viennent de repeindre les murs… Pourquoi me questionnez-vous ainsi, monsieur Michelet ?

Elle essaya de prendre un air innocent, perplexe et meurtri, tout en laissant les pans de sa cape s'entrouvrir. Elle vit le regard du valet descendre vers sa gorge dénudée et se dit alors qu'elle avait peut-être une chance de se tirer de ce mauvais pas.

Laissant retomber le bas de la cape, Michelet remonta lentement jusqu'au menton de Sally. Il l'obligea à renverser la tête et caressa du bout des doigts le creux de son cou, à la naissance de la gorge. Elle s'obligea à demeurer de marbre, tandis qu'il faisait courir sa main le long de la clavicule.

Voyant que son regard devenait vitreux, elle toussota.

– Je vous en prie, monsieur…, murmura-t-elle.

– Louisa, vous avez été une vilaine fille, dit-il d'une voix lente et douce, comme s'il était hypnotisé. Il ne faut pas me mentir. Qu'avez-vous entendu quand vous étiez en bas ?

– Je n'ai entendu personne, monsieur. Je vous assure…

S'armant de courage, elle posa sa main sur la poitrine de Michelet. Il la prit dans la sienne et la colla contre sa bouche, puis attira de nouveau la jeune femme contre lui en faisant glisser ses mains dans son dos, sous la cape. Elle tremblait comme une feuille. « Laisse-le croire que c'est de la nervosité », se dit-elle. Il ne pouvait pas imaginer que c'était de la répulsion.

– Oh, monsieur Michelet... Puis-je remonter me coucher, s'il vous plaît ? murmura-t-elle à son oreille. Une autre fois... Je ne me sens pas bien...

– Louisa, dit-il d'une voix enrouée. Vous êtes belle... Un dernier baiser.

Il plaqua ses lèvres sur les siennes, tel un enfant gourmand qui se jette sur une sucrerie. Sally retint son souffle, s'obligeant à demeurer inerte et passive comme une poupée. Michelet s'arrêta enfin.

– Bientôt, chuchota-t-il, le regard vague.

Jamais elle n'avait vu un homme si près de perdre le contrôle de lui-même et, en même temps, elle sentait qu'une crainte irraisonnée le retenait : il avait peur de Winterhalter, de M. Lee – et d'elle aussi.

Car il ne savait pas si elle les avait entendus ou non. Et il ne pouvait pas se permettre de prendre des risques.

Il la repoussa. De toute évidence, Michelet était le genre d'homme qui aimait les femmes effrayées, nerveuses et réticentes. Si elle s'était offerte à lui de façon éhontée, nul doute qu'il l'aurait repoussée avec dédain. Elle devait donc lui laisser croire qu'il était le chasseur et elle la pauvre victime timide.

La dernière chose qu'elle vit avant de quitter la chambre, ce fut ses yeux gonflés, encore brûlants de désir et voilés par la peur.

Sally dormit à peine plus de trois heures. De toutes les images qui hantèrent ses rêves, la plus horrible était celle de sa petite Harriet emprisonnée dans cette cave et dressée pour servir de... de quoi ? De bonne d'enfant au Tzaddik ? Obligée de le faire manger, de lui essuyer le menton...

Le simple fait d'y penser la rendait malade. Au réveil, elle avait les traits tirés et le teint blême ; Mme Wilson ne manqua pas de le lui faire remarquer, lorsque Sally, en milieu de matinée, dut apporter le café dans la bibliothèque.

– Ce n'est rien, madame Wilson. J'ai mal à la tête, mais ça va passer.

Il y avait trois tasses sur le plateau. Comme la veille, le Tzaddik lui cria d'entrer et, comme la fois précédente, elle s'efforça de garder les yeux baissés en déposant le plateau sur la table basse, près de la cheminée. Néanmoins, elle laissa son regard dériver vers la porte qu'elle avait empruntée pour descendre à la cave, à peine visible dans le coin de la pièce. Elle était fermée.

La jeune femme esquissa une révérence devant le maître et s'apprêtait à repartir lorsqu'il la rappela :

– Attendez ! Vous vous appelez Kemp, c'est bien ça ?

– Oui, monsieur, répondit-elle en lui jetant un bref regard.

– Soyez assez aimable pour servir le café à mes invités.

– Très bien, monsieur.

Elle se sentait observée, mais elle ignorait qui étaient les invités du maître, jusqu'à ce qu'elle distribue les tasses. L'un des deux hommes prit la sienne sans remercier. Sally reconnut sa voix : c'était l'individu qu'elle avait vu à bord du bateau des immigrants, Arnold Fox.

Involontairement, elle leva la tête et découvrit alors que le deuxième homme n'était autre qu'Arthur Parrish. Celui-ci la regardait en fronçant les sourcils, comme s'il s'interrogeait. Mais il se retourna vers Arnold Fox pour lui répondre et Sally respira de nouveau.

Elle prit son temps pour servir la deuxième tasse et tendit l'oreille.

– Voyez-vous, le danger d'un pogrom à grande échelle, sur le modèle russe, si je puis m'exprimer ainsi, disait Parrish, c'est que les juifs en route pour l'Angleterre soient tentés de poursuivre leur voyage jusqu'en Amérique. Oh, je sais bien que cela vous enchanterait, ajouta-t-il en voyant que M. Fox allait intervenir, mais raisonnons d'un point de vue commercial.

Il prit la tasse que lui tendait Sally. Celle-ci se retourna ensuite vers le Tzaddik. Le singe n'était pas là, constata-t-elle.

– Servez-moi également, dit-il.

Cette voix… Il y avait quelque chose dans ce timbre suave et grave, légèrement cassé… Elle l'avait déjà entendue, ou bien elle en avait rêvé, dans un cauchemar. Ravie de cette excuse qui lui permettait de rester encore un peu, elle versa une autre tasse de café.

Fox protestait :

– Sachez que j'ai des préoccupations plus élevées que le simple commerce, monsieur Parrish. Je m'intéresse à la pureté de la race anglaise.

– Vous n'êtes qu'un personnage vaniteux et pompeux dont l'unique souci est de se faire élire, déclara le Tzaddik. Je vous finance tant que vous m'êtes utile. Dès que vous cesserez de l'être, je vous laisserai tomber. Kemp... apportez-moi ma tasse. Portez-la à mes lèvres.

– Le café est chaud, monsieur, le prévint-elle.

A cet instant, elle eut conscience de la fureur contenue d'Arnold Fox et de la fadeur enjouée de Parrish, alors qu'elle approchait la tasse en porcelaine des lèvres du Tzaddik.

Il but bruyamment plusieurs gorgées de café. De près, il paraissait encore plus massif, presque sans forme : son costume, bien qu'impeccablement taillé, ne pouvait pas masquer le fait que ses bras et sa poitrine n'étaient que des amas de graisse inertes. Elle entendait sa respiration et elle voyait le torse gigantesque se soulever péniblement, puis se vider dans un long soupir. Elle remarqua que ses cheveux tirant sur le roux étaient plaqués sur son crâne par une pommade parfumée, et que ses doigts, énormes et morts, posés sur ses genoux, étaient soigneusement manucurés.

– Encore, ordonna-t-il.

Sally approcha de nouveau la tasse de ses lèvres et, malgré sa peur et sa haine, elle éprouva un sentiment de pitié pour cet homme prisonnier de cette gigantesque enveloppe de chair, incapable de faire le moindre mouvement.

Arnold Fox reposa sa tasse de café d'une main tremblante et se leva. Sally prit soin de ne pas le regarder, mais elle éloigna la tasse du visage du Tzaddik pour que celui-ci puisse tourner la tête vers son visiteur, qui disait d'une voix vibrante :

– Je ferai comme vous le souhaitez. Je n'ai pas le choix. Mais je ne crains pas, monsieur Lee, de vous accuser de trahison. Le terme n'est pas trop fort. Au lieu de soutenir le magnifique geste de colère légitime que souhaiterait accomplir le peuple britannique, vous réduisez cette affaire à... une vulgaire querelle d'ivrognes. Mais c'est vous le mieux placé pour juger. Je vous remercie infiniment l'un et l'autre. Bonne journée.

Il sortit à grands pas. Les deux hommes le regardèrent d'un air indifférent et, dès que la porte eut claqué derrière lui, le Tzaddik dit :

– Parfait. Voilà qui nous évite de prendre une décision. Je me réjouis d'accepter la volonté du ciel, Parrish.

Le courtier sourit.

– On peut donc aller de l'avant, monsieur ?

Avant de continuer, il se tourna vers Sally. Elle sentait ses yeux posés sur elle, mais elle continua à affecter la timidité.

– Merci, Kemp, dit le Tzaddik. Vous pouvez disposer.

– Merci, monsieur.

Elle salua et se retira.

Une fois dans le couloir, elle jeta des regards à droite et à gauche. Personne en vue. Elle savait que M. Clegg était occupé à l'office et que Mme Wilson s'affairait dans la cuisine. Alors...

Elle s'accroupit, faisant mine de lacer sa botte.

La voix de Parrish lui parvenait à travers la porte.

– ... les sifflets ?

– Pas encore, répondit le Tzaddik. La populace anglaise n'est pas assez disciplinée. De plus, elle a perdu le goût des émeutes. Il va falloir l'éduquer.

– Vous voulez une émeute à grande échelle ?

– Je veux des morts et des pillages, je veux qu'une rue entière soit incendiée. Une rue habitée par des juifs. C'est ce qui provoquera la plus grande panique et le plus de rancœur. Les gens auront le sentiment que M. Fox est derrière tout ça, et lui essaiera d'y mettre fin en croyant que c'est ce que nous voulons, mais il échouera. La presse l'accusera d'encourager ces mouvements. Nous nous débarrasserons de lui et nous afficherons notre soutien aux œuvres de charité juives pour la reconstruction et ainsi de suite... Ils viendront vers nous de leur plein gré, Parrish. Les petits poissons se jetteront dans le filet !

– Magnifique, dit Parrish. Quand pensez-vous agir, monsieur Lee ?

Sally colla son oreille à la porte.

C'est alors qu'une main se plaqua sur sa bouche et qu'un bras lui enserra la taille pour la soulever de terre.

Elle se débattit pendant quelques secondes, jusqu'à ce qu'elle s'aperçoive que la main qui la bâillonnait portait un gant blanc. Ce n'était donc pas Michelet, mais l'un des valets de pied. Soudain, elle relâcha tous ses muscles, comme si elle venait de perdre connaissance.

Surpris, son agresseur desserra son étreinte. Sally bascula vers l'avant, mais reprit son équilibre et se retourna avec vivacité.

– Qu'est-ce qui vous prend ? cracha-t-elle.

– C'était juste pour rigoler...

Elle avait devant elle un solide gaillard qui arborait un large sourire : le genre fanfaron. Mais il semblait un peu moins sûr de lui maintenant qu'il devait affronter la colère de Sally.

– De quel droit osez-vous me toucher ? demanda-t-elle, en prenant soin de ne pas élever la voix pour ne pas être entendue derrière la porte.

Le changement d'expression de l'homme lui fit comprendre qu'elle venait de commettre une erreur.

– Vous êtes qui, d'abord ? demanda-t-il. Vous n'êtes pas une domestique, je m'en rends bien compte, maintenant. Qu'est-ce que vous fabriquez ici ?

Elle avait commis l'erreur de réagir comme une dame ; elle avait fait ce que ferait naturellement une personne de sa classe sociale si un homme se comportait de cette façon. Elle avait cru que n'importe quelle femme réagirait de la sorte. Mais maintenant, elle revoyait la manière dont les hommes la regardaient depuis qu'elle était entrée dans cette maison et elle comprit qu'une véritable servante ne pouvait pas se montrer irritée et indignée. Elle aurait dû afficher un mépris teinté de lassitude.

Ayant fait cette constatation, Sally vit immédiatement un moyen de reprendre l'initiative. Mais elle devait réagir vite.

Elle posa son index sur les lèvres de l'homme, regarda autour d'elle et lui fit signe de la suivre dans la salle à manger.

Intrigué, comme elle l'avait supposé, le valet lui emboîta le pas. La jeune femme referma la porte derrière lui et balaya la pièce du regard avant de murmurer :

– Comment vous vous appelez ? John ?

– Non. John, c'est l'autre valet de pied. Moi, c'est Alfred. Mais...

– Écoutez-moi, Alfred. J'ai besoin de votre aide. Vous avez raison... je ne suis pas une domestique. Je suis ici à cause de ma cousine...

– Votre cousine ?

– Oui. Lucy. Vous vous souvenez ? Elle a été obligée de partir à cause de ce Français, ce...

Il commençait à comprendre.

– Le valet ! s'exclama-t-il. Ah.

– Oui, l'infâme. Elle m'a tout raconté. Il avait promis de l'épouser, de veiller sur elle... Ma mère en a eu le cœur brisé... c'est la tante de Lucy, vous comprenez.

On était comme des sœurs, elle et moi. Alors, j'ai juré de la venger et de faire payer ce porc ! Mais personne ne doit le savoir. Surtout pas lui.

– Qu'est-ce que vous allez faire ?

– Je ne sais pas encore. Je trouverai bien. Mais je vais le détruire. C'était une si gentille fille... Elle est perdue maintenant, elle ne retrouvera jamais une autre place...

Alfred hocha la tête. Il n'était pas très intelligent, se dit Sally. Prétentieux et arrogant, comme tous les valets de pied qui aiment exhiber leurs torses larges et leurs jambes viriles gainées de bas blancs, mais il avait bon cœur, au fond – autant qu'elle puisse en juger. Et il connaissait le sort des domestiques sans lettres de recommandation.

– Puis-je vous faire confiance, Alfred ? Il n'y a personne d'autre ici à qui je puisse me confier, alors...

– Oui, répondit-il. J'vous trahirai pas. D'ailleurs, je déteste ce freluquet pomponné. Comme tout le monde. C'est un sale type. On a tous cru que vous lui faisiez du gringue...

– C'est exact ! Je veux le piéger. Je veux le coincer et lui faire payer ce qu'il a fait. Ça ne vous ennuie pas que je vous raconte tout ça, hein, Alfred ? Je ne veux pas que vous ayez des ennuis...

– Z'en faites pas. J'vous défendrai. Ils se posaient des questions à vot' sujet aux cuisines, les autres. Vu que vous ressemblez pas à une domestique... Vous avez plus l'air d'une lady. Z'avez été femme de chambre ? Je m'en doutais. Tout s'explique. Si vous voulez pas vous faire remarquer, faut avoir l'air un peu plus naturel. Faut rire plus souvent. Vous ressemblez pas à vot' cousine...

– Elle a hérité du physique de son père. Oh, Alfred, je vous remercie mille fois !

Elle posa sa main sur son torse, très brièvement, et sentit vibrer en lui un sentiment chevaleresque dont il était sûrement le premier surpris.

– Où est-il ? demanda-t-elle à voix basse. M. Michelet ?

– En haut, avec le secrétaire. Au deuxième étage. C'est là que le maître travaille la plupart du temps. Ses domestiques ont leur propre salon là-haut. A côté de l'ascenseur.

– Est-ce le personnel de maison qui fait le ménage à cet étage, ou est-ce M. Michelet, comme dans la cave ?

– Qui vous a parlé de la cave ?

« Prudence », se dit-elle.

– Je l'ai vu ouvrir la porte dans la bibliothèque quand j'ai servi le thé au maître hier. J'ai posé la question à Eliza.

– Ah... Non. Il fait le ménage en bas, mais pas en haut. C'est vous qui devrez vous en charger. Alors... qu'est-ce que vous allez lui faire ?

– Je ne sais pas. Il faut d'abord que j'arrive à l'approcher, à gagner sa confiance, pour qu'il soit tout sucre tout miel avec moi, comme avec Lucy. Il faut que je sache... tout ce qu'il fait pour le maître, ce qu'il fait quand il est en congé, ce qu'il aime manger... tout. Alfred, j'ai confiance en vous. Vous ne me laisserez pas tomber ?

Il la toisa, sûr de lui et dominateur. Puis il lui fit un clin d'œil et se tapota le nez.

– Laissez-moi faire.

Sally fit alors une chose qu'elle n'aurait jamais cru possible avant le début de toute cette histoire : elle se hissa sur la pointe des pieds et embrassa Alfred sur la joue. C'était juste un frôlement fugitif du bout des lèvres, mais ce geste sembla le satisfaire et ne lui avait rien coûté. En outre, ce baiser lui permettrait peut-être de sauver Harriet.

– Maman ! Maman !

Harriet était inconsolable. Rebecca voulut la prendre dans ses bras, mais l'enfant se débattit furieusement et se jeta à plat ventre sur le tapis usé. Depuis qu'elle avait constaté, la veille en se réveillant, que sa mère n'était plus là, elle passait des cris aux larmes. Les choses auraient sans doute été plus faciles, surtout pour Rebecca, s'il n'avait pas plu, car alors elles auraient pu sortir dans le petit jardin derrière la maison, où Morris Katz avait construit une balançoire pour Leah quand elle était petite. Hélas, la pluie tombait sans discontinuer.

Rebecca était obligée de chanter des chansons à la fillette, de lui faire des dessins et de jouer avec le chien en bois ; elle passait son temps à essayer de la prendre dans ses bras ou de la poser par terre, jusqu'à ce qu'Harriet s'assoupisse enfin, à essayer de la faire manger et boire, mais la colère et la tristesse de l'enfant étaient infinies, aussi profondes que le centre de la terre.

– Je n'ai jamais entendu un enfant pleurer autant ! commenta Leah d'un ton admiratif. Elle a des poumons de prima donna.

– Que puis-je faire ? demanda Rebecca, désespérée.

– Pleurer avec elle, suggéra Leah.

– Ce n'est pas l'envie qui m'en manque. Sally m'a confié sa fille et je suis tout juste bonne à la faire pleurer. Quel vacarme !

Au même moment, une autre voix résonna dans le couloir et Morris Katz fit son entrée. Il était très rare de le voir à la maison à cette heure de la journée.

Mais il était là, et il n'avait même pas ôté son tablier. Sa voix grave emplit la pièce... et Harriet cessa de pleurer.

Le visage marbré de larmes, elle leva les yeux vers ce gros ours à la voix grondante, avec sa moustache noire et son tablier sale. Celui-ci regarda de haut le petit froncement de sourcils et la lèvre tremblante de la fillette et la souleva dans ses bras.

Trop stupéfaite pour protester, Harriet l'observa d'un air hébété, tandis que d'étranges mots se déversaient de cette bouche presque cachée. Il ne plaisantait pas : elle le voyait dans ses yeux. Mais il était fort et elle était en sécurité : elle le sentait dans ses bras puissants et sa voix grave.

Finalement, il cessa de parler. Bien qu'épuisée par le chagrin et la peur, les cils mouillés de larmes, elle avait encore assez d'énergie pour se demander où était passée la bouche de ce gros ours. Elle tendit la main et souleva la moustache pour voir si elle était toujours là.

Oui, elle était là. Et elle souriait. Quelle surprise ! Levant les yeux avec appréhension, elle vit que les yeux sombres riaient eux aussi. Alors, elle lui rendit son sourire. C'était plus fort qu'elle.

Elle laissa échapper un long soupir d'épuisement et son pouce retrouva le chemin de sa bouche. Elle regardait M. Katz d'un air solennel.

– Regardez-moi ça ! s'exclama son épouse. Quelle injustice ! Leah et Rebecca passent leurs journées à essayer de l'empêcher de pleurer, et le voilà qui débarque, la laisse jouer avec sa moustache et elle s'arrête aussitôt.

– On n'a pas le choix, Rebecca, dit Leah, on va devoir se laisser pousser la moustache. Mais que se passe-t-il, papa ? Pourquoi es-tu rentré à la maison ?

– Ça va mal, répondit Morris Katz. Le fils d'Isaac Feinberg a été agressé par des voyous hier, à Mile End. Ils ont laissé un mot épinglé sur son manteau : *Non aux juifs.* Et le même slogan a été peint sur le mur de la synagogue. Ils ne savent même pas orthographier *juifs.* Ils écrivent *juifes.* Et quelqu'un a jeté une brique dans la vitrine de Bloom, le boulanger... Je vous interdis de sortir seules jusqu'à ce que la tension retombe, c'est compris ?

– Mais... Es-tu en train de parler d'un pogrom, Morris ? Que veux-tu dire ? C'est si grave que ça ?

– Je ne sais pas encore ! Mais tout ça ne me dit rien qui vaille. Si Goldberg pouvait aller et venir à sa guise, peut-être qu'il pourrait rassembler les juifs et nous organiser. Nous sommes divisés en un tas de factions.

Mais Reuben Singer dit qu'il l'a vu hier soir… au meeting d'Arnold Fox, rien que ça !

– Cet homme est fou, déclara Mme Katz d'un ton tranchant. Il ne vaut pas mieux que ces illuminés d'Hibbat Zion. Ils sont partout maintenant, on entend leurs discours dans tous les coins. Tu ne les as pas écoutés ?

Hibbat Zion était un mouvement juif qui prônait un retour sur la Terre Sacrée. Morris Katz répondit par un geste d'agacement.

– Évidemment que je les ai écoutés ! Pour savoir ce qu'ils ont à dire. Crois-tu que je sois du genre à gober des opinions toutes faites ? D'ailleurs, je ne suis pas sûr qu'ils soient fous. J'ai plutôt l'impression qu'ils disent des choses sensées.

– Goldberg ne se laisserait pas avoir, lui. Il ne perdrait pas son temps avec ces gens.

– Tout à l'heure, tu le traitais de fou, et maintenant, tu prétends qu'il sait tout mieux que tout le monde ! Décide-toi. Soit dit en passant, tu as tort. Goldberg écouterait ce qu'ils ont à dire avant de se disputer avec eux. C'est ça que, vous autres, vous ne comprenez pas…

– Vous autres ! C'est qui ça, *vous autres ?* Il dit *vous autres* en parlant de sa propre femme !

– Je n'ai pas le temps de discuter, dit Morris Katz. J'ai un commerce à tenir. Rebecca, prends cette enfant. Et n'oubliez pas ce que je vous ai dit : ne sortez pas seules. Et verrouillez la porte.

Il étreignit son épouse et sa fille un peu plus chaleureusement qu'à l'accoutumée et repartit d'un pas vif. Rebecca s'assit avec Harriet dans ses bras, émerveillée par la légèreté et la douceur de cette créature qui, quelques minutes plus tôt, pleurait, gesticulait et braillait. Son petit visage était bouffi de sommeil. Elle était dans sa maison, à Orchard House, et tout le monde était là : l'oncle Webster, Sarah-Jane, Jim, Bruin et maman. Elle était avec eux et elle leur ordonnait de ne plus jamais repartir.

Comme beaucoup d'immigrés juifs, Morris Katz appartenait à une *chevra,* une organisation religieuse qui n'était pas tout à fait une synagogue, mais plus qu'un club : là étaient organisés des services religieux, des discussions, des débats et toutes sortes d'enseignements. Les plus pauvres, épuisés par une dure journée de labeur, pouvaient venir s'y désaltérer à la fontaine du Talmud, le livre de la sagesse collective du peuple juif. Pour de nombreux immigrés, la *chevra* était un lien avec le passé, avec la société et la communauté de la ville et du village d'où ils venaient, et ils s'y accrochaient sur cette terre inconnue.

En se rendant à la *chevra*, ce soir-là, Morris Katz découvrit que son épouse avait raison au sujet d'Hibbat Zion, car il y avait là un visiteur qu'il n'avait encore jamais vu : un jeune juif russe au teint pâle et au tempérament passionné.

– Mes frères, disait-il d'une voix mélodieuse et enflammée, que se passe-t-il dans toute l'Europe ?

Voulez-vous le savoir ? Toutes les nations prennent conscience d'elles-mêmes, elles découvrent leur nature et leur identité, et chassent ceux qui n'en font pas partie. La Russie nous chasse, l'Allemagne ne veut pas de nous, la Pologne est impatiente de nous expulser... Mais ne sommes-nous pas une nation, nous aussi ? Chaque juif ne fait-il pas partie d'une nation... une nation sans pays ?

Cette question avait été posée bien des fois, et un grand nombre d'hommes présents en avaient longuement débattu. Le jeune homme poursuivit sur sa lancée :

– Moi, je vous le dis : oui, il existe une nation juive, et oui, il existe un pays qui est le nôtre, il nous a été donné par le Seigneur, il a été donné à Abraham, à Isaac... Oui, je parle d'Eretz Israël, la terre d'Israël !

Morris Katz avait déjà entendu ce discours. Ces propos circulaient de plus en plus, principalement parmi les juifs d'Europe de l'Est. Et en dépit de ce qu'il avait dit à sa femme, il ne savait pas trop quoi en penser ; c'est pourquoi il aimait assister à ces débats.

– Mais... Nous sommes installés ici, avança un des hommes. Nous avons des commerces, des maisons. Et que ferions-nous là-bas, en Israël ? Je ne suis pas fermier...

– Notre visiteur a raison, dit un autre. Tu as beau naître et mourir ici, jamais tu ne seras considéré comme un Anglais... Tu seras toujours un juif avant tout, un étranger...

– C'est pareil en Allemagne...

– C'est pareil partout !

– Attendez, attendez ! s'exclama un autre intervenant. Chaque nation possède sa propre langue, non ? C'est une des choses qui font une nation. Quelle langue parlerait notre nation juive ? Le yiddish ? L'allemand ? Le polonais ?

– L'hébreu, répondit un jeune homme.

Il y eut des haussements d'épaules, des mouvements de tête vigoureux et des dizaines de voix s'élevèrent en même temps. Étrangement troublé, Morris Katz n'écoutait que d'une oreille. Il savait que Dan Goldberg aurait pu formuler des douzaines d'arguments, mais le journaliste n'était pas là, et les fervents croyants comme ce jeune homme exerçaient de plus en plus d'influence.

La pièce dans laquelle ils se trouvaient était exiguë et sombre, surchauffée et étouffante à cause du poêle en fonte qui se trouvait dans un coin. Morris Katz avait prévu de ne pas rester longtemps mais au moment où il allait se lever pour partir, il y eut un grand fracas de verre brisé.

Les discussions cessèrent. Tout le monde se figea. Par terre, à leurs pieds, au milieu des éclats de verre, il y avait une brique et, sur cette brique, on pouvait lire, tracé à la craie : NON AUX JUIFES.

Les hommes présents mirent un moment à reprendre leurs esprits. Puis ceux qui se trouvaient le plus près de la fenêtre, parmi lesquels Morris Katz, se précipitèrent pour regarder dehors à travers le rideau de pluie. De l'autre côté de la rue, sous une lampe à gaz, deux jeunes gens firent un geste obscène avant de s'enfuir en éclatant de rire.

Alors que deux juifs fonçaient vers la porte pour essayer de les rattraper, que d'autres cherchaient un balai pour déblayer les éclats de verre ou un carton pour masquer la fenêtre, Morris Katz croisa le regard du visiteur. Le jeune homme paraissait à la fois déterminé, effrayé et triomphant. Il s'adressa à Morris Katz :

– Eh bien ? fit-il. Ça y est, ça commence. Il va falloir choisir. Êtes-vous avec nous ou contre nous ? Ça ne va pas s'arranger. Au contraire, ça va empirer. Voulez-vous que les juifs aient un pays ? Ou voulez-vous qu'ils disparaissent ?

Morris Katz ne répondit pas. Il sentait que le choix n'était pas aussi simple. Il n'aimait pas ces certitudes tranchées, et plus que jamais, il aurait aimé que Dan Goldberg soit là, pour les aider à voir où se cachait la vérité.

24
Le registre

Ce même soir, Daniel Goldberg organisa une réunion au quatrième étage d'un entrepôt du quartier de Wapping. C'était un lieu qu'il avait déjà utilisé ; il donnait un souverain au veilleur de nuit et l'endroit était à lui. Une fois les fenêtres masquées par de la grosse toile d'emballage, on ne pouvait, de la rue, apercevoir aucune lumière et, à condition que personne ne mette le feu à l'entrepôt en y jetant une allumette enflammée, ils étaient parfaitement en sécurité.

Kid Mendel, le gangster de Soho, était présent, ainsi que Moishe Lipman, le chef des gangs juifs de Bethnal Green. Le jeune Russe d'Hibbat Zion, visiblement très mal à l'aise, se trouvait là aussi, ainsi que plusieurs autres représentants de la communauté juive. Il y avait également quelques-uns des militants socialistes les plus fervents, Reuben Singer et Bill. Une vingtaine d'hommes en tout, qui se jetaient des regards soupçonneux en attendant que Goldberg prenne la parole. Tous semblaient méfiants, à l'exception de Kid Mendel. Assis sur une balle de tabac, les jambes croisées, il balayait l'assistance du regard avec une curiosité discrète.

Quand tout le monde fut là, Daniel Goldberg commença à parler. Il s'exprimait en anglais, puis traduisait ses propos en yiddish et en russe.

– Je vous ai demandé de venir, messieurs, car nous devons parler de la violence qui ne va pas manquer d'éclater dans nos rangs. Nous savons qu'elle approche, nous en discernons les signes avant-coureurs depuis des semaines. Nous devons décider de quelle manière l'affronter. En sachant que notre décision aura une grande influence sur nos vies à tous.

Si vous regardez autour de vous, vous verrez des hommes que vous connaissez, d'autres que vous ne connaissez pas, et certains à qui vous ne voudriez même pas adresser la parole. Il y a ici des capitalistes et des socialistes. Il y a ceux qui veulent que tous les juifs vivent en Palestine et ceux qui prospèrent ici, à Londres. La seule chose que nous ayons en commun, c'est d'être juifs. Pour l'instant, c'est la chose la plus importante, car c'est pour cela que nous allons être attaqués. Vous avez tous mis de côté vos autres préoccupations pour assister à cette réunion et je me réjouis de vous voir ici. Nous allons commencer par un rapide tour de table pour comparer nos observations concernant la situation dans nos différents secteurs. Ensuite, nous prendrons une décision. Qui veut commencer ? Monsieur Mendel ?

– Avec plaisir, Dan, dit Kid Mendel. Mais avant cela, j'ai une question à vous poser. Vous n'êtes pas un imbécile et nous savons tous que votre tête est mise à prix. Qu'est-ce qui vous dit que l'un de nous ne va pas vous dénoncer dès que nous serons sortis d'ici ?

Goldberg sourit ; dans ses yeux brillait une lueur d'innocence.

– Figurez-vous que je n'y ai même pas pensé, répondit-il (ce que personne ne crut un seul instant). Mais je vais vous dire une chose, Kid... Si vous savez qui va me dénoncer, demandez-lui de quitter cette salle et j'expliquerai aux autres comment je l'en empêcherai. Ensuite, il reprendra sa place et nous pourrons poursuivre notre discussion.

Il y eut des sourires dans l'assistance ; le plus large étant celui de Kid Mendel. Il hocha la tête.

– Très bien, conclut le journaliste. Je suppose que je vais devoir faire confiance à mes frères juifs, y compris les honnêtes citoyens. Voici quelle est la situation à Soho, messieurs...

Sally était trop fatiguée ce soir-là pour poursuivre ses explorations. Elle resta couchée dans son lit à écouter le faible ronflement d'Eliza en faisant le point sur ce qu'elle avait déjà découvert.

D'abord, la rencontre avec le valet de pied. Elle avait été inconsciente de s'exposer ainsi au danger, mais si les domestiques croyaient que sa véritable cible était Michelet, sa curiosité envers le Tzaddik n'éveillerait pas les soupçons et ils penseraient qu'elle cherchait un moyen d'atteindre son valet à travers lui. Tout compte fait, elle s'en était plutôt bien sortie, une fois passés les premiers instants de panique.

Ensuite, Michelet lui-même. Elle entendait encore les paroles du secrétaire : l'homme avait été condamné pour un crime concernant des enfants. Des images de ce qui avait pu se passer, mêlées à celles d'Harriet, hantaient son esprit.

Troisièmement, le secrétaire, M. Winterhalter, et les bureaux situés au deuxième étage. C'était là qu'elle devait se rendre.

Enfin, l'affaire dont elle les avait entendus discuter. Le Tzaddik projetait, par l'intermédiaire de Parrish, de déclencher des émeutes, une attaque contre les juifs, en libérant un flot de sauvagerie et de haine... Sally sentait les prémices d'un gigantesque séisme, le sol commençait à trembler sous ses pieds et, tout ce qu'elle pouvait faire, c'était retenir quelques cailloux.

La clé de tout cela se cachait dans cette masse de chair inerte, le Tzaddik. La seule façon de l'arrêter, c'était de découvrir qui il était, ou qui *d'autre* il était et, pour cela, elle devait comprendre la raison et la nature du complot monté contre elle et Harriet.

Pourquoi cet homme l'avait-il choisie, *elle,* parmi toutes les femmes de Londres ayant un jeune enfant ? Il était si mystérieux, si impassible, entouré d'une telle carapace, que même lorsqu'elle portait une tasse à ses lèvres, elle ne sentait émaner de lui que sa terrible et mortelle impotence. Le fait que la malveillance dont elle était victime provienne de cette forme infantile et faible rendait la chose encore plus terrifiante. « De la puissance naquit la douceur... » Sally repensa à l'énigme de Samson. « De l'immobilité naquit le poison. Des ténèbres naquit... Du passé... »

Elle s'endormit.

Dans tout Whitechapel, dans tout Spitalfields, à Mile End et à Wapping, la pluie tombait. Les égouts étaient engorgés, les canalisations pleines à ras bord refoulaient et débordaient.

Dans les pubs, dans les usines, dans les cuisines, dans les salons et les restaurants, la rumeur se répandait : il allait y avoir des incidents.

Des dockers au chômage, des manœuvres, des ouvriers des brasseries, des employés des entrepôts ou des tanneries, des terrassiers et de simples travailleurs de toutes sortes, tous ceux qui se sentaient floués, dépossédés, privés de conditions de vie décentes, d'un logement ou d'un peu d'espace... Parmi eux se trouvaient les hommes de Parrish, qui leur offraient à boire, leur prêtaient une oreille attentive et distillaient leur poison.

Les juifs se débrouillent bien, hein ?

Ils ne manquent de rien, eux.

Ils ont mis la main sur tout.

Ils répandent des maladies... Leurs femmes en sont infestées...

Ils arrivent de plus en plus nombreux, sur chaque bateau...

Vous pouvez aller faire un tour dans Brick Lane sans voir un seul visage d'Anglais pendant plus d'une heure. Hanbury Street, Fashion Street... c'est pareil. Même chose pour Flower Street et Dean Street...

Et cette affaire avec les Hongrois ? C'était dans le journal. Ils ont volé un enfant chrétien et ils l'ont tué car ils voulaient se servir de son sang pour leurs infâmes rituels. C'est la vérité ! Il y a des témoins. Et ils ont avoué...

La même chose s'est passée en Allemagne.

Des enfants chrétiens ? Ils les ont tués ?

Oui, ça a été prouvé.

Dans Montagu Street, y a une juive avec un enfant volé.

Allons !

Si ! Et cet enfant, il est pas juif... Pas avec des cheveux blonds comme ça.

– Montagu Street ? répéta M. Parrish.

Il se trouvait dans un pub de Whitechapel Road, un vaste établissement lambrissé d'acajou avec des cuivres lustrés, des miroirs scintillants et des serveuses copieusement rembourrées. La fumée de cigare flottait lourdement dans l'air et le courtier offrait tournée sur tournée.

– Ouais, confirma son interlocuteur d'une voix pâteuse en finissant sa huitième pinte de bière.

– Avez-vous vu cet enfant ? Au fait, s'agit-il d'un garçon ou d'une fille ?

– Ma femme, elle l'a vu. Elle croit que c'est une fille. Elle arrête pas de pleurer. C'est bien la preuve qu'ils l'ont volée.

– Votre épouse connaît bien cette rue ?

– Forcément ! Elle y est née. Avant que ces foutus juifs débarquent. Hier, elle est allée faire un tour là-bas et elle a entendu cette gamine qui braillait. Attention, hein, c'est une belle maison, avec des rideaux propres et tout. Doit y avoir de l'argent là-dedans. Faut dire qu'ils en manquent pas, hein ?

– Il paraît qu'ils vivent grassement, en effet, répondit Parrish. Parlez-moi encore de cette enfant.

– Oh, d'accord. Comme je vous le disais, ma femme elle entend des braillements, alors elle jette un coup d'œil par la fenêtre, et là, elle voit cette jolie petite gamine blonde qui se débat pour essayer d'échapper à cette fille juive qui la tenait. Quand elle a vu qu'on l'observait, la fille a emmené la gamine. Ma femme, elle dit que c'est forcément un enfant volé. Mais évidemment, elle avait pas entendu parler de cette histoire de sang... C'est donc vrai ?

– Ça ne m'étonnerait pas. A quel numéro se trouve cette maison ?

– Ça, j'en sais rien ! J'vous l'ai dit, c'est un endroit chic, avec des plantes en pot devant la fenêtre. Ils se croient supérieurs aux autres, ces gens-là... Je les déteste. Allez, m'sieur, offrez-moi une autre pinte...

Après la réunion, Goldberg demanda à Kid Mendel et à Moishe Lipman de rester un moment. Bill resta lui aussi et, lorsque Goldberg fut certain que personne ne pouvait les entendre, il leur offrit à chacun un cigare et dit :

– Messieurs, nous avons un autre problème sur les bras. Je ne voulais pas en parler tout à l'heure, car c'est de votre expérience dont j'ai besoin.

Les deux chefs de gang restèrent muets. Ils étaient très différents l'un de l'autre : Mendel, le crâne dégarni, raffiné et élégant, s'habillait à la pointe de la mode et ressemblait à un prince en vacances, alors que Moishe Lipman, qui avait été boxeur de foire dans sa jeunesse, aurait pu tenir le rôle du monstre de Frankenstein dans une troupe théâtrale pas trop pointilleuse.

Les deux hommes se connaissaient. Leurs sentiments mutuels se composaient à parts égales de respect et de méfiance. En les observant, Bill était émerveillé par le magnétisme de Goldberg, capable d'attirer deux types d'acier si opposés.

– Eh bien ? demanda Lipman d'un ton brusque.

Mendel cracha un jet de fumée en direction de la bougie, faisant vaciller la flamme qui se redressa dans la pénombre.

– Attendez, laissez-moi deviner, fit-il. Il s'agit de cette femme.

Les yeux aux paupières lourdes de Lipman se tournèrent vers son rival.

– Quelle femme ? En quoi cela concerne-t-il l'affaire pour laquelle nous sommes venus ?

– De très près, répondit Goldberg. Elle seule peut causer la perte du Tzaddik.

En quelques phrases, il leur confia ce qu'il savait de Sally et d'Harriet.

– Je crains, dit-il, qu'elle se soit jetée dans la gueule du loup. Je veux faire surveiller cette maison. Et au moindre signe de danger, je veux que vous interveniez.

La fillette ensuite. Elle est en sécurité là où elle se trouve, mais je veux quand même poster un garde. Vingt-quatre heures sur vingt-quatre.

Silence. Kid Mendel haussa un sourcil et Moishe Lipman plissa le front.

– Ça va coûter cher, commenta-t-il finalement. Pourquoi se donner cette peine ?

– Parce que la mère de cette enfant est notre seule arme. Et si sa fille est enlevée, on perd tout. Le Tzaddik sera plus fort que jamais, car le déguisement de la mère ne tiendra pas longtemps. Et surtout, je redoute quelque chose de pire encore.

– La calomnie du sang ? demanda Mendel, mais il ne s'agissait pas vraiment d'une question.

Il faisait allusion à ce très ancien affront fait aux juifs, accusés d'utiliser le sang d'enfants chrétiens pour leurs rituels.

Le journaliste répondit par un hochement de tête.

– Il oserait ? Pour rejeter ensuite la faute sur les juifs ? demanda Lipman. Mais pourquoi diable... ?

Il n'eut pas le temps de finir sa phrase, car un bruit de pas précipités retentit au-dehors, suivis de coups frappés à la porte. Lipman se leva d'un bond, les poings serrés. Mendel se retourna, calmement et avec élégance, pour voir ce qui se passait. Mais le premier à se lever, plus rapide même que Bill, ce fut Goldberg ; sa main était enfoncée dans sa poche.

Bill alla ouvrir la porte et Reuben Singer bascula à l'intérieur de la salle, à bout de souffle.

– L'enfant... Ils l'ont enlevée...

En une seconde, Goldberg l'avait rejoint. La lèvre du garçon saignait et un coquard lui fermait l'œil.

– Une bande de malfaiteurs... C'était pas la police... Ils avaient pas de mandat, ni rien... Ils étaient dirigés par un petit homme fringant, un certain Parrish... Rebecca a compris ce qu'il voulait et elle a essayé de faire sortir la fillette par-derrière... mais il y avait aussi des hommes dans le jardin... Et M. Katz... (Il s'arrêta pour reprendre sa respiration.) Il est évanoui, parvint-il à articuler. Ils l'ont frappé à coups de bâton. Rebecca aussi. Je crois qu'elle a un bras cassé. Et ils ont emmené la petite...

– Très bien, Dan, déclara Mendel. Tu es avec nous, Moishe ?

Les traits grossiers de Lipman rougeoyaient dans la lumière vacillante.

– Je les laisserai pas faire du mal à des enfants, dit-il. Juifs, goys ou hottentots. Dites-nous ce que vous attendez de nous, Dan.

Goldberg réfléchit rapidement.

– Parrish a pu emmener la fillette dans trois endroits : la maison de Fournier Square, sa propre maison de Telegraph Road à Clapham, ou bien la propriété qu'il a confisquée, à Twickenham. Moishe, prenez des hommes et allez à Fournier Square. Kid, faites la même chose à Twickenham, à Orchard House, la grande maison au bord de l'eau. Moi, j'irai à Clapham.

– Et une fois là-bas, qu'est-ce qu'on fait ? demanda Mendel.

– Vous surveillez. Dès que vous voyez la fillette, vous intervenez pour la récupérer.

– Ça risque de pas être facile sans lui faire de mal, dit Lipman.

– On y arrivera, dit Mendel.

– Il nous faut un point de rendez-vous, dit Goldberg. Mon appartement de Soho est surveillé, et un mandat a été délivré contre moi. Vous avez une idée ?

– J'ai un téléphone, déclara Mendel. Numéro 4214. Je posterai quelqu'un près de l'appareil en permanence. Appelez dès que vous pouvez, à partir de neuf heures, quand le central ouvre, et je serai prévenu aussitôt.

– Parfait, approuva Goldberg, tandis que les deux chefs de gang s'empressaient de sortir. Ça va, Reuben ? Il va falloir que tu t'occupes de Mme Katz et des autres. Allons-y !

Il se leva à son tour, dévala l'escalier plongé dans l'obscurité et sortit sous la pluie battante, suivi de près par Bill.

Harriet était assise, immobile. Il y avait un cheval, elle l'entendait, et le siège sous sa main était froid et lisse, comme celui du fiacre qu'elle avait pris avec sa maman.

Des hommes parlaient. Il faisait nuit. Maman avait dit qu'elle devait être courageuse, alors elle était courageuse, comme maman dans la jungle avec les vilains singes.

Rebecca n'était pas là. Soudain, elle avait envie d'être avec Rebecca. Mais les hommes n'avaient pas voulu qu'elle vienne, et ils l'avaient frappée. Ils avaient frappé M. Katz, aussi.

Il faisait froid. Son pouce se hissa jusqu'à sa bouche et elle le téta goulûment, mais elle ne pleura pas. Il fallait qu'elle reste immobile.

Sally émergea d'un rêve confus et douloureux et resta allongée dans le noir, à se mordiller la lèvre. Dans le lit voisin, Eliza respirait avec bruit ; quelque part, une pendule sonna une heure.

« Inutile d'essayer de me rendormir », se dit-elle. La manière soudaine dont elle s'était réveillée indiquait qu'elle ne retrouverait pas le sommeil avant plusieurs heures.

Elle savait quelle était sa nouvelle cible : les bureaux situés au deuxième étage. Il y avait forcément quelque chose de compromettant dans tous ces documents ; si seulement elle pouvait mettre la main dessus !

Elle frissonna lorsque ses pieds entrèrent en contact avec le parquet froid. A tâtons, elle chercha ses bas. Puis, après un instant d'hésitation, elle fouilla dans son panier jusqu'à ce qu'elle sente sous ses doigts le froid et le poids du pistolet.

C'était très tentant. Elle pouvait le mettre dans la poche de sa cape, et même si, bien entendu, elle ne s'en servait pas, il l'aiderait à se sentir plus en sécurité...

L'arme était lourde et ballottait sur le côté, ce qui la gênait. Arrivée au milieu de l'escalier, elle regretta de l'avoir emportée. Trop tard. Quand elle ouvrit la porte du palier du deuxième étage, la crosse cogna contre le chambranle et la jeune femme demeura figée pendant presque une minute, osant à peine respirer.

Mais rien ne se produisit et elle continua d'avancer. La lumière allumée devant la chambre du Tzaddik, à l'étage inférieur, soulignait faiblement les contours des portes et des rampes. Marchant à pas feutrés sur le sol recouvert de linoléum, elle avança vers la première porte, celle du bureau où travaillait habituellement le secrétaire.

Allait-elle s'ouvrir ?... Oui.

Une pensée soudaine lui glaça le sang : le singe se trouvait-il à cet étage ? Ou bien dormait-il avec le Tzaddik ?

« Ne perds pas de temps à réfléchir. Regarde autour de toi. Agis vite, mais avec prudence. »

Les rideaux n'étaient pas fermés et la faible lueur du lampadaire à gaz situé juste en dessous, dans la rue, filtrait à travers les carreaux zébrés de pluie ; suffisamment pour permettre de discerner les étagères, derrière le bureau, où se côtoyaient d'épaisses silhouettes familières : des registres. Peut-être que la chance lui souriait enfin et qu'elle allait découvrir quelque chose qu'elle comprendrait. Pouvait-elle prendre le risque d'allumer la bougie ?

Le pistolet dans sa poche lui donnait confiance. Dans le pire des cas, elle pourrait toujours s'enfuir en utilisant la force. Elle alluma donc le morceau de bougie fixé dans le bougeoir en émail, qu'elle déposa sur le bureau, avant de prendre le premier registre sur l'étagère.

Apparemment, le livre recensait tous les paiements destinés au personnel de maison : rien d'insolite ni d'illégal. Après avoir survolé les chiffres, elle le remit à sa place. Le registre suivant concernait les placements boursiers. De toute évidence, le Tzaddik possédait un nombre important d'actions, dans divers domaines, et son portefeuille, constata-t-elle, était géré avec beaucoup d'efficacité. Mais, là encore, il n'y avait rien qu'un homme riche ait besoin de cacher. Sally rangea le volume et prit le suivant.

Elle en consulta ainsi six ou sept, sans rien trouver d'autre que les comptes, parfaitement tenus, d'une entreprise d'import-export prospère. Mais dans le suivant...

A première vue, il s'agissait d'une liste détaillée de paiements provenant de diverses sources. Les montants variaient et il y avait même des devises différentes, mais Sally releva l'existence de versements hebdomadaires d'environ deux cents livres sterling. Ce chiffre lui disait vaguement quelque chose, jusqu'à ce qu'elle remarque que chaque ligne d'écriture était accompagnée d'une lettre. Les montants qui avaient attiré son attention étaient précédés de la lettre P.

Parrish.

Il s'agissait de l'argent dont lui avait parlé Goldberg, celui que le courtier collectait dans les maisons de jeu et les maisons closes du West End, celui que gagnaient ces pauvres filles recrutées sur les bateaux qui amenaient les immigrés. Et Goldberg possédait le carnet dans lequel Parrish notait les totaux de chaque semaine ! Si cela correspondait…

Si ça correspondait, elle le tenait !

Ayant trouvé une paire de ciseaux dans le tiroir du bureau, elle découpa très soigneusement la page, le plus près possible de la reliure. Ils s'en apercevraient assez vite, évidemment, mais la moindre chose pouvait l'aider.

Sur ce, elle remit le registre à sa place, avec un soupir de satisfaction. Elle plia la feuille et la glissa dans un de ses bas, par prudence.

« Au lit, maintenant ? »

Elle hésita. C'était une découverte importante, mais peut-être devait-elle aller un peu plus loin. Ce serait un acte odieux, mais pas plus que d'être privée d'Harriet, pas plus que toute cette affaire. Et cette angoisse qui la saisissait quand elle pensait au Tzaddik… Non, elle ne pouvait pas faire autrement.

Elle sortit du bureau, le cœur battant à tout rompre, et descendit l'escalier sur la pointe des pieds. Arrivée devant la porte de Michelet, elle hésita de nouveau, tel un nageur planté au bord d'une rivière dont il sait qu'elle est froide, profonde et dangereuse.

Mais plus elle hésiterait, plus ce serait horrible. Elle déglutit, tourna la poignée de la porte et entra tout doucement.

Alors que le fiacre traversait bruyamment Blackfriars Bridge, Bill demanda :

– Pourquoi vous avez choisi Clapham, monsieur G. ? Vous croyez pas qu'il va plutôt l'amener directement à son patron ?

– Non, pas tel que je connais Parrish. Il voudra se livrer à un petit marchandage. Bon sang, Bill, tout ça est ma faute ! J'aurais dû agir plus vite.

Il scrutait le rideau de pluie. Il y avait peu de circulation : une ou deux charrettes qui roulaient pesamment vers les grands marchés au nord, un autre fiacre comme le leur, un policier qui patrouillait, vêtu d'une tenue imperméable.

– Écoute-moi, dit Goldberg. Je vais arrêter le fiacre à Lambeth. Je veux que tu rassembles tous ceux de tes amis irlandais que tu peux trouver et que tu les conduises à Clapham. Ces gars dont tu me parles tout le temps, ils savent se battre, je suppose ?

– C'est les meilleurs, répondit Bill.

– Il faudra que leur intelligence égale leur fougue. Écoute-moi bien : il y a une ruelle entre les maisons de Telegraph Road, un passage qui donne sur les jardins, derrière les maisons, en face de chez Parrish. C'est là que je t'attendrai. Soyez discrets, faites attention qu'on ne vous suive pas. Le temps que vous arriviez, j'aurai trouvé un plan d'attaque.

– Je peux leur promettre une bonne bagarre ?

– Si Parrish est là, il y a aura de la bagarre, c'est sûr. Cocher !

Goldberg fit coulisser la cloison derrière sa tête et demanda au conducteur de faire halte. Bill observa la silhouette massive du Bethlehem Hospital.

– L'asile de fous, commenta-t-il. A plus tard, monsieur G.

Il bondit sur la chaussée et s'enfuit dans la nuit. Le fiacre repartit en direction de Clapham.

Harriet n'avait pas pleuré une seule fois. L'homme qui se trouvait à côté d'elle était cruel. Il criait après les autres, il les obligea à descendre de voiture en courant pour aller ouvrir quelque chose, puis il la prit dans ses bras sans ménagement. Il lui faisait mal. Elle se débattit, mais il la serrait de toutes ses forces. Comme elle gesticulait de plus belle, il la secoua et dit quelque chose d'un ton méchant. Elle sentit venir les larmes, mais elle résista en pinçant les lèvres et en fermant les yeux.

Ils se retrouvèrent dans un endroit où il y avait un escalier et une porte. L'homme la posa sur un lit. Il faisait sombre, très très sombre. Il s'adressa à quelqu'un, toujours sur le même ton, puis la porte se referma et Harriet se retrouva enfermée dans le noir.

Ils ne savaient pas ce qu'ils devaient faire. Ils n'y connaissaient rien. Ils ne lui avaient même pas enlevé ses chaussures.

Elle devina alors ce qui allait se passer ; elle ne put se retenir. L'humidité chaude se répandit à travers ses sous-vêtements, inondant la robe, le manteau et le lit. Et elle savait que personne ne viendrait la laver, qu'il n'y avait pas de vêtements de rechange, que personne ne l'aiderait plus jamais et qu'elle resterait seule dans le noir pour toujours, car maman l'avait perdue.

Alors, dans un petit gémissement accompagné de frissons, elle se mit à pleurer.

Michelet caressait les cheveux de Sally. Il s'était aspergé les mains d'eau de Cologne pour s'en masser le cou, le torse et les bras ; et l'odeur un peu sucrée donnait la nausée à la jeune femme. Tout comme ses baisers voraces.

– Il ne dort pas ? murmura-t-elle. C'est pour ça qu'il ne faut pas faire de bruit ?

– Il a le sommeil très léger. Le médecin lui donne une potion somnifère, mais l'effet ne dure pas très longtemps. Son dos le fait horriblement souffrir. Sans parler de ce satané singe qui ne tient pas en place... Mais ne pensez plus à lui, Louisa.

– Pauvre homme. Je ne peux pas m'en empêcher. Comment fait-il pour s'habiller ? Pour se laver ?

– C'est moi qui m'en charge. Je fais tout. Un domestique m'aide à le soulever, mais c'est moi qui m'occupe de lui.

– Comment s'est-il retrouvé paralysé ?

– Quelle importance ? Ne pensez pas à lui, Louisa. *Moi*, je ne suis pas paralysé. Et vous non plus. Regardez comme votre peau capte la lumière de la bougie... Laissez-moi embrasser votre joli bras...

Des palpitations sourdes, semblables à un roulement de tambour étouffé, vibraient dans tout le corps de Sally. C'était cette chose cachée qu'elle allait découvrir, le secret qu'elle était venue dévoiler. Et elle luttait contre le soupçon qui rôdait en elle, ce soupçon qui était là depuis le début, mais qu'elle ne voulait pas regarder en face... C'était comme se trouver à bord d'un train sans conducteur. Elle avait abaissé un levier et la locomotive s'était mise en marche mais elle ne savait pas où était le frein et, maintenant que le train était lancé, elle se sentait obligée d'actionner d'autres leviers, d'aller de l'avant, d'accélérer, car même un accident serait préférable à cette marche inexorable et vaine...

Le regard de Michelet était devenu vitreux. Il était ailleurs. Sally mesurait à présent le danger dans lequel elle avait plongé la tête la première, car cet homme était fou. Elle se demanda si elle pourrait s'emparer du pistolet en cas de besoin. Où était-il ? Hors d'atteinte...

C'est alors que la voix grave du Tzaddik résonna dans la pièce voisine :

– Michelet, venez ici !

Le corps secoué par un lent frisson, le valet retrouva ses esprits. Il se releva, se frotta les yeux et enfila son peignoir avant d'ouvrir la porte de séparation entre les deux pièces.

Sally demeura immobile. Le Tzaddik disait :

– Je n'arrive pas à dormir, Michelet. Allumez-moi une cigarette et apportez-moi le brandy.

Michelet entra dans la chambre voisine. Sally l'entendit gratter une allumette et aperçut la lueur de la lampe dessiner la forme du chambranle de la porte. Il gratta une deuxième allumette, pour la cigarette, puis descendit chercher l'alcool demandé.

Le moment était venu.

Sally chercha à tâtons sa cape, alourdie par le pistolet. Elle se leva et la jeta sur ses épaules. Les mains tremblantes, la gorge nouée par la peur, elle franchit la porte d'un pas mal assuré et entra dans la chambre du Tzaddik.

La pièce était spacieuse et meublée avec luxe. Le lit immense était renforcé par une structure en fer. Des poignées et des poulies pendaient de cette structure, dans un coin de laquelle était perché le singe, qui observait Sally d'un air menaçant.

Le Tzaddik était couché sur le dos, sous une courtepointe en soie, et sa grosse tête était tournée vers elle. Au fond de ses yeux qui scintillaient dans la lumière de la lampe, elle vit le reflet de ce secret qui tambourinait dans son propre cœur.

Il ne dit rien lorsqu'elle s'avança vers lui. Le singe gazouillait sur son perchoir. Captant les volutes de fumée qui s'échappaient de la cigarette posée dans le cendrier, elle la prit entre ses doigts et inspira une bouffée ; ses tremblements s'atténuèrent.

Le Tzaddik l'observait, impuissant.

Le train avait pris de la vitesse. Dans un état presque léthargique, aussi impuissante que cet homme, elle se pencha pour soulever la courtepointe, les couvertures et le drap, dévoilant le gigantesque torse inerte sous la chemise de nuit. Elle n'avait toujours pas dit un mot. Et lui continuait à l'observer de son regard flamboyant.

Sally déboutonna la chemise de nuit jusqu'à la taille. Elle frissonnait de nouveau et dut serrer ses mains l'une contre l'autre et fermer les yeux, comme si elle demandait au ciel de lui pardonner ce qu'elle faisait.

Elle écarta le col de la chemise de nuit, mettant à nu une masse blafarde, toute cette chair, tellement figée qu'elle semblait presque inhumaine. Sally s'obligea à regarder et... elle était bien là, la petite marque qui avait déclenché toute cette histoire, toutes ces souffrances...

Une trace de balle juste sous le sternum. Une petite cicatrice de peau froncée. Une blessure dont elle était responsable.

– Ah Ling, murmura-t-elle.

Elle sentit ses genoux flageoler et une immense fatigue alourdit ses membres, comme si son corps s'était brusquement vidé de tout son sang. Elle dut se retenir à la structure en fer et tous les deux s'observèrent un instant, tels un malade et sa douce infirmière dévouée.

Sous le regard du singe, tandis que la fumée de cigarette continuait à s'élever...

« Pourquoi n'ai-je pas compris plus tôt ? Ces yeux... ces yeux à moitié bridés... et ces mains, énormes, constellées de taches de rousseur et couvertes de poils dorés... Cette voix... L'opium et M. Beech... Je ne voulais pas comprendre, je ne pouvais pas le supporter, je ne voulais pas voir... »

– Je croyais que vous étiez mort, dit-elle d'une voix à peine audible, même à son oreille. Je croyais vous avoir tué. Ce soir-là, dans le fiacre, sur les quais... Durant tout ce temps, vous étiez vivant ?

– Tu appelles *ça* être vivant ?

Les oreilles de Sally bourdonnaient.

– Que s'est-il passé ? demanda-t-elle dans un murmure.

– La balle a traversé la colonne vertébrale. Mes hommes, qui se trouvaient sur le bateau, tout près, m'ont emmené aussitôt. Je n'ai plus jamais bougé, et la douleur n'a plus jamais cessé. Tu aurais dû me tuer pour de bon. Tu es venue pour achever le travail ? Je vois que tu as un pistolet dans ta poche. Après tout, rien ne peut t'en empêcher.

Maladroitement, elle sortit le gros pistolet, déchirant le bord de sa poche, et arma le chien, mais pour la première fois de sa vie ses mains la trahirent. Elles tremblaient de faiblesse, et Sally savait pourquoi, elle savait qu'elle ne tirerait pas sur cet homme, elle savait qu'elle en était incapable, car son infirmité le protégeait bien mieux qu'une armure.

A travers la haine, la colère et la peur, une autre vérité, ou plutôt, un très vieux soupçon soudain confirmé et clarifié, palpitait dans sa tête comme un battement de cœur : aussi net qu'un filet de sang écarlate, elle voyait le rôle qu'elle avait joué dans l'emprisonnement étouffant de cet homme. Elle avait pitié de lui, car elle était responsable de son état.

Elle ne pouvait plus tenir le pistolet. Avec un cri de colère et de douleur, elle le lança de toutes ses forces. Il brisa un miroir et retomba par terre au milieu des éclats de verre.

La porte s'ouvrit.

– Michelet, vous trouverez un pistolet par terre, dit Ah Ling. Ramassez-le et tuez Mlle Lockhart.

Levant la tête, elle découvrit, à travers ses larmes, le visage du valet, livide de stupeur tout d'abord, puis envahi d'une jubilation infâme. Trop faible pour réagir, elle se laissa tomber à genoux près du lit, alors que Michelet posait le plateau supportant la carafe et un verre et se penchait pour ramasser le pistolet.

Tournant ainsi le dos au singe.

Ce fut presque trop rapide pour être observé. L'animal bondit sur la table de chevet, prit la cigarette allumée, puis il s'élança, juste au moment où Michelet se relevait, atterrit sur sa nuque, lui agrippa les cheveux d'une patte et, de l'autre, il écrasa la cigarette rougeoyante dans l'œil du valet.

Une détonation retentit. Michelet poussa un hurlement et bascula à la renverse contre le cadre du lit, bousculant Sally qui tomba par terre. A demi assommée – sa tête avait heurté quelque chose –, elle ne trouva pas la force de se relever.

Michelet s'empara du singe, toujours agrippé à ses cheveux, et le lança de toutes ses forces contre le mur. Il s'écroula comme une poupée de chiffons, mort.

C'est alors que la porte s'ouvrit. Le secrétaire, M. Winterhalter, et le médecin, tous les deux en peignoir, ainsi qu'un domestique (Alfred ?), entrèrent. Ah Ling ordonna, de sa voix grave, impassible :

– Cette femme s'est introduite dans ma chambre pour me tuer. Winterhalter, escortez-la dans la cave avec un domestique et enfermez-la. Docteur, occupez-vous de Michelet.

Celui-ci pleurait de douleur, accroupi sur le sol à côté de Sally, les mains plaquées sur le visage ; du sang coulait entre ses doigts. Sally sentit qu'on la saisissait par les bras pour l'entraîner hors de la chambre, jusque dans l'ascenseur, et elle descendit, descendit, descendit... Elle n'aurait su dire qui la tenait, car elle n'avait conscience que de deux choses : de ce petit rond de peau plissée, symbole d'une effroyable blessure qui avait déclenché une longue vengeance ; et de la feuille du registre glissée dans son bas.

Quand l'ascenseur arriva au sous-sol, ils la poussèrent à l'extérieur et remontèrent aussitôt. Comme Harriet, Sally se retrouva enfermée dans le noir, seule.

25
La bataille de Telegraph Road

Daniel Goldberg attendait dans le petit passage donnant sur Telegraph Road. Il partageait cet espace avec deux poubelles et la pluie qui débordait de la gouttière, au-dessus de sa tête, dégringolait devant lui comme les chutes du Niagara.

Il observait la maison de Parrish. Une lumière filtrait à travers les rideaux dans une des pièces du devant. Le premier étage était entièrement plongé dans l'obscurité. Goldberg avait déjà inspecté les environs en se déplaçant sans bruit, tel un chat, le long du mur qui longeait les jardins, à l'arrière des maisons. C'étaient de modestes habitations, à peine plus grandes que celles de Whitechapel, dont elles se distinguaient uniquement par les fenêtres en saillie et quelques moulures au-dessus de la porte d'entrée.

Il était une heure et demie du matin. Le journaliste venait de décider d'accorder encore vingt minutes à Bill lorsqu'il entendit un murmure dans son dos :

– Ça va, monsieur G. ?

Se retournant, il devina une demi-douzaine de silhouettes, peut-être plus, blotties derrière Bill dans l'étroit passage.

– Bravo, dit-il. Vous êtes combien ?

– On est dix, répondit dans l'obscurité une voix à la fois calme et sèche, teintée d'un fort accent irlandais.

– Lui, c'est Liam, annonça Bill. (Une main s'avança et Goldberg la serra.) On a des couteaux, des pinces-monseigneur et des coups-de-poing américains.

En regardant par-dessus l'épaule de Bill, le journaliste distingua la silhouette d'une fille d'environ seize ans.

– C'est la célèbre Bridie Sullivan ? demanda-t-il.

La fille releva la tête d'un air menaçant.

– Tout va bien, Bridie, dit Liam. Ce type est réglo. T'inquiète pas.

– Il paraît que tu sais très bien te battre, dit Goldberg. Ce sera utile. C'est cette maison là-bas, avec la lumière allumée. Il y a une petite fille à l'intérieur, sûrement au premier étage. Il faut la sortir de là sans lui faire de mal.

Il s'écarta pour leur permettre de repérer les lieux.

– On peut entrer dans le jardin ? demanda Bill.

– Un peu plus loin sur la droite se trouve un autre passage identique à celui-ci. Contre le mur de la maison, il y a un cabinet ou un appentis et, juste au-dessus, une fenêtre dont les rideaux sont tirés. On peut l'atteindre en montant sur le toit. Ce que j'ignore, c'est combien il y a d'hommes dans la maison.

Bill et Liam rebroussèrent chemin pour aller jeter un coup d'œil par-dessus le mur, sur le jardin de la maison voisine,

– Tu es armée, Bridie ? demanda Goldberg.

– J'ai mon surin, répondit-elle.

Elle avait une voix douce et chantante, la voix d'un ange irlandais, veloutée comme de la fumée de tourbe. Elle brandit son coupe-choux enfoncée dans un manche en bois.

Bill réapparut.

– C'est l'affaire de trente secondes, pas plus, déclara-t-il.

– Très bien. Liam, qui est le plus doué d'entre vous avec les chevaux ?

– Dermot, répondit-il sans hésiter en poussant en avant un garçon efflanqué d'une douzaine d'années.

– Dermot, il y a des écuries sur le terrain communal. Prends deux ou trois gars avec toi pour faucher une voiture et un canasson correct, et revenez ici.

Trois garçons se détachèrent aussitôt du groupe et filèrent dans la nuit. Goldberg fit signe aux autres d'approcher et il leur exposa son plan.

La bataille de Telegraph Road fut célébrée pendant des années par les gangs irlandais de Lambeth. Ceux qui y avaient participé virent leurs noms se transformer en légende et ceux qui auraient aimé y participer commencèrent à modifier les légendes en leur faveur... Il n'y eut rien de comparable jusqu'à l'ascension du grand Pat Hooligan lui-même, qui donna son nom à cette espèce d'individus.

Goldberg divisa les forces en trois. Bill et Liam, en tant que cambrioleurs chevronnés, grimperaient sur le toit de l'appentis et attendraient que les autres créent une diversion pour s'introduire par la fenêtre.

Mais il ne servait à rien de créer une diversion s'ils ne pouvaient pas ouvrir la porte, car c'était par là qu'ils devraient faire sortir Harriet. Voilà pourquoi Goldberg et Bridie frapperaient à l'huis puis Bridie ferait ensuite mine de s'évanouir sur le perron.

Dès que le battant s'ouvrirait, le journaliste pousserait un cri – un signal destiné à deux autres gars cachés derrière la maison, qui tambourineraient de toutes leurs forces à la porte de derrière. Profitant de ce vacarme, Bill et Liam se mettraient au travail. Goldberg et les trois garçons restants s'engouffreraient dans la maison. Pendant que Bridie et son acolyte surveilleraient le vestibule, les Irlandais se précipiteraient à l'étage et se chargeraient de quiconque pouvait se trouver là-haut : simultanément, Bill et Liam entreraient par la fenêtre et se mettraient à la recherche de la fillette.

Goldberg, Bridie et les garçons qui devaient attaquer par-devant attendirent que les autres traversent la route en courant, ombres fugitives sous la pluie, et disparaissent dans le passage. Quelques minutes s'écoulèrent, puis le journaliste chuchota :

– C'est le moment.

Les garçons s'élancèrent et s'accroupirent derrière

le muret du jardin. Goldberg et la jeune Irlandaise avancèrent vers la maison.

– Prête ? demanda-t-il.

Elle hocha la tête. Daniel Goldberg frappa à la porte et la jeune fille s'appuya contre son épaule, mimant une défaillance.

Les rideaux de la fenêtre en saillie remuèrent et un visage apparut derrière le carreau. Le journaliste fit un geste censé exprimer son désarroi, pendant que Bridie se laissait aller contre lui.

– Attention, murmura-t-il en entendant la porte s'ouvrir.

Le rideau retomba.

Aussitôt, la jeune fille s'écroula et l'homme qui avait ouvert la porte s'empressa de reculer. Goldberg s'agenouilla près d'elle, gardant la tête baissée, et fit semblant de la soulever.

– Ma femme... elle est malade... aidez-moi à la transporter à l'intérieur, pour l'amour du ciel !

L'homme hésitait. Il se retourna... au moment où Arthur Parrish sortait de la pièce de devant. Le regard du courtier croisa celui de Goldberg et une expression stupéfaite se peignit sur son visage.

– Hurle ! ordonna Goldberg à Bridie, qui poussa un hurlement à vous glacer le sang.

Plusieurs choses se produisirent alors en même temps. Le journaliste bondit vers l'avant, projetant le premier homme contre le mur, et Bridie jaillit dans son sillage, son couteau à la main. Un martèlement violent retentit quelque part au fond de la maison, puis les deux autres garçons se faufilèrent comme des anguilles par la porte d'entrée.

Un autre homme sortit de la pièce de devant, sur les talons de Parrish ; l'un des deux gars fonça droit sur lui et lui coupa le souffle d'un grand coup de tête dans le ventre. Au même moment, le poing de Goldberg s'écrasa sur son menton et il s'écroula sur le porte-parapluies, K.O.

– Vite, en haut ! cria le journaliste.

Les deux adolescents bondirent dans l'escalier, gravissant les marches trois par trois, avec des cris de joie.

C'est alors qu'un pistolet apparut dans la main de Parrish.

Il se tenait droit comme un i, le dos au mur, et regardait Goldberg avec un air suffisant qui donnait envie à celui-ci de lui écraser la tête contre le papier peint. Mais il avait armé le chien de son arme. Bridie l'observait, les yeux plissés, guettant une occasion pour s'approcher. L'homme couché par terre remua ; Dan Goldberg s'avança alors vers le porte-parapluies et, mine de rien, décocha un coup de pied à sa victime.

– Oh, monsieur Goldberg, dit Parrish. Ce ne sont pas des manières, voyons. Cela ne va pas arranger vos affaires, je suppose que vous en êtes conscient...

Un hurlement retentit au premier étage, un cri de terreur jailli de la bouche d'un enfant. Une étincelle s'alluma dans les yeux de Goldberg. Décrochant un manteau suspendu à une patère près de lui, il le lança sur l'arme de Parrish et se jeta sur lui comme un tigre. La jeune Irlandaise l'imita, mais l'homme qui était encore étendu sur le sol la retint par sa jupe et elle tomba dans un enchevêtrement de tissus mouillés et de poings serrés.

D'autres cris résonnèrent au premier étage, des portes claquèrent, puis il y eut une détonation. Et tout s'arrêta.

Dans le silence soudain, Goldberg se retrouva par terre, et il comprit aussitôt qu'il était touché. « Comme la fois d'avant... je ne sais pas où je suis blessé... Pourvu que je puisse tenir debout... »

Il reprit tant bien que mal ses sens, et il sut que son plan n'avait pas fonctionné, que le raid avait échoué, car Liam descendait l'escalier, suivi de Bill. Derrière eux, un homme portait Harriet dans ses bras... et il appuyait la lame d'un couteau sur la gorge de la fillette.

Bridie se releva lentement. Parrish les tenait en joue. L'autre homme tentait de se remettre debout. A la porte de derrière, le vacarme avait cessé. Daniel voulut se redresser, lui aussi mais, en prenant appui sur son bras, il comprit où il avait été touché, car une douleur insupportable fulgura dans son épaule gauche.

« Ce n'est pas mortel. Parfait. Réfléchis. Déplace-toi un peu vers la droite... laisse-lui de la place pour descendre... Un petit coup d'œil en direction de la porte... Bill a compris, très bien... Liam aussi... le couteau maintenant. »

Il savait qu'il n'aurait pas de deuxième chance : il devait neutraliser le bras de l'homme avant que celui-ci puisse lever son arme. Bridie était debout derrière lui, en partie dissimulée dans le vestibule obscur. Faisant semblant d'être plus affaibli qu'il ne l'était en réalité – ce qui n'était pas difficile – le journaliste glissa sa main valide dans son dos et rencontra celle de la jeune fille. Il saisit le surin et elle le laissa faire. L'homme qui tenait Harriet était arrivé en bas de l'escalier.

La fillette restait immobile, ses yeux écarquillés pleins de larmes, car elle comprenait qu'il se passait des choses effroyables. Goldberg se prépara à agir, mais il était diminué par sa blessure et son épaule était parcourue d'élancements douloureux.

« Attention... Laisse-le se retourner... Maintenant ! »

Sa main droite, armée du surin, s'abattit sur le bras de l'homme, à la pliure du coude. Au même moment, Bill, qui se trouvait de l'autre côté, s'empara de l'enfant et la lança à Liam, qui la rattrapa au vol et s'enfuit en courant. Bridie décocha un coup de poing à Parrish, mais elle manqua sa cible car, à la même seconde, un objet de porcelaine pesant et blanc, tombé du premier étage, se brisa en mille morceaux sur la tête de son adversaire. Il s'écroula sous les cris de joie des garçons restés au premier étage ; ils dévalèrent l'escalier, repoussant à coups de pied l'homme qui tenait Harriet quelques instants plus tôt. Celui-ci gémissait tout en essayant d'étancher les flots de sang qui coulaient de son bras.

Les Irlandais entraînèrent Bridie à l'extérieur et Goldberg leur emboîta le pas, juste à temps pour voir une voiture à cheval arriver à toute allure dans la rue paisible, conduite par deux jeunes garçons qui poussaient de grands cris. La voiture s'arrêta dans un grincement de freins et un martèlement de sabots, accompagnés des hennissements du cheval. Bill se précipita pour ouvrir la porte.

Liam, tenant Harriet contre lui, monta le premier à bord, puis les autres s'engouffrèrent à sa suite.

Mais un coup de feu retentit derrière eux, et Bridie s'écroula sur le sol. Liam bondit aussitôt hors de la voiture pour la transporter à l'intérieur. Goldberg sentit soudain ses jambes se dérober, car quelqu'un s'accrochait à lui. Voyant que Bill hésitait, il cria :

– File ! Reste avec la petite ! Vite !

Le garçon qui tenait les rênes fit claquer son fouet, Bill sauta à ses côtés et la voiture repartit. Les hommes de Parrish se lancèrent à sa poursuite, mais le véhicule disparaissait déjà au coin de la rue.

« C'est déjà ça », pensa le journaliste avant de sombrer dans l'inconscience.

A l'intérieur de la voiture bondée qui tanguait, certains des garçons plaisantaient, riaient et relataient l'affrontement en commençant déjà à y ajouter une foule de détails. Pendant ce temps, Liam et un autre gars se penchaient au-dessus de Bridie.

– C'est là, dit Liam en soulevant l'épaisse chevelure mouillée pour laisser apparaître une plaie profonde sur le cuir chevelu de la jeune fille. Si ce n'est que ça, elle sera sur pied demain matin. Elle respire comme un joueur de trompette. Il n'y a pas à s'inquiéter.

Il repoussa tendrement les mèches qui cachaient le visage inerte. Harriet observait la scène en suçant son pouce. Ces gens riaient et chantaient. Ils étaient heureux et elle aimait les gens heureux. Ils faisaient beaucoup de bruit, mais c'était un joli bruit. Soudain, l'un des garçons donna une bourrade à son voisin, qui tomba à la renverse. Harriet crut qu'il s'était fait mal, mais il éclata de rire. Et tous les autres l'imitèrent. Comprenant que c'était très drôle, elle rit elle aussi. Mais pour cela, elle dut ôter son pouce de sa bouche. A ce spectacle, les autres s'esclaffèrent de plus belle.

On frappa à la cloison, à l'avant de la voiture.

– Qu'est-ce qui se passe ? demanda quelqu'un. C'est Dermot.

L'un des garçons glissa la tête à l'extérieur.

– Il y a un flic devant nous, dit le conducteur. Mettez-la en veilleuse, les gars…

Tous s'accroupirent sur le plancher en chuchotant, en ricanant et en se donnant des coups de coude, jusqu'à ce qu'ils aient dépassé le policier. Mais le moment de rigolade était terminé. Tous les regards se tournèrent vers Harriet.

– Qu'est-ce qu'on va faire d'elle ?

- Ça, c'est le problème de Bill. C'est sa combine.

– Et le type qu'on a laissé là-bas ?

– Peut-être qu'il a réussi à s'enfuir…

– Je l'ai vu s'écrouler.

– Mort ? Ah, bon Dieu…

– Bridie saura quoi faire avec la gamine.

– Bridie ?

– C'est une fille, non ? Elle sait forcément.

– Mais Bridie...

– C'est pas *nous* qui allons nous en occuper, pour sûr.

– C'est qui, d'abord, cette gosse ? A qui elle est ?

– J'en sais foutre rien, Sean. Mais c'est une sacrée gamine, non ?

– Regardez-la, elle est assise comme une dame...

– Tu parles, elle a fait dans sa culotte.

– Imbécile, tous les gamins font dans leur culotte ! Tu peux parler toi, tu sors à peine de tes couches...

– Et si Bridie se réveille pas ?

Silence. Ils la regardèrent. La jeune fille gisait dans un coin de la voiture, immobile.

– Elle est clamsée ?

– Clamsée ? Elle qui a filé une raclée à Johnny Rodriguez le métis ? répondit Liam d'un ton méprisant. Jamais !

– Mais il lui a tiré dessus...

– Et est-ce qu'on lui a pas filé un coup sur la caboche avec un pot de chambre, à ce sale type ?

– Si on avait eu le temps, on l'aurait rempli avant.

– Mais qu'est-ce qu'on va faire de la petite ?

Il y eut un nouveau silence, plus long. Harriet les observait, fascinée.

– L'orphelinat ? suggéra l'un d'eux timidement.

Les autres se tournèrent vers lui.

– Johnny Coughlan, tu n'es qu'un idiot ! Tu voudrais qu'on la libère d'une prison pour l'envoyer dans une autre ?

– Les bonnes sœurs, alors...
– Parle avec ta tête, pas avec ton postérieur !
– Mais on peut pas s'occuper d'elle...
– Pourquoi pas ?
– Bah... Les bébés, faut les nourrir.
– Elle a passé l'âge de téter. Tu seras pas obligé de lui donner ta poitrine de moineau, Sean Macarthy.
– Ah, ferme-la, toi !
– Elle peut manger comme nous. De la purée, de la tourte, des anguilles en gelée. Et une petite goutte de bière brune lui fera pas de mal.
– Mais pour ses vêtements et tout ça...
– Quoi, tout ça ? De quoi tu causes ? C'est quand la dernière fois que tu as changé de fringues, toi ? L'année dernière, à en juger par l'odeur que tu dégages. Elle a des belles nippes, ça fera l'affaire pour l'instant. Ma parole, vous êtes une sacrée bande de pessimistes, les gars. Viens par ici, princesse.

Liam assit Harriet sur ses genoux et foudroya du regard ses camarades, tandis que la voiture roulait vers Lambeth. La fillette, elle, continuait à les regarder en suçant son pouce. Puis elle bâilla et, avec l'air d'une duchesse qui accorde une faveur à un valet, elle posa sa tête sur l'épaule de Liam et s'endormit aussitôt.

Couché sur le sol de la cuisine, Goldberg tendait l'oreille. Son épaule lui faisait un mal de chien, mais le reste était intact et, surtout, il avait les idées claires.

Ses geôliers discutaient dans la pièce de devant. Le journaliste entendait la voix de Parrish :

– ... la boulangerie de Solomon dans Holywell Street. Juste au coin... au bout de Brick Lane... Oui, c'est ça. Foutez-moi le feu à cette fichue boutique. Il y a un atelier de peinture juste derrière, plein de kérosène. Conduisez la populace sur place, excitez-la. Je veux voir toute cette rue en flammes, c'est bien compris ? De bonne heure, avant qu'ils se réveillent. Allez-y ! Au travail ! Immédiatement ! Vous autres, faites les bagages. Charlie, cours vite chercher un fiacre... Oui, on fiche le camp, dès que les flics auront emmené ce youpin. Il ne risque pas de s'enfuir, j'espère ?

Une autre voix prononça des paroles inaudibles et quelqu'un éclata de rire. Parrish réclama le silence d'un ton sec. Se faire assommer par un pot de chambre avait quelque peu affaibli son autorité. Le journaliste regarda autour de lui. Il apercevait des pieds de table et de chaises et un seau à charbon, mais rien qui puisse lui servir d'arme. Pouvait-il se mettre debout ? Et trouver un couteau, peut-être ? Ou même un manche à balai ?

Il bougea et faillit laisser échapper un grognement. Mais, presque au même moment, des poings tambourinèrent à la porte et un homme courut ouvrir : c'était la police.

Il y avait là un sergent et deux agents, venus avec un fourgon, des lanternes et des matraques. Il y eut des explications, des accusations... et des menottes.

A ce moment-là, Goldberg secoua la tête.

– Je suis obligé de vous suivre sans protester, dit-il au sergent. Mais je vous serais reconnaissant si vous pouviez oublier les menottes. Je suis blessé.

Il leva sa main gauche ensanglantée en la tenant avec la droite, d'une manière qui pouvait laisser croire qu'il avait été atteint au poignet. Le sergent hocha la tête.

– C'est bon, dit-il à l'agent qui lui tendait les menottes. Il ne nous fera pas d'ennuis. Mettez-le dans le fourgon.

– Excusez-moi, sergent, dit Parrish. Cet homme est extrêmement dangereux. Je vous ai expliqué qu'il était recherché pour un crime politique. Il s'est déjà enfui de prison en Russie et en Allemagne...

– Il n'existe pas de crimes politiques dans ce pays, autant que je sache, monsieur, répondit le sergent. Est-ce lui qui vous a fait cette bosse sur la tête ?

– Pas directement...

– Et qui lui a tiré dessus ?

– C'est moi. Ainsi que j'en ai le droit pour assurer ma propre protection...

– Certainement, monsieur. Je vais rester pour recueillir votre déposition et celle des autres messieurs. Conduisez cet individu au poste.

« Voilà un homme juste, se dit Goldberg en grimpant péniblement à bord du fourgon. Et, au moins, je n'ai pas à me préoccuper des menottes... »

Le conducteur prit les rênes.

Au moment où le fourgon repartait, deux silhouettes débraillées jaillirent de l'obscurité et s'accrochèrent à l'arrière du véhicule. Il y avait là un marchepied sur lequel montaient les policiers quand ils devaient intervenir au cours d'une émeute ; il constituait une parfaite plate-forme pour deux garçons de douze ans – ceux qui avaient tambouriné furieusement à la porte de derrière, brûlants d'impatience, durant toute la bagarre.

– Ça va, Tony ? murmura l'un des deux.

– Au poil, Conrad, répondit l'autre. On va pouvoir en découdre nous aussi. Tiens-toi bien. Va pas tomber...

Moishe Lipman massait son épaisse mâchoire. Il était assis dans un fiacre au coin de Fournier Square avec trois de ses hommes. Une vive activité régnait à l'intérieur de la maison – on transportait des lampes ici et là, on vérifiait que les rideaux étaient bien fermés –, mais aucune trace d'une enfant. Un des hommes avait traversé la chaussée en douce pour coller son oreille à la porte de la cuisine, mais il n'avait rien entendu ; trois autres s'étaient faufilés derrière, là où les grandes et vieilles maisons de la place donnaient sur l'église, mais ils étaient revenus sans avoir vu la moindre trace de l'enfant qu'ils avaient pour mission de retrouver.

– Qu'est-ce que vous en pensez, patron ? demanda l'un des hommes.

Lipman ne répondit pas. Il n'était pas du genre à penser. En revanche, la bagarre, ça le connaissait. D'abord, il fallait observer, rester en retrait, laisser l'adversaire se dévoiler. Si vous vous précipitiez tête baissée, vous risquiez de vous retrouver K.O. pour le compte.

Le problème, c'était qu'il connaissait également les vertus d'une attaque surprise. Les occupants de cette maison ignoraient qu'on les observait et, si Moishe lançait tous ses hommes à l'assaut, ils pouvaient s'emparer de cet endroit en moins d'une minute. Mais moins d'une minute, c'était largement suffisant pour pointer une arme sur la tête d'une enfant...

– Il faut attendre, répondit-il.

Il scrutait la pluie d'un œil morne. Toute cette eau... On distinguait à peine la limite entre le trottoir et la chaussée à cause du torrent que charriait le caniveau, obstrué par un déchet quelconque, un chien crevé ou autre chose, autour duquel l'eau bouillonnait comme les rapides de la Pecos River dans les histoires de Dick Bois-Mort que Moishe demandait à un de ses gars de lui lire le soir. Des ordures de toutes sortes, de la mousse, des papiers et des immondices non identifiables étaient emportés comme le radeau de Dick Bois-Mort...

La porte de la maison s'ouvrit. Moishe tressaillit et tapota le genou de l'homme assis en face de lui.

– Réveille-toi ! Regarde...

L'homme sursauta et se pencha en avant. Par la vitre étroite, ils apercevaient deux silhouettes sur le pas de la porte : la première vêtue d'un manteau et coiffée d'un chapeau en toile cirée, l'autre portant ce qui ressemblait à un peignoir.

Toile Cirée s'éloigna, mais Peignoir le rappela pour lui dire quelques mots puis Toile Cirée repartit en relevant son col. Peignoir ferma la porte.

Moishe dit alors :

– Attrapez-le.

Les trois hommes jaillirent en même temps du fiacre. Toile Cirée ne se retourna pas, il accéléra l'allure, la tête rentrée dans les épaules. Le vacarme de la pluie qui battait les bords de son chapeau imperméable l'empêchait d'entendre les bruits de pas dans son dos, et les trois gaillards eurent tôt fait de le rattraper.

Lipman avait ordonné au fiacre de les suivre au ralenti et, moins d'une minute après avoir quitté la maison, l'homme fut poussé sans ménagement à l'intérieur du véhicule. Il se débattit en vain. Si Sally avait été là quand ils lui ôtèrent son chapeau, elle l'aurait reconnu : c'était le secrétaire, Winterhalter.

– Qui êtes-vous ? Que voulez-vous ? demanda-t-il.

– T'occupe pas de ça, répondit Lipman. Qu'est-ce qui se passe là-dedans ?

Winterhalter le regarda d'un air interloqué.

– Comment osez-vous ? Que me voulez-vous ?

– Réponds à ma question. Qu'est-ce qui se passe dans cette maison ?

– Comment puis-je répondre à pareille question ? Faut-il que vous soyez stupide ! Relâchez-moi immédiatement…

Il tenta de se lever, mais Lipman le força à se rasseoir.

– L'enfant est à l'intérieur ?

Une lueur de compréhension s'alluma dans les yeux du secrétaire.

– Je vois. C'est clair maintenant, dit-il. (Lipman l'observait avec attention.) Je crois que le mieux serait que vous vous adressiez directement à mon employeur. Je ne suis que son secrétaire particulier, vous comprenez. Je suis sûr que…

– La ferme, dit Lipman. Qu'est-ce que tu fais, alors ? Où c'est que tu vas ?

– Je vais chercher un médecin, répondit Winterhalter d'un ton serein. Un des employés de maison a été victime d'un accident domestique.

– Pourquoi ne pas envoyer un autre domestique ? Pourquoi c'est *toi* qui sors sous la pluie ?

– Il se trouve que j'étais encore debout et habillé. Laissez-moi juste faire deux choses. Tout d'abord, faire part de votre préoccupation à mon employeur. Il se fera un plaisir de vous donner tous les renseignements que vous souhaitez au sujet de l'enfant. Ensuite, aller chercher le médecin. Ce n'est pas une question de vie ou de mort, mais l'accident pourrait avoir de fâcheuses conséquences pour la vue de ce pauvre homme. Et je suis sûr que vous ne voulez pas avoir ce poids sur la conscience.

Moishe Lipman était troublé. Il avait commis une erreur, mais il ne savait trop laquelle, et il ignorait comment se rattraper. Il savait ce qu'il aurait dû faire, en revanche : faire suivre cet homme, et non pas l'arrêter. Trop tard.

Toutefois, s'il faisait ce que ce type lui suggérait, il pourrait entrer dans la maison sans avoir à se battre. Et ses gars jetteraient un coup d'œil… Kid Mendel lui-même n'aurait pas pu en faire autant. Ce serait très astucieux de sa part.

– Très bien, dit-il. Va dire à ton patron qu'on va venir lui parler. Après ça, t'iras chercher le médecin.

Winterhalter hocha la tête et remit son chapeau ciré.

– Vous comprenez bien qu'il faudra quelques minutes à mon maître pour s'habiller. Lorsqu'il sera prêt à vous recevoir, le majordome viendra vous prévenir.

– D'accord, dit Lipman. Mais pas de coup fourré, hein ?

– Non, non, dit Winterhalter. Bien sûr que non.

Il descendit du fiacre et courut jusqu'à la maison.

Quand il eut disparu à l'intérieur et refermé la porte, un des hommes de Moishe demanda timidement :

– Patron ? Vous avez pas peur qu'il appelle les flics ?

– Comment ? répondit Lipman. Par pigeon voyageur ?

Ses hommes rirent poliment et Lipman répéta sa blague, au cas où ils n'en auraient pas saisi toute la profondeur. Mais plus personne ne riait cinq minutes plus tard, quand la police arriva.

– Ainsi, Parrish détient l'enfant, dit le Tzaddik à Winterhalter. Évidemment. Et ces abrutis surveillaient la maison au cas où il l'aurait conduite ici... Conclusion : bien qu'ils sachent que c'est lui qui a la fillette, ils ignorent où elle se trouve. Mais s'ils sont aussi stupides que vous le dites, comment ont-ils découvert cette adresse ? Sans doute sont-ils de mèche avec la fille Lockhart.

– Ils n'ont pas parlé d'elle, dit Winterhalter. Quelqu'un d'autre doit être à leur tête.

– Goldberg, peut-être…

– Ils étaient juifs.

– Dans ce cas, c'est certainement Goldberg. Voilà qui change pas mal de choses. Parrish a la fillette, mais il ne l'a pas amenée ici ; cela signifie qu'il va vouloir négocier. Inutile que vous alliez le voir. Nous allons vous éviter un trajet sous la pluie, nous le laisserons venir. La police est-elle arrivée ?

Winterhalter alla regarder par la fenêtre.

– Ils sont en train de les emmener, monsieur Lee.

– Excellent ! Quelle joie de payer ses impôts et de profiter de la protection des forces de l'ordre ! Si Parrish détient l'enfant, moi j'ai la mère. Je veux descendre l'interroger. Envoyez-moi Michelet, je vous prie.

– Le Dr Strauss a dit qu'il devait reposer son œil…

– Allez le chercher ! J'ai besoin de lui !

Le secrétaire entra dans la chambre du valet, qui se redressa dans son lit en grognant.

– J'ai entendu, dit-il. J'arrive… Quelle heure est-il, Herr Winterhalter ? Je ne peux pas lire l'heure…

– Deux heures du matin. Sachez que je compatis, Michelet, mais le Dr Strauss a fait le nécessaire, et M. Lee a besoin de votre aide.

Michelet enfila son peignoir, il tremblait de manière pitoyable.

– Je ne pourrai pas y arriver seul... J'ai besoin d'un autre domestique...

– Je vous aiderai. M. Lee veut descendre à la cave. Je suis sûr qu'il vous demandera de l'accompagner.

L'œil valide et injecté de sang de Michelet, sous le bandage blanc qui lui enserrait la tête, fixa d'un air intrigué le secrétaire impassible. Le valet passa sa langue sur ses lèvres et passa dans la chambre de son maître.

– Oui, monsieur Lee ? Vous souhaitez vous habiller, monsieur ? Dois-je vous raser d'abord ? Il est encore tôt, mais nul doute que vous vous sentirez mieux ensuite...

– Montrez-moi vos mains.

Le valet les tendit devant lui. Elles tremblaient violemment.

– Non. Vous me raserez plus tard. Faites-moi ma toilette et habillez-moi.

– Bien, monsieur.

Michelet poussa un profond soupir, image même du désespoir cédant à la dévotion, et souleva les couvertures.

D'un bord à l'autre de la couche, sous le drap du dessous, couraient trois sangles en cuir munies à chaque extrémité de cordes qui se terminaient par des crochets, cachés sous les franges du lit. Michelet accrocha les extrémités de l'une des courroies à un palan fixé sur l'armature en fer, après quoi il actionna une poignée installée près de la tête du lit. La corde se tendit et, peu à peu, la partie supérieure du corps du Tzaddik se souleva.

Michelet bloqua le palan et débarrassa ensuite son maître de sa chemise de nuit. Il accrocha les deux autres sangles à des palans semblables et les tendit jusqu'à ce que le corps du Tzaddik soit entièrement décollé du lit. Alors, il étendit une toile imperméable sur les draps avant de faire couler de l'eau chaude dans la bassine.

Au moment où le Français s'apprêtait à faire redescendre le Tzaddik sur le lit, celui-ci ordonna :

– Winterhalter, un marron glacé.

Le secrétaire trouva la boîte près du lit et déposa une sucrerie collante dans la bouche d'Ah Ling à l'aide d'une pincette en argent. Le Tzaddik mâchonna lentement la friandise, pendant que Michelet le lavait de la tête aux pieds, en le retournant à l'aide des courroies pour pouvoir soigner les escarres sur ses cuisses et ses fesses. Il ôta les pansements, nettoya délicatement les chairs, sécha les plaies et y appliqua une lotion minérale, avant de remettre des pansements propres. Winterhalter n'avait jamais assisté à ce rituel et il était effrayé par l'ampleur des escarres, ces plaques de croûtes et de pus ; les nouvelles rongeant les anciennes, aux endroits où, toute la journée, le corps supportait le poids énorme de cet homme.

Après avoir changé les pansements, Michelet saupoudra tout le corps de son maître de talc.

– Veuillez sortir, je vous prie, Winterhalter, dit le Tzaddik. J'ai besoin de me soulager.

Quand le secrétaire revint dans la chambre, Michelet était en train d'enfiler à son maître des sous-vêtements en soie qu'il faisait passer délicatement par les pieds gonflés et lourds, pour remonter petit à petit. En actionnant les courroies et les poulies, Michelet réussissait à manipuler le corps énorme et inerte aussi aisément qu'une nurse manipule un bébé, et il faisait preuve de la même tendresse, proche de l'affection et même de l'amour, aurait-on dit. Un infirme qui s'occupait d'un autre infirme. « Comme s'ils avaient besoin l'un de l'autre », songea Winterhalter. A l'instar des crocodiles et de ces petits oiseaux qui picorent la nourriture entre leurs dents. Le Tzaddik était plein de dignité et, même dans les moments les plus humiliants, son impassibilité et son autorité glacée ne le quittaient jamais, alors que Michelet, lui, n'était que servilité.

Winterhalter se demanda, une fois de plus, ce qu'il adviendrait de la fillette. De toute évidence, son employeur avait besoin de quelqu'un pour accomplir ces tâches dégradantes et, de manière tout aussi évidente, elles seraient hors de portée de cette enfant pendant plusieurs années. Mais viendrait un jour où elle serait parfaitement compétente et aussi indispensable que le singe. Celui qui la contrôlerait alors détiendrait la clé de tout le reste. Non, il ne pouvait pas se permettre de laisser Michelet s'occuper d'elle. En outre, cet homme avait en lui quelque chose de malsain. Mieux valait se passer de lui. Le secrétaire nota mentalement qu'il devrait engager une nurse.

Il poussa le fauteuil roulant près du lit, à l'endroit indiqué par Michelet. A eux deux, ils soulevèrent le Tzaddik, avec l'aide des poulies et des courroies, et l'assirent dans le fauteuil.

Pour finir, le valet prit un pot de pommade dans la table de chevet. Il en étala un peu dans ses paumes et en enduisit les cheveux brun-roux de M. Lee pour les rendre lisses et brillants, avant de les aplatir en arrière.

Il s'essuya les mains, ajusta la cravate de son maître et disposa une couverture sur ses genoux. Soudain, il poussa un gémissement de douleur et posa sa main sur le bandage blanc qui lui recouvrait la moitié de la tête.

– S'il vous plaît, monsieur, puis-je m'asseoir ? Mon œil me fait souffrir...

– Plus tard. Je veux que vous me conduisiez au sous-sol. Merci, Winterhalter. Je n'aurai plus besoin de vous ce soir.

Le secrétaire s'inclina avec raideur et se retira.

Michelet poussa le fauteuil dans le couloir avant d'ouvrir la porte de l'ascenseur. Autour d'eux, la maison était silencieuse, tandis qu'ils descendaient en douceur vers la cave où Sally était étendue, frissonnante, dans le noir.

Le fourgon de police ralentit. Tony, le plus âgé des deux garçons qui s'étaient accrochés à l'arrière, souffla :

– Attention ! On arrive...

Lorsque la voiture s'immobilisa, ils sautèrent sur le pavé et s'accroupirent derrière le véhicule. Tony risqua un coup d'œil sur le côté, attendant le moment propice pour mettre leur plan à exécution.

Devant eux, l'enseigne bleue POLICE brillait faiblement au-dessus des marches conduisant à l'entrée du poste. Tant que le sergent posté à l'accueil ne sortait pas pour voir ce qui se passait... Non, il pleuvait trop, il était près du poêle avec une tasse de chocolat chaud.

La porte du fourgon s'ouvrit. Le jeune Conrad, prêt à bondir, agrippait le bord dégoulinant de la roue. Encore une seconde ou deux...

– Vas-y ! cria Tony.

Agiles comme des lévriers, les deux adolescents se précipitèrent dans les jambes des policiers surpris, qui tombèrent lourdement sur les pavés en poussant des jurons, laissant Goldberg debout et libre.

– Fichez le camp ! lui cria Conrad, juste avant qu'une lourde main officielle l'attrape par les cheveux et qu'une autre se saisisse du membre le plus proche.

Mais Tony savait comment réagir : il planta ses dents dans la main du policier, qui lâcha prise en poussant un hurlement.

Les deux garçons se relevèrent en une fraction de seconde et, suivis de Goldberg, disparurent au coin de la rue avant que les policiers, meurtris par leur chute et trempés par l'eau des flaques dans lesquelles ils étaient assis, aient pu faire quoi que ce soit pour les arrêter.

Le conducteur du fourgon ne leur était pas d'un grand secours. En sautant de son siège pour essayer de rattraper les fugitifs, il avait coincé le bas de son manteau ciré dans les brancards et tournoyait sur lui-même pour essayer de se libérer.

Alerté par ce raffut, le sergent était apparu en haut des marches, une tasse de chocolat chaud dans une main et, dans l'autre, un biscuit ; il observait en souriant jusqu'aux oreilles les trois hommes qui se débattaient sous la pluie.

– Au moins, vous avez sorti vos matraques, commenta-t-il. Vous n'avez qu'à vous taper dessus qu'on en finisse !

Ils lui dirent ce qu'il pouvait faire avec son chocolat.

Deux rues plus loin, livide de douleur, Goldberg marchait d'un pas pressé, accompagné de ses deux sauveteurs qui gambadaient comme des lutins en fanfaronnant.

26
Les eaux de la Blackbourne

Arthur Parrish avait trouvé le sergent de police d'une persévérance abominable et d'une curiosité déconcertante. La manière dont le policier avait haussé les sourcils en découvrant la pièce où avait séjourné l'enfant n'était pas non plus très agréable.

– Pardonnez-moi de vous demander cela, monsieur Parrish... Nous parlons bien de votre fille ? avait-il dit en balayant du regard le plancher nu, le lit en fer rouillé, le matelas trempé, l'absence de draps et de couvertures.

Parrish s'était obligé à rester patient. Après tout, la loi était de son côté, même si ce sous-fifre ne l'était pas.

Après le départ du policier, il rassembla ses hommes. Il souffrait d'un mal de tête lancinant, mais il ne pouvait rien y faire pour le moment.

– Ils cherchent les ennuis, gronda-t-il. Eh bien, ils vont les trouver. Harvey, va voir Gorman à Whitechapel et assure-toi qu'il déchaîne la fureur de la populace. Toi, Cropper, tu restes ici jusqu'à ce que la police revienne avec la gamine.

– Vous croyez qu'ils vont la ramener, monsieur ?

– J'en suis sûr. Ne fais pas attention à ce sergent, j'ai un commissaire adjoint dans la poche. Je te le répète : tu restes ici en attendant qu'ils reviennent avec la gamine et tu leur dis de me l'amener à Twickenham. C'est là que je vais.

Il jeta quelques affaires dans un sac en tapisserie. Le dénommé Cropper semblait dubitatif.

– Et M. Lee ? demanda-t-il.

– Eh bien, quoi ? répondit le courtier en levant la tête.

Ce petit homme ordinaire, fringant, qui ressemblait à un clerc, possédait en lui une férocité qu'il laissait rarement exploser. Mais, quand cela arrivait, les criminels les plus endurcis, les habitués des prisons de Pentonville et Dartmoor, tremblaient.

– M. Lee s'est placé dans une situation délicate, croyez-moi, ajouta-t-il. Je vais en tirer profit au maximum, et il ne pourra absolument rien faire car, légalement, cette gamine est à moi et elle le restera ! Allez, hop, dépêchez-vous !

Daniel Goldberg grimaça. Le médecin fouilla un peu plus profondément dans la plaie et demanda :

– Qu'y a-t-il ? Buvez donc le remède !

– Ce n'est pas un bon remède !

– Y en a pas de meilleur. C'est un remède écossais... Ah, ça y est !

Quelque chose tomba dans un bol métallique avec un petit ping. Goldberg relâcha sa respiration dans un sifflement.

– Je vais plutôt prendre un cigare, dit-il.

– Non, pas de cigare. On ne peut pas fumer les remèdes. Tenez-vous tranquille.

Le médecin tapota la plaie avec une compresse imprégnée d'un liquide piquant.

– Je peux la garder, m'sieur ? demanda Tony en récupérant la balle déformée et couverte de sang.

– Prends, mon garçon. Elle ne me sert à rien. Pas plus qu'à M. Goldberg, pas vrai ?

Ils se trouvaient dans un petit cabinet médical de Soho. Le médecin était un ami et un socialiste et, quand Goldberg et les garçons avaient frappé à sa porte, il avait simplement poussé un soupir avant de les laisser entrer et de se mettre au travail.

Alors qu'il bandait l'épaule du journaliste, il murmura :

– Évidemment, je ne suis pas seulement un médecin, je suis aussi un citoyen...

– Qu'est-ce que ça veut dire ?

– Ça veut dire que je devrais signaler à la police les gens qui viennent ici avec des balles dans le corps. De quoi s'agit-il, Goldberg ?

Celui-ci but une gorgée de scotch et grimaça de nouveau.

– Traite des blanches, escroqueries, kidnapping.. C'est trop compliqué, je vous expliquerai quand ce sera terminé. Écoutez-moi bien, les gars. Liam, Bill, Bridie et les autres... où sont-ils ?

– Aucune idée, m'sieur, répondit Conrad. Ils ont le choix entre une demi-douzaine de planques.

– On peut lui faire confiance ? demanda Tony d'un ton soupçonneux en désignant le médecin d'un geste du pouce.

– On peut vous faire confiance ? demanda Goldberg au praticien.

– Je ne suis même pas là, répondit-il en déposant ses instruments dans un bol de désinfectant. Je suis une hallucination et je retourne me coucher. Ne forcez pas sur votre bras. Fermez la porte derrière vous et lancez la clé par l'imposte brisée.

Conrad et Tony étaient outrés.

– Hé, m'sieur ! s'exclama Tony. Pardon, docteur. Faut pas faire ça avec votre clé, c'est comme si vous laissiez votre porte ouverte ! Conrad et moi, on va revenir demain pour vous montrer comment faire pour vous protéger. Y a un tas de crapules qui traînent.

– C'est une offre équitable, dit le médecin. Si quelqu'un s'amuse à te coller une balle dans la peau, jeune homme, tu sauras où aller. Maintenant, fichez le camp, il est déjà trois heures du matin !

Une fois dans la rue, Daniel Goldberg demanda :

– Parlez-moi de vos planques. Vous alliez me dire où se trouvaient les autres.

– Ah, oui, dit Conrad. En fait, m'sieur, y a une demi-douzaine d'endroits où ils ont pu emmener la gamine. A mon avis, ils vont bouger. Vous voulez aller jeter un œil ?

– Non, j'ai autre chose à faire, et tout de suite. Vous deux, retournez à Lambeth. Quand vous aurez découvert où est la fillette, envoyez-moi un message au 27, Dean Street à Soho.

– 27, Dean Street. Hé, m'sieur... C'est quoi, tout ce raffut, hein ?

– Ça concerne les juifs de l'East End.

– Va y avoir de la bagarre ?

– Sans doute. Mais...

Conrad frappa dans ses mains en poussant des cris de joie.

– Ces sales youpins vont se prendre une raclée ! Ah, nom d'un chien, j'aimerais bien...

Il s'arrêta. Goldberg le regardait fixement et Tony semblait mortifié.

– Espèce d'abruti, cracha ce dernier, tu vois donc pas que ce bonhomme est juif ?

Conrad demeura bouche bée. Et il se mit à rougir. C'était une sensation nouvelle pour lui, et même si les deux autres ne le voyaient pas à cause de la pluie et du mauvais éclairage, lui sentait ses joues virer au cramoisi

– Aaaah, gémit-il. J'vous demande pardon, m'sieur. Si j'avais su que vous étiez juif, je... je... J'suis prêt à me battre pour les défendre !

– Il serait quand même venu à votre secours, dit Tony à Goldberg. Je m'en porte garant !

Conrad tendit la main et le journaliste la lui serra.

– Je te crois. Mais ne parle plus comme ça, dit-il en s'adressant à Conrad, ou sinon, je te ferai regretter tes paroles. Tenez... (Il sortit des cigares de sa poche.) Il m'en reste trois. Un chacun. N'oubliez pas :

envoyez-moi un message et, si jamais je ne suis pas là, demandez à quelqu'un de téléphoner au...

– Je sais téléphoner, dit Tony. C'est quoi, le numéro ?

– 4214. Vous avez déjà entendu parler de Kid Mendel ?

Les deux garçons hochèrent la tête, les yeux écarquillés.

– C'est son numéro. Il y aura quelqu'un au bout du fil pour prendre un message.

– Où vous allez, m'sieur ? demanda Conrad. Vous croyez qu'il va y avoir de la bagarre ?

Goldberg toisa le petit sauvage dégoulinant de pluie et secoua la tête.

– Une autre fois. Retrouvez la fillette.

Les garçons allumèrent leurs cigares et celui de Goldberg avant de s'éloigner d'un pas nonchalant et résigné. Le journaliste piqua droit vers l'est en empruntant les petites rues qui bordaient Covent Garden, déjà encombrées de charrettes chargées de marchandises. Des commerçants transportaient des cagots d'oranges, des sacs de noix, des caisses de choux ; l'air était envahi par les cris et le roulement des grosses roues en bois, de l'intérieur des pubs s'échappaient des nuages de vapeur engageante. Aux petites heures du jour, c'était le quartier le plus animé de Londres.

Mais à Whitechapel aussi il y avait de l'animation. Le boulanger d'Holywell Street devait être en train d'allumer son four, les hommes de main de Parrish devaient se rassembler dans l'obscurité. Goldberg pressa le pas en espérant encore arriver à temps.

Sally se redressa en entendant le bourdonnement du système hydraulique. Il ne faisait pas totalement noir : une faible lueur provenait de la cage de l'ascenseur et, en voyant une ombre glisser sur le plancher, Sally comprit que la cabine descendait.

Son premier réflexe, un peu plus tôt, avait été de faire le tour de la pièce à tâtons. Apparemment, la table et la chaise qu'elle se souvenait avoir vues lors de sa précédente visite avaient été retirées. La pièce était vide, à l'exception de la cage de l'ascenseur. La porte de l'escalier et celle qui donnait sur la pièce voisine étaient fermées à clé l'une et l'autre.

Sally palpa son bas. La feuille du registre était toujours là. Elle referma les pans de sa cape sur ses genoux et se tint aussi droite que possible.

L'ascenseur arriva au sous-sol et la lumière se déversa à travers la grille. Il s'immobilisa dans un soupir, puis la porte s'ouvrit avec fracas. Sally regarda Michelet pousser l'énorme fauteuil roulant hors de la cabine.

Ah Ling regarda autour de lui.

– C'est la première fois que je descends dans ma cave, commenta-t-il. Quel est ce bruit ?

Michelet pencha la tête sur le côté. Son maître faisait allusion au bruit que Sally avait déjà remarqué : on aurait dit un torrent coulant sous terre. Mais le bruit était beaucoup plus net maintenant, plus proche, semblait-il.

– Je ne saurais dire, monsieur, répondit le valet.

Dans la lumière tremblotante de la lampe qu'il tenait, le visage de Michelet était d'une pâleur effrayante. Son peignoir et son pansement sur l'œil lui donnaient l'apparence d'un corps enveloppé d'un linceul et, l'espace d'un instant, Sally crut voir défiler une procession de silhouettes semblables : tous les morts de Spitalfields, tous les êtres inconnus et muets des siècles passés, ensevelis dans les profondeurs de la terre, eux aussi, depuis longtemps.

Son regard croisa celui d'Ah Ling, Henry Lee, le Tzaddik.

– J'ai eu le temps de réfléchir, dit celui-ci. Évidemment, j'ai pensé à cet instant pendant des années, mais une heure ou deux de réflexion ne sont jamais du temps perdu. Vous êtes une femme très intelligente et pleine de ressources, mademoiselle Lockhart.

– J'aimerais qu'il y ait un témoin plus fiable que cet homme pour entendre vos paroles, répondit-elle.

– Pourquoi ?

– A deux reprises, vous m'avez appelée mademoiselle Lockhart et non pas madame Parrish. J'aimerais vous faire citer comme témoin dans mon procès contre lui.

Il sourit.

– Parrish ? dit-il. C'est une quantité négligeable. Nous trouverons un moyen de nous débarrasser de lui.

– Vous n'avez pas encore trouvé celui de vous débarrasser de moi. A moins que vous soyez descendu ici dans ce but ?

– Non. Comme je vous le disais, j'ai eu le temps de réfléchir. Comment avez-vous découvert mon adresse ?

– Grâce à une fille qui vous a suivi depuis Moscou.

– Je vois. Et qu'aviez-vous l'intention de faire dans ma chambre, tout à l'heure ?

– Je voulais juste savoir si vous étiez l'homme que je croyais.

– Et si vous n'aviez pas vu la cicatrice, la trace de la balle ?

Sally ne répondit pas. Elle comprit alors qu'elle savait depuis longtemps et que, pendant tout ce temps, elle s'était caché la vérité.

– J'ai d'autres questions à vous poser, mademoiselle Lockhart. Pour commencer…

– Moi aussi, j'ai des questions. Pourquoi persécutez-vous les juifs ?

– Il faut bien que quelqu'un le fasse.

– Quelle réponse stupide !

– C'était une question stupide.

– Non, c'était une bonne question. Pourquoi faites-vous ça ?

– Parce qu'ils sont là. Parce qu'ils font une cible facile. Parce que personne d'autre ne proteste. J'essaie de me souvenir de ce que votre personnage de domestique – Kemp, c'est bien cela ? – a pu entendre…

– J'en ai suffisamment entendu pour juger si vous me dites la vérité.

– Vous n'êtes pas en position de juger quoi que ce soit.

– Au contraire, je suis dans la meilleure des positions. Je vais mourir, je n'ai donc aucune raison d'avoir peur. Je vois clair dans votre jeu désormais, monsieur Lee, Ah Ling, Hendrik Van Eeden, monsieur Eliot, monsieur Todd... combien d'autres noms utilisez-vous ? Vous vous souvenez de ces deux derniers ? Ce sont ceux que vous avez utilisés quand vous avez tué M. Bedwell, le marin et M. Selby, l'ancien associé de mon père. Je ne suis pas en position de juger, croyez-vous ?

Soudain, Sally se retrouva debout, presque sans s'apercevoir qu'elle avait eu l'intention de se lever.

– Je suis née pour être votre juge ! Et vous allez entendre mon jugement !

Elle lui faisait face, légèrement penchée en avant, ses cheveux courts en bataille ; sa cape avait glissé sur son épaule. Michelet se tenait sur le côté, tel un cadavre tenant un flambeau, et Ah Ling trônait dans son fauteuil, impassible, soutenant le regard de Sally de ses yeux noirs brillants.

– Vous vous êtes introduit dans ma vie comme un infâme ver ! Vous savez tout de moi. Donc, vous savez qui était Frederick Garland, mon amant, et vous connaissez Jim Taylor et Webster Garland, mes amis ; vous connaissez ma fille, ma maison, mes domestiques ; vous connaissez ma profession et mon associée... Vous savez tout ce que j'ai fait. Donc, vous savez qui était Axel Bellmann, l'homme qui a tué Frederick. L'homme qui a inventé le Canon à Vapeur. Je viens de penser à lui. J'étais à sa merci, comme je suis à la vôtre en ce moment, mais franchement, Ah Ling, il n'y a aucune comparaison possible entre vous. Cet homme était un génie, d'une certaine façon, mais pas vous. Il avait une vision, d'une certaine façon, mais pas vous. Il servait un but qu'il croyait supérieur à lui, même si ce but était mauvais. Mais vous... vous êtes simplement cupide. Votre esprit est vulgaire, votre appétit est vulgaire, votre âme ne possède pas une once d'humour, ni d'imagination, ni de grâce. Vous ne vivez que pour deux choses : gagner de l'argent et me haïr. Voilà pourquoi, quand je vous demande pour quelle raison vous persécutez les juifs, vous n'avez pas le courage ou l'audace de me répondre : « Parce que je suis cupide et parce que je suis cruel », vous vous en tirez par une pirouette. C'était la même chose avec le trafic d'opium, il y a des années de cela. Derrière, il n'y a rien d'autre que l'appât du gain. Vous serez toujours un petit garçon obèse qui se bourre de sucreries...

Ah Ling ouvrit la bouche. Mais Sally fit un pas en avant : son expression était si féroce que Michelet tressaillit et recula, faisant trembler la lampe. Les yeux d'Ah Ling, empoisonnés, corrosifs, lançaient des éclairs, mais la jeune femme n'en avait cure. Elle continua d'avancer vers lui.

– Une autre chose que j'ai découverte, et je devrais vous en être reconnaissante, je suppose, c'est le vrai visage du mal. Il ne ressemble pas à un sinistre et monstrueux individu dans un fauteuil roulant, il n'a pas un visage de Chinois, de Russe ou de n'importe quel étranger. Il n'est ni exotique ni bizarre. Ces choses-là ne sont pas le mal. Vous non plus. Vous êtes beaucoup trop pittoresque avec votre singe et vos plans pour transformer ma fille en esclave, obligée de vous obéir et de vous essuyer la bouche...

– Comment savez-vous ça ? s'exclama-t-il.

– Je suis descendue ici, un soir, et j'ai entendu l'homme qui se trouve derrière vous essayer de convaincre votre secrétaire de le laisser dresser Harriet !

– C'est faux, monsieur ! protesta Michelet,

– C'est la vérité, et il le sait, car il m'a surprise dans l'escalier alors que je remontais. J'ai tout entendu...

Michelet posa la lampe par terre et se jeta sur Sally comme un chien enragé. Mais elle l'avait vu venir et, à cet instant, elle n'avait peur de rien : elle ne céda pas un pouce de terrain. Elle accueillit les poings du valet avec ses ongles et ses dents, lui griffa le visage et les bras, lui tira les cheveux... Soudain, le bandage se déroula et il recula vivement, terrorisé. La jeune femme le repoussa avec violence et il s'écroula en gémissant.

– Michelet, accrochez cette lampe au mur ! ordonna Ah Ling d'une voix débordante de mépris.

Sally prit elle-même la lampe tandis que Michelet se tenait la tête à deux mains en geignant... C'est alors qu'elle vit la crosse du pistolet qui dépassait de la poche du valet. S'il se souvenait qu'il lui avait confisqué son arme, il pouvait la tuer en moins d'une seconde. Or elle n'avait pas encore terminé.

Elle se retourna vers l'homme assis dans le fauteuil roulant.

– Je vous parlais du mal, reprit-elle. Maintenant je sais ce que c'est. C'est ce qui pousse un homme à boire et à brûler le dos de son enfant avec un fer rouge. C'est ce qui pousse d'autres hommes à faire la queue pendant des heures sur les quais pour obtenir un travail, alors qu'il n'y a que douze places pour une centaine d'hommes, si bien qu'ils se battent pour les obtenir pendant que les contremaîtres rigolent et les encouragent. Voilà ce que c'est, le mal. C'est ce qui oblige un vieux couple qui n'a plus rien, à part lui-même, à se séparer pour aller mourir dans un hospice, chacun de son côté, seul. C'est celui qui perçoit des loyers pour des taudis et refuse de réparer les canalisations, si bien que des enfants doivent patauger jusqu'aux genoux dans les immondices pour rentrer chez eux... Ne m'interrompez pas ! Je vous interdis d'ouvrir la bouche. Écoutez-moi et apprenez. Le mal... C'est ce qui fait qu'une famille meurt de faim, comme celle dont j'ai entendu parler l'autre jour : cinq personnes, le père, la mère et les trois enfants, tous morts. Ils n'avaient plus rien dans la minuscule pièce où ils vivaient, *plus rien !* Ils avaient mis au clou jusqu'à la dernière cuillère, la dernière couverture, la dernière chaise, mais il n'y avait pas de travail et ils sont morts de faim. Alors que moi, je n'ai jamais été privée d'un seul repas dans ma vie. Et tout cela se passe dans ma ville. Cette ville où j'habite. Voilà le mal. Et vous savez ce qui se cache au cœur de tout cela ? Savez-vous quel est le poison qui détruit tout, qui ronge tout ? Ce n'est pas seulement vous, pauvre homme pitoyable. C'est aussi *moi.* Moi et dix mille autres. Car nous détenons des actions de la société qui possède ces maisons et qui ne fait pas les travaux de réparation, nous gagnons de l'argent grâce aux ports qui prospèrent en refusant du travail aux gens. Nous n'avons jamais *regardé.* Tout cet argent que nous avons gagné si intelligemment, en achetant, en vendant et en achetant de nouveau... nous ne savions pas ce qu'il représentait. Nous ne savions pas ce que représentait une livre. Nous ne savions même pas ce que représentait un shilling ! ... Et maintenant, je sais. Grâce à Daniel Goldberg, à Mlle Robbins de la mission de Spitalfields, et à des gens comme eux, je sais. Et aussi grâce à vous, pitoyable créature ignorante et impuissante. J'ignorais les conséquences de chaque chose, la manière dont tout est lié, avant de découvrir cette cicatrice sur votre torse. Tous ces pauvres drogués à l'opium que vous avez tués, mon père, tous les juifs que vous avez escroqués, et moi... Nous sommes tous liés. Goldberg a raison.

Elle sécha ses larmes du revers de la main. Mais elles continuèrent à couler.

– Dans le fiacre, cette nuit-là..., reprit-elle. Qu'aviez-vous l'intention de faire ? Me tuer ? Entre autres choses ?

Le visage d'Ah Ling demeurait de marbre.

– Cela se peut, dit-il.

– Dans ce cas, j'aurais dû vous tuer. D'ailleurs, j'ai essayé, non ?

Pas de réponse.

– Oui, j'ai essayé. Et regardez ce que j'ai fait. Je

vous ai condamné à cet état. Vous ne méritiez pas ça. Mais je l'ai fait. Tout comme j'ai fait mourir de faim cette famille, privé ces travailleurs d'emploi et poussé cet homme, rendu fou par la misère et le désespoir, à torturer son enfant avec un fer rouge. J'ai commis tous ces crimes sans le savoir. Je suis donc coupable, comme tous les autres actionnaires, les spéculateurs et les capitalistes. Savez-vous où se cache le *mal ?* Il n'est pas uniquement en vous. Il est dans... le fait de faire semblant d'ignorer les choses une fois que vous les avez vues. Le fait de fermer les yeux, de détourner le regard. D'accord, je ne savais pas. Mais, maintenant que je sais, je n'ai plus aucune excuse. C'est pourquoi je vais...

Sally s'interrompit ; la passion qui faisait vibrer sa voix lui broyait la poitrine, l'empêchant de continuer. A travers ses larmes qui coulaient toujours, elle regarda Ah Ling dans son fauteuil et constata qu'il s'ennuyait !

Cela ne faisait aucun doute. Il était incapable de comprendre ce qu'elle disait. Elle sut alors qu'elle ne s'était pas trompée : c'était un homme vulgaire, cruel et borné, dont les belles manières, l'élégance et le raffinement n'étaient que du parfum répandu sur un tas d'ordures. Elle s'était confessée à lui. Elle lui avait ouvert son cœur à cause du mal qu'elle lui avait fait. Elle lui avait offert sa franchise, et lui s'ennuyait !

Mais que voulait-elle ajouter, d'ailleurs ? *Je vais rejoindre Goldberg et travailler avec lui...* Elle ne ferait rien de la sorte. Car elle allait mourir. Le froid la saisit.

Dans une minute, Ah Ling allait ordonner à Michelet de la tuer, et ce serait fini. Au moins, Harriet était en sécurité. Si Jim revenait, si Margaret retrouvait la fillette, l'enfant aurait quelqu'un pour veiller sur elle. Dans le cas contraire, Sally ne pouvait pas imaginer de foyer plus chaleureux, plus sûr, que celui des Katz. Goldberg ferait en sorte que... mais seulement s'il était toujours libre, s'ils ne l'avaient pas arrêté...

– Au fait, dit Ah Ling. Vous ne le savez pas encore, mais Parrish a retrouvé votre fille.

Était-ce une plaisanterie ? se demanda-t-elle. Le gros visage boursouflé affichait une expression sournoise et triomphante.

– Où... comment savez-vous... ?

– Winterhalter a repéré des hommes qui traînaient devant la maison. Des juifs. Ils cherchaient la fillette, car elle avait disparu et, quand la police les a interrogés, ils ont avoué que c'était Parrish qui l'avait enlevée.

– Non !

– C'est la vérité. Elle est entre les mains de Parrish et, très bientôt, elle sera entre les miennes.

– Je ne vous crois pas.

– Laissez-moi vous convaincre, dans ce cas. Harriet était retenue illégalement au domicile d'un certain Katz. Vous me croyez maintenant ? Il ne vous reste plus rien, mademoiselle Lockhart. Après tout ce temps, j'ai enfin gagné.

Sally se laissa tomber sur le sol. Ses oreilles bourdonnaient... mais le bourdonnement n'était pas dans ses oreilles ; ses bras et ses jambes tremblaient... Non, ce n'était pas elle qui tremblait, c'était le plancher et les murs...

Soudain, le fauteuil roulant d'Ah Ling se mit à bouger, puis à rouler lentement vers elle ; Michelet était toujours allongé sur le sol.

La panique se lisait sur le visage du Tzaddik. Hébétée et à moitié paralysée, Sally parvint à rouler sur le côté juste avant que le lourd fauteuil heurte le mur, projetant son occupant vers l'avant.

– Michelet ! brailla Ah Ling.

Mais le valet ne pouvait pas bouger. Il ne pouvait même pas crier : il était pétrifié de stupeur, car le plancher avait disparu et il était plongé dans l'eau tourbillonnante jusqu'à la taille.

Cela s'était produit trop vite pour qu'il puisse réagir, si ce n'est en laissant échapper un râle d'effroi. Le bandage pendait sur son épaule, son œil blessé, ensanglanté et enflammé, rougeoyait comme celui du Cyclope, éclairé par la lueur tremblante de la lampe. Soudain, il poussa un hurlement et, en quelques secondes, il fut aspiré sous l'eau.

Sally n'avait pas bougé. Elle ne pouvait pas. Le plancher se lézardait et se fendait ; d'énormes morceaux de pierre et de béton dégringolaient dans ce torrent tumultueux qui avait fait irruption dans la pièce. Elle était couchée contre le mur, à côté du fauteuil roulant, et sa cape, coincée sous l'une des roues, l'empêchait de se relever malgré tous ses efforts. Le plancher s'était tout d'abord soulevé, faisant rouler vers le mur le fauteuil qui la clouait au sol, mais alors qu'elle arrachait rageusement les boutons qui fermaient sa cape au col et se débattait pour se libérer, quelque chose céda tout en bas et l'eau déferla. Le plancher penchait maintenant, de manière terrifiante, vers le trou dans lequel avait disparu Michelet.

Et le fauteuil roulant se mit à reculer.

– Le frein ! aboya Ah Ling. Le frein !

Sally se jeta sur le fauteuil pour essayer de le retenir, tout en cherchant le frein à tâtons. L'engin pesait des tonnes et il était entraîné par la pente... Où était donc la poignée du frein, nom d'un chien ?... Là ! Sous sa main...

Elle l'abaissa brutalement et le fauteuil s'immobilisa à quelques centimètres du trou.

Ah Ling était toujours penché en avant, retenu par ses sangles. Il avait du mal à respirer dans cette position et son visage était cramoisi, ses yeux exorbités, mais dès qu'il se retrouva en position verticale, il inspira à fond et regarda autour de lui d'un air autoritaire. Le souffle coupé, Sally s'appuya contre le fauteuil et observa la scène à son tour.

Tout le milieu de la pièce avait disparu. A la place s'ouvrait un puits aux bords déchiquetés, dans lequel bouillonnait une eau noire dont la surface écumante tourbillonnait dans le sens des aiguilles d'une montre, projetant à travers la pièce des gerbes de boue et d'immondices. Elle dégageait une odeur infecte et une sensation de froid, comme un feu dégage de la chaleur.

Accrochée au fauteuil, Sally vit un autre gros morceau de plancher disparaître dans l'eau, de l'autre côté du gouffre, puis un autre, jusqu'à ce qu'il ne soit plus possible d'atteindre le mur opposé. La porte de l'escalier était suspendue au-dessus du vide.

Les murs vibraient, toute la maison devait trembler. La lampe à pétrole brûlait encore dans le support où Sally l'avait placée quelques minutes plus tôt mais, à la voir trembler ainsi, elle craignait que la flamme s'éteigne et les plonge dans l'obscurité.

– Retournez-moi, ordonna Ah Ling. Et lâchez le frein petit à petit. Préparez-vous à supporter le poids.

Le plancher en bois était si glissant que Sally avait du mal à conserver son équilibre. Mais, juste derrière le fauteuil, à portée de main, il y avait la grille de l'ascenseur, et si elle parvenait à l'atteindre…

L'ascenseur ! Ils pouvaient s'en servir pour s'échapper !

Mais alors que la jeune femme se détournait pour évaluer la distance qui la séparait de l'ascenseur, une succession de chocs, semblables à des explosions souterraines, ébranla le sol et les murs. Sally se retint au bras du fauteuil, mais elle fut déséquilibrée et balayée par un jet puissant qui la frappa entre les omoplates. Elle atterrit à moitié sur les genoux d'Ah Ling et dut s'accrocher à sa manche. Ils étaient trempés tous les deux et, lorsque la vague se retira, Sally découvrit qu'il n'y avait plus d'issue : les tuyaux hydrauliques qui alimentaient l'ascenseur étaient crevés et l'eau qui s'en échappait venait se mêler au torrent souterrain.

Tout le plancher, ou ce qu'il en restait, était maintenant inondé.

La cage d'ascenseur, avec sa structure en fer, se balançait follement au-dessus de leurs têtes, et la cabine était irrémédiablement coincée entre les tuyaux tordus, mais elle pendait au bout du câble, et Sally se disait que si elle parvenait à hisser Ah Ling à l'intérieur... Mais le plancher de la cabine se situait au niveau de sa poitrine. Comment diable pourrait-elle... ?

« Ne te pose pas de questions. Agis ! »

Elle grimpa à l'intérieur de la cabine et, s'asseyant au bord, se pencha en avant pour saisir l'homme par les revers de sa veste. Elle tira de toutes ses forces et parvint à le soulever... de deux centimètres.

Sa position était mauvaise, elle n'avait aucune prise. Elle sauta sur le sol, rapprocha le fauteuil et souleva les bras de l'homme (ils étaient monstrueusement lourds), afin de pouvoir l'enlacer par-derrière.

Il était si corpulent que ses mains ne se touchaient pas. Malgré tout, elle essaya de le soulever, mais le fauteuil la gênait.

– Je vais devoir vous tracter avec la couverture, dit-elle.

Arrachant le plaid imbibé d'eau qui reposait sur les genoux de l'invalide, elle en attacha une extrémité à un étançon, puis fit glisser l'autre sous les bras d'Ah Ling. Elle grimpa de nouveau sur le plancher de l'ascenseur, s'agenouilla au bord et tira de toutes ses forces.

Ça marchait ! D'abord, le corps massif s'affala contre le bord du plancher et Sally crut qu'il allait glisser et s'enfoncer dans l'eau, mais à force de tirer et de pousser, en ne l'immobilisant que le temps de reprendre son souffle, elle parvint à hisser la majeure partie du torse sur le plancher, et la suite fut plus facile. Dégoulinant, gigantesque, semblable à une énorme limace, le Tzaddik gisait sur le plancher de l'ascenseur, alors que Sally, épuisée, s'accrochait à l'étançon, dans l'eau jusqu'à la taille.

Elle eut à peine la force de se hisser à son tour, mais elle parvint tant bien que mal à rejoindre l'intérieur de la cabine et elle resta couchée là, le souffle coupé, pétrifiée et tremblante, à côté d'Ah Ling.

Après quelques secondes de repos, elle se releva et vérifia qu'il pouvait respirer : elle le fit rouler sur le dos, dénoua sa cravate et ouvrit son col de chemise. Il leva les yeux vers elle. Son expression était indéchiffrable, comme celle de Sally.

– Ils ont dû entendre ce qui se passait en haut, murmura-t-elle.

Elle n'avait plus de voix.

– Regardez, dit-il.

Ses yeux indiquaient l'escalier, à l'autre bout de la pièce. La porte avait disparu, l'encadrement et une partie du mur s'étaient enfoncés sous l'eau, et on apercevait les marches. Des lumières tremblotaient dans l'escalier, des ombres dansaient, et on entendait des voix, des cris qui couvraient le vacarme du torrent.

Mais l'érosion de la Blackbourne avait affaibli et rongé les fondations et, à peine les sauveteurs – Sally crut reconnaître Albert le valet de pied, accompagné d'un autre domestique – eurent-ils atteint le bas de l'escalier qu'une partie du sous-sol s'effondra dans le torrent avec un fracas assourdissant. Les lampes, l'encadrement de la porte, les marches, des bras et des têtes... tout cela fut emporté dans la plus grande confusion, comme par un sinistre glissement de terrain, avant de disparaître dans l'eau bouillonnante et fangeuse.

Puis la lampe à pétrole se détacha de son support lorsqu'une immense lézarde fendit le mur d'un bord à l'autre, et tout fut englouti par les ténèbres.

Des briques, des poutres, des pierres tombaient de tous les côtés; la structure de la cage d'ascenseur gémissait et se tordait, et la cabine fut ébranlée par une violente secousse : quelque chose d'énorme et de lourd venait de s'abattre sur le toit.

Sally s'agenouilla près d'Ah Ling, dans le noir.

Goldberg les aperçut avant d'atteindre le coin de Fashion Street : un groupe d'individus jaillissant d'une petite place près de l'église Saint-Botolph. Leur attitude ne laissait aucun doute sur leurs intentions; ils avaient l'air sournois et écœurant – une meute assoiffée de sang. Il avait déjà vu cela, en Russie et en Allemagne, mais jamais à Londres. Tous étaient armés de bâtons. L'un d'eux faisait tournoyer une grosse ceinture.

En le voyant, ils s'arrêtèrent. De l'autre côté de la rue et malgré le rideau de pluie, Goldberg sentait leur excitation.

– En voilà un ! C'est un youpin ! s'écria l'un d'eux.

Ils étaient une demi-douzaine et, pendant un moment, le journaliste crut qu'il allait devoir les affronter, alors qu'il était ankylosé par la douleur ; mais leur chef s'adressa en grommelant à l'homme qui avait poussé le premier cri, et ils repartirent d'un pas lourd, en lançant quelques insultes.

Ils se dirigeaient dans la même direction que lui. Goldberg inspira à fond. Son bras l'élançait atrocement.

« Il n'y a rien à faire. Continue. »

Il s'obligea à repartir. Courir était hors de question, même s'il n'avait pas déjà traversé la moitié de Londres à pied. Il regrettait de ne pas avoir bu un peu plus de ce satané scotch.

Il tourna à gauche dans Commercial Street, à droite dans North Street, à gauche dans Brough Street... « Prudence maintenant. » Cette voie conduisait à Holywell Street. Arrivé au coin de la rue, il regarda autour de lui.

Ils n'étaient pas encore là. Il se précipita vers la maison la plus proche et tambourina à la porte. Peu importe qui habitait là, c'étaient tous des juifs. Il alla frapper à la porte suivante, puis à la suivante...

Des fenêtres s'ouvrirent. Des têtes apparurent, des visages furieux ou apeurés, des hommes et des femmes, aux yeux encore gonflés de sommeil, avec des anglaises, chauves, barbus, jeunes, vieux...

– Réveillez-vous ! leur cria Goldberg. Réveillez-vous !

Il se tenait au milieu de la rue, alors que le ciel s'éclaircissait et que la pluie n'en finissait pas de tomber. Il balaya du regard les visages qui apparaissaient aux fenêtres et leur cria :

– Réveillez-vous ! Sortez pour vous défendre ! Que tous ceux qui sont en état de se battre viennent m'aider ! Réveillez-vous !...

A travers le rideau de pluie, dans la lumière pâle de l'aube, ils le reconnurent.

– C'est Goldberg...

– C'est Dan Goldberg ! C'est lui !

Il cria de plus belle pour se faire entendre d'un bout à l'autre de la rue.

– Réveillez-vous ! Sortez de chez vous et suivez-moi ! Tous à la boulangerie de Solomon ! Venez !...

Et il se mit à courir vers Wilson's Place, dans Lower Heath Street et Keats Court, traversa la ruelle qui passait derrière la Soupe populaire des juifs au bout de Flower Street, puis atteignit les maisons qui bordaient la synagogue de New Court. Bientôt, un premier homme sortit de chez lui, puis deux autres, armés de bâtons, enfilant leurs manteaux avec des gestes maladroits en grelottant à cause de la pluie glacée qui martelait leurs visages ensommeillés. Puis ils furent une douzaine, et encore une douzaine et, soudain, quelqu'un s'écria :

– Regardez ! Ils sont là-bas... Près de la boulangerie !

En effet, un groupe d'excités avait jailli de Brick Lane en vociférant.

C'est alors que la première pierre fendit les airs et fit voler en éclats la première fenêtre

L'ascenseur trembla, le câble gémit. Seul le toit de la cabine les protégeait du poids de la maçonnerie qui s'était écroulée sur la cage, et seul le câble empêchait la cabine de plonger dans le torrent souterrain.

Sally ne pouvait rien faire. Ah Ling gisait sur le dos, à ses côtés, et déjà l'eau venait lécher le plancher de la cabine.

27
Le tigre au fond du puits

L'air était saturé d'humidité : gris argent, jaune comme du brouillard, d'une blancheur cendrée. Quelque part, très haut dans le ciel et incroyablement loin, au-dessus de Venise peut-être, ou du mont Blanc, le soleil brillait. Une partie de son éclat parvenait néanmoins à franchir les couches successives de fumée, de vapeur, de poussière et les méandres de brouillard festonnés comme des rideaux, la procession des nuages qui traînaient leurs ventres enflés au-dessus des toits et des cheminées, pour jeter une faible lueur sur les briques détrempées par la pluie, les tuiles luisantes, les avant-toits ruisselants et les caniveaux qui débordaient.

Après cette longue nuit, on pouvait enfin apercevoir les deux extrémités d'Holywell Street.

Derrière Daniel Goldberg se tenaient dix-huit hommes et garçons. Il y avait là de petits commerçants, des artisans, un ou deux érudits ; le plus âgé avait soixante-six ans, le plus jeune treize. Certains avaient déjà connu la violence. L'un d'eux boitait : il avait eu la jambe broyée par le cheval d'un cosaque. Un autre portait au front la cicatrice laissée par un coup de sabre. Les garçons, eux, avaient l'habitude de se bagarrer dans la rue ou dans la cour de l'école, mais là, c'était différent, c'était pire. L'air était empoisonné. Le plus nerveux de tous était celui qui avait le moins de raisons de l'être. Hercule de foire, il gagnait sa vie en soulevant des haltères dans un music-hall, vêtu d'une tenue en peau de léopard, mais c'était le plus doux des hommes et il ne s'était encore jamais battu. Quant à l'un des érudits, un homme d'un certain âge au dos voûté, il ne voyait quasiment rien, car il était sorti sans ses lunettes. Il serrait fortement son bâton dans ses mains tremblantes et murmurait à son voisin :

– Montrez-moi la bonne direction, monsieur Mandelbaum. Et dites-moi quand je dois frapper…

Goldberg se retourna vers eux. Ils formaient un groupe de piètres combattants, craintifs et hésitants, mais il était fier d'eux. Il reporta son attention sur l'ennemi, un peu plus loin dans la rue.

Combien étaient-ils ? Quarante ? Cinquante ? Des costauds aux poings et aux muscles d'acier, et de jeunes garçons aussi secs que coriaces, comme ceux du gang de Lambeth, avec des visages émaciés et durs ; ici et là, on voyait scintiller le cuivre de leurs coups-de-poing américains.

Immobiles, les deux groupes s'observaient. Le bruit de la brique faisant voler une vitre en éclats, quelques secondes plus tôt, résonnait encore comme une fausse note, une gêne. L'immobilité des forcenés, comprit le journaliste, était due à l'apparition soudaine de cette armée hétéroclite et à moitié endormie : c'était tellement inattendu que les émeutiers étaient, l'espace d'un court instant, redevenus des individus. Goldberg distinguait leurs visages.

Il n'avait pas beaucoup de temps pour agir, car bientôt, la folie les métamorphoserait à nouveau en un monstre hurlant à cent mains, mais sans âme.

– Restez ici, ordonna-t-il à ses hommes.

Il s'avança vers la foule, dans cet étroit canyon de briques rouges entre les maisons.

L'étonnement parcourut la meute rassemblée près de la boulangerie. Un ou deux hommes avancèrent d'un pas, mais ils restaient des êtres humains, ils n'étaient pas encore des monstres, et l'être humain est curieux : ils voulaient mieux voir, c'est tout.

Goldberg éprouva alors un moment de lucidité, presque d'extase. Une sorte de jubilation religieuse : une sainte espièglerie. Il était affaibli par tout le sang qu'il avait perdu, il était épuisé, une douleur insupportable irradiait dans son bras et il était seul face à une foule armée que la moindre erreur de stratégie pouvait rendre enragée. Et il pensait : « Y a-t-il un endroit où je préférerais être ? une chose que je préférerais faire ? Je suis un sacré veinard. Vas-y, parle pour sauver ta vie, mon vieux Danny. Raconte-leur une histoire. »

– Il me faut une chaise ! lança-t-il. Vous, là-bas, près de la porte… Frappez et demandez une chaise à la maîtresse de maison. Elle est juste derrière… Oui, c'est ça… Allez, ne soyez pas timide, apportez-la ici.

Ils ne savaient pas trop quoi penser; pourtant, face à cette assurance pleine d'effronterie, ils sentaient leur colère vaciller. Leur méfiance, leur haine, flottaient toujours dans l'air comme un nuage d'électricité mais, en se mettant debout sur la chaise, Goldberg vit un jeune garçon, en lisière de la foule, lever un regard hésitant vers l'homme qui se tenait à ses côtés et dont les traits ressemblaient aux siens : un père ou un frère. Et il sut de quelle façon il allait commencer.

– Mes frères, dit-il... Non, je n'ai pas honte de vous, je n'ai pas honte de vous appeler « mes frères », bien que je sois juif et vous non. Mes frères... savez-vous ce qui vous a conduits ici ? Savez-vous pourquoi le Seigneur a choisi cet homme, Harry Solomon le boulanger ? Pourquoi a-t-il voulu que, ce matin, son commerce soit menacé, son épouse et ses enfants terrorisés ? Parce qu'il ne fait pas du bon pain ? Non, ça ne peut pas être à cause de ça. Sentez, mes frères. Levez le nez et reniflez cette bonne odeur. Harry Solomon est un bon boulanger. Si sa boutique brûlait, il n'y aurait pas davantage de bon pain sur terre, il y en aurait moins.

« ... Voilà donc une énigme. Un mystère. Nous voulons tous plus de pain, et pourtant, nous allons brûler la boulangerie de Harry Solomon.

« ... Mais j'aperçois là-bas un de mes frères, l'un de vous, qui pourra m'expliquer cela. Je ne vous dirai pas son nom, mais je sais beaucoup de choses sur lui. Il a une femme prénommée Florrie. Il a trois enfants en vie et deux qui sont morts avant d'atteindre l'âge d'un an, pauvres petites créatures. Il est docker. L'autre jour, il se présente à l'entrée des quais, comme toujours. Il n'a pas travaillé depuis deux jours. Il a faim, il est affaibli, et six cents autres hommes se bousculent devant les grilles dans Nightingale Lane, tous aussi désespérés.

« ... Et le contremaître... Vous l'avez déjà vu ? Avec son ventre énorme, comme s'il avait un polichinelle dans le tiroir. Saviez-vous que l'autre jour, il a senti des contractions ? Il s'est couché par terre en criant comme un porc. « A l'aide ! braillait-il. Je vais accoucher ! Je vais accoucher ! » Tout le monde a accouru, on a appelé le médecin, celui-ci l'a fait transporter dans son cabinet et il s'est penché au-dessus de lui pour voir ce qui sortait, et vous savez ce que c'était ? Un pet ! Il avait le ventre gonflé par un pet. On l'a entendu jusqu'à Gravesend, paraît-il. Ils ont cru que c'était un paquebot.

Ils éclatèrent de rire. Un murmure traversa la foule, comme une vague qui s'étale sur une plage de galets, mais il fut recouvert par des « chut » et des mouvements de tête impatients. Ils voulaient entendre la suite. « Raconte-leur une plaisanterie vulgaire, ils en réclameront encore. Maintenant, continue ton histoire, embobine-les. »

– Bref, reprit-il, le jour dont je vous parle, Ventre-qui-pète, le contremaître, se pavanait avec les tickets dans la main. Vingt places, six cents chômeurs. Vous avez déjà vu la scène : des vociférations, des hommes qui hurlent, pressés contre les grilles, les mains tendues.

« Moi ! Moi ! Donnez-moi un travail !... » Ventre-qui-pète s'amuse à lancer un ticket en l'air et il regarde ces hommes se battre pour s'en emparer, ces hommes désespérés qui hurlent et échangent des coups. L'un d'eux récupère le ticket et on le laisse passer. Voilà un homme qui rapportera à manger chez lui ce soir.

« ... Il lance alors le deuxième ticket, un petit morceau de cuivre qui voltige en l'air. Nouvelle mêlée, nouvelle bagarre, encore une oreille arrachée, encore un doigt cassé. Vingt fois la même scène, et à l'arrivée, vingt hommes ont gagné le droit de travailler une journée sur les quais pour empocher trois ou quatre shillings.

« ... Mais pas notre ami. Pas cet homme dans la foule là-bas... il sait de qui je parle. Pour lui, pas de travail. Le vieux Ventre-qui-pète a ses chouchous. Les jours où il ne veut pas voir de bagarre, ou quand le patron regarde, il appelle les noms de ceux dont il sait qu'ils ne feront pas d'histoire, des hommes affamés, blessés, des hommes qui ont perdu le courage de se battre, et qui ne se plaindront pas si, après une journée entière de travail, il les renvoie chez eux avec un shilling en moins. Mais notre ami ne fait pas partie du lot, ce n'est pas l'un des chouchous du contremaître.

Tous restaient immobiles. Goldberg savait que les gens écoutaient toujours avec avidité le récit de leur propre expérience ; il racontait tout cela pour eux. Ils voulaient en entendre davantage.

– Le voilà sans travail. Sans un sou. Chez lui, le garde-manger est vide, son ventre aussi. Il n'a rien pour ses enfants. Alors, il enfonce ses mains dans ses poches... je l'imagine très bien, je le connais... et il rentre chez lui. En chemin, il passe devant l'hospice. Quand il fait soleil, l'ombre de l'hospice ne quitte pas la rue, n'est-ce pas ? Dans Old Gravel Lane, ils ne voient jamais le soleil ; car l'hospice masque la moitié du ciel. Et notre homme se demande... N'est-ce pas, l'ami ? Il se demande dans combien de temps il sera englouti par cette immense ombre, avec Florrie et leurs trois jeunes enfants, dans combien de temps ils seront séparés et emmenés chacun de leur côté. Et il devra les regarder une dernière fois avec le cœur rempli de honte...

« ... C'est suffisant pour faire perdre la tête à un homme. C'est suffisant pour le pousser à implorer Dieu et à se cogner la tête contre les murs. Suffisant pour qu'il se jette dans le fleuve, par désespoir. Il connaît ce sentiment. *Vous* connaissez ce sentiment.

La rue était silencieuse. Les juifs s'étaient rapprochés pour entendre et, derrière les volets de la boulangerie, le boulanger, sa femme et leurs enfants avaient collé l'oreille aux carreaux. Dans la foule, tous les hommes semblaient figés. Goldberg plongeait ses yeux dans les leurs, il s'abreuvait de leur attention pour la réinjecter dans son récit.

– C'est alors que notre homme aperçoit un ami devant un pub, et cet ami lui fait signe. « Amène-toi, lui dit-il, y a un type qui paie des coups à boire. » Il suit son ami à l'intérieur du pub. Un type est assis à une table, un bonhomme à la mine sympathique, bien habillé, avec des mains soignées : ce n'est pas un docker. On le prendrait plutôt pour un clerc.

« ... Et effectivement, il offre à boire. « Une pinte de bière ? Assieds-toi donc, l'ami, et prends une pincée de tabac pour ta pipe ! »

« ... C'est alors qu'une chose étrange se produit : l'homme aux mains douces commence à répandre du poison. Un poison invisible : des mensonges. « Vous savez qui est responsable de tout ça ? demande-t-il. Vous savez pourquoi des gens bien comme vous se retrouvent au rebut, alors que d'autres s'enrichissent ? C'est à cause des juifs... » L'homme referme ses lèvres douces et rondes autour de sa fine cigarette, il souffle un nuage de fumée et vous voyez ses petits yeux calculateurs observer l'effet du poison qu'il vous a injecté.

Il n'y avait plus un bruit, tous l'écoutaient. Après avoir marqué une courte pause, le journaliste reprit :

– Revenons à notre ami, là-bas. Il connaît quelques juifs. Il connaît Solly Moskowitz le tailleur, il connaît Sam Daniels le boxeur. Il est fier de connaître Sam Daniels. Par le passé, il a gagné quelques shillings en pariant sur lui. Il lui a même offert un verre un jour, Sam Daniels s'est souvenu de lui, et depuis, il l'appelle par son prénom chaque fois qu'il le voit. Mais Solly Moskowitz et Sam Daniels ne sont ni riches ni puissants. Ce sont des gars comme lui, des gars de l'East End. Il ne comprend pas comment il est possible que les juifs aient tellement de pouvoir qu'ils peuvent priver de travail six cents dockers chaque jour. Et il ne comprend pas pourquoi le vieux Solly Moskowitz est aussi pauvre, s'il est aussi puissant.

« ... Et il se dit : le contremaître, Ventre-qui-pète, il est juif *lui*, avec tout le pouvoir qu'il a ? Et les types qui possèdent les docks, ceux qui vivent là-bas dans le West End, avec leurs cigares, leurs bons vins et leurs jolies femmes... ils sont tous juifs, non ? Les députés, les lords, les avocats et les juges ? Tous juifs ? Non, évidemment. Il y a quelque chose qui cloche dans ce que raconte ce type aux mains douces, mais notre ami n'arrive pas à comprendre quoi.

« ... Puis on lui offre une autre pinte, et encore une autre, avec une nouvelle dose de poison à chaque fois : incendie une ou deux maisons de juifs, lui dit-on, montre-leur qui commande dans ce pays.

« ... Mais notre ami, là-bas, ne commande rien du tout. Ce qui s'est passé sur les quais en a apporté la preuve. Alors, qui commande ? Ce n'est même pas le contremaître. Ceux qui commandent, ce sont des hommes que vous ne voyez jamais, sauf quand ils passent dans leurs voitures en vous aspergeant de boue ; ce sont eux qui commandent, pas nous. Ce n'est pas en brisant des vitres ou en brûlant des maisons que vous pourrez commander. Seul un homme désespéré peut croire cela.

« ... Notre ami hésite encore. Mais il fait bon dans le pub, et voici venir une autre pinte, et... « Approche un peu, lui dit l'homme aux mains douces, je vais te confier une chose que toutes les oreilles ne doivent pas entendre... »

A ce moment-là, Dan Goldberg s'interrompit. Ils étaient ferrés ; il les tenait dans le creux de sa main. Quand il avait baissé la voix pour dire « Approche un peu », ils avaient tous avancé d'un pas, captivés.

Il remarqua alors qu'un policier venait d'apparaître... deux... quatre... cinq en tout. Du coin de l'œil, il vit un des juifs leur expliquer quelque chose d'un ton pressant, et il vit le regard du premier policier se poser sur lui... Pouvait-il s'échapper en passant par chez Solomon ? « Finis d'abord ton histoire... »

Tout cela avait pris moins d'une seconde. Il reporta son attention sur son public, sur son récit.

– Alors, notre ami se rapproche, il colle sa chaise contre la table. L'homme aux mains douces se penche en avant, jette un coup d'œil par-dessus son épaule et passe sa langue sur ses lèvres. « On parle de meurtres, dit-il. De sacrifices humains. Sais-tu ce que font ces juifs ? Ils tuent des enfants chrétiens. Et ils mélangent leur sang avec le pain. C'est prouvé... »

« ... C'en est trop pour notre ami. Si c'est exact, c'est la chose la plus ignoble que l'on puisse faire. Les gens qui font ça ont mérité ce qui leur arrive. Il est un peu rassuré : ça ne le gêne pas d'attaquer les juifs s'ils font ce genre de choses. C'est normal.

« ... Voilà pourquoi il est ici aujourd'hui. C'est comme ça qu'il se retrouve dans la rue au petit matin, sous la pluie, avec un bâton à la main, prêt à saccager une boulangerie et à ruiner un homme. Car tout le monde a besoin d'une raison pour accepter de participer à une mauvaise action. Personne ne le ferait si on savait que c'est mal. Les gens pensent bien faire, c'est la raison de leurs actes, n'est-ce pas ?

« ... Notre ami, là-bas... Je le vois, il sait que j'ai raison... il est sur la bonne voie. Mais il avance dans la mauvaise direction. Évidemment qu'il a raison de se battre contre des gens qui sacrifient des enfants. Évidemment ! Mais pose-toi cette question, l'ami : qui a sacrifié *tes* enfants ? Qui a fait en sorte que tu ne puisses pas acheter des médicaments pour ta fille ? Qui a refusé de voter la loi qui aurait obligé le propriétaire à entretenir les canalisations pour éviter que ton petit garçon attrape la typhoïde et meure ?

« ... Je vais te le dire. Ce sont tous ces gens riches : les propriétaires, les patrons d'usines, les députés, les juges, Lord Machin-chose, le comte de Trucmuche... ce sont eux qui se livrent à des sacrifices humains. Ce sont eux les véritables meurtriers. On peut voir leurs victimes dans Nightingale Lane et Cable Street...

Un grondement monta de la foule. Goldberg savait qu'il les avait mis dans sa poche, mais une interruption s'était produite, quelqu'un obligeait la foule à s'écarter : les policiers.

– Allez, allez, dispersez-vous ! lança une voix puissante et autoritaire. Déguerpissez ! Arrêtez cet homme ! Il est recherché. Goldberg ! Vous êtes en état d'arrestation.

« Pas encore. »

Le journaliste sauta de la chaise et, avant que la foule se soit dispersée, s'engouffra dans la boulangerie.

Harry Solomon s'empressa de pousser le verrou.

– Que Dieu vous bénisse, monsieur Goldberg ! Il y a ici un homme qui dit être envoyé par Moishe Lipman...

Dans la petite boutique propre et douillette où flottait l'odeur du pain frais, Goldberg regarda autour de lui : Mme Solomon et deux... non, trois... non, quatre enfants le regardaient avec des yeux écarquillés, ainsi qu'un petit homme qui tordait sa caquette entre ses doigts.

Au-dehors, la clameur s'intensifia lorsque la police força le passage pour accéder à la porte de la boulangerie. L'envoyé de Moishe Lipman se hâta de parler :

– Moishe et les gars ont été arrêtés, monsieur Goldberg. Quelqu'un les a repérés... Je sais pas comment c'est arrivé. Mais la maison... (Il porta sa main à son front.) Bon sang, je peux même pas vous décrire ça, monsieur Goldberg...

– Quoi ? Quoi ?

– Toute la maison s'est écroulée... celle qu'on surveillait... Elle est tombée en ruine devant mes yeux... Elle existe plus ! Comme si qu'une bombe était tombée dessus !

Goldberg était hébété. Il secoua la tête pour essayer d'y voir plus clair. Comment Sally avait-elle pu... ?

« Ne t'occupe pas de ça. Fiche le camp. »

– Venez, dit-il à l'homme. Donnez-moi un coup de main !

– Mais, monsieur Goldberg...

C'était Mme Solomon qui avait parlé. Toute la famille se pressait autour de lui pour le remercier, le bénir, l'embrasser, alors qu'il tentait de les repousser pour s'enfuir en utilisant ses dernières forces. Il voulait retrouver Sally et lui dire qu'Harriet était saine et sauve, lui dire que...

On frappa violemment à la porte.

– Ouvrez ! Vous cachez un homme recherché ! Ouvrez ou on enfonce la porte !

Solomon prit Goldberg par son bras valide pour l'entraîner vers le fond de la boutique, pendant que son épouse faisait semblant de ne pas réussir à tirer le verrou.

– Attendez... attendez... Ne bougez pas... Je cherche la clé...

– Il y a une porte dans le mur, chuchota le boulanger. Voici la clé. Elle donne dans Cropper's Alley. Vous pouvez traverser le jardin du Queen's Head et ressortir dans Brick Lane...

Mais c'était trop tard. Un policier apparut dans l'encadrement de la porte de derrière.

– Je vous tiens !

Goldberg se tourna vers l'homme de Moishe Lipman et s'adressa à lui en yiddish :

– Téléphonez à Kid Mendel. Au numéro 4214. Racontez-lui ce qui s'est passé. (Il s'adressa ensuite au policier, en anglais cette fois.) Très bien, monsieur l'agent, je vous suis. Je n'ai pas la force de fuir. Mais ne me tirez pas par le bras, je vous prie. J'ai reçu une balle.

Le boulanger prit deux petits pains qu'il fourra dans les poches du journaliste.

– C'est tout ce que je peux faire, monsieur Goldberg. Que Dieu vous garde !

La porte de devant s'ouvrit et les autres policiers se ruèrent dans la boutique. L'homme de main de Moishe Lipman les regarda emmener Goldberg, puis il entendit résonner un bruit étrange dans Holywell Street, un bruit que personne n'aurait cru entendre une demi-heure plus tôt : des acclamations sauvages s'élevèrent de la foule où se mêlaient à présent juifs et non-juifs, réunis par leur admiration et leur sympathie envers le hors-la-loi capturé.

L'homme regarda la police emmener le héros et disperser l'attroupement, puis il se mit en quête d'un téléphone.

Sally n'avait aucun moyen de savoir quelle était l'ampleur du désastre. L'ascenseur qui les maintenait au-dessus de l'eau les avait protégés également des éboulis, mais tout était noir à présent, et ses seules sensations étaient le froid, le bruit et l'odeur. La puanteur des égouts qui se déversaient dans la Blackbourne était de plus en plus écœurante.

Et le niveau de l'eau montait. Déjà, elle recouvrait le plancher de l'ascenseur sur deux centimètres environ. Sally s'accroupit près de la tête d'Ah Ling pour tenter de lui décrire ce qui se passait.

– Y a-t-il de la lumière ? demanda-t-il.

– Non. Aucune. Vous avez froid ?

– Oui. Combien de personnes ont descendu l'escalier ?

– Un valet de pied. Et le majordome, je crois. Mais ils venaient juste de descendre quand ils sont tombés, c'est alors que la lumière s'est éteinte. Il me semble que tout le mur s'est écroulé.

– Il aurait bloqué la rivière.

– Elle doit être très profonde. Avec toute cette pluie...

Soudain, d'en haut, quelque chose tomba sur l'ascenseur. Sally s'accrocha à Ah Ling, puis elle entendit un grincement sinistre : la cabine basculait lentement sur le côté. « Le câble ! » pensa-t-elle. Il y eut un grand bruit, aussi violent qu'une détonation, et le plancher plongea vers l'avant.

De quelques dizaines de centimètres seulement, mais Sally se retrouva à plat ventre ; lorsqu'elle voulut se redresser, une vague la heurta de plein fouet. Elle chancela et poussa un petit cri, car Ah Ling se trouvait maintenant sous l'eau, et il ne pouvait pas bouger...

A tâtons, elle trouva ses épaules et, dans un sursaut d'énergie, parvint à lui sortir la tête de l'eau. Il haletait, crachotait et s'étranglait. Elle posa sa tête sur ses genoux.

Quand il eut retrouvé son souffle et que la jeune femme eut tant bien que mal essuyé son visage et ses yeux, elle dit :

– Je vais essayer de vous aider à vous asseoir. Sinon, vous allez mourir.

Veillant à ne pas laisser retomber sa tête, elle se remit à genoux derrière lui, et essaya de le pousser vers le haut. Mais tout se liguait contre elle : les vêtements de l'infirme étaient alourdis par le poids de l'eau, le plancher penchait dans le mauvais sens, si bien que la tête du Tzaddik était plus basse que ses pieds. Sally avait les bras ankylosés par le froid et les efforts qu'elle avait faits. Elle parvint à soulever les épaules de l'infirme, mais la tête bascula sur le côté et, en essayant de la redresser, elle le lâcha. Elle essaya de nouveau mais, cette fois, elle poussa trop brutalement la tête d'Ah Ling vers l'avant. Son cou se tordit : il ne pouvait plus respirer. Le temps de reprendre quelques forces, elle coinça de nouveau la tête du paralytique entre ses genoux, la tenant presque avec tendresse, comme une mère.

Il avait de l'eau jusqu'au menton. Et le niveau semblait monter plus rapidement.

– L'ascenseur repose sur quelque chose ? demanda-t-il. Il n'est plus suspendu ?

– Le câble a cédé. Je suppose que la cabine repose sur quelque chose, mais j'ignore si c'est du solide. Je serais obligée de vous laisser pour aller voir.

– L'eau monte.

– Je repose mes bras. Dans une minute, j'essaierai encore de vous soulever.

Elle l'entendit soupirer dans le noir. Il était totalement immobile et elle supposa qu'il ne pouvait même pas frissonner.

– Dans le village où est né mon grand-père, en Chine, dit-il, ils allaient chercher l'eau dans un puits. Celui-ci était situé un peu en dehors du village, au bout d'un chemin, au milieu des bambous. Ce n'était pas la seule source d'eau, car il y avait également une rivière, mais l'eau de la rivière n'était pas bonne, à cause de la papeterie située au-dessus du village. Alors, chaque jour, les gens gravissaient et descendaient le chemin pour rapporter des seaux d'eau chez eux.

« ... Un jour, un petit garçon est revenu au village en courant. *Il y a un tigre dans le puits !* cria-t-il. Tous les habitants se précipitèrent avec des bâtons, des cordes... tout ce qui leur tombait sous la main. Ils se regroupèrent autour du puits et, en effet, il y avait un tigre à l'intérieur. C'était un grand puits, avec un petit rebord en pierre à mi-hauteur. Le tigre était accroupi dessus et il ne pouvait pas sortir.

Les villageois ne savaient pas quoi faire. Tant que le tigre était là, ils ne pouvaient prendre de l'eau, car les seaux le rendaient enragé et il les fracassait au bout de leur corde, à coups de pattes. Mais, s'ils le tuaient, il tomberait au fond du puits et polluerait l'eau. De toute façon, ils n'avaient aucun moyen de le tuer. Et, bien évidemment, ils ne pouvaient pas non plus le faire sortir vivant.

Il s'interrompit. Sally lui souleva légèrement la tête.

– Qu'ont-ils fait, alors ? demanda-t-elle.

– Ils ont prié leurs dieux, bien entendu. Et les dieux ont envoyé la pluie, beaucoup de pluie. Le puits s'est rempli et le tigre s'est noyé. Ensuite, ils ont pu sortir son corps.

– Je vois.

– C'est notre situation présente qui m'a fait penser à cette histoire.

– Lequel de nous deux est le tigre ?

Il ne répondit pas.

Sally resta assise près de lui ; elle frissonnait et se demandait si elle aurait assez de force pour le soulever encore une fois. Si elle parvenait à l'adosser contre la paroi de l'ascenseur, le haut de son corps serait hors de l'eau. Il fallait qu'elle essaie.

– Prenez une grande respiration, lui dit-elle. Je vais faire un nouvel essai. Mais je vais devoir vous laisser la tête sous l'eau le temps d'attraper vos épaules.

Il hocha la tête, inspira profondément, puis hocha la tête à nouveau. Sally assura son équilibre, lâcha le col de la veste, agrippa les épaules du vêtement et poussa de toutes ses forces vers le haut. Elle eut moins de mal, cette fois, à le soulever, peut-être parce qu'il flottait : une seule poussée et il se redressa.

Mais quelque chose se produisit alors à l'intérieur de lui. Son corps massif fut pris de convulsions, comme si un géant l'avait saisi dans son poing et serré avec force. Il éructa et se mit à suffoquer. Un son horrible, à mi-chemin entre le gémissement et le sanglot, jaillit de sa gorge.

Sally le soutenait, appuyée contre la paroi, le cœur battant à tout rompre. Elle chercha son visage à tâtons. Ses doigts rencontrèrent ses yeux ouverts ; il ne cilla pas.

Elle retira aussitôt sa main, horrifiée. Mais elle se ressaisit très vite. Il était mort... Elle chercha de nouveau son visage et lui ferma les yeux. Puis elle essaya de le faire glisser sous l'eau, avec douceur, mais il lui échappa et retomba lourdement, dans un grand plouf.

Sally secoua ses mains pour les sécher et les frotta l'une contre l'autre instinctivement, avant de laisser échapper un soupir si profond qu'il se transforma en un long bâillement.

Elle tendit la main pour palper la paroi de l'ascenseur et ses doigts rencontrèrent la grille de la porte, déformée mais assez solide pour qu'elle s'y accroche. Elle se remit debout.

Le plancher de l'ascenseur penchait vers le trou béant par où l'eau s'engouffrait. Le poids des débris qui étaient tombés sur la cage, en provoquant la rupture du câble, avait entraîné la cabine sur un sol stable ; du moins le paraissait-il, et la cabine ne tangua pas lorsque Sally tenta de se déplacer en se cramponnant au mur, tout en évitant de marcher sur le corps.

Dans la partie la plus haute, elle avait déjà de l'eau jusqu'aux genoux. Au niveau de la porte, elle en avait presque jusqu'en haut des cuisses. Se tenant d'une main à la grille, elle avança son pied à l'extérieur, à la recherche d'un endroit ferme mais, au moment précis où elle se penchait, l'ascenseur grinça puis bascula vers l'avant, et des débris de maçonnerie tombèrent lourdement dans son dos et au-dessus de sa tête.

Elle se figea. L'ascenseur s'immobilisa. S'il basculait complètement, elle se retrouverait coincée dessous pour de bon.

Tout doucement, elle ramena le poids de son corps vers l'arrière, à l'intérieur de la cabine. Elle n'avait rien senti sous son pied, uniquement l'eau tumultueuse, et l'inclinaison de l'ascenseur s'était encore accentuée.

« Le centre de gravité, pensa-t-elle. Baisse-toi pour éviter de faire pencher la cabine. » Elle s'accroupit sur le plancher, dans l'eau jusqu'à la poitrine et, de nouveau, chercha un endroit où poser le pied.

C'est alors qu'elle sentit une grosse masse molle appuyer dans son dos...

C'était le corps d'Ah Ling qui glissait.

Elle hurla.

La terreur lui fit perdre l'équilibre et ce poids supplémentaire eut raison de ses dernières forces. Sa main lâcha la grille et elle tomba, cherchant à se retenir au bord de la cabine ; elle parvint à trouver une prise, mais fut balayée comme une mouche par le corps d'Ah Ling qui glissait, glissait, glissait... et elle tomba avec lui dans le torrent.

A Lambeth, dans une pièce poussiéreuse au-dessus d'une écurie, Harriet, assise par terre, mâchonnait une croûte de pain pendant que ses gardiens faisaient griller des harengs fumés sur les flammes. Ils avaient abandonné la voiture et le cheval quelque part à Vauxhall. Liam était mécontent d'avoir dû s'en séparer, mais il comprenait le bien-fondé de l'argument de Bill.

– Faut d'abord penser à la gamine. C'est pour elle qu'on a fait tout ça, non ? D'accord, on aurait pu gagner une livre ou deux en vendant la voiture, et après ? On peut toujours en piquer une autre, il y en a des milliers. Par contre, si on perd la gamine... Tu piges ?

Ils avaient donc regagné l'une des nombreuses et sordides tanières qu'ils utilisaient (toujours en avance d'une longueur sur la police et les propriétaires), déposé Bridie, encore inconsciente, sur un tas de sacs en toile dans un coin, et installé Harriet à côté d'elle, avec un morceau de pain qu'un des garçons avait trouvé dans sa poche. Après quoi, ils avaient entrepris de faire cuire les harengs qui étaient cachés là depuis leur précédente visite, trois jours plus tôt.

Deux choses les tracassaient. La première, c'était de trouver un endroit plus sûr qu'une succession de cachettes pour y installer Harriet ; la deuxième chose, c'était Bridie. Cela faisait longtemps qu'elle était évanouie, trop longtemps. Viendrait un moment, très proche, où ils devraient trouver de l'aide. Peut-être auraient-ils dû le faire avant. Peut-être allait-elle mourir.

Assise à côté de la jeune Irlandaise, impassible, Harriet observait la scène avec intérêt. La dame dormait, mais pas les messieurs. Ils préparaient le petit déjeuner. Les sacs en toile avaient une bonne odeur de cheval, comme dans l'écurie à la maison. Et le petit déjeuner sentait comme celui que préparait Mme Perkins certains jours.

Elle remarqua alors que la dame avait ouvert les yeux et qu'elle la regardait. Elle s'était réveillée. Poliment, Harriet lui tendit son bout de pain. La dame ne le prit pas, mais un sourire illumina peu à peu ses yeux, et elle tendit la main vers elle pour caresser ses cheveux emmêlés.

– Elle est réveillée ! s'écria quelqu'un.

Tous se regroupèrent autour d'elle.

– Bon sang, Bridie, tu nous as fichu une sacrée frousse ! dit Liam. On croyait que t'allais casser ta pipe !

– Ça m'ferait mal ! répondit Bridie.

– Ça m'ferait mal, répéta Harriet.

Elle aimait bien cette dame. Elle admirait surtout sa façon de parler : on aurait dit le ronronnement d'un gros chat. Elle essaya de l'imiter encore une fois :

– Ça m'ferait mal...

– Non, c'est pas comme ça, ma jolie... Chut ! C'est quoi ?

Un cri retentit en bas, puis on frappa rageusement à la trappe.

– Sortez d'ici ! Sale vermine ! Crapules ! J'vais lâcher le chien, moi !

Des grognements terrifiants accompagnèrent ces vociférations. Les garçons de la bande s'empressèrent de récupérer leurs harengs à moitié cuits et aidèrent Bridie à se lever. Quelqu'un prit Harriet dans ses bras, et ils soulevèrent la trappe.

– D'accord, monsieur ! lança Liam. On descend ! Retenez votre chien !

– Dépêchez-vous ! répondit le propriétaire.

Ils dévalèrent l'échelle et sortirent de l'écurie pour déboucher dans la lumière de l'aube. Bridie titubait légèrement, Liam mâchonnait un hareng.

Le propriétaire les regarda s'éloigner en plissant les yeux. Était-ce un enfant qu'ils emmenaient ? Oui, c'était bien ça.

– Hé ! s'écria-t-il en se lançant à leur poursuite, mais en l'entendant et en voyant le chien, ils décampèrent.

« Quel fléau ! » se dit-il. Car il avait une conscience et il avait entendu parler des vols de bébés. En se réveillant ce matin, une pauvre femme allait découvrir que son enfant avait disparu. Il ne pouvait pas tolérer ça. Après avoir verrouillé sa porte, il partit avec son chien à la recherche d'un policier.

Voilà pourquoi, lorsque Conrad et Tony arrivèrent deux minutes plus tard, après avoir déjà inspecté une demi-douzaine de planques, ils ne trouvèrent personne.

– La vache, je suis crevé, dit Tony pendant qu'ils montaient à l'échelle. Ça change rien si on pique un petit roupillon, non ? On les retrouvera bien assez tôt, va.

– On a promis à ce bonhomme de téléphoner, dit Conrad.

– Oui, dès qu'on l'aura retrouvée. Elle est en sécurité. En attendant, je vais faire un petit somme.

– Hé ! Ils sont venus ici ! Regarde ! Le feu est...

Un chien grogna en dessous. Ils se regardèrent.

– Il en reste là-haut ! s'exclama une voix d'homme.

– Allez, descendez ! cria une autre voix, une voix de policier. Descendez ou je monte vous chercher et vous allez le regretter. Je veux pas qu'on vole de bébés sur mon territoire. Vous êtes coincés ! Je vous tiens !

Cela faisait plusieurs jours maintenant que Sarah-Jane Russell montait la garde devant Orchard House. Cet homme odieux nommé Parrish lui avait donné son congé, ainsi qu'à Ellie et à Mme Perkins, et il lui avait dit de se mêler de ses affaires, qu'elle n'avait qu'à trouver un autre travail, le poste de nurse étant déjà occupé.

Et personne ne savait où se trouvait Mlle Lockhart, personne ne savait si Harriet était en sécurité, personne ne pouvait apporter son aide. Sarah-Jane ne savait que faire. Ellie s'était installée à Londres et Mme Perkins était partie chez sa cousine, à Reading. Sarah-Jane, elle, logeait chez sa sœur mariée, mais il n'y avait pas assez de place...

Aucune loi ne lui interdisait de rester devant la grille. De les regarder emporter tous les biens de la famille dans des charrettes. De les regarder apporter des chargements d'objets venant d'ailleurs. De voir arriver de nouveaux domestiques qui décrochaient les rideaux, changeaient les serrures, repeignaient les boiseries d'une vilaine couleur rouge. Sarah-Jane resta là pendant plusieurs jours : elle observait, notait et pleurait.

Mais Parrish finit par l'apercevoir et envoya un policier pour lui ordonner de décamper. Elle connaissait cet homme : c'était le cousin de la belle-sœur d'Ellie. Ils étaient gênés l'un et l'autre. Sarah-Jane s'en alla, mais elle revint peu de temps après et resta, cette fois, cachée dans les buissons.

Elle ne savait pas ce qu'elle allait faire. Mais il fallait que quelqu'un reste là, se disait-elle. Pour monter la garde. Elle avait vaguement dans l'idée d'attendre jusqu'à ce qu'ils amènent Harriet (car elle était persuadée que c'était ce qui allait se passer ; ces gens semblaient faire tout ce qu'ils voulaient) et de la kidnapper pour s'enfuir ensuite avec elle. Mais elle savait qu'elle ne le ferait probablement pas. Pas toute seule : elle n'était pas assez courageuse. Ce genre de choses n'arrivait que dans les romans que lisait Jim. Oh, si seulement ils n'étaient pas partis, Webster et lui…

En arrivant devant la maison, ce matin-là, elle constata que quelque chose avait changé. De la fumée s'échappait d'une des cheminées et il y avait une voiture à cheval dans l'allée. Des domestiques s'affairaient dans la salle à manger.

Alors que Sarah-Jane était accroupie dans les buissons, devant la grille, la porte de la maison s'ouvrit et Parrish sortit.

Il s'arrêta sur le seuil, s'étira, bâilla et se gratta la tête. Il se comportait comme si cette maison lui appartenait, et il voulait que tout le monde le sache. Sarah-Jane avait envie de lui lancer quelque chose. Elle brûlait d'envie de jaillir de sa cachette en hurlant et de se jeter sur lui, de le rouer de coups. Elle ramassa même une pierre mais, à cet instant, une femme portant un tablier de nurse apparut sur le seuil et dit quelque chose à Parrish. Celui-ci hocha la tête et rentra en fermant la porte derrière lui.

Cela voulait-il dire qu'Harriet était là ? L'avaient-ils récupérée ?

Sarah-Jane sentit les larmes lui monter aux yeux. Qu'une telle chose puisse se produire en Angleterre… avec l'aide de la justice !… Elle enfouit son visage dans ses mains. C'en était trop.

– Sarah-Jane ?

Son cœur remonta dans sa gorge ; elle se retourna brusquement. Et elle demeura bouche bée. Prise de vertiges, elle dut s'appuyer contre le mur de la propriété.

Là, devant elle, sur la route, un sac au dos et un chapeau de paille sur la tête, se tenait un jeune homme mince aux cheveux décolorés, au teint bronzé et aux yeux verts très clairs.

– Qu'est-ce qui se passe, nom d'un chien ? demanda-t-il.

– Jim ! Oh, Jim !

Elle se jeta à son cou et le serra contre elle en tremblant, en sanglotant et en riant. Jamais Jim n'avait été aussi surpris.

28
Encre de Chine

Sarah-Jane mit presque une minute à retrouver l'usage de la parole. Elle riait, pleurait, s'agrippait à lui… tout en jetant des regards furtifs en direction de la maison, si bien que Jim comprit, sans avoir besoin de poser la question, qu'il se passait des choses anormales. Il entraîna la jeune fille à l'écart, dans les buissons, et là, il la força gentiment à le lâcher et à s'asseoir sur une pierre.

– On est arrivés à Southampton hier soir, expliqua-t-il. M. Webster est resté là-bas pour surveiller les bagages, et moi, je suis rentré plus tôt avec Charlie Bertram. Je voulais vous faire la surprise. Vous n'avez donc pas reçu nos lettres ? Que se passe-t-il ici ?

– Nous n'avons reçu aucune lettre depuis des semaines ; ils ont dû les jeter. Oh, Jim, ils ont tout pris !

– Calmez-vous. Je ne comprends rien à ce que vous dites. Racontez-moi tout en commençant par le commencement.

Sarah-Jane inspira à fond.

– Oui, pardon. Bien sûr. Oh, Seigneur, je ne sais même pas où elle est..

– Venez-en au fait, grogna Jim.

– Oui, oui. Tout de suite. Tout a commencé quand... Un homme a apporté des papiers de divorce. Il s'est présenté un matin...

Elle lui raconta toute l'histoire et, à mesure qu'elle bafouillait, oubliait un détail important, revenait en arrière pour donner des éclaircissements, Jim fut successivement incrédule, indigné et rempli d'une rage meurtrière.

– Vous voulez dire que ce salaud est dans la maison en ce moment ?

– Oui. Il a dû arriver hier soir. Mais il n'est pas seul. Il y a de nouveaux domestiques. Et tous les meubles ont été déménagés, jusqu'au dernier. Il les a remplacés par ses propres affaires.

– A-t-il mis la main sur Harriet ?

– Je ne sais pas. Mais il y a une femme habillée en nurse dans la maison, alors peut-être que oui. Qu'allez-vous faire ?

– Le flanquer dehors !

Sortant un grand couteau pliant de son sac à dos, il coupa une branche épaisse sur l'arbre le plus proche.

– Jim, ils sont nombreux... Il a toute une bande avec lui...

– Vous allez voir.

Il balança son sac sur son épaule et s'avança sur le chemin. Sarah-Jane ne l'avait jamais vu dans cet état : chaque atome qui le constituait semblait crépiter d'énergie. Cela lui faisait peur. Elle le suivit en trébuchant, puis s'arrêta brusquement.

Un homme se dressait devant eux. Ce n'était pas Parrish ; elle ne l'avait jamais vu. Sa mise était élégante, mais son expression quelque peu menaçante. Il observait Jim d'un air interrogateur et ne s'écarta pas pour les laisser passer.

– Qui êtes-vous ? demanda Jim.

– Je m'appelle Mendel. Jonathan Mendel.

Sarah-Jane vit le jeune homme redresser la tête comme s'il connaissait ce nom. La colère continuait à l'électriser mais, soudain, il parut perplexe.

– Kid Mendel ? dit-il. De Soho ?

L'homme se contenta de hocher la tête.

– Vous êtes mêlé à cette histoire ?

– Oui... Hé, attendez un peu ! dit-il d'un ton froid et ferme en voyant Jim s'avancer vers lui. Je ne sais pas qui vous êtes, mais vous semblez bien décidé à causer quelques ennuis à ce Parrish. J'avais justement la même idée. Mais je me permets de vous signaler que nous sommes en plein devant la maison et, tant que nous ne nous serons pas mis d'accord, je vous suggère de chercher un lieu plus approprié.

Jim inspira profondément et hocha la tête. Mendel salua Sarah-Jane en soulevant son chapeau. Il ressemblait à une sorte de professeur, avec son crâne chauve et ses yeux pétillants d'intelligence, mais un professeur qui a roulé sa bosse et qui n'a peur de rien. La jeune fille n'arrivait pas à le situer.

Tous trois retournèrent derrière le mur pour échapper aux regards.

– Eh bien ? fit Jim.

– Si vous m'accordez quelques minutes, je vous raconterai tout ce que je sais sur cette affaire, dit Mendel. Ensuite, vous pourrez me dire qui vous êtes, ou pas, c'est vous qui verrez. Et vous déciderez également si vous voulez de l'aide ou pas. J'ai une demi-douzaine d'hommes autour de cette maison, et si vous savez qui je suis, vous saurez de quel genre d'hommes il s'agit.

Jim émit un petit sifflement.

– Très bien. Je vous écoute.

Sarah-Jane était déconcertée. En dépit de l'expression pleine de suavité de cet homme, de son pardessus bien coupé et de son beau chapeau, il y avait en lui quelque chose de terrifiant.

Mendel leur parla de Goldberg, du Tzaddik, de ce qu'avait entrepris Sally, d'Harriet, de Rebecca et de la famille Katz et, pour finir, il confirma que Parrish avait enlevé Harriet. A ce moment-là, Sarah-Jane laissa échapper un petit hoquet d'effroi et saisit la main de Jim.

– Mlle Russell est la nurse de la petite, expliqua le jeune homme. Continuez.

– Nous montons la garde, nous surveillons la maison, comme nous l'a demandé M. Goldberg. Nous avons vu arriver Parrish, mais pas l'enfant. Peut-être faisait-il trop noir, ou bien ils l'ont laissée ailleurs. Voilà pourquoi je n'ai pas encore donné l'ordre d'entrer. Dès que possible, j'enverrai un homme téléphoner pour savoir s'il y a du nouveau du côté des autres.

– Je vois. Qui est ce Goldberg ?

– C'est un réfugié. Un journaliste. Un politicien. Et même une sorte de bandit. J'ai énormément de respect pour lui.

Jim digéra cela. Puis il tendit la main.

– Jim Taylor, dit-il. J'habite dans cette maison. Je suis le plus vieil ami de Mlle Lockhart. Et le parrain de l'enfant. Je rentre tout juste d'Amérique du Sud et voilà ce que je découvre. Vous avez raison, j'avais l'intention de faire des dégâts. Était-ce une façon de me proposer votre aide ?

– Exactement.

– Dans ce cas, je vous suis très obligé. Combien d'hommes avez-vous ?

– Six.

– Alors, voici ce que nous allons faire. Il n'est pas question d'entrer par effraction. Je me montre toujours respectueux de la loi, et vous ?

– Moi aussi, répondit Mendel.

Sarah-Jane sentait qu'il y avait entre eux une sorte de connivence complexe qui lui échappait ; on aurait dit qu'ils souriaient, même si cela ne se voyait pas.

– C'est donc hors de question, reprit Jim. Aussi, je vous invite, vos associés et vous, à partager mon petit déjeuner, car il fait un temps pourri ce matin et que j'ai le droit d'inviter qui je veux sous mon toit. Seulement, comme nous sommes d'humeur facétieuse, nous n'allons pas entrer par la grande porte, mais en escaladant le mur de derrière et en passant par une fenêtre du premier étage. Et là… nous allons découvrir à l'intérieur des meubles qui ne sont pas à nous ! C'est trop fort ! Il vaut mieux les balancer par la fenêtre. Et ensuite, nous verrons sans doute un inconnu gravir l'escalier quatre à quatre pour voir ce qui se passe. S'il a le toupet d'user de violence à notre égard, provoquant ainsi notre colère et notre indignation légitimes, il aura droit à une jolie raclée.

Pendant que Mendel appelait ses hommes, Jim tailla sa branche et la fit tournoyer plusieurs fois.

– Habituellement, j'utilise toujours un coup-de-poing américain dans une bagarre, expliqua-t-il au gangster. Mais ça ne sert à rien contre des serpents de dix mètres ou des grenouilles venimeuses, alors je ne l'ai pas pris. Cette branche fera l'affaire.

Sarah-Jane balaya du regard la petite bande de criminels de Soho. Endurcis, couverts de cicatrices, ils semblaient mariner dans le péché depuis des années et Jim, avec son teint hâlé et sa lueur de malice qui brillait dans les yeux, ressemblait au capitaine des pirates.

– Eh bien, messieurs, dit-il. J'ai l'immense plaisir de vous convier à un petit déjeuner. Sarah-Jane, dès que nous serons entrés, vous essaierez de trouver Harriet. On ne sait jamais. Si elle est dans la maison, restez auprès d'elle jusqu'à ce que vous puissiez sortir en toute sécurité.

La jeune nurse sentait battre son cœur mais elle n'aurait su dire si c'était de peur ou d'excitation – peut-être les deux. Elle suivit Jim, M. Mendel et les autres sur le chemin qui longeait le mur de briques et ils franchirent le portillon pour se faufiler dans les épais fourrés, au fond du jardin.

Jim indiqua la structure en verre et en fer qui se dressait le long du mur du jardin, sur leur droite.

– En grimpant sur le faîte de ce mur, c'est un jeu d'enfant ensuite d'atteindre la fenêtre de la salle de bains au premier. Vous la voyez ? A côté du lierre ? Évidemment, si ce M. Parrish est dans son bain, nous devrons fermer les yeux en entrant. N'est-ce pas, Sarah-Jane ?

Celle-ci hocha la tête. Elle craignait d'avoir le vertige, mais ce n'était pas si haut que ça, finalement : trois mètres environ. Et cette fenêtre était hors de vue de la cuisine et de la salle à manger, où leurs ennemis semblaient être rassemblés.

Jim dénicha la vieille échelle couchée dans l'herbe et la dressa contre le mur.

– C'est parti, dit-il.

La tête de Sally heurta un bloc de maçonnerie et se retrouva sous l'eau ; sa chemise de nuit s'enroulait autour d'elle, et elle avait beau se débattre, elle n'arrivait pas à se libérer. Puis son visage creva la surface et elle sentit enfin un appui solide sous son pied.

Elle tendit le bras en l'air pour agripper ce qui se trouvait au-dessus de sa tête... c'est-à-dire rien. Mais soudain, ses doigts se refermèrent sur une forme dure et elle s'y accrocha, dans l'eau tourbillonnante et grondante.

Quelque chose pour poser les pieds... quelque chose pour s'accrocher.

– Je ne mourrai pas ! cria-t-elle. Je ne mourrai pas ! Sûrement pas !

Ses pieds glissaient ; elle sentit une prise pour sa main quelques centimètres plus loin. Elle agita les jambes et tenta de se hisser.

Si seulement elle avait pu voir ce qu'elle faisait ! Autant qu'elle pouvait en juger, la sécurité était juste là, à un pas, et la mort certaine tout aussi proche de l'autre côté. « Si tu raisonnes comme ça, tu vas être paralysée par la peur. » Alors, elle s'accrocha à sa prise (une barre de fer coincée au milieu des débris) et, peu à peu, serrant les dents, ignorant le tremblement de ses muscles, elle parvint à se hisser à moitié hors de l'eau.

Tâtonnant devant elle, elle sentit un espace libre. Derrière la barre de fer, il y avait une masse de briques, de mortier, de plâtre et de gravats mais, au-dessus, il y avait du vide.

Encore un effort et elle parvint à se dégager. Le corps couvert de bleus et d'égratignures, transie de froid, elle resta allongée sur la surface rocailleuse, le temps de reprendre son souffle.

Elle roula sur le dos. Des pierres et des petits morceaux de brique pointus lui rentraient dans les côtes, mais il y avait de la lumière au-dessus d'elle.

Une lumière réelle.

Car elle ne disparut pas quand Sally ouvrit les yeux : une petite tache de jour grise, tout là-haut…

Elle se redressa, tendant le cou, et se cogna la tête, provoquant une autre chute de pierres. Elle poussa un cri de douleur et chancela, faillit perdre l'équilibre et retomber dans l'eau.

Les mains sur la tête, elle leva de nouveau les yeux. Aucun doute : c'était la cage d'ascenseur, et tout là-haut, c'était le ciel !

– A l'aide ! cria-t-elle. A l'aide ! A l'aide !

Mais si toute la maison s'était effondrée, il n'y aurait sans doute personne pour lui répondre.

– Très bien, dit-elle à voix haute. Je vais sortir toute seule. Je ne mourrai pas ici comme un rat !

Sa voix lui paraissait étouffée et noyée par toute cette eau, mais c'était bon de pouvoir parler.

« Lève-toi, se dit-elle. Si tu vois une lumière, tu peux l'atteindre. Allez, remue-toi, fainéante ! Et si tu es trop grosse pour passer dans le trou, accroche-toi quelque part et hurle. Allez ! »

Avançant à tâtons, en essayant de ne pas se cogner à nouveau la tête, elle se redressa sur les gravats instables et leva les yeux. Elle sentait l'air frais, c'était merveilleux. Elle entreprit l'ascension.

Parrish n'était pas dans son bain. Il n'y avait personne au premier étage, comme le constata Jim pendant que Mendel et ses hommes entraient par la fenêtre. Ils étaient doués, pensa-t-il, silencieux et habiles. « Ce sont des professionnels, évidemment. »

– Il n'y a même pas de nursery, leur dit-il à voix basse. Le lit d'Harriet n'est plus là, ses jouets non plus… Je ne pense pas qu'ils aient l'intention de la faire venir ici. Sarah-Jane, restez quand même au premier. Veillez sur mon sac à dos. Ne le faites pas tomber, surtout ! J'ai rapporté une tête rétrécie pour Ellie.

La nurse prit le sac avec réticence, pendant que Jim s'entretenait avec Mendel. Sarah-Jane avait raison au sujet des meubles, lui dit-il, tout était nouveau dans la maison. Ils allaient les flanquer dehors. En commençant par une lourde et vilaine armoire qui se trouvait dans la chambre principale. Elle devrait atterrir dans l'allée, juste devant la salle à manger.

– J'aimerais les voir sauter en l'air ! jubila Jim. Je serais prêt à donner une livre pour ça. Allons-y ! On va commencer par l'armoire, et ensuite on s'occupera des autres meubles.

Ils traversèrent le palier à pas feutrés et entrèrent dans la chambre. Sarah-Jane les observait du palier. De là, elle avait une vue plongeante sur le hall et sur le jardin, par la fenêtre palière. Elle entendait des rires dans la salle à manger et une odeur de bacon grillé monta des cuisines lorsqu'une domestique passa dans le couloir avec un plat. La jeune fille brûlait d'excitation.

Les lattes du parquet grincèrent. Risquaient-ils de l'entendre ? Puis il y eut un raclement...

Et un gigantesque fracas à l'extérieur.

Suivi d'un silence total. Quelques secondes plus tard, un grand cri d'étonnement monta de la salle à manger. D'autres objets tombèrent par les fenêtres et Sarah-Jane eut l'impression d'assister à une pluie de meubles : un lit, deux chaises, une coiffeuse, une demi-douzaine de tiroirs, l'un après l'autre, puis la commode dont ils provenaient, avec leur contenu – cravates, chemises, sous-vêtements – qui dégringolaient sur la pelouse comme des oiseaux morts.

D'autres meubles suivirent : une table de chevet, un bureau, un deuxième lit, une planche à repasser, une deuxième commode, un fauteuil en bambou... C'est alors que la porte de la salle à manger s'ouvrit à toute volée.

– Qu'est-ce qui se passe, nom d'un chien ? brailla Parrish.

Il se figea en découvrant Sarah-Jane en haut de l'escalier.

Trois ou quatre hommes sortirent de la pièce derrière lui, le percutèrent et le projetèrent en avant de plusieurs pas, avant de se figer à leur tour. Le courtier tenait une serviette de table à la main. Sans quitter la nurse des yeux, il s'essuya soigneusement la bouche.

– Très bien, fit-il.

L'éclat de son regard, où se mêlaient la cupidité, le triomphe et la colère, la faisait trembler de peur, et elle se retourna vers le palier. Au même moment, un énorme vacarme retentit lorsqu'un objet sans doute très lourd s'écrasa dans l'allée. Tous les hommes sursautèrent.

- Il y a quelqu'un d'autre là-haut ! s'exclama l'un d'eux.

Parrish jeta sa serviette et bondit vers les marches. Sarah-Jane recula, effrayée. Soudain, Jim surgit à ses côtés.

– Qui est-ce ? lui demanda-t-il.

Parrish s'arrêta au milieu de l'escalier et leva la tête.

– C'est M. Parrish, répondit Sarah-Jane d'une voix à peine audible.

Elle s'écarta. M. Mendel et les autres s'étaient immobilisés en haut des marches. Elle n'avait encore jamais vu d'hommes se battre, mais elle savait que cela allait se produire.

Jim s'élança alors, à son tour, dans l'escalier, et Sarah-Jane comprit pourquoi il les avait fait entrer par la fenêtre : cela le plaçait dans la position de l'occupant légitime, alors que Parrish semblait être un intrus – conformément à la réalité. Jim s'immobilisa quelques marches au-dessus de Parrish.

– Qui êtes-vous ? demanda ce dernier.

– On ne s'introduit pas chez les gens pour exiger ensuite des précisions sur leur identité, répliqua Jim. Je vis ici. Pas vous. Je vous donne cinq minutes pour rassembler vos hommes, votre personnel et quitter les lieux. Passé ce délai, on vous flanque dehors. C'est une bien belle pendule que vous avez là. Cinq minutes. A partir de maintenant.

Une domestique sortit de la cuisine et se pétrifia en plaquant sa main sur sa bouche. Sarah-Jane la vit jeter un regard derrière elle et la tête d'un homme apparut dans la pénombre. Il regarda par-dessus son épaule, puis battit en retraite silencieusement.

La jeune fille se demandait si elle devait le signaler à Jim. Parrish descendait l'escalier à reculons, lentement. Il rejoignit ses hommes à la porte de la salle à manger et, tous ensemble, ils regardèrent Jim, Mendel et les autres descendre.

Jim se planta au pied des marches, son bâton à la main, décontracté. Il attendait. Mendel se tenait à ses côtés, les bras croisés, l'air d'un gentleman qui examine un tableau à la Royal Academy. Ses hommes étaient alignés derrière lui, brutaux, violents et effrayants. Mais, soudain, elle vit quelqu'un qui se tenait derrière Parrish lui glisser un objet dans la main…

L'instant d'après, le courtier brandissait un pistolet. En une seconde, le rapport de forces s'était inversé.

– Mains en l'air ! cria-t-il. Tout le monde ! Le dos au mur, vite !

Jim s'avança d'un pas. Parrish tira devant lui, à ses pieds. Le jeune homme s'immobilisa.

Sarah-Jane avait l'impression de rêver. Mais elle voyait certaines choses très nettement, comme le trou fait par la balle dans le tapis, ou un morceau de plâtre collé sur le crâne de M. Parrish… D'en haut, elle assistait à la scène, et son esprit s'emballait. Elle jeta des regards désespérés autour d'elle. Oui ! Il y avait quelque chose par terre, à côté de la porte d'une des chambres. Elle le souleva, revint vers l'escalier sur la pointe des pieds, se pencha au-dessus de la balustrade, visa et lâcha ce qu'elle tenait à deux mains.

La porcelaine blanche se brisa en mille morceaux et Parrish s'écroula. Le pistolet lui échappa. Déjà, Jim s'était jeté sur lui et Mendel ramassait l'arme. Mais l'un des hommes de Parrish lui fonça dessus et l'expédia dans le porte-parapluies. C'est alors que la bagarre éclata et, en quelques secondes, le hall devint le théâtre d'une mêlée furieuse. Sarah-Jane recula devant tant de férocité : un homme décochait des coups de pied dans la tête d'un autre... Quelqu'un tenait un rasoir... Et ces bruits qu'ils faisaient, ces grognements, ces craquements sinistres, tout cela sans dire un mot, se livrant à ces actes de violence comme s'il s'agissait d'une tâche ardue qui réclamait une grande concentration.

Sarah-Jane détourna la tête en frissonnant et regarda par la fenêtre. Un homme courait dans l'allée, vers la grille : c'était le domestique dont elle avait entraperçu le visage sur le seuil de la cuisine. Devait-elle lui crier de s'arrêter ? Prévenir Jim ? Que faire ?

Entre-temps, le combat avait pris fin. En bas, quelqu'un laissa échapper un long soupir qui ressemblait à un sifflement, pendant qu'un autre homme se frottait les mains. Soudain, la porte d'entrée s'ouvrit et il y eut un bruit de pas précipités.

Sarah-Jane se pencha de nouveau par-dessus la rambarde. Le dernier des hommes de Parrish sortait à quatre pattes. Mendel s'occupait d'un de ses acolytes, pendant qu'un autre se tamponnait la joue avec un mouchoir sale et qu'un troisième se recoiffait devant le miroir dans l'entrée.

Jim toisait Parrish, étendu sur le sol, inanimé.

Tremblant comme une feuille, Sarah-Jane descendit l'escalier. Elle l'avait tué ! Elle serait pendue ! C'était la pire chose qui lui soit arrivé.

Jim leva les yeux vers elle.

– Que lui avez-vous lancé sur la tête ?

– Un pot de chambre, dit-elle d'une petite voix. Il est mort ?

Jim éclata de rire.

– Mort ? Il ronfle comme un bébé. Je parie que c'est la première fois qu'il se fait assommer par un pot de chambre.

Mendel lui tendit un vase de fleurs qui avait échappé au carnage et Jim versa l'eau qu'il contenait sur la tête de Parrish. Tandis que celui-ci revenait à lui en crachotant, Jim se pencha pour le saisir par les revers de sa veste.

– Où est-elle ? demanda-t-il. Où est la petite ?

Parrish ne dit rien. Il était hébété, trempé et vaincu, mais ses yeux étaient glacés et il se contenta de jeter à Jim un regard haineux.

– Vous ne voulez pas parler, c'est ça ?

Jim le laissa retomber.

– Il est neuf heures, monsieur Taylor, dit Mendel. Le standard téléphonique va ouvrir. Je vais envoyer quelqu'un à l'hôtel pour téléphoner. Il me semble que vous aviez parlé d'un petit déjeuner ?

– Exact, dit Jim. Ses domestiques ont pris la clé des champs ?... Tant pis, nous nous débrouillerons pour faire des œufs au bacon, avec des toasts. Oh, pardon, pas de bacon pour vous. Commençons par ligoter cette crapule et nous verrons ensuite ce qu'il y a dans le garde-manger.

Il parlait d'un ton léger, mais Sarah-Jane voyait bien qu'il se faisait du souci au sujet d'Harriet. Aidé de

Mendel, il attacha Parrish par les pouces à la rampe d'escalier, puis il se rendit dans la cuisine avec toute la bande. Sarah-Jane se retourna pour jeter un regard au courtier, puis s'empressa de rejoindre les autres, car la haine qui brillait dans ses yeux lui donnait la chair de poule.

– Parlez-moi de ce dénommé Lee, demanda Jim quelques minutes plus tard, dans la cuisine. Le... Tzaddik ou je ne sais quoi. Qu'est-ce que ça signifie, au fait ?

– C'est un mot yiddish, expliqua Mendel. Il désigne un homme vertueux, un saint. Ou bien exactement le contraire, comme dans ce cas précis. Lee est l'employeur de Parrish, c'est lui qui l'a mis en place. Cet homme est impliqué dans une escroquerie complexe visant les immigrants juifs, sur laquelle a enquêté M. Goldberg. Mais il apparaît également dans cette histoire, car il semble très intéressé, bien plus que ce misérable Parrish, par l'enfant de Mlle Lockhart. C'est lui son véritable ennemi, Parrish n'est qu'un pion. Je suppose qu'on lui a donné cette maison en guise de paiement pour services rendus. Puis-je me permettre de vous demander la marmelade, mademoiselle Russell ?

Sarah-Jane était de plus en plus impressionnée par cet homme élégant et sûr de lui qui semblait entouré d'une aura de pouvoir, de richesse et d'autorité. Il se déplaçait avec des allures de prince, comme s'il disposait de plus d'espace que pour les autres mortels. Et pourtant, c'était un criminel de Soho ! Et il était là, dans la cuisine d'Orchard House, en train d'écouter respectueusement Jim, le traitant comme un égal... Sarah-Jane ne savait pas si elle devait être admirative ou choquée.

Soudain, elle entendit une voix dans l'entrée. Le domestique ! Celui qu'elle avait vu courir dans le jardin !

Elle tourna la tête vers l'entrée. Jim avait entendu lui aussi et se leva aussitôt.

Sarah-Jane lui emboîta le pas. Debout au pied de l'escalier, libéré, Parrish se massait les pouces. A côté de lui se tenait un policier en uniforme. Sarah-Jane en aperçut deux autres, par la porte d'entrée ouverte, qui contemplaient les meubles brisés et éparpillés.

– Voici la fille que j'ai congédiée, monsieur l'agent, dit Parrish. C'est sûrement elle qui les a fait entrer.

Jim s'avança.

– Bonjour, agent Andrews, dit-il. Content de vous voir.

Le policier paraissait mal à l'aise.

– Écoutez, monsieur Taylor, je sais que vous venez de rentrer de voyage et je suppose que vous n'êtes pas au courant. Mais nous ne pouvons tolérer ce genre de choses. Je suis navré, monsieur Taylor, mais je crains de devoir vous demander de me suivre au poste

– Moi ? Pour quelle raison ?

– Pour effraction. J'imagine que M. Parrish voudra aussi vous attaquer en justice pour violation de propriété privée, mais c'est lui que ça regarde. Soyez gentil de ne pas faire d'histoires...

– Vous plaisantez ? s'exclama Jim. Vous savez bien que je vis ici, espèce d'abruti ! Vous avez bu des dizaines de verres de bière dans la cuisine de cette maison. C'est cet homme que vous devriez arrêter !

Le policier dansait nerveusement d'un pied sur l'autre, il regarda Parrish, puis le sol.

– Je suis désolé, monsieur Taylor. La loi est de son côté, pas du vôtre. Si vous refusez de me suivre, je serai obligé de vous arrêter...

– Vous ne croyez tout de même pas que cette petite vermine aurait réussi son coup si M. Garland et moi avions été là, n'est-ce pas ? Il ne peut s'appuyer sur aucun argument valable, et vous le savez !

– Je suis obligé de gérer la situation telle qu'elle se présente, monsieur Taylor...

– Patron !

Un homme entra dans la maison en courant. Il s'arrêta net en découvrant la scène. C'était celui qui était allé téléphoner.

– Oui, Al ? demanda Mendel sur le seuil de la cuisine.

– C'est Mendel ! s'écria Parrish. Le chef du gang de Soho ! Il y a certainement une récompense pour...

Le policier n'en revenait pas. Mendel s'avança et Parrish se tut.

– Eh bien ? demanda-t-il au dénommé Al. Quelles sont les nouvelles ?

– Un des gars de Moishe Lipman a téléphoné il y a quelques minutes. Il paraît que la maison de Fournier Square... vous savez, celle qu'ils surveillent... s'est effondrée. Elle s'est écroulée !

– C'est là que se trouvait Mlle Lockhart ? demanda Jim. A Spitalfields ?

Mendel hocha la tête.

Le policier regardait tour à tour les personnes présentes ; visiblement, il ne savait quelle décision prendre. C'est pourquoi il ne parvint pas à arrêter Jim lorsque celui-ci passa devant lui en courant et s'échappa par la porte ouverte.

– Arrêtez-le ! cria l'agent Andrews à ses collègues qui se trouvaient dehors, mais Jim n'eut aucun mal à leur échapper.

Sarah-Jane comprit qu'il allait se précipiter à Spitalfields et que c'était à elle, désormais, qu'il revenait de régler cette affaire, car Mendel était un invité et il n'avait aucun pouvoir dans cette maison.

Dans le bref silence qui suivit, elle se racla la gorge et dit :

– Eh bien, monsieur l'agent, je propose que nous allions nous asseoir pour régler cette affaire. De toute évidence, il règne une certaine confusion dans l'esprit de M. Parrish car, comme vous le voyez, il a reçu un coup sur la tête. Si je préparais du thé ?

Il n'y avait jamais eu une telle foule dans Fournier Square depuis l'époque où la maison au coin de la rue avait abrité une Exposition des merveilles, parmi lesquelles une authentique sirène, une princesse hottentote et un enfant sauvage allemand. La pluie avait cessé, ajoutant à la satisfaction générale, qui connut son apogée lorsque le dernier pan de la maison encore debout s'effondra.

Les pompiers avaient sorti une demi-douzaine d'hommes et de femmes des gravats, mais la maison était grande, et les rumeurs qui circulaient parmi la foule parlaient d'un grand nombre d'occupants, d'un propriétaire mystérieux et infirme, d'une étrange machinerie, de pièces secrètes, de hurlements en pleine nuit...

C'était de mieux en mieux.

En milieu de matinée, les habitants des maisons voisines qui avaient été évacués purent rentrer chez eux et s'habiller. Des journalistes envoyés par tous les grands journaux avaient interviewé le chef des pompiers, les voisins et les passants ; des artistes faisaient des esquisses que des graveurs transformeraient ensuite en plaques pour les imprimer dans les hebdomadaires illustrés ; des vendeurs de tourte à la viande avaient installé leurs étals et un stand de café ambulant, tiré par un vieux cheval arthritique, les rejoignit bientôt pour faire de jolies affaires.

Les sauveteurs travaillèrent durant toute la matinée. L'un après l'autre, les employés de maison furent sortis des décombres. Trois d'entre eux y avaient trouvé la mort, six autres étaient blessés et, d'après les survivants, cinq autres personnes avaient disparu : un valet, un valet de pied, une domestique, le majordome et le maître de maison lui-même, M. Lee

Le secrétaire particulier, M. Winterhalter, avait la clavicule cassée mais, à part ça, il était indemne et aidait un policier à identifier les domestiques qu'on sortait des décombres et décrivait l'agencement de la maison pour guider les sauveteurs.

En lisière de la foule se trouvait Margaret Harrow. A ses côtés attendaient Rebecca Meyer, le bras en écharpe, et James Wentworth, l'avocat. Chaque fois qu'un des pompiers qui fouillaient les ruines poussait un cri, ils se rapprochaient tous les trois pour essayer de voir par-dessus les têtes, en retenant leur respiration, puis ils poussaient un soupir. Ils se parlaient à peine.

Soudain, Margaret sentit qu'on lui tapait sur l'épaule.

Se retournant, elle se retrouva face à face avec un Jim bronzé, les cheveux en bataille, les traits creusés par le voyage et l'air sombre. Ils s'étaient toujours bien entendus et Margaret eut envie de le serrer dans ses bras.

– Êtes-vous au courant de ce qui se passe ? demanda-t-elle en échangeant avec lui une poignée de main. Oh, pardonnez-moi, je vous présente Mlle Meyer, qui s'est occupée d'Harriet. Et M. Wentworth, notre avocat. Quand êtes-vous rentré ?

Jim lui raconta ce qui s'était passé à Orchard House.

– Parrish était toujours là-bas quand je me suis enfui. Sarah-Jane aussi. Monsieur Wentworth, j'aurai besoin moi aussi d'un avocat : cette sale vermine a réussi à mettre la police dans sa poche. Mais comment diable – pardon – en est-on arrivé là ?

Rebecca dit quelque chose en allemand. M. Wentworth traduisit :

– Vous n'avez repéré aucune trace de l'enfant à Twickenham, monsieur Taylor ? Mlle Meyer est très inquiète. Elle s'estime responsable.

– Dites-lui qu'elle n'y est pour rien. Voici ce que je pense : ce M. Goldberg a envoyé trois groupes à la recherche d'Harriet. Un groupe est venu ici, M. Mendel est allé à Twickenham et M. Goldberg à Clapham. Si Harriet n'est pas ici et si elle ne se trouvait pas à Orchard House...

Rebecca reprit la parole d'un ton pressant. Jim saisit au passage le nom de Goldberg et observa l'avocat, intrigué par cet homme à l'aspect miteux avec son visage laid et rusé et ses cheveux d'un roux flamboyant.

– Apparemment, traduisit M. Wentworth, M. Goldberg aurait empêché à lui seul une émeute ce matin. Une foule s'apprêtait à attaquer une boulangerie de Whitechapel, d'après ce qu'a entendu dire Mlle Meyer, et Goldberg a réveillé les habitants du coin, il a réclamé une chaise et il est monté dessus... pour raconter une histoire, et tout le monde s'est arrêté pour l'écouter ! Cette anecdote a déjà fait le tour de l'East End. M. Goldberg est une figure populaire au sein de cette communauté, monsieur Taylor. Mais Mlle Meyer me dit qu'il a été arrêté.

– Arrêté ? Lui aussi ? Mais attendez voir... s'il était à Whitechapel, il ne pouvait pas être à Clapham. Alors peut-être...

Soudain, Margaret poussa un cri et saisit l'avocat par le bras, en pointant le doigt vers la maison.

Un des pompiers faisait de grands signes. Il se pencha pour ôter des briques, puis une tête apparut, une épaule, un bras...

– Ce n'est pas Sally, commenta Jim, déçu.

Mais Rebecca hochait la tête et son visage s'éclaira. Elle débita quelques mots en allemand.

– Si, c'est elle ! répéta M. Wentworth. Mlle Meyer me dit qu'elle s'est coupé les cheveux et les a teints...

Jim n'attendit pas d'en savoir plus. Il se faufila au milieu de la foule, s'empara d'une couverture et escalada le tas de gravats, écartant les pompiers. Ils avaient réussi à la dégager entièrement. Épuisée, couverte d'ecchymoses et d'égratignures, elle gisait sur le tapis de briques. Et soudain, elle le vit ; ils n'étaient plus qu'à quelques pas l'un de l'autre.

– Si tu te voyais ! dit Jim. Tu devrais avoir honte de t'exhiber en petite tenue. Tiens, enveloppe-toi là-dedans...

Elle se blottit contre lui en tremblant, emmaillotée dans la couverture, et Jim l'aida à descendre le monticule de briques et de pierres ; ses bas étaient déchirés, elle avait les pieds en sang.

– Où est Harriet ? demanda-t-elle d'une toute petite voix.

– On la cherche.

Des mains se tendirent vers elle. Il y avait là Margaret, la petite Russe et un policier.

Un homme, avec un bras en écharpe et un fort accent allemand, s'exclama :

– C'est elle !

Déjà, le policier lui avait saisi l'autre bras.

– Mademoiselle Lockhart ?

Ils étaient sur le trottoir, à deux mètres seulement de la barrière qui retenait la foule.

– Oui ? fit Sally d'une voix enrouée, en frissonnant.

– Mademoiselle Lockhart, il est de mon devoir de vous arrêter pour tentative de meurtre. Tout ce que vous direz...

A ces mots, une onde d'excitation parcourut la foule et les trois journalistes les plus proches se précipitèrent pour réclamer des détails. James Wentworth dut maîtriser Jim qui semblait sur le point de frapper le policier. Le secrétaire assistait à la scène d'un air sévère, en se mordant la lèvre. Margaret et Rebecca escaladèrent la barrière pour venir en aide à Sally, qui venait, apparemment, de s'effondrer.

Sauf qu'elle n'était pas vraiment tombée. Elle s'était libérée des mains qui la tenaient, d'un geste agacé, et s'était assise sur le sol pour faire glisser un de ses bas déchirés et trempés, d'où elle sortit une feuille de papier pliée. D'une main tremblante, elle la tendit à Margaret :

– Dépliez-la ! Mais faites attention, surtout !

L'excitation de la foule et de l'instant semblait s'être transformée en un curieux vortex qui tourbillonnait autour de ce point immobile : un morceau de trottoir mouillé entouré de mille yeux. Devinant l'importance de cette feuille de papier et ne voulant surtout pas la déchirer, Margaret la déplia lentement et méthodiquement, en décollant un bord après l'autre. Sally avait plié la feuille en quatre. Si l'encre avait coulé...

Margaret sépara délicatement les deux derniers coins. Winterhalter était un homme précautionneux ; ses archives étaient faites pour durer longtemps. Il avait utilisé de l'encre de Chine et rien n'avait été effacé : on voyait encore la colonne des versements effectués à un certain P – P comme Parrish.

– Voilà ! dit Sally en levant les yeux, livide malgré son air triomphant que nul ne pouvait comprendre. J'ai réussi ! Maintenant, *où est ma fille ?*

29
Lecture à haute voix

La seule personne dans la foule qui connaissait la signification de ce document était le secrétaire. Il essaya de s'éclipser, mais Jim s'écria :

– Retenez-le !

Des mains jaillirent pour saisir Winterhalter. Il se débattit, foudroyant du regard le sergent qui avait tenté d'arrêter Sally. Le policier le regardait lui aussi, hébété. Puis M. Wentworth prit la parole :

– Sergent, quelles que soient les accusations portées contre Mlle Lockhart, sachez que je suis son avocat et que j'insiste pour qu'elle soit soignée avant toute chose. Et, une fois que nous aurons écouté ce qu'elle a à nous dire au sujet de ce document visiblement capital, vous pourrez décider si vous voulez toujours l'arrêter ou pas.

Le sergent nageait en pleine perplexité. Les événements se bousculaient ; en outre, il était conscient d'avoir outrepassé ses pouvoirs en tentant d'arrêter Sally car, en vérité, il ne savait pas trop qui elle était. Il avait agi en se fiant aux propos du secrétaire et il se souvenait vaguement, aussi, d'avoir lu un avis où il était question de kidnapping. Mais si cette femme demandait où était l'enfant, elle ne pouvait pas l'avoir volé… Bon sang ! Il n'y comprenait plus rien à ce sac de nœuds…

– Venez par ici ! ordonna-t-il d'un ton sévère.

Winterhalter exigeait haut et fort d'être relâché, mais personne ne lui prêtait attention, car Sally s'était évanouie. Jim la tenait dans ses bras, M. Wentworth et Margaret s'ouvraient un passage au milieu de la foule.

– Agent Willis, dit le sergent d'un ton hésitant, suivez ce fiacre. Ne le perdez pas de vue. Et vous autres, déguerpissez ! Dégagez la chaussée ! Allez, ouste !

– Faites bien attention au document, dit Sally, à demi consciente. Oh, Jim, c'est vraiment toi ? Sais-tu qui était cet homme, là, dans la maison ?

– Le Tzaddik, répondit-il. C'est ce qu'on m'a raconté.

– C'était Ah Ling ! Hendrik Van Eeden ! Tu te souviens… il y a longtemps… il a tué mon père… à cause de l'opium.

Jim faillit la laisser tomber.

– Mais… tu l'avais tué !

– Non. Je ne l'ai pas tué, ce soir-là. Quelqu'un l'a sauvé. Il était totalement paralysé. Et depuis ce jour…

Elle dut s'interrompre lorsqu'ils l'aidèrent à monter en voiture.

– Depuis ce jour, reprit-elle, il mourait d'envie de se venger. Et maintenant, il est mort pour de bon. Tué par sa soif de vengeance. Mais, dans la cave, Jim, j'ai essayé de le sauver. Je t'assure. Je l'ai tenu hors de l'eau, je l'ai maintenu en vie...

Elle s'évanouit de nouveau. Jim regarda les autres, il était abasourdi.

– Vous avez entendu ce que j'ai entendu ? Le type qui se cachait derrière tout ça... C'était donc une histoire de vengeance !

– Si j'ai bien compris, dit M. Wentworth, Mlle Lockhart peut se défendre d'avoir tenté d'assassiner cet homme hier en affirmant qu'elle a essayé de le tuer il y a longtemps ? Ou ai-je mal compris ?

Tenant toujours Sally dans ses bras, Jim jeta un regard noir à l'avocat : se permettait-il d'ironiser ? Après réflexion, il décida que non.

– Oui, c'est à peu près ça, répondit-il.

Margaret n'avait pas lâché le document. Elle l'examina, essayant de comprendre ce que signifiaient les colonnes de chiffres.

– C'est le registre des paiements, des sommes d'argent perçues, dit-elle. Mais y a-t-il une colonne plus importante que les autres ? Je l'ignore.

– Donnez-le-moi, je vais le faire sécher, dit l'avocat en ouvrant son vieux cartable miteux pour en sortir une feuille de buvard pliée en deux. Il glissa le document à l'intérieur.

Sally était revenue à elle.

– Goldberg..., dit-elle d'une voix faible. Il détient un carnet... Il appartenait à Parrish.

– Ah ! fit M. Wentworth. Je commence à comprendre.

Une lueur malicieuse illuminait son visage laid et expressif. Jim ne put s'empêcher de sourire à son tour. Puis il déclara :

– Il faut que je retourne à Twickenham, le plus vite possible. Sarah-Jane est seule pour affronter Parrish et un policier – et je crois que toute cette histoire l'a ébranlée.

Il leur raconta ce qui s'était passé dans la maison en s'attardant avec délices sur la scène du pot de chambre.

– Elle croyait l'avoir tué. Elle se voyait déjà au bout d'une corde, j'en suis sûr. C'était écrit sur son visage...

– J'ose espérer qu'elle a été surprise par le coup de feu et qu'elle a laissé tomber le pot de chambre par inadvertance, dit M. Wentworth. Je compte sur vous pour le lui rappeler. Mais Parrish n'a pas été blessé, n'est-ce pas ?

Il regarda par la vitre et cogna au toit du fiacre.

– Cocher ! Arrêtez-vous ici, je vous prie. Je vais marcher jusqu'à Clerkenwell. La prison est à deux pas d'ici.

Le petit homme sauta du fiacre avec agilité.

– La prison ? répéta Margaret.

– Le centre de détention de Clerkenwell, précisa Jim. Goldberg ?

L'avocat hocha la tête.

– Conduisez-les à l'hôpital, dit-il au cocher.

Il s'adressa à Jim et Margaret :

– Je vous rejoindrai là-bas dès que possible.

Sur ce, il s'éloigna et Jim le regarda remonter la rue d'un pas vif, toujours boitillant, puis il se tourna vers Margaret.

– C'est un gars bien, commenta-t-il. Où l'avez-vous déniché ?

– Tout près du cabinet, au coin de la rue. Il était là, sous notre nez, pendant que cette espèce d'avocat à la manque les laissait s'emparer de tous les biens de Sally ! Ah, si elle avait eu M. Wentworth avec elle depuis le début...

– Quel méli-mélo ! dit Jim. J'ai l'impression que je devrais me trouver dans six endroits différents à la fois. Il y a cette accusation stupide qui pèse sur la tête de Sal, et Harriet qui a disparu...

– Sans oublier notre cabinet au bord de la ruine, ajouta Margaret d'un ton morne. Parrish s'est emparé de tout ce qu'il pouvait, et tout cela était parfaitement légal !

Jim regarda par la vitre. Le fiacre franchissait le portail de l'hôpital Saint-Bartholomew, à Smithfield.

– Nous sommes arrivés, dit-il en regardant sa montre. Pouvez-vous rester avec elle ?

– Évidemment. De toute façon, il n'y a rien à faire au cabinet.

– Je vais essayer de dénicher un téléphone. Je connais un numéro où on me donnera peut-être des nouvelles.

Il se pencha sur Sally, caressa ses cheveux courts avec une tendresse un peu brusque, sauta hors du fiacre et disparut.

Un peu plus tôt, dans un poste de police de Lambeth, Conrad et Tony avaient eu une discussion animée avec le sergent. Ils avaient été conduits là *manu militari* par l'agent qui les avait découverts dans l'écurie, et tous deux considéraient avec mépris le motif de leur arrestation.

– Des bébés ? cracha Conrad. Il est toqué ou quoi, ce poulet ?

– Je vais te toquer quelque chose, moi ! répliqua le policier, mais le jeune garçon esquiva le coup

– Bon, voyons ça, dit le sergent. Quel est le motif de la plainte, monsieur l'agent ?

– Le motif, c'est qu'il est aveugle ! lança Tony. Aveugle ou toqué.

– Silence ! rugit le sergent.

– Ces deux énergumènes, répondit l'agent d'un ton très digne, ont été vus en possession d'un bébé, ou d'un jeune enfant, dont le propriétaire de l'écurie, M. Hackett, a estimé qu'il était certainement volé.

Conrad et Tony ricanèrent. Le sergent frappa du poing sur son bureau.

– Je les ai donc appréhendés, conclut l'agent, pitoyablement.

– Et où est le bébé ?

– Ah... C'est que... il était avec l'autre bande.

– Quelle autre bande ?

– La première bande, celle qu'il a flanquée dehors.

– Il a fait quoi ? Cet homme voit une bande de voyous avec un enfant volé, il les flanque dehors, et vous, vous en arrêtez d'autres pour compenser ?

- Eh bien...

– Je vous félicite. Vous avez inventé une nouvelle façon d'assurer le maintien de l'ordre. On ne recherche plus ceux qui ont commis le crime, on arrête les premiers individus qui se présentent. Quelle économie pour le cuir des bottes ! Quelle avancée stupéfiante dans la jurisprudence criminelle ! Quelle...

– On peut s'en aller, alors ? demanda Tony.

– Non ! crièrent en chœur le sergent et l'agent de police.

– Mais, sergent..., dit Conrad.

- Allons, on n'a rien fait, insista Tony.

– On va vous causer du tracas, plaida Conrad.

– Il va falloir nous flanquer une accusation sur le dos ! fit Tony.

– Vous allez voir ce que je vais vous mettre sur le dos, menaça le sergent.

– Je vais prévenir mon avocat ! s'écria Tony.

– J'aimerais bien voir ça, se moqua l'agent.

– Où est ce bébé, alors ? insinua Conrad.

– Vous pouvez retourner mes poches et me pendre par les pieds, vous trouverez aucun bébé sur moi, assura Tony.

– Ça suffit comme ça, gronda le sergent.

– Qui a envie d'un bébé, d'ailleurs ? fit mine de s'interroger Conrad.

– *Eux,* sergent ! Le propriétaire le jure, s'exclama l'agent.

– Il sait pas ce qu'il raconte, jeta Tony.

– Je connais la loi ! *Habeas corpulus* ! Vous devez montrer le corps ! Alors, où est-il, hein ? s'enquit Conrad.

– Exactement ! Où est le corps ? répéta Tony.

– DEHORS ! hurla le sergent.

Cinq secondes plus tard, les garçons étaient sortis du bâtiment et tournaient au coin de la rue. Conrad secoua la tête avec un mélange de pitié et de mépris.

– Ils sont pathétiques, tu ne trouves pas ? Essayons de retrouver les autres. Je parie pour chez Ravelli.

– Moi, pour le Dog & Duck.

Ravelli était une abréviation pour désigner *L'Entrepôt de produits italiens importés d'Antonio Ravelli e figli, propriétaires.* Les produits italiens en question étaient des pâtes, des fruits secs, de l'huile d'olive, etc., qu'Antonio Ravelli et ses *figli*, ses fils, stockaient dans un local derrière un atelier de construction mécanique de Duke Street. La bande avait trouvé un moyen de s'y introduire un mois plus tôt, par le petit jardin abrité derrière le bâtiment principal. Ils avaient arraché une planche de la palissade pour faciliter leur fuite. C'est là que Conrad et Tony se rendirent en premier, et la chance fut de leur côté.

A vrai dire, ils eurent la chance de tomber sur Bill et Liam qui se battaient dans la cour, sous les regards enthousiastes des autres qui prenaient des paris.

– Qu'est-ce qui leur prend ? demanda Conrad au spectateur le plus proche, alors qu'il se faufilait par le trou dans la palissade.

– C'est à cause de Bridie, expliqua le garçon. Ils sont jaloux l'un de l'autre.

– Oh, fit Tony, déçu.

Si la seule raison qu'ils avaient de se battre, c'était une fille, ça voulait dire qu'ils ramollissaient. Mais le combat faisait rage, malgré tout : les poings, les pieds, les têtes, les genoux et les coudes étaient des armes autorisées entre rivaux ; en revanche, les ceintures, les couteaux et les coups-de-poing américains étaient interdits.

– La gamine est ici ? demanda Conrad.

Mais le combat redoublait de violence et personne ne lui répondit. Jetant un coup d'œil par la fenêtre de l'entrepôt, il aperçut Bridie et la fillette assises sur une balle de paille, un sac de macaronis posé entre elles. Bridie montrait à la fillette comment envoyer une plume dans les airs en soufflant dans un macaroni.

– Parfait, dit Conrad. Tu crois qu'ils ont le téléphone dans cet entrepôt ?

Tony regarda le toit, hocha la tête d'un air indifférent et reporta son attention sur le combat. Conrad poussa un soupir, avant de s'attaquer à la serrure avec le plus grand sérieux.

Voilà pourquoi, lorsque Jim demanda à l'opératrice du téléphone de lui passer le numéro 4214 et put enfin parler à l'homme qui se trouvait à Soho, celui-ci lui répondit d'aller à Lambeth, dans Duke Street : il y trouverait l'enfant.

– Laisse-moi t'accompagner, pria Sally cinq minutes plus tard en essayant de se redresser dans son lit. Il faut que…

– Reste ici ! ordonna Jim. Tu ne bougeras pas tant que toutes ces plaies n'auront pas été nettoyées et recousues. Dieu sait quelles maladies affreuses tu as pu attraper en pataugeant dans cet égout. Pas vrai, docteur ?

Le médecin hocha la tête.

– Je n'ai pas fini de vous examiner, mademoiselle Lockhart. Si vous partez, je décline toute responsabilité.

– Asseyez-vous sur elle, Margaret, dit Jim.

– Mais que s'est-il passé ? Où est-elle ?

– Apparemment, ton ami Goldberg a réussi à la faire sortir de chez Parrish à Clapham. Maintenant, elle est avec des amis, à Lambeth. Si tu veux bien me rendre ma main, je vais faire un saut de l'autre côté du fleuve pour aller la chercher.

Sally lâcha sa main.

– Goldberg ? dit-elle.

A cet instant, un soulagement intense balaya la tension accumulée et elle fondit en larmes. Jim en profita pour s'éclipser.

Après un interminable trajet en fiacre pour franchir Blackfriars Bridge, un échange furieux et obscène avec un jeune Irlandais sale et méfiant à travers une palissade en mauvais état, il se retrouva dans la cour de l'entrepôt de produits italiens. Une bande de… de quoi ? de lutins ? de farfadets des rues ? assis dans la cour, s'amusait à lancer des pièces en l'air. Le garçon qui l'avait autorisé à entrer lui indiqua la porte.

– Il est en train de lui lire un livre, déclara-t-il fièrement.

Le combat était terminé. Bill et Liam avaient finalement décidé qu'une fille suffisamment docile pour laisser deux gars se battre à cause d'elle n'en valait pas la peine, mais ils s'étaient régalés avec cette bagarre et, maintenant, ils se prélassaient dans la paille. Pendant que Bill faisait la lecture à Harriet.

– Tu vois les lapins ? dit-il. Écoute bien. C'est chouette. « Comme les petits ont l'air mignons à côté de leur mère, ils semblent tous si heureux. »

– Ils m'ont plutôt l'air foutrement tristes, dit Liam. Je t'en filerais pas trois pence.

– Foutrement tristes, répéta Harriet.

– Non, écoute, écoute. « Tous les frères et les sœurs devraient s'aimer, et ils seraient heureux eux aussi. Nous ne devrions jamais laisser les animaux nous sur… surpasser dans le domaine de l'affection. »

– T'as rien trouvé de mieux ? demanda Liam.

Mais Harriet montrait la porte du doigt et les deux garçons tournèrent la tête vers Jim.

Ils se redressèrent avec lenteur et se rapprochèrent d'Harriet d'un même mouvement. Leur expression s'était modifiée en quelques secondes : ils étaient crispés et dangereux, prêts à se battre. Jim était impressionné.

Il posa son sac à dos et s'accroupit en tendant les bras vers la fillette.

– Regardez ! gazouilla-t-elle en repoussant les mains des deux adolescents. Oncle Jim !

Elle tenait dans la main un macaroni tout collant et sale. Elle le porta à sa bouche et souffla dedans pour faire s'envoler une plume posée dans sa paume noire de crasse.

– Bravo, dit Jim. On appelle ça une sarbacane. Ils ont les mêmes dans la jungle, d'où je reviens. Tu veux rentrer à la maison maintenant ? Retrouver maman ?

La fillette semblait hésiter.

– Oncle Webster est à la maison, lui aussi, ajouta Jim. Et Sarah-Jane. Et je parie que Mme Perkins a des macaronis dans sa cuisine pour faire des sarbacanes.

– Tiens, dit la plus belle voix que Jim ait jamais entendue.

Levant la tête, étonné, il découvrit une fille de quinze ou seize ans, aussi sauvage que cette bande de garçons, avec des yeux en amande, mince et sale, mais possédant une voix qu'on ne pouvait pas oublier après l'avoir entendue. Elle tendait un sac en papier marron à Harriet.

– Emporte-les chez toi, pour ton dîner.

Harriet sortit du sac une chose ratatinée qu'elle mâchonna énergiquement.

– C'est des figues séchées, expliqua la fille. Je les ai trouvées par là. Y en a plein d'autres.

Jim se releva. Les deux garçons semblaient toujours méfiants, mais la tension était retombée.

– Que s'est-il passé ? demanda Jim. Elle était donc à Clapham ?

– Ouais, répondit le garçon avec l'œil au beurre noir. M. Goldberg a mené l'assaut. On l'a libérée.

– On a balancé un pot de chambre sur le ciboulot du petit bonhomme ! s'exclama un garçon à la porte.

Jim n'en revenait pas. « Deux fois dans la même journée ! Je me suis donc trompé... »

– Bravo ! dit-il. Tu aimes lire ?

– Ouais, répondit le garçon à la lèvre fendue. Je peux lire n'importe quoi.

– Je t'enverrai des romans d'aventures. Je suppose que vous avez eu des frais pour vous occuper de cette jeune dame. Voici cinq livres sterling. Vous avez fait du bon boulot, tous.

L'argent fut reçu avec des hochements de tête approbateurs. Ce qu'ils approuvaient, c'était la sensibilité et la perspicacité de Jim, qui savait accorder un prix réaliste à leurs efforts.

– Les romans d'aventures, dit le garçon, me les envoie pas ici. C'est juste une planque. Envoie-les chez M. Goldberg à Soho.

– Tu es un de ses amis ?

Le garçon hocha la tête.

– J'ai appris qu'il était en prison, dit Jim.

– Pfft ! C'est rien. Il va pas y rester longtemps. Ils pourront pas le retenir. Ils ont pas réussi à le garder en Russie, ni en Hongrie. Il s'est échappé de ce grand château avec une grosse tour ronde qui s'appelle Kufstein. Avec une corde. Alors, s'ils s'imaginent qu'ils vont le garder à Clerkenwell, ils se fourrent le doigt dans l'œil !

Jim était allé à Kufstein et il avait vu ce château.

– Autrement dit, c'est un gars bien, ce Goldberg ? demanda-t-il.

On lui répondit par des hochements de tête, particulièrement vigoureux de la part de Conrad et de Tony.

– Il a partagé ses derniers cigares avec nous ! dit Conrad. Ce gars-là, il est réglo !

– Très bien, dit Jim en soulevant Harriet dans ses bras, pour découvrir, trop tard, qu'elle avait fait pipi. On rentre à la maison, princesse.

La bouche pleine de figue, Harriet dit au revoir en faisant de grands gestes avec le sac en papier, alors qu'ils s'éloignaient dans la rue animée dont les pavés mouillés commençaient à fumer sous le pâle soleil.

L'Ordre noble et sacré de l'émanation bénie de la très sainte Sophie.

A qui de droit :

J'écris cette lettre afin de rectifier une inscription erronée dans le registre des mariages de la paroisse St Margaret de Portsmouth, où je fus pasteur de 1870 à 1880. Cette inscription concerne le mariage célébré le 3 janvier 1879 entre Arthur James Parrish et Veronica Beatrice Lockhart.

Ce mariage n'a jamais eu lieu. J'ai moi-même falsifié le registre, étant à l'époque victime de pressions personnelles et médicales de nature insupportable. Aujourd'hui, je regrette profondément mon geste et je demande humblement pardon pour le désespoir qu'il a pu causer à des personnes innocentes.

Je vous supplie de me dispenser de toute implication plus importante dans cette triste affaire. J'estime m'être déchargé de toute responsabilité en avouant la vérité et j'ai l'intention de consacrer le restant de mes jours à des choses beaucoup plus importantes, à savoir le salut de mon âme et la contemplation des mystères divins.

G. Davidson Beech

Margaret posa la lettre et regarda James Wentworth assis de l'autre côté du bureau.

– Comment avez-vous fait ?

– Je lui ai dit que, s'il refusait de rédiger cette lettre, il serait obligé de venir témoigner devant la cour. Il s'est mis à gémir et à se tortiller, mais je suis resté intraitable. C'est un individu méprisable.

– Et que s'est-il passé au tribunal ?

– Nous avons gagné, évidemment, répondit-il, avec une certaine suffisance, pensa-t-elle. Avec le carnet fourni par M. Goldberg et le document de Mlle Lockhart, l'affaire a été réglée en cinq minutes. Tout ce qui a été confisqué sera restitué. Et vous constaterez, je pense, qu'il ne manque pas grand-chose : Parrish était un homme d'affaires prudent. Et très efficace. Nous porterons plainte contre lui en cas de pertes, et celles-ci seront remboursées dans leur totalité. Tous les documents seront rédigés le plus tôt possible…

– C'est-à-dire ? demanda Margaret. Je connais les avocats.

– Ce ne sera pas long, je vous assure. Parrish a eu le culot de porter plainte pour la destruction de ses meubles, mais il sera débouté. Ils sont en train de préparer le dossier d'accusation le concernant, mais ça prend plus de temps que prévu, car de nouveaux éléments ne cessent de remonter à la surface.

– Et M. Goldberg ? demanda Margaret.

– Là, ce fut plus difficile. Il ne fait aucun doute que le crime dont on l'accuse, s'il s'agit d'un crime, est politique, l'extradition n'était donc pas applicable. Mais ils pouvaient toujours le déporter s'ils en avaient envie. Et ils en avaient envie. Du moins le commissaire adjoint que Lee avait mis dans sa poche. Alors, je lui ai montré la déclaration sous serment rédigée par la tenancière d'une des maisons dont Parrish tirait des bénéfices.

Margaret émit un petit grognement évasif. Elle n'était pas certaine de pouvoir parler de maisons closes sans rougir. Wentworth enchaîna :

– Le scandale serait retentissant. Il l'a bien compris, et Goldberg n'a donc plus rien à craindre. Il va être libéré cet après-midi, dès que les formalités auront été accomplies. Mlle Lockhart va venir avec moi pour l'accueillir. Et M. Taylor également.

– Jim brûle de curiosité, dit Margaret. C'est le plus vieil ami de Sally. Ils sont comme frère et sœur. Et il s'en veut terriblement de ne pas avoir été là quand tout ça est arrivé, de n'avoir pas pu.. être avec elle. J'allais dire la protéger, mais ils ne voient pas les choses ainsi tous les deux. Jim sait combien Sally est forte. Mais maintenant, il entend tellement parler de Daniel Goldberg… Jim était un très bon ami du père d'Harriet, vous savez… Bref, je crois qu'il est intrigué.

Le lendemain matin, derrière Orchard House, Jim réparait la construction au toit de verre située près du mur du jardin, en compagnie d'un homme d'une soixantaine d'années, encore plus bronzé que lui, svelte, à l'air coriace, avec une barbe grise et des cheveux courts de la même couleur.

Alors qu'ils installaient soigneusement une autre plaque de verre et ôtaient l'excédent de mastic, l'homme dit :

– Parle-moi de ce Goldberg.

Jim regarda le soleil en plissant les yeux et repoussa les cheveux qui lui tombaient devant les yeux.

– Eh bien, il... Je vais vous raconter ce qui s'est passé. Sal, l'avocat et moi, on était tous les trois dans une petite pièce étouffante à la prison et on échangeait des banalités polies du genre : « La pluie a enfin cessé, quel soulagement » ou « Ont-ils vraiment besoin de toutes ces clés ? » etc. Sal ne tenait pas en place, un vrai boisseau de puces. Au bout d'un moment, on a arrêté de parler et on a regardé par la fenêtre. Soudain, il y a eu un nouveau tintement de clés, la porte s'est ouverte et il est entré avec un gardien. C'est un gars costaud avec des épaules larges et des mains puissantes. Des cheveux presque noirs, un grand nez et un regard pénétrant. Dès que la clé a tourné dans la serrure, Sally s'est levée. Elle ne donnait pas l'impression de bouger, et lui non plus, et pourtant, ils se sont retrouvés enlacés, en train de s'embrasser comme si... comme s'ils étaient seuls au monde.

– De s'embrasser ? dit l'homme d'un air amusé.

– Les mots me manquent, monsieur Webster.

– Mais non, répondit Webster Garland. Peut-être que tu n'arrives pas à les trouver, mais c'est différent. Je comprends maintenant pourquoi elle avait la larme à l'œil hier soir.

– Je savais plus où me mettre. L'avocat non plus. Alors, comme des gentlemen, on les a laissés en tête à tête. Ils sont sortis après une minute ou deux, ou dix, et on a eu droit aux présentations officielles.

– Et ensuite ?

– Ah, oui. J'ai tout de suite senti que c'était un gars bien. Il a peur de rien, comme Fred. Imaginez un peu : il libère Harriet à Clapham, il reçoit une balle dans l'épaule, il va jusqu'à Whitechapel à pied et là, il fait face à une foule survoltée, il leur raconte une histoire pour les calmer en attendant l'arrivée de la police. Ça ne fait aucun doute : il ne manque pas de cran.

Webster Garland hocha la tête.

– Parfait, dit-il. Tout va bien, alors.

Il se retourna vers la maison, où Ellie et Sarah étaient en train d'accrocher des rideaux.

– Parfait, répéta-t-il. Allez, au boulot, mon gars. Passe-moi le mastic. Il faut finir ça avant le déjeuner.

Sally flânait sur le quai Victoria, juste sous les Temple Gardens. Harriet lui tenait la main et observait tout ce qui l'entourait d'un air solennel.

Elles s'arrêtèrent près de Temple Pier et Sally hissa la fillette sur le mur de la jetée pour qu'elle puisse voir les bateaux. Les embarcations à vapeur, les péniches, les skiffs, les barges, chargés de charbon, de grain ou de balles de coton, qui naviguaient sur l'eau d'un gris vert, et le vacarme de la circulation derrière elles, les mouvements lointains des voitures, des chevaux et des piétons sur Blackfriars Bridge à gauche et Waterloo Bridge à droite... Tout cela paraissait innocent désormais, inoffensif. Aucune menace ne planait sur elles, Sally pouvait se promener avec son enfant sans avoir à se cacher, elle avait de l'argent en poche et un toit.

La ville était un endroit sûr. Mais pas pour tout le monde, pas encore. Harriet et Sally revenaient de la mission de Whitechapel où, en arrivant pour présenter leurs remerciements, elles avaient trouvé Angela Turner qui s'occupait d'une femme frappée si violemment par son mari que ses jours étaient en danger. Mais Angela n'avait pas pu lui accorder toute son attention à cause d'une épidémie de typhoïde qui sévissait un peu plus loin dans la rue, et des femmes qui faisaient le siège de la mission pour réclamer des médicaments.

Ainsi, ça continuait. Elles avaient aussi rendu visite à Rebecca, chez les Katz, et elles avaient appris qu'un certain nombre de juifs avaient été débarqués à Hull par un passeur qu'ils avaient payé pour qu'il les conduise en Amérique. Après leur avoir fait croire qu'ils étaient à New York, il s'était volatilisé avec leur argent. C'était sans fin. L'empire du Tzaddik s'était écroulé, mais rien n'avait changé.

Et Sally avait encore tellement de choses à faire. Mais pas toute seule, elle avait retenu la leçon. Pour obtenir des résultats dans ce monde, il fallait travailler avec d'autres personnes. Il fallait rejoindre des mouvements, apprendre, organiser des groupes, faire des discours. Comme c'était étrange : au cours de ces heures passées dans la cave avec Ah Ling, son ancien ennemi, elle avait enfin découvert ce pourquoi elle était née. Et elle s'estimait incroyablement chanceuse. Avoir un vrai travail à faire, et en avoir conscience !

Et puis, il y avait Goldberg. Ce qui s'était passé à la prison les avait tous deux pris au dépourvu ; ensuite, ils s'étaient montrés plus réservés, presque cérémonieux. Mais Sally allait l'épouser. Elle avait pris cette décision dans la cave. Il ne le savait pas encore. Elle se demandait quand elle allait le lui dire. Ce serait… risqué, difficile, orageux, voire dangereux, car en dépit de ses intentions louables – demander la nationalité britannique, fonder son journal et siéger un jour au Parlement – il avait en lui le goût du risque, aussi ancré que chez Jim. Sans oublier ses épouvantables cigares.

Mais il était le seul. Le seul homme au monde qui… Qui quoi ? Qui fût à la hauteur.

Il était né pour ça…

Une rafale de vent lui arracha son bonnet, mais Sally le rattrapa juste avant qu'il ne tombe dans l'eau. Harriet éclata de rire.

– Encore ! dit-elle.

– Non. Une fois, ça suffit. Allons-y, ma chérie. On va être en retard.

– Pour voir Dan, dit la fillette alors que sa mère la reposait sur le sol.

– Exactement. Nous allons à Soho pour voir Dan. J'ai quelque chose à lui dire. Et ensuite… On rentrera à la maison pour prendre le thé.

Elle héla un fiacre et donna au cocher l'adresse de Soho. Alors qu'elle s'installait sur la banquette, hissant Harriet sur ses genoux pour qu'elle puisse regarder par-dessus la tête du cheval, Sally ajouta :

– Et on ne laissera plus jamais qui que ce soit nous faire des misères.

– Ça m'ferait mal, conclut Harriet.

TABLE DES MATIÈRES

PHILIP PULLMAN

L'AUTEUR

Philip Pullman est né en Angleterre, à Norwich, en 1946. Il a vécu durant son enfance en Australie et au Zimbabwe où il a effectué une partie de sa scolarité. Diplômé de l'université d'Oxford, il a longtemps enseigné dans cette ville où il vit toujours avec sa femme.

Il est, dès son plus jeune âge, passionné par les contes. Très vite, il veut devenir écrivain – terme qu'il juge cependant inapproprié. Philip Pullman adopte une position modeste par rapport à la création littéraire : pour lui, il ne fait qu'écrire des histoires. Derrière cette discrétion, se cache un homme de caractère. A travers ses personnages, on peut percevoir une vision positive de l'homme. Philip Pullman a contruit une œuvre à son image, tout à la fois rigoureuse et fantaisiste, dynamique et originale.

La plupart des livres de Philip Pullman sont destinés à la jeunesse, mais il écrit aussi pour les adultes et signe, à l'intention des jeunes spectateurs, des adaptations théâtrales d'œuvres littéraires célèbres.

Il est l'auteur de la célèbre trilogie ***A la croisée des mondes***, publiée par Gallimard Jeunesse. Le troisième tome, *Le Miroir d'ambre*, a reçu le prix Whitbread 2001, l'une des deux plus prestigieuses récompenses anglaises, attribuée pour la première fois de l'histoire des prix littéraires à une œuvre de littérature de jeunesse.

Il a également publié aux éditions Gallimard Jeunesse *J'étais un rat !* dans la collection Folio Junior, et *La Magie de Lila*, *Le Comte Karlstein* et *Le Pacte du Diable* dans la collection Folio Cadet.

Découvrez les autres aventures de
SALLY LOCKHART
parues en Folio Junior

LA MALÉDICTION DU RUBIS

Lorsque son père disparaît en mer de Chine dans des conditions suspectes, la jeune et intrépide Sally Lockhart se retrouve livrée à elle-même dans le Londres inquiétant de l'époque victorienne... Sans qu'elle le sache encore, un grand danger rôde autour d'elle. Parviendra-t-elle à percer le secret du rubis fabuleux qui excite les convoitises et sème la mort autour de lui ? Il semble être au cœur du mystère...

LE MYSTÈRE DE L'ÉTOILE POLAIRE

Sans renoncer pour autant à ses activités de détectives, Sally Lockhart est devenue conseillère en placements financiers. Et quand l'une de ses clientes, après avoir perdu ses économies dans la faillite d'une entreprise, vient lui demander de l'aide, elle se retrouve sur la piste d'un homme d'affaires puissant et sans scrupule à la tête d'une mystérieuse usine : L'Étoile Polaire. Pour Sally, commence alors l'enquête de tous les dangers...

Découvrez la célèbre trilogie
de **Philip Pullman**
parue chez Gallimard Jeunesse

« À LA CROISÉE DES MONDES »

LES ROYAUMES DU NORD

Quand Roger, le meilleur ami de Lyra, disparaît, victime des ravisseurs qui opèrent dans tout le pays, elle n'hésite pas à se lancer sur ses traces. Un voyage vers le Grand Nord, périlleux et exaltant, qui lui apportera la révélation de ses extraordinaires pouvoirs et la conduira à la croisée des mondes.

LA TOUR DES ANGES

Le jeune Will, à la recherche de son père disparu depuis de longues années, est persuadé d'avoir tué un homme. Dans sa fuite, il franchit une brèche presque invisible qui lui permet de passer dans un monde parallèle. Là, à Cittàgazze, la ville au-delà de l'Aurore, il rencontre Lyra, l'héroïne des Royaumes du Nord. Elle aussi cherche à rejoindre son père, elle aussi est investie d'une mission dont elle ne connaît pas encore toute l'importance. Ensemble, les deux enfants devront lutter contre les forces obscures du mal et, pour accomplir leur quête, pénétrer dans la mystérieuse tour des Anges...

LA TOUR DES ANGES

Lyra, l'héroïne des Royaumes du Nord *et de* La Tour des Anges, *est retenue prisonnière par sa mère, l'ambitieuse et cruelle Mme Coulter qui, pour mieux s'assurer de sa docilité, l'a plongée dans un sommeil artificiel. Will, le compagnon de Lyra, armé du poignard subtil, s'est lancé à sa recherche, escorté de deux anges, Balthamos et Baruch. Avec leur aide, il parviendra à délivrer son amie. Mais, à son réveil, Lyra lui annonce qu'une mission encore plus périlleuse, presque désespérée, les attend : ils doivent descendre dans le monde des morts...*

Mise en pages : Didier Gatepaille

Loi n° 49-956 du 16 juillet 1949
sur les publications destinées à la jeunesse
ISBN : 2-07-053851-6
Numéro d'édition : 147216
Numéro d'impression : 80794
Dépôt légal : août 2006
1er dépôt légal : mai 2004
Imprimé en France sur les presses de la Société Nouvelle Firmin-Didot

